真正的歷史大分流始於宗教改革運動

宗教改革影響了人類生活的每一個領域，催生了一整套的觀念秩序；它促成現代民族國家與文化的誕生，影響了日內瓦的繁榮、尼德蘭的獨立與英國的崛起，然後是清教徒帶著其信仰和制度跨越北大西洋，在北美新大陸營建其「山巔之城」——這是一場長達五百年的接力賽。

此圖為美國藝術家珍妮・布朗斯科比（Jennie A. rownscombe）發表於1914年的作品，描繪清教徒於新世界舉辦的第一場感恩節。感恩節是成功建立殖民地的清教徒為了感謝印第安人朋友所舉行的歡慶儀式，他們在黎明時鳴放禮砲，點起火炬舉行盛宴，並向上帝禱告。其虔誠的信仰與得體的禮節，是清教徒觀念秩序的最佳體現。

此圖為馬丁・路德《九十五條論綱》的1617年紀念版畫，描繪了路德用羽毛筆在教堂刻下《論綱》時的場景。筆尖從教宗的一隻耳朵穿入，由另一隻耳朵穿出，打落他的三重冕。它暗示的是，話語（word）包含致命的真理，擁有推翻寶座的力量。

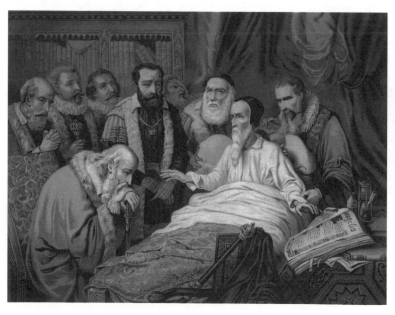

此圖為19世紀的西班牙版畫，描繪了喀爾文的臨終時刻。喀爾文是宗教改革運動最重要的神學家之一，他臨終前留下「不論是講道或寫作，都要以最純正的方式教導神的話語，和忠心地解釋聖經」的遺囑。

宗教改革與秩序重建

此地圖為荷蘭地圖繪製師魏修（C. J. Visscher）發表於1650
年的作品「比利時雄獅」（Leo Belgicus），標誌了共和國的
領土及重要人物。受到路德和喀爾文影響的尼德蘭新教徒堅
持所有人類秩序的契約性，推翻了家長制統治和魅力領袖的
合法性（起義反抗西班牙統治者），開啟了憲政政治的歷史
路徑（建立「尼德蘭聯省共和國」）。

此圖為荷蘭畫家傑拉德・特伯格（Gerard Terburg）發表於1648年
的作品，描繪了尼德蘭與西班牙於明斯特簽訂《明斯特和平條約》的
場景。此條約保障尼德蘭共和國的獨立，屬於終結三十年戰爭的《西
發里亞條約》的一部分；不只象徵尼德蘭的勝利，更象徵以現代主權
國家為基礎的近代歐洲秩序誕生。

此圖為美國藝術家羅伯特·沃爾特·威爾（Robert Walter Weir）發表於1843年的作品，描繪了一群準備啟程前往新世界、在荷蘭港口登上「五月花號」後進行祈禱的「天路客」（Pilgrims）。

此圖描繪了搭乘五月花號的天路客約翰·奧爾登（John Alden）和瑪麗·奇爾頓（Mary Chilton）登陸普利茅斯、踏上海岸礁石的場景。天路客並非西班牙征服者般的冒險家，而是包含婦女、兒童在內的家庭遷徙者；對他們而言，前往未知世界的風險極大，因此天路客們往往具備了堅定的信仰與組織社區的能力。

此圖為美國藝術家威廉‧哈爾索爾（William Halsall）發表於1841年的作品，描繪了停泊於普利茅斯附近的五月花號。天路客們在船上簽訂了《五月花公約》，改變了他們的社會身分，從脫離英國社會的異議分子成為北美殖民地的新社會立法者。

此圖為美國藝術家伊曼紐爾‧洛伊茲（Emanuel Leutze）發表於1861年的作品，描繪美國早期的天路客向西開拓的「昭昭天命」（Manifest Destiny）信念。

此圖描繪1688年英國「光榮革命」：前往英國接任國王的威廉三世與臣民簽訂授權契約的場景。清教徒的政治理論認為，統治者和人民之間有著契約關係，前者必須保護後者；當統治者成為暴君就等同打破契約，人民完全有理由廢黜他。

此圖由英國畫家約翰‧羅傑斯‧赫伯特（John Rogers Herbert）發表於1844年的作品《為良心的自由而辯護》，描繪17世紀英國內戰期間，蘇格蘭長老會的清教徒前往英國國會締結《莊嚴盟約》（Solemn League and Covenant）的場景，象徵英國轉變為清教徒國家的開始。

此圖為荷蘭黃金時代的著名畫家林布蘭（Rembrandt）發表於1642年的作品《夜巡》，描繪阿姆斯特丹社區成員所組織的巡邏隊，象徵尼德蘭共和國清教徒不依賴國王或傭兵，以自身力量捍衛社區的公民精神。

此圖為美國畫家霍華德‧克里斯（Howard C. Christy）發表於1940年的作品《美國憲法的簽訂》，描繪1787年在費城獨立廳舉行的制憲會議場景。美國憲法以尼德蘭共和國為學習對象，強調人的自然權利與憲政自由，為美國秩序的根本所在，今日也被世界各國所效法。

此圖為美國總統小羅斯福與英國首相邱吉爾於1941年8月13日簽訂《大西洋憲章》時共同閱讀聖經及進行祈禱的場景。《大西洋憲章》規範了二戰後英美重建世界秩序及維護和平的政策依據，也是象徵兩國於二十世紀開始緊密合作的重要事件。

佇立於美國紐約的「自由女神像」，不僅是自由民主的象徵，更表現了聖經中「你們世上的光，城立在山上，是不能隱藏的」的「山巔之城」（city upon a hill）的理念。美國既是山巔上的燈塔，也是世界秩序的輸出者，其建國理念正源自於聖經以及最精準闡釋聖經的清教徒神學。

大——光

宗教改革、
觀念對決
與國族興衰

第①卷

清教秩序五百年

余杰——著

在黑暗中行走的百姓看見了大光，
住在死蔭之地的人有光照耀他們。

——《舊約·以賽亞書》，9:2

目次

自序

在歷史的轉捩點寫歷史

◎羅馬不是一天建成的，羅馬也不是一天陷落的

我做夢也沒有想到，這本書的最後部分是在瘟疫氾濫的日子裡完成的。

二〇二〇年三月，武漢肺炎的嚴峻疫情讓美國政府發布「在家隔離」的抗疫政策，這在美國歷史上前所未有。

五月六日，美國總統川普（Donald Trump）對媒體說：「此次病毒危機是美國所遭受的最沉重的打擊。這次的危機比珍珠港事件和九一一恐怖攻擊都還來得更嚴重。」

大時代毫無預警地降臨。義大利哲學家克羅齊（Benedetto Croce）說過，一切歷史都是當代史。此時此刻，我有一種承擔上帝的呼召、在歷史轉捩點寫歷史的激情萬丈與恐懼戰兢。

在上一次「向死而生」的「人禍」中（二〇一〇年十二月，我被中共祕密警察綁架並酷刑折磨至昏死），我通過讀聖經舊約《約伯記》來堅定勇氣和希望；在這一次被川普形容為「地獄般的經歷」中，我通過讀奧古斯丁（Augustine of Hippo）的《上帝之城》來尋求文明的藥方，因為日光之下無新事，我們今天經歷的一切，歷史上早已發生過。

四一〇年，羅馬陷落，烈火焚城，滿地屍骨，難民四處逃生，一些人渡海逃到北非海港小城希波。五十六歲的希波主教奧古斯丁幫助安頓難民，更揪心於難民的疑問：永恆之城羅馬的衰亡是否意味著基督教的沒落？世界末日是否即將來臨？在天崩地裂的黑暗歲月，羅馬民眾如同希伯來民族那樣「等待救贖」，必須有人像以色列先知那樣開口說話。此後十六年，奧古斯丁夜以繼日地撰寫《上帝之城》。十六年後，巨著完成，奧古斯丁離世之際，希波即將被外族攻陷。

　　奧古斯丁認為，歷史有兩條路線，一條是地上之城的歷史，是跟隨該隱與罪惡的人類歷史；另一條是上帝之城的歷史，是跟隨亞伯並過上帝樂見生活的拯救歷史。奧古斯丁透過此書給予處於迷惘絕望中的人們一份鼓舞和信心：基督徒雖身處地上之城，卻可以在精神上尋求上帝之城。

　　「這座征服了世界的城市，自己也被征服了。」對親歷者而言，羅馬城的淪陷、羅馬帝國的滅亡可謂天地玄黃、石破天驚，但若放寬歷史視野來看，則不足為奇，羅馬城不是一天建成的，也不是在一天淪陷的。任何帝國，最後的潰敗乃是軍事的潰敗。英國軍事史家李德哈特（B. H. Liddell Hart）記載，昔日羅馬軍團的士兵在北非的沙漠驕陽中，汗如雨下亦不曾叫苦；數百年後，軍團士兵在高盧的涼爽氣候中，躺在樹蔭下卻抱怨鎧甲太重，由此可見羅馬軍團的戰鬥力已蕩然無存。

　　帝國的興衰維繫於軍隊，軍隊的強弱由兵源的優劣決定——優質的兵源為具備美德、勇氣和榮譽感的公民，當羅馬找不到此類公民征召為軍官與士兵時，羅馬就失去保家衛國的屏障。羅馬不是被蠻族打敗的，是被自己打敗的。奧古斯丁在《上帝之城》中寫道：

羅馬人在歷史上建立功業，備受讚譽，而他們的子孫已完全墮落，成為祖先光榮的大敵。羅馬由先祖創建，辛勤經營，趨於雄偉壯麗，可是他們的子孫使羅馬在未陷落前，比陷落後更醜惡。在羅馬的廢墟中，我們看見滿地坍塌的大理石；但羅馬人的生活中，我們不僅看到物質崩潰，也看到道德、精神和尊嚴的淪亡。他們心中燃燒的奢欲，比焚毀他們家園的大火更為致命可怕。

十八世紀英國偉大的歷史學家愛德華·吉朋（Edward Gibbon）在巨著《羅馬帝國衰亡史》中如是說：

長久以來天下太平無事，加上羅馬政府重視傳統，慢慢使得帝國受到毒害，喪失原有的活力……人類就古代的標準而言已日趨矮化。事實上羅馬世界全是一群侏儒。

美國當代政治哲學家、被譽為「美國保守主義之父」的拉塞爾·柯克（Russell Kirk）評論說：

晚期的羅馬世界在文化上已處於精神貧乏和失序的狀態，缺少共同的核心信念。它已被稱為死亡的世界：普羅大眾已丟失古老的羅馬美德，而基督教美德尚未取得支配地位。……由於人們無法讓絕望的靈魂獲得秩序，共同體的秩序也就沒有辦法挽救了。

◎美國如何避免重蹈羅馬帝國之覆轍：
   找回清教徒觀念秩序

羅馬可置換成美國。當下的美國，如當年的羅馬帝國一樣盡顯疲態與弱點。

二○二○年四月，停靠在關島的羅斯福號航空母艦出現疫情，艦長克勞齊上校（Brett Crozier）沒有通過正常的指揮系統反映情況，而將一封充滿恐慌情緒的冗長信件四處散發——包括發給《舊金山紀事報》等媒體。這是違反軍規的懦夫行為。海軍將其免職，海軍部代理部長莫德利（Thomas Modly）指出，艦長以不專業、不安全的方式處理疫情。川普批評說：「克勞齊不該發這封信，他又不是海明威，不該寫這麼長的信給這麼多人。」

如果二戰中的海軍名將尼米茲（Chester W. Nimitz）還在統帥美國海軍，這名怯懦的艦長肯定會被送上軍事法庭。然而，左翼媒體和民主黨國會議員站在懦夫一邊，施壓迫使執行軍規的莫德利辭職，有人喊出「克勞齊選總統」的口號——一個連一艘航空母艦都管理不好的軍官能當總統嗎？

將小丑當英雄，是非善惡的標準混淆乃至顛倒了。克勞齊事件並非孤例。

在教育界，代表美國最高學術水準的哈佛大學從中國等獨裁國家拿到數億祕密捐款，不依法向政府報告，並順應中國壓力打壓學術自由。哈佛大學榮譽教授傅高義（Ezra F. Vogel）為屠夫鄧小平寫作傳記《鄧小平改變中國》，對於「六四」屠殺的說法是：「對鄧小平的決策所造成的長期影響蓋棺定論是不可能的。」傅高義敢對納粹屠殺猶太人也作如此含糊之表述嗎？為

什麼屠殺猶太人是大屠殺（Holocaust），屠殺中國人則是「最不壞的選擇」？用左派的邏輯反問就是：難道中國人的命不是命？美國大學儼然變成瘋人院，其墮落程度超過昔日感歎「美國精神走向封閉」的艾倫・布魯姆（Allan Bloom）和小巴克利（William F. Buckley Jr.）之想像。

在主流媒體上，左派媒體旗艦《紐約時報》辱罵川普總統「沒有人性」，同時為世界衛生組織開脫罪責：「世衛組織的行動比許多國家的政府更有遠見和速度，也比自身在以往流行病中的表現要好。」該報大篇幅刊登中國駐美大使崔天凱的「投書」，強調要對「把別國或別的種族當成替罪羊的愚蠢言行說不」，並宣揚習近平「推動構建人類命運共同體」的野心。《紐約時報》會照樣刊登納粹宣傳部長戈培爾（Joseph Goebbels）的「投書」嗎？其資深編輯難道分不清新聞與宣傳的差異嗎？百年老店，何以淪為中共大外宣的打手？

更有甚者，聲稱為抗擊疫情而舉辦的全球慈善音樂會（捐款全部給世衛組織）牽頭人、美國音樂巨星Lady Gaga，於音樂會前夕與世衛總幹事譚德塞（Tedros）直接對話：「譚德塞博士，你是一個真正的超級巨星。」事實上，譚德賽不是超級巨星，而是犯有滅絕人類罪的戰犯，應當像納粹大屠殺組織者艾希曼（Adolf Eichmann）那樣被全球追捕並公開審判。Lady Gaga是斯德哥爾摩綜合症患者，如同當年為越共暴行唱讚歌的影星珍・方達（Jane Seymour Fonda）。「白左」跟共產黨合流，不是第一次，也不是最後一次。

美國是一個建立在清教徒觀念秩序之上的國家。觀念秩序（Ethos）是古希臘哲學家亞里斯多德（Aristotle）首先使用的一個概念，意指一個社區、國家的信仰傳統與公共精神。詩人艾略

特（Thomas Stearns Eliot）指出，人民的觀念秩序決定了政客的行為。觀念秩序以及與之緊密相關的精神秩序和心靈秩序，共同形成了思想史和人類文明史的基石。

然而，以上種種跡象表明美國賴以立國的清教徒觀念秩序以及精神、心靈秩序，已然被無神論、唯物主義、相對主義的左派意識形態腐蝕得千瘡百孔。如果美國都是這些失去美國精神的、裝睡的國民，美國還有能力應對中國的挑戰嗎？

當初，日軍偷襲珍珠港之前，聯合艦隊司令官山本五十六對高級軍官們說：「你們以為美國是一個孤立主義的、不團結的國家，熱衷於奢華的物質生活，思想和道德都已嚴重敗壞。但我要告訴你們，美國將是我們最可怕的敵人。我曾在華盛頓的日本使館任職並在哈佛大學學習過，我知道美國是一個高傲和正義的國家。我們喚醒了一個沉睡的巨人。」今天的美國，高級軍官、政客、學術菁英、主流媒體、娛樂明星、網路新貴、華爾街寡頭，全都金玉其外、敗絮其中，昔日那個讓山本五十六敬重和畏懼的美國在哪裡呢？

對美國來說，最可怕的不是中國發起的「超限戰」，而是自己「不戰而降」——美國前總統尼克森（Richard Nixon）寫過一本名為《不戰而勝》的書，預測美國將以不戰而勝的方式贏得冷戰。歷史果然如此演進。但冷戰的勝利並不意味著「歷史的終結」，冷戰之後三十年，美國及西方被中國化的全球化鎖定，養大了一頭即將吞噬世界的怪獸。

美國最危險的敵人是誰？蘇俄比納粹德國更危險，中共卻又比蘇俄更危險，但它們都是外部的敵人。美國最危險的敵人在其內部：「黑命貴」（Black Lives Matter）運動。

黑命貴運動否定「所有人的命都貴」，且剝奪後者的言論自

由，儼然就是打著反法西斯旗號的超級法西斯；《紐約時報》及學術界全力推廣《一六一九項目》，以此重寫美國歷史、占領大中小學課堂，顛覆清教徒移民、五月花號公約、獨立宣言和美國建國者們信仰和價值；極左民主黨官員用社會主義的大政府政策取代自由資本主義制度，將加州變成了南非，將紐約變成了委內瑞拉……我為之憂心忡忡，難道美國失去了其德性、傳統、信仰、戰鬥精神和觀念秩序？

那麼，讓美國孕育、獨立、崛起、強大的觀念秩序，究竟是什麼呢？

◎四個上帝的「選國」、權勢與典範的三次轉移以及推動歷史進程的「三大效應」

本書所要講述的主題，就是基督新教版本的晚近五百年全球範圍內權勢與典範的轉移、文明的更迭、國族的興衰，以及背後觀念秩序的存亡絕續。

導致近代權勢和典範轉移的清教徒觀念秩序及精神、心靈秩序，包括三個層面：

首先，宗教改革中誕生了博大精深的喀爾文神學，其「人論」的核心是「人乃全然敗壞的罪人」，由此衍生出保守主義政治哲學，其核心是權力必須分割和制衡，在此基礎上產生共和制和聯邦制的現代政治模式；

其次，清教徒強調人皆有其從上帝而來的呼召（天職），視勞動為榮神益人，由此樹立新的工作倫理，進而產生科學研究的求真意志和重視工商業的資本主義精神；

第三，清教徒深刻闡釋了人是上帝所造、具有上帝的形象和

榮耀，每個人在上帝眼中都是獨一無二的，同時，「拿伯的葡萄園誰也不能奪去」，基督教文明率先確立私有產權不可侵犯的原則，故而人的自由、權利、尊嚴及財產權不可被任何人間統治者輕視乃至剝奪，近代人權觀念和民主制度由此奠定。

上帝讓哪裡興起，哪裡就興起；上帝讓哪裡衰亡，哪裡就衰亡。上帝在不同的時空中有其特殊的選民和「選國」（或「山巔之城」）：舊約時代的「選國」是猶太人以耶路撒冷為中心建立的猶太國，經過羅馬帝國及此後一千年歐洲列國爭雄、天主教唯我獨尊的中世紀，進入近代，十六世紀的「選國」是以日內瓦為中心的瑞士各邦國，十七世紀的「選國」是尼德蘭，十八和十九世紀的「選國」是英國（大英帝國），二十世紀至今的「選國」是美國。

五百年來，與清教秩序有關的大事件漸次發生：一五一七年，馬丁・路德（Martin Luther）在威登堡的城堡教堂門口貼出《九十五條論綱》，基督教世界一分為二，新教教義催生新教國家；一五三六年，法雷爾（G. Farel）用烈火般的言辭將約翰・喀爾文（John Calvin）留在日內瓦，此後二十多年，喀爾文將日內瓦打造成歐洲新教徒的聖城；一五八一年，尼德蘭北方七邦組成「烏特勒支同盟」，發表脫離西班牙的《誓絕法案》，近代第一個新教徒建立的、引領歐洲的資產階級共和國誕生；一五八八年，英國皇家海軍擊敗西班牙無敵艦隊，英國取代西班牙的海上霸權地位，英國由歐洲的邊陲走向歐洲的中心；一六八八年，尼德蘭奧蘭治親王威廉（William III）登陸英格蘭，接受《權利法案》，完成光榮革命，英國宗教改革的成果得以鞏固，英國進而邁向世界帝國；一七七六年七月四日，北美十三個殖民地代表組成的大陸會議在費城發表《獨立宣言》，美洲殖民地成為「獨立

自由」的美利堅合眾國，美國開始其光榮荊棘路；一九四五年九月二日，麥克阿瑟（Douglas MacArthur）在停泊於東京灣的「密蘇里號」接受日本帝國的投降，二戰結束，美國成為戰後的世界第一強權，美國世紀由此開啟；一九九一年十二月二十六日，蘇聯末代總統戈巴契夫（Gorbachev）宣布蘇聯解體，象徵共產極權主義的五星旗從克里姆林宮降下，美國及西方盟國取得冷戰的勝利，美國成為全球唯一的超級大國……操縱晚近五百年看得見的權勢與典範轉移的，是神祕的上帝之手，是宗教改革之後形成的觀念秩序。如果你具有這一整全（holistic）的觀念秩序，就如同戴上望遠鏡、擁有火眼金睛，可將紛繁複雜的歷史劇幕看得清清楚楚。

本書追蹤近代化四個關鍵階段，描述四個擁抱清教徒觀念秩序、實現民強國富的上帝「選國」——日內瓦、尼德蘭、英國和美國——的榮耀與風流。在世界史上，它們相繼如繁花般綻放、如朝日般升起。在此過程中，有三人「效應」發揮作用：

其一為「磁鐵效應」，即磁鐵的重量和體積越大，其產生的吸力就越大。先是日內瓦和尼德蘭具備了適應清教徒觀念秩序的民情和社會基礎，然後是英國和美國。於是，清教徒觀念秩序由中歐擴展全歐乃至全球。

其二為「酵母效應」，清教徒觀念秩序如同酵母，人類社會如同麵團。宗教改革一旦完成，人的心靈和精神獲得自由和解放，整個社會如同被酵母所催化的麵團，必然在政治、經濟、文化各個方面發生巨大變化。

其三為「馬太效應」，典出《馬太福音》中耶穌講述的「按才幹受責任」的寓言，「凡有的，還要加給他，叫他有餘；凡沒有的，連他所有的也要奪去。」（也就是好萊塢各類超級英雄電

影中「能力越大、責任越大」的主題），經濟學上稱之為「累積優勢」和「贏者通吃」。清教徒觀念秩序以及精神、心靈秩序帶來的種種好處，超乎人的所思所想。

此三大效應共同發生作用時，其「受體」的規模（人口、疆域、資源）越大，效果就越顯著，其文明和秩序的成功呈現幾何等級的趨勢。從日內瓦到尼德蘭到英國再到美國，就是這樣一個規模倍增的國族崛起之脈絡。對比第一個「選國」和第四個「選國」美國就一清二楚：日內瓦面積僅數十平方公里，人口僅四十九萬；美國國土面積為九百六十三萬平方公里（世界第三），人口為三億兩千九百萬（世界第三）──美國國勢的巔峰時刻，其生產力占全球一半以上，其軍事力量超過排名第二至第十所有國家之總和。

在權勢與典範轉移最後一個階段，形成了以「盎格魯圈」指稱的英美文明。溫斯頓・邱吉爾（Winston Churchill）以《英語民族史》來描述此一歷史進程。他提出「英語民族」之概念，迥異於此前以生理特徵來界定的「民族」，而以語言、信仰和觀念三大標準來衡量民族之疆界。

邱吉爾的《英語民族史》只寫到一九〇一年維多利亞女王（Queen Victoria）去世即戛然而止，卻意猶未盡。英國歷史學家安德魯・羅伯茨（Andrew Roberts）為之寫了續集《一九〇〇年以來的英語民族史》。羅伯茨指出，英語民族的崛起對於世界進步而言具有決定性作用，源於英國的以市場經濟、憲政民主、法治以及新教倫理為特徵的盎格魯─撒克遜模式具有普世價值，已經被歷史證明是一個現代國家想要繁榮發展、人類想要自由生活的全球最成功的體系。相比其他模式，這種模式更適合現代世界。英美兩個英語國家相繼主導世界進程長達三、四百年之久，

這種局勢至今仍沒有改變之跡象。

羅伯茨認為，二十世紀的英美文明乃至整個人類經歷了一戰、二戰、冷戰及反恐戰爭等四次考驗，這四場戰爭又是「英語民族」、「盎格魯─撒克遜文化」和「美英特殊關係」等身分認同得以形成的最大推動力。「英語民族」的五個核心國家包括英國、美國、加拿大、澳大利亞、紐西蘭，亦即情報界所謂的「五眼聯盟」。

今日以英美為核心的自由世界與中國（及其僕從國北韓、伊朗、古巴、委內瑞拉等「流氓國家」）之間的「文明衝突」，則是英美文明正在迎接的第五場挑戰。這不僅是軍事、經濟、工業、科技、文化及教育（軟實力）等每一個方面的較量，更是政治文明和觀念秩序的對決──要自由、還是要奴役，要個人主義、還是要集體主義，要資本主義、還是要社會主義，每個人、每個國家民族都必須面臨非此即彼的抉擇。

◎這是我寫得最快樂也最痛苦的著作

美國戰略家、被譽為「冷戰之父」的凱南（George F. Kennan）指出，拯救美國的唯一祕方是：

我發現自己站在旁觀者的位置上，見證璀璨的西方文明最終自我毀滅。面對這種可怕的前景，除了信奉基督，我們別無他法。在那個原本的世界裡，我們只會見到讓人敬愛、敬畏、敬從的耶穌基督。

然而，在越來越世俗化、去基督教化的美國社會，大部分人

都拒絕這個藥方。人們偏行己意、將自己當做上帝，急不可耐地向天堂狂奔，等進去了才發現是地獄，卻已經來不及了。

儘管如此，我仍然把這本書當作藥方，既可拯救美國，也可供正處於至暗時刻的中國及儒家文化圈、華語文化圈服用。任何一個想要分享英美文明成功經驗的國族，都可從中汲取智慧。

二〇〇三年聖誕節前夕，我在北京一間擁擠狹窄的家庭教會受洗成為基督徒。在上帝的光照下，卑微如微塵的我，即醞釀寫作這本討論宗教改革與近代轉型、文明更迭與觀念秩序對決的專著。

今天，即便在英美文明的核心地帶，如牛津、劍橋、哈佛、耶魯，此種討論亦成空谷回音。小巴克利當年在耶魯求學時寫過一本《我在耶魯遇見神》；而提出「幽暗意識」這個重要概念、高度重視基督教文明遺產的哈佛大學歷史學博士及歷史學家張灝曾跟我開玩笑說，根據他在常春藤大學求學和任教的經歷，莘莘學子和學富五車的教授，在哈佛耶魯不曾遇見神，而是個個都將自己當成了神。左派意識形態成為不言自明的「政治正確」，啟蒙運動被視為現代文明唯一的推動力。基督教思想不能在公共領域言說，基督教遁入私人生活領域成另類「心靈雞湯」、「心理安慰」。這是西方種種錯綜複雜的危機的根源所在。

在中國、儒家文化圈和華語文化圈，淺薄的左右之爭遠未進入基督教保守主義觀念秩序層面。在華語中，「保守」仍是貶義詞。即便在華人或華語教會中，亦喪失了基督教保守主義的觀念秩序，深陷於基要派或靈恩派的泥沼，無法充當世上的光和世上的鹽。

為保守主義正名，梳理出一部從宗教改革開始的、保守主義

的近代思想史和近代觀念史，似乎難於上青天。但我願知難而上。毫無疑問，這是我寫得最痛苦也最快樂的著作。

說痛苦，在寫作過程中，我不斷發現自身知識結構的缺陷、思維方式的狹隘、固有經驗的頑固。保守主義者大都謙卑低調，不會成群結隊、拉幫結派，保守主義的觀念、精神和心靈秩序常常隱而不彰，尋覓前賢如入茫茫森林找採摘松茸，需要敏銳嗅覺、堅韌耐心和超凡體力。我一邊寫作，一邊讀書，調整舊有知識體系，吸納新的文化養分，同時去除體內的精神毒素——前半生在中國受教育，中毒甚深，冷暖自知，所以去毒的過程如同關羽刮骨，乃是持續一生的自我療癒。

經過多少個不眠之夜，又跟若干師友討論和求教，這本書稿改了一遍又一遍，像羅丹手中的雕塑，一點點從潔白的石頭中迸出來。我的其他著作，寫作時間極少超過一年，一般從歲首到年終總能完成。母親生子是十月懷胎，寫這本書卻耗費了我整整二十年時間。前十年在中國，後十年在美國，我的生活環境和形態發生了劇烈變化——包括我的身分認同，從中國獨立知識分子和人權作家，變成法律（國籍）和價值認同上的美國人。這本書原有的單一初衷——為中國和華語世界尋求清教徒觀念秩序，變成了雙重初衷——首要目標乃是幫助美國捍衛賴以立國和強盛的清教徒觀念秩序。

說快樂，在寫作過程中，在敬拜與祈禱之間，在閱讀與思考之後，我不斷有被上帝照亮、與真理相遇的驚喜。我梳理一套整全的觀念秩序和精神、心靈秩序，也是尋覓先知與聖徒的腳蹤——觀念秩序是抽象的，捍衛、傳承、豐富觀念秩序的卻是一個個活生生的人，他們是上帝寶貴的器皿和重用的僕人：馬丁·路德、約翰·喀爾文、約翰·諾克斯（John Knox）、約拿

單‧愛德華茲（Jonathan Edwards）；「沉默者」威廉（William the Silent）、林布蘭（Rembrandt van Rijn）、凱波爾（Abraham Kuyper）；克倫威爾（Oliver Cromwell）、約翰‧彌爾頓（John Milton）、約翰‧洛克（John Locke）、埃德蒙‧伯克（Edmund Burke）、邱吉爾、柴契爾夫人（Margaret Thatcher）；布拉福德（William Bradford）、約翰‧亞當斯（John Adams）、亞歷山大‧漢密爾頓（Alexander Hamilton）、羅納德‧雷根（Ronald Reagan）……在寫作中，以他們為師，以他們為友，與他們對話，與他們同行，何其快樂、何其幸福！

歷史不單單是歷史，歷史也是哲學和信念。吉朋寫《羅馬帝國衰亡史》，是要把複雜的史實建構成一個可以理解的「系統」，一個理想的歷史家，既不是考古家或博學家，也不是編纂家或年鑑家，而應是一個能建構出「哲學」高度的歷史敘述的「歷史家」。換言之，最高級的歷史寫作，乃是觀念史或思想史的寫作。這是我的願景──通過人物、時間和事件，凸顯出清教徒的觀念秩序及精神、心靈秩序，而且讓凡是受過高中教育的讀者都能讀懂，真理總是清晰且明快的。雖力有不逮，但心嚮往之。

我是基督徒（不是我選擇了上帝，而是上帝揀選了我），捍衛上帝之道是我的首要使命；我是美國公民（歷經千辛萬苦之後，自我選擇的國族認同），捍衛美利堅秩序是我的次要使命；我是華語寫作者，在華語觀念場域引入清教徒觀念秩序和保守主義政治哲學是我的第三個使命。這三個使命往往又是合為一體的。

在華語世界，本書是第一本結合宗教改革五百年史和以英美傳統、英美價值為核心的現代化史的著作，也是第一本將清教徒

觀念秩序、精神和心靈秩序與英美保守主義政治哲學融會貫通的著作。

聖經《羅馬書》中說：「黑夜已深，白晝將近，我們就當脫去暗昧的行為，帶上光明的兵器。」謹以此書作為禮物，送給那些在黑暗中尋求光明的朋友們。

二〇二〇年五月初稿，十一月改定
美利堅合眾國維吉尼亞共和國費郡綠園群櫻堂

神啊，我的心切慕你，如鹿切慕溪水。

——《舊約·詩篇》，42：1

第一章

近代天幕上的 燦爛群星

我挑戰任何一位懷疑論者，讓他在這地球上找出一個十平方里的地方，在那兒人們可以平安而有尊嚴地生活，婦女受重視，嬰兒和老人受尊重，人們可以在那兒教育子女；而這個地方尚未有耶穌的福音先去鋪路開先鋒。如果懷疑論者可以找到這麼一個地方，我鼓勵他移民過去，到那兒去傳講他們的「不信」。

——洛威爾（James Russell Lowell）

近代文明以一場意想不到的革命開始──即便對革命的領導者而言，絕大多數的革命都不是革命者精心策劃的，而是以某種意想不到的方式發生的。

　　十六世紀，西方文明的進程突然加速。由但丁（Dante Alighieri）和佩脫拉克（Francesco Petrarca）發起的人文主義運動迎來其高峰，這場運動中的偉大作品漸次誕生：一五〇九年，尼德蘭基督教人文主義者伊拉斯謨（Desiderius Erasmus）發表《愚行頌》；一五一三年，義大利政治學家馬基維利（Machiavelli）發表《君王論》；一五一六年，英國思想家湯瑪斯·摩爾（Thomas More）發表《烏托邦》。義大利人達文西（Leonardo da Vinci）在藝術和科學上大放異彩。與此同時，當哥白尼（Nicolaus Copernicus）的《天體運行論》和維薩里斯（Andreas Vesalius）的《人體的構造》同時於一五四三年發表之後，科學研究亦加速發展。義大利仍然是歐洲的文藝中心，但尼德蘭和英格蘭的天幕上已出現點點繁星。

　　與人文主義運動相伴隨的是新經濟體的出現和繁榮。黑死病肆虐之後的人類社會有了更頑強的生命力，如同被焚燒的森林土地更加肥沃：印刷術的發明加速普及了知識和思想；科技進

步擴大了人們對地球和宇宙的認識，應用科學提供了新技術；新的資本融資方式刺激了生產；新的航海和造船技術擴大了貿易範圍及地理視野，新世界的發現和環球航行打開了無限願景；民族主義思潮興起，民族國家萌芽。這些現象標誌了近代（Early Modern）的開端。

近代的開端始於哪一年、哪個事件？一五一七年，籍籍無名的修士和神學院教師馬丁・路德在德意志小邦國薩克森首府威登堡的城堡教堂大門上貼出《九十五條論綱》。當時，這名有些神經質的年輕人無意分裂乃至顛覆天主教維持一千多年的「普遍世界」，也無意創立與之對立的「新教教會」乃至「新教國家」──「新教」一詞，更準確的稱呼應當是「更正教」，馬丁・路德等改教家們並無意創新，而是要修正天主教的偏差，回歸聖經的本源。

然而，觀念和思想一旦被思想家公之於眾，就如同脫韁野馬一般，不是它的主人所能控制的了。路德本來只是希望發起一場小型辯論，不料卻點燃了足以讓羅馬教廷四分五裂的火藥桶。教廷早已積累了足夠多的怨恨，人們早就盼望讀到這樣一份擲地有聲的宣言，《九十五條論綱》的問世「忽如一夜春風來，千樹萬樹梨花開」。

一五一七年發生的此一事件，與一四五三年君士坦丁堡被土耳其人攻陷、拜占庭帝國（東羅馬帝國）覆亡，一四九二年哥倫布（Christopher Columbus）發現美洲新大陸、歐洲人的地理觀念出現突破相比，在事件發生之時顯得無足輕重。然而，在五百年之後的今天，人們能作出清晰的判斷：近代世界的誕生，不是以一四五三年或一四九二年為標誌，而是以一五一七年為標誌。

一五一七年，馬丁・路德發表《九十五條論綱》並非孤立事

件。如果說「沒有佩脫拉克就沒有伊拉斯謨」，或「沒有威克里夫（John Wycliffe）和胡斯（Jan Hus）就沒有路德」，那絕非誇大其詞。儘管路德是先驅，但還有更多先驅在他前面。另一方面，路德的思想並非與中世紀一刀兩斷，路德反抗教廷，並不反對中世紀的一切。在十六世紀早期那些富於創造性的歐洲人身上，固然有一種嶄新而「近代」的思想在發生作用，但這並不能否認，很多中世紀的方法、風格以及思維習慣，正是他們創造力成形的源頭。

宗教改革將歐洲分裂為兩個陣營，將基督教世界分裂為兩個系統，阻止了可能在整個歐洲地區建立起沉悶的、統一的天主教帝國——統一的歐洲是禍不是福。而分裂帶來了無限生機：在新教地區和天主教地區的對抗中形成一種微妙的平衡，正是這種平衡導致了現代意義上的民族國家的發展。這些民族國家的統治者們設法鼓動國民參與宗教方面的競爭，由此產生了不同的政治體制、社會結構和經濟組織形式。

馬丁・路德之後，最重要的改教家是約翰・喀爾文。路德是開路先鋒，喀爾文則登堂入室。德國社會學家馬克斯・韋伯指出，十六世紀宗教改革時期興起的「喀爾文教派」導致西方資本主義的興起。宗教改革的影響，不僅限於宗教領域，它改變了人類生活的每一個領域，催生了一整套的觀念秩序及精神和心靈秩序。它促成現代民族國家和民族文化的誕生，使西歐的政治統治急速擴張，日內瓦繁榮、尼德蘭獨立、英國崛起，然後是清教徒帶著其信仰和制度跨越北大西洋，在北美新大陸營建其「山巔之城」——這是一場長達五百年的接力賽，下一個運動員比上一個「更高、更快、更強」。

宗教改革之於近代文明，比文藝復興和啟蒙運動更加重要，在世俗化的今天卻被刻意忽視。歷史學家、全球史研究的奠基

人威廉‧麥克尼爾（William Hardy McNeill）指出：「一五〇〇至一七〇〇年可以看作人類生存圈關係由舊的陸地為中心向新的以海洋為中心的模式轉變的時期。」海洋文明只是近代文明的表徵之一，如同剝洋蔥一樣，麥克尼爾只剝開最外面一層，遠未進入最核心部分：馬丁‧路德的《九十五條論綱》所引發的一系列連鎖反應，由此誕生新教國家和新教文明，其獨特的觀念秩序是——堅信絕對產權、言論自由、議會制政府、普通法及個人主義。十六世紀的日內瓦和大部分瑞士城邦、十七世紀的尼德蘭、十八和十九世紀的英國、二十世紀和二十一世紀的美國，以及諸多講英語的國家，即為此種國家和此種觀念秩序的傑出代表。

這種觀念秩序及精神和心靈秩序的形成，宛如有了晶片的電腦，是算盤所無法與之競爭的。擁有這種觀念秩序的國家、區域和民族，與沒有這種觀念秩序的國家、區域和民族，從此形同陌路，前者輕鬆躍過深淵，後者踟躕不前。不同的宗教信仰產生不同的生活方式、國家結構及文明形態，早在一八四〇年，歷史學家麥考萊（Macaulay）即敏銳地發現：

在美洲，由英國開拓的殖民地和由西班牙開拓的殖民地之間，實力差距不可以道里計。但我們沒有理由相信，西班牙人在十六世紀初有任何一方面是輸於英國人的。唯一可確信的是，北方的文明與繁榮很大程度上是新教改革結出的道德之果，而歐洲南部國家的衰落則主要歸因於天主教的復興。

這是基督教文明內部的各行己路，五百年後的勝負早在此刻就已決出，正如美國歷史學家沃爾特‧拉塞爾‧米德（Walter Russell Mead）所說：「盎格魯—撒克遜國家建立了有史以來最

廣闊、最強大、文化意味顯著的霸權——不顧其他有能力發動軍事和意識形態戰爭來反對英美秩序的富裕強大的國家的激烈反對。英美人已經不斷壯大，越來越富有，而他們的對手遭受恥辱而蒙羞，直到他們學會適應英美秩序。」五百年後，仍然沒有任何一種文明形態和發展模式可以取英美而代之。

第一節　耶穌誕生在東方，基督信仰卻照亮西方

馬丁・路德是天主教的叛徒，而不是基督信仰的叛徒——恰恰相反，他是基督信仰的恢復者和捍衛者。他呼籲人們重新定睛於耶穌、定睛於聖經、定睛於十字架，他致力於恢復上帝在地上的教會的本色。

基督信仰的核心是聖父、聖子、聖靈三位一體的上帝，基督信仰的象徵是十字架，聖經是真理的匯集，教會是基督的身體。

◎如果沒有耶穌，世界將變成怎樣？

十九世紀，《倫敦時報》嘲諷英國教會向海外派遣傳教士的做法，認為還不如做海外貿易有利可圖。有一名常常做長途旅行的人寫信給編輯說：這種攻擊傳教士的言論是不能接受的，如果文章的作者乘坐的船因風暴擱淺，到了一個不知名的島上，他一定會虔誠地祈禱——但願傳教士傳播的真理已先他一步到了這個島嶼，那樣他至少是安全的，否則他很快就淪為食人族的「盤中餐」。有趣的是，給編輯寫這封信的人是倡導進化論的達爾文（Charles Darwin）。可見，即便達爾文也相信有一種絕對真理

高於作為假說的進化論。

今天的世界不盡如人意，但如果沒有耶穌，這個世界必定更加悲慘。無論是人權和自由的保障，還是私有產權的確立和市場經濟的發展；無論是三權分立、有限政府的政治及法律制度，還是教育的普及和倫理道德的提升；無論是文化藝術的繁榮，還是醫療衛生事業的進步，都離不開耶穌基督和信靠祂的人的努力。

耶穌是神子，也是人子，祂的誕生、死亡與復活，超越人類想像的邊界，為人類帶來拯救的福音。

耶穌在肉身上是猶太人，是東方人，祂出生在近東以色列地區一個很少為人所知的小村落伯利恆，在另一個小村落拿撒勒長大，那裡氣候惡劣，風沙撲面。

耶穌的生平記載在新約聖經的「四福音書」中，在舊約聖經的許多地方也對耶穌的生平作出準確預言。西元一世紀的多位非基督徒學者對耶穌的事跡也有清楚的記載。[1]

耶穌出生的時代，大衛王和所羅門王的輝煌已成為遙遠的記憶。以色列王國先分裂為南北兩國，然後相繼走向滅亡。猶太人被各大強權統治、被擄、淪為奴隸。之後，羅馬人占領這片土地。猶太人多次發起尋求獨立和自由的起義，遭到羅馬人的殘酷占壓，首都耶路撒冷以及聖殿被毀。

西元前三十七年，有一半猶太血統的大希律，得到羅馬帝國授權，建立了傀儡政權。那是令人絕望的黑暗時代。舊約聖經中應許的、猶太人憧憬的帶領他們用武力推翻羅馬人統治的「彌賽

1　羅馬歷史學家塔西陀（Tacitus）在《編年史》中記載，提庇留王（Tiberius Julius Caesar）在位時，耶穌被本丟‧彼拉多（Pontius Pilate）處以極刑。普林尼（Pliny）、蘇埃托尼烏斯（Suetonius）、約瑟夫（Flavius Josephus）等也有類似記載。這些史料說明，耶穌是一位在人類歷史上真實存在過的人物。

亞」（救世主）遲遲沒有出現。

耶穌由童貞女瑪利亞因聖靈感孕而生。瑪利亞是普通農家女，丈夫約瑟是木匠。作為上帝的使女，瑪利亞接受了即將生下上帝兒子的使命。耶穌的家譜顯示，祂是亞伯拉罕和大衛的子孫。

那一年，羅馬皇帝要求百姓回到各自的出生地填報戶籍。約瑟帶著懷孕的瑪利亞上路回老家。在路上，瑪利亞的產期到了，客棧裡沒有房間，耶穌出生在馬槽裡。

為了破解新生兒中有一位未來王者的預言，希律王下令殺害以色列全境兩歲以下的嬰孩。約瑟和瑪利亞帶著尚在襁褓之中的耶穌逃亡埃及，直到希律王死後才回到以色列地。

青少年時代的耶穌，在約瑟的木匠店裡勞動，跟弟弟們一樣，祂是吃苦耐勞的手藝人。上帝的兒子在勞動中彰顯其「道成肉身」的偉大。

在三十歲時，耶穌在約旦河接受施洗約翰主持的洗禮，在曠野中贏得魔鬼的試探。祂離開家庭和木匠作坊，開始旅行布道，先後三年之久。祂醫病趕鬼，施行神跡，讓饑餓的人吃飽，讓癱瘓者站起來行走，讓死人復活。祂擁有超自然的能力，但運用超自然的能力「懸壺濟世」並非祂到這個世界的目的。耶穌呼召並訓練門徒，用比喻向人們講解舊約聖經。祂足跡所到之處，是民不聊生的鄉村和城鎮，離祂的出生地最遠不超過兩百公里。

三十三歲那一年，耶穌第三次走向聖城耶路撒冷，走向死亡，走向十字架，走向上帝為他安排好的命運。

在最後七天中，耶穌的人生進入一段戲劇性高潮。在星期四的晚餐中，耶穌為門徒洗腳，與十二個門徒分享一個餅和一杯酒，並講了一段設立聖餐的話：「你們吃，這是我的身體；⋯⋯這是我的血，是印證上帝與人立約的血，是為眾人流的。」

門徒之一猶大向當局告密，羅馬士兵追蹤而來。人們渴望看到耶穌展示其超自然能力，在一場精彩的搏鬥中擊敗全副武裝的羅馬士兵，帶領被奴役的猶太民族驅除殖民者，重建大衛地上的王國。可是，他們失望了：耶穌斷然阻止彼得的反抗，命令其收刀入鞘，自己束手就擒。

　　次日，星期五，耶穌像待宰的羔羊一般，接受猶太公會和羅馬總督本丟・彼拉多的審判。猶太的權貴們判決耶穌死刑，本丟・彼拉多在一番猶豫之後批准執行。

　　在遭受兵丁殘酷的鞭打和戲弄之後，傷痕累累的耶穌背起沉重的十字架，跟跟蹌蹌地朝城外執行死刑的各各地走去，那是一段有十四站的「苦路」。

　　早上九點，耶穌被釘在十字架上。十字架原本是猶太人反抗羅馬的標誌，如今成為羅馬帝國施行酷刑的刑具。

　　在十字架上的死亡是一個漫長的過程，通常需要二十四個小時。耶穌的死卻快得驚人，整個過程從早上九點到下午三點只用了六個小時。

　　隨後，耶穌的屍體被從十字架上取下，埋葬在一處借來的石頭墓穴中。

　　在耶穌離開世界之前，祂的門徒和朋友們拋棄他，其中一個追隨者猶大出賣了祂。祂的同胞看不起祂，嘲笑祂，排斥祂。祂無比悲慘的死亡是否表明，祂的傳道事業不可遏止地走向了失敗？

　　死亡並沒有勝過耶穌。週日，耶穌從死裡復活，多次向門徒們顯現，並吩咐門徒們擔負大使命——往普天下去，傳福音給萬民聽。

　　耶穌以短暫的一生實踐了上帝「愛神，並愛人如己」之教

導，耶穌的死和復活，是基督信仰的中心。

耶穌的復活讓基督徒以徹底信任上帝的方式，全心侍奉上帝。這麼做會產生自由，因為耶穌讓人「因真理，得自由」；這麼做也會產生勇氣，因為耶穌讓人從此「不再恐懼，不再害怕」。

兩千多年來，耶穌已成為人類的焦點，世界進步的動力。將全世界所有的軍隊，所有統治過人類的帝王，所有的文學家、藝術家和科學家，通通加起來，對地球上人類生活的影響，遠遠不及這個謙沖的人子與神子。

兩千多年來，人類對耶穌基督的信仰，對聖父、聖子、聖靈三位一體的上帝的信仰，勝過了無數的質疑與挑戰，經歷了多次的歸正與復興，至今屹立不倒、歷久彌新且生機勃勃。

◎聖經：上帝默示的真理，改變生命的活水

自從少年大衛用彈弓扔石頭擊殺巨人歌利亞之後，再沒有哪一位牧羊人的石頭如此驚動世界。

一九四六年冬，一名牧羊少年在離耶路撒冷以東的死海岸邊放牧群羊。他看到懸崖上有一個山洞，就往洞裡扔了塊石頭，然後聽到陶器破碎的聲音。他進洞去查看究竟，發現陶罐中有三卷古書。聞訊而至的考古學家又在附近十一個山洞中發現八百多卷經卷，其中兩百卷是舊約抄本。這個發現很快震動世界。

這批經卷被稱為「死海古卷」。古卷中有兩萬五千片殘片，有些沒有指甲蓋大，學者們將它們拼湊起來。有一些抄本的墨跡褪得肉眼無法辨認，科學家使用太空計畫中發明的紅外線感光片（infrared sensitive film）將其復原。學者謝夫曼如此評論死

海古卷的發現：「在此之前，你不可能讀到的文獻，奇蹟般地出現在你的眼前，它們向你講述兩千年前的祖先，他們的信仰和生活。」

最早的聖經抄本用莎草紙寫成，這成為「聖經」一詞的來源。「聖經」來自希臘文比布魯斯（Biblos），原指腓尼基人的城市，那裡是莎草紙的重要來源地。以後，該詞被賦予「聖書」之含義。

聖經分為舊約和新約兩部分。舊約共三十九卷，成書於西元前五世紀，大部分用希伯來語寫作，少部分用亞蘭文（耶穌所說的語言）寫作。舊約包括律法書（又稱「摩西五經」）、歷史書、智慧書和先知書四大部分，四個部分各具特色又渾然一體，井然有序又遙相呼應。

舊約經文的整理及翻譯成希臘文，從西元前二八五年開始。亞歷山大圖書館館長德米特里奏請托勒密二世，將猶太人的律法書翻譯成希臘文收藏。托勒密二世要求耶路撒冷的猶太祭司以利亞撒從以色列十二個支派中挑選七十二名學者（每個支派六人）從事翻譯工作。此譯本稱為「七十士譯本」，成為希臘文聖經的標準版本。

大部分聖經學者認為，從西元前六百年到西元一世紀，經過七百年的篩選、淘洗，舊約正典正式確定是在西元一〇〇年亞姆尼亞猶太法學博士會議上完成。希臘文詞語「canon」的意思是「準則」，學者們用這個詞彙確認被接受為聖經正典的書卷。

以色列國滅亡，上帝沉默四百年後，派遣獨生子耶穌基督道成肉身來到人間，並賜下新約，舊約與新約合併即成為完整的聖經。

在新約成書的年代，希臘文成為近東地區的通用語言，希臘

文的構造比較精密準確。使徒們在上帝的默示之下寫新約聖經時，就用希臘文來寫作。新約聖經由各有其個性、教育背景和語言風格的將近十位作者寫成，這二十七卷書的文風各有特色卻又渾然一體。

新約分為三大部分：歷史、書信和關於未來的啟示。歷史，包括《四福音書》和《使徒行傳》，講述耶穌基督如何在地上完成救贖人類的計畫。書信，是使徒寫給教會和基督徒的書信。使徒保羅的十三封書信排在最前，又以《羅馬書》為首。保羅是新約作者中作品最多的一位，他用希臘思想將基督信仰系統化，這是希伯來信仰與希臘理性的相遇。關於未來的啟示，即約翰晚年寫的《啟示錄》。「啟示」的希臘文意思是「揭開」。《啟示錄》為聖經和人類的歷史畫上句號，基督和教會戰勝一切邪惡，新天新地出現，人類的苦痛、瑕疵全然脫落，勝利進入永恆之城。

西元四世紀，拉丁語成為歐洲官方語言，拉丁文聖經成為時代的需求。神學家哲羅姆（Jerome）於四〇五年將希臘文聖經翻譯成拉丁語聖經。[2]此拉丁文譯本成為天主教聖經的官方版本。

在活字印刷術發明之前，聖經只能通過人工手抄，費用昂貴，數量極少。一四五六年，德國人約翰尼斯‧谷騰堡（Johannes Gutenberg）發明活字印刷術，並用活字印刷機印刷聖經。

最早翻譯英文聖經的是宗教改革的先驅威克里夫。此後，神

2　該譯本被讚譽為「流芳百世的貢獻」，這使得哲羅姆「超出了所有他同時代的人，甚至到了十六世紀，在他以後的人也沒有超過他的。哲羅姆因他的語言知識、他的東方之旅、他的整個文化背景，成為承擔並成功地完成如此巨大的任務的最佳人選和唯一人選」。

學家丁道爾（William Tyndale）將翻譯英文聖經當作其畢生的任務並為此殉道。[3]

另一種英文版本的聖經是「日內瓦聖經」，這是英語聖經中第一次劃分小節，前面有喀爾文寫的引言，並有大量注釋，它也是「第一個評論性的英語聖經版本」。[4]

今天使用最多的英文聖經，是一六一一年首次出版的「詹姆斯國王版本」（「King James Version of the Bible」）。由六個委員會共同翻譯，其成員都是劍橋大學和牛津大學的學者。

馬丁‧路德翻譯的德文聖經和約翰‧喀爾文翻譯的法語聖經，也是宗教改革時代歐洲重要語言的聖經譯本。

聖經是世界上有史以來銷售量最大的書。聖經在世上引發截然不同的反響。一些人心甘情願為它獻出生命，另一些人則視之為仇敵——法國無神論哲學家伏爾泰（Voltaire）揚言說，不出一百年基督教將從地球上消失，聖經只能從博物館中找到。數十年之後，聖經公會將伏爾泰在巴黎的住處買下，作為發行聖經的庫房。

聖經是一本書，一本與眾不同的書，一本無與倫比的書，沒有哪本書像聖經那樣改變人類的歷史進程和人的生命狀態。

3　當時，英國官方不允許民眾讀英文聖經。丁道爾流亡到德意志地區翻譯聖經、印刷出版，藏在麵粉袋中偷運到英國。他說：「今天即使世上所有的快樂、榮耀、財富都歸給我，我也不會改動上帝的話語。」一五三五年，丁道爾在比利時被捕。次年，被判死刑，被用鐵鏈捆在柱子上，被燒死的同時也被勒死。當劊子手的鐵絲繞過喉嚨時，他發出一句祈禱：「主啊，請您開啟英格蘭國王的眼睛。」三年後，他的禱告得到了應驗。

4　日內瓦聖經是清教徒的聖經，也成為英聯邦軍隊的聖經。英國革命之後，國會要求每一個有一定收入的戶主要備有一本聖經，並派遣檢查員去挨家挨戶地調查，「如果他們有，就要在上面寫上他們的名字」。

聖經是上帝的書，是上帝的話，向人啟示，領人出黑暗、入光明。上帝藉著他的話語即聖經，創造天地，讓人類生活其中，也親自參與人間疾苦，與人類共度生命的痛苦，並為人類預備了新天地。聖經也是一部人的書，是上帝默示忠心的僕人記錄下來的真理，這些真理供人閱讀、領受、遵循和實踐。聖經是人生的說明書，聖經告訴讀者，你是誰，你從哪裡來，你到哪裡去。聖經又是一部上帝與人溝通的書，如同彩虹和橋樑，將上帝奇妙的道以人所能理解的語言揭示出，帶領人步入永生的境界。如何看待聖經，決定一個人如何看待世界。是否認識上帝，決定一個人是否認識自我和人類。

聖經中暗含了人類社會健康運作的觀念秩序及精神和心靈秩序，政治、經濟和文化生活如何組織架構，家庭如何相親相愛且秩序井然，人類如何過上正義與自由的生活，都可以從中尋求答案。聖經中沒有出現民主、共和、憲政、人權等詞語，但這些理念都由聖經中衍生出來。

◎西方與東方最本質的差異，在於有基督教或沒有基督教

耶穌出身在東方，基督教也誕生在東方。使徒們的活動區域，在東西方交匯之地。然而，基督教卻在西方蔚為大觀，在東方湮沒無聞。西方與東方，從此分道揚鑣。

基督教發展的第一個時代是「使徒時代」。[5]受到耶穌復活

---

5 所謂使徒時代，指從教會建立到西元七〇年聖殿被毀滅這段時期。所謂使徒，或是親身跟隨過耶穌的人；或是親眼見過耶穌的復活，能為耶穌的復活作見證的人。

的激勵，門徒們重新聚集起來，回到耶路撒冷。在耶穌受難之後第七個禮拜，一百二十位門徒聚集在一間屋子裡慶祝五旬節。基督教會就是這樣開始的。

在使徒的領導下，通過兩個特殊儀式——洗禮和聖餐——使得這個羽毛未豐的團體和運動既保持了團結，也使得耶穌受死和復活的事實成為其團契的核心。使徒們「原是沒有學問的平民」，卻為著福音完成了驚天動地的大事，使徒大都為主殉道。

「使徒時代」結束之後，進入「大公基督教時代」的三百年。羅馬帝國對基督徒的逼迫變本加厲，先後發起十次對基督教的大逼迫。哲羅姆如此記載羅馬人屠殺基督徒的情形：「全年之中除了一月一日，沒有一天不殺人，每天殉道的聖徒多達五千之眾。」

羅馬帝國的殘酷迫害反倒推動了基督教的迅速傳播。在鬥獸場等公共場合殉道的基督徒為主作出公共性的見證，讓羅馬社會各階層深受震撼。第一世紀基督教的傳播是一場屬靈大爆炸，基督教傳遍整個羅馬帝國，其傳播的區域甚至溢出羅馬帝國的疆域。

使徒的聲音剛剛沉寂，教會就面臨以知識分子能理解的方式定義信仰的需要。被稱為「第一位基督教學者」和「身穿哲學家衣服的基督教的信使」的克萊門（Clemens），寫了《勸勉希臘人》等著作，繼保羅之後用希臘思維闡發基督教信仰。其後，被譽為「希臘教父」的俄利根（Origenes Adamantius）修訂和注釋聖經諸種版本，他是第一位為基督教信仰建立整體性知識框架的神學家。

隨著教會以不可抑制的趨勢浮出水面，對教會領袖和教會管理制度的需求日益迫切。使徒約翰的門徒、第一個稱基督教會為「大公教會」的伊格納修主教（Ignatius）說：「大公教會既是

普世的，又是正統的。」大公基督教以普世異象、正統信條及主教管理教會為標誌。每個教會中都有主教、長老團和執事團。羅馬主教的地位又比其他主教重要，此即羅馬教宗體制的雛形。

與此同時，各種異端思想也在教會內外流傳。在與異端思想的鬥爭中，教會為澄清正統信仰制定《使徒信經》，該信經建立在三位一體的信仰之上。

在羅馬皇帝君士坦丁（Constantine）統治時代，基督教取得合法地位，基督徒可不受任何迫害地堅持其信仰。三八〇年，羅馬皇帝狄奧多西一世（Theodosius I）將基督教定為國教：「我們治下的萬民都應當遵守神聖使徒彼得傳給羅馬人的信仰，這是我們的旨意。」由此，進入「基督教作為羅馬帝國國教的時代」。基督教成為羅馬帝國國教，卻為基督教自身帶來嚴重危機。在基督徒受帝國迫害的時期，教會由信仰堅定的信徒組成；如今，許多充滿政治野心、對宗教信仰毫無興趣的人進入教會，導致宗教世俗化或被濫用於政治目的。

在羅馬帝國衰亡之際，天主教會及教宗制得以確立。天主教認為，作為使徒彼得繼承人的羅馬主教秉持著超越整個教會的至高權威，即首席權。此種說法嚴重偏離聖經真理。

羅馬教宗的權力受到東方教會的挑戰。隨著君士坦丁大帝遷都君士坦丁堡，帝國重心東移。三九五年，西羅馬帝國和東羅馬帝國正式分裂，教會也一分為二，東方教會稱東正教。[6]

四一〇年，來自北方的蠻族西哥德人攻破羅馬城。在羅馬與

6　天主教與東正教在神學上的主要區別是：天主教傾向於根據法律措辭理解上帝和人之間的基本關係，認為基督通過彼得為教會建立至高無上的權威。東正教認為，人的犯罪減少了上帝造人原初的神聖形象，拯救包括修復完整的形象，東正教的主題是人的再生、再造及變容，對聖像及神祕主義的關注超過神學和律法。

蠻族之間，善惡報應似乎逆反，希臘哲學理性之發展和羅馬帝國之衰敗亦背道而馳。遠在北非海港希波的主教奧古斯丁寫出巨著《上帝之城》，對文化、政治、歷史之演變，以及「人心」之歸宿作出符合聖經的解釋。奧古斯丁認為，羅馬的陷落乃是一切人間之城、人間帝國的必然命運，而永恆之城、永恆之帝國，只能是上帝之城、上帝之國：

> 兩個城是由兩種愛形成的：塵世的城是愛自己形成的，甚至到了蔑視上帝的地步；天國的城是由愛上帝形成的，甚至到了蔑視自己的地步。前者的城以己為榮，而後者的城則以上帝為榮。因為一個城從人那裡尋求榮耀；但另一個城的最大榮耀是上帝，上帝是良心的見證。一個城因自己的榮耀而昂首挺胸；另一個城對它的上帝說：「你是我的榮耀，是你使我昂首挺胸。」在一個城裡，歸屬該城的王子們和國民們是由嗜愛統治的人統治的；在另一個城裡，王子和庶民們在愛中彼此服務，後者服從，而前者為大家操心。一個城對自己的力量沾沾自喜，而以其統治者們本身為代表。另一個城對它的上帝說：「我的主啊，我愛你，你是我的力量。」

奧古斯丁主義是羅馬帝國時代與中世紀之間基督教神學的頂峰，它強調上帝至高無上的絕對主權，人類靈魂的絕對軟弱無助，以及人類對於上帝恩典的絕對依賴。奧古斯丁乃是一個時代的結束，同時也是一個新紀元的開始。他是古代基督教作家中的最後一個，同時也是中世紀神學的開路先鋒。古代的神學主流都匯聚在他身上，奔騰成從他而來的滾滾江河，不僅包括中世紀的經院哲學，連十六世紀新教神學也是其中的一個支流。德國神學

家哈奈克（Harnack）指出：「自從保羅以來，除路德以外，無人能比奧古斯丁，甚至今日，我們仍受他的思想和精神所影響，我們是文藝復興和宗教改革後的後裔，但二者都有賴於奧古斯丁。」

四七六年，西羅馬帝國最後一位皇帝被北方蠻族罷黜。這一年標誌著歐洲及基督教的歷史進入中世紀。按照西方傳統，歐洲歷史通常分為「古典時代」、「中世紀」和「近現代」三個階段。中世紀指自西羅馬帝國崩潰到文藝復興運動和大航海時代這段時期，長達一千年。[7]

中世紀的歐洲陷入分裂狀態，沒有一個國王能建立新的羅馬帝國。西方教會形成羅馬教宗至高無上的地位——國王須由教宗加冕，權力才能確定。教廷與國王們的權力之爭貫穿中世紀，有時教宗占上風，有時國王占上風。這種權力分割和制衡，使歐洲從來沒有東方式的、擁有絕對權力的君主。

在過去的歷史敘述中，中世紀全然黑暗。實際上，在中世紀，教會是文明和法律的守護者，也是文化藝術的贊助者。教會辦的學校孕育了大學，大學最初的任務是解釋上帝啟示的真理之光。中世紀嚴密周全的教會法，為近代文明指出方向。藝術方面，哥德式建築成為教堂的主要範本，通過達到盡可能高的高度，建築師創造出直衝雲霄的幻覺。

中世紀經院神學的頂峰是被譽為「天使博士」湯瑪斯‧阿奎那（Thomas Aquinas）。阿奎那的《神學大全》是構成天主教

---

7 歐洲作為一個整體，並沒有公認的中世紀結束日期，根據時代背景，一四九二年哥倫布首次美洲航行，一四五三年土耳其人征服君士坦丁堡、東羅馬帝國（拜占庭帝國）滅亡，或一五一七年宗教改革發端，都可看作中世紀結束的時間節點。一般歷史學家採用西元一五〇〇年為中世紀最後一年。

思想的關鍵著作，他認為，哲學和神學、理性和啟示都來自於上帝，「任何能使人類認清真理的智慧都是由天主所先行賦予的」。

生活在十二、十三世紀之交的修士法蘭西斯（San Francesco）建立了以守貧為核心精神的方濟各修會，對天主教既得利益階層的腐敗是有力的警醒和修正。聖法蘭西斯修會運動，是宗教改革前歐洲教會規模最大、影響最深、生命力最強的教會復興運動。

在中世紀，基督教會是一個比國家更重要的社會組織。中世紀末期，當教會的組織體制日益加強、教宗的統治權力日益擴大，作為權力系統的教會與個人的信仰如何保持平衡成為一個難以解決的問題。兩者之間的矛盾導致十六世紀爆發宗教改革，以及基督教世界無法挽回的分裂。

具有大公性質的教會，既可指有形的基督徒社團，又可指向基督徒無形的、屬靈的生命共同體——當有形的教會越來越世俗化和體制化，就會出現新形態的基督徒生命共同體，即奧古斯丁所說的「無形的教會」——塵世的教會與被揀選者的團體並不完全吻合，塵世的教會有糠秕在其中，且還有若干被揀選者沒有加入。

宗教改革時代，是群星璀璨的時代。上帝特別揀選四名先知式的改教家，分別代表不同的國家（或正在成形中的國家）：路德在德意志地區點燃第一團火焰，路德的宗教改革成為現代德國統一的序幕；喀爾文在日內瓦打造了具有典範意義的改革宗教會，也打造了第一個新教城邦共和國，瑞士地區諸城邦紛紛效仿；諾克斯將日內瓦精神引入蘇格蘭，繼而席捲整個英國，帶來英國的清教徒革命和大英帝國的繁榮昌盛；愛德華茲是北美殖民

地第一位神學家和思想家，也是美國精神的奠基者。

　　宗教改革的信念在這四個偉大人物身上如火炬般交接，亦被他們賦予各自國族和時代的特徵與風貌。他們都是在教會牧養群羊的牧師，也是精通聖經、著作等身、勇於為真理作見證的神學家和護教家，更是積極參與公共事務和政治鬥爭、具有舉足輕重的社會影響力的公共知識分子和百科全書式的人物。他們是「宗教改革人」，絲毫不遜色於「文藝復興人」。

第二節　馬丁·路德：這是我的立場

◎「上帝給這個時代一位嚴厲的醫生，因為它病得很重」

　　一五二〇年夏天，一份蓋著醒目御璽的文件傳遍歐洲，該文件開宗明義地寫道：「主啊，求祢起來，審判那頭已經侵入祢的葡萄園的野豬！」

　　這份文件是羅馬教宗的「通諭」，在天主教占統治地位的時代，它在歐洲大陸具有法律般不容置疑的地位。它命令被形容為「野豬」的路德悔改認罪、放棄自己的觀點，否則一切後果自負——如果被判處為異端，將面臨火刑的威脅。

　　路德收到「通諭」後，將學生和信眾聚集在一起，在威登堡的城市廣場上，當眾將「通諭」及各種教廷的文書燒毀。此舉象徵著他與羅馬教廷公開決裂。這個名不見經傳的修士，為什麼會有如此巨大的勇氣，挺身反抗歐洲所有國王都臣服的羅馬教廷？

　　「風起於青蘋之末，在眾人的輕侮之中，一個男人獨自承受了全世界的惡意和冒瀆。」第一位研究宗教改革的歷史學家約翰

尼斯‧施萊登在一五五五年出版的《實錄》中如此描述新教改革初年的景象——作者還能捕捉到那個滄海橫流的時代的特殊氛圍。

路德本人對於自己人生的巨變憂喜參半。一方面，他覺得自己的貢獻並不突出：「我只是教書、傳道、寫作⋯⋯除此之外並沒有做任何事情⋯⋯都是道（the word）的功勞。」天上沒有異象，路德也沒有行醫治的神跡。

另一方面，路德也堅信自己是上帝奇妙做工的特殊工具。一五三一年，他引用此前的殉道者胡斯受刑時的話——「我可能是一隻弱小的鵝（在捷克語中，胡斯是鵝的意思），但是更強大的鳥群會在我之後來到」——來形容自己：「一四一五年他們烹了一隻鵝，但是一個世紀之後，它已變成了一隻天鵝。」約翰‧布根哈根（Johann Bugenhagen）在路德的葬禮上重複了這個比喻，提醒天主教對手們，路德是在自己的床上靜靜地去世的：「你們可以烹一隻鵝，但是一百年後會出現一個你們烤不動的人。」他的意思是上帝的真理是無法掩埋的。

一四八三年，馬丁‧路德出生於薩克森的一個礦工家庭。早年家境貧寒，孩提時代曾因為從餐桌上偷一顆堅果，雙手被母親打得幾乎出血。路德的父親漢斯有著日耳曼人勤奮、堅韌、聰明之特質，由礦工奮鬥成為礦主，當選市議員，躍升為新興資產階級。

青年時代的路德在愛爾福特大學獲得法學碩士學位，然後違背父親的意願，進入愛爾福特修道院成為修士。薩克森選帝侯「智者」弗里德里克（Friedrich III）創辦威登堡大學，路德被邀請到該大學任教並兼任城堡教堂傳道人。本來路德會以一名神學教師的身分平靜地度過一生，上帝卻選中他成為死氣沉沉的中世

紀的終結者和生機勃勃的現代世界的催生者。

在與教廷的戰鬥中，路德宛如勇往直前、衝鋒陷陣的騎士。繼《九十五條論綱》之後，一五二〇年夏天，路德寫出三大名篇，即「改革三論」：《致德意志民族基督教貴族書》、《教會被擄於巴比倫》和《基督徒的自由》，否定了教宗至高無上的地位，摧毀了羅馬教宗權的神學理論支柱。路德一生都在與羅馬教廷論戰，他忠於內心深處的信仰，嚴厲、衝動、銳利，充滿幽默感，也常常罵人，他晚年在餐桌上說：「除了批評教宗之外，我可以休息了。」

在日常生活方面，路德表現出的更多是理智和柔情。在宗教改革的驚濤駭浪中，路德宣布廢除主教職位，將神父改為牧師，牧師放棄獨身生活，可以像普通人那樣擁有婚姻和家庭。

一五二五年，四十二歲的路德娶逃離修道院的修女、二十六歲的博拉（Bora）為妻——一開始不是為了愛情，而是出於良知，因為博拉追隨其信念而無家可歸。路德晚年回憶說：「新婚後的第一年有許多地方需要去適應，比如一個人早上醒來發現枕頭上有兩根以前沒有的辮子。」後來，路德真心地愛上博拉，寫信給朋友說：「她是我在山窮水盡時也不願意用千萬財富來交換的。」路德將婚姻稱為「神聖的高尚事務」，他用親身實踐重塑了基督徒對婚姻和家庭的觀念——婚姻是美好的、必須的設計，是上帝所賜下的，也是讓上帝得著榮耀的、塑造品格的學校，是為著男人、女人和孩子們而精心預備的。[8]

路德和博拉相親相愛，他們擁有六個孩子，這是一個夫唱婦和、父慈子孝的大家庭。路德對為人父母這件事大加稱讚，他說：「上帝在婚姻中賜下了一些靈魂，是從父母自己的身體裡生出來的，也是被託付給父母的，在孩子身上他們可以灌輸各樣的

基督徒操守。最為明顯的確定就是，父親與母親就是孩子的使徒、監督和祭司，因為正是他們，可以讓孩子們跟福音相遇和相知。」

路德與妻子對金錢的看法有差異：路德熱情好客，把家變成學生的招待所，與來自歐洲各地的客人們在餐桌上高談闊論，這些言論被作為《桌邊談話》記錄下來。路德認為錢是用來花和送人的，從不考慮如果沒有錢了，家庭如何維持，「當錢沒了的時候，就不喝酒了」。博拉持家嚴格，經濟緊張時會發怨言，敦促路德做木工活和園藝活補貼家用。路德尊重博拉作為「這個家的財務總管」的地位，在他去世前準備處置所有產業時，沒有遵從那個時代的慣例——讓大兒子成為遺囑執行人和家族的監護人，而是在遺囑中將一切都給博拉，他相信「一位母親將是她自己孩子最好的監護人」。

路德除了撰寫論文、聖經評注、翻譯和通信之外，每個禮拜天做三至四場布道。他的著作多達五十五卷。他以觀賞大自然來調劑繁重的案頭工作。他喜愛音樂，會吹長笛、彈吉他、作曲和配詞，創作了四十多首讚美詩，包括膾炙人口的《上帝是最堅固的堡壘》。路德長期深受抑鬱症和結石的折磨，卻從不屈服於疾病這種「來自撒旦的攻擊」。

一五四六年，路德應邀前往曼斯費爾德調解當地貴族之爭

8　路德暱稱妻子為「我的肋骨」。博拉是路德忠心耿耿的幫助者，操持家務，服侍教會，她是路德會（信義宗）的第一位師母，也是宗教改革後新教教會的第一位師母。她是路德的安慰者和鼓勵者。有一天，路德掉在垂頭喪氣幾乎絕望的情緒裡，博拉穿上黑色衣服，路德問道：「你要去參加喪禮嗎？」博拉回答：「不是，可是既然你的樣子好像上帝死了，我要加入，和你一起哀傷。」路德聽懂了，就從沮喪中出來。

執，但他到達其出生地艾斯萊本時染上風寒，病勢沉重。二月二十八日，路德在去世前夕，有人問他，是否始終堅持他的改革理論，他用勁地說：「是。」並且再次肯定了「永遠信奉基督和我宣講過的教義」。

路德去世後，遺體被運回威登堡的城堡教堂，那是他服事大半生的地方，也是他貼出《九十五條論綱》的地方。路德的助手墨蘭頓（Philipp Melanchthon）在其葬禮上致追悼詞，他說這位隕落的改教家將在最廣闊的教會歷史中，甚至在救贖歷史中占有一席之地。舊約時代的族長、士師、國王和先知，在新約中由施洗約翰、耶穌基督本人以及使徒接續，路德也被列在「這些由地上最崇高之人組成的美妙的序列之中」。純粹的基督福音在這五個人那裡得到最清晰的解釋：以賽亞、施洗約翰、保羅、奧古斯丁和路德。最後，墨蘭頓為路德辯護說：「有人提出，路德是否過於嚴厲。我更願意像伊拉斯謨經常做的那樣回覆：『上帝給這個末後的時代一位嚴厲的醫生，因為它病得很重。』」

◎《九十五條論綱》是給教廷的「離婚信」

從一四七〇年到一五三〇年，在宗教改革前後六十年時間裡，文藝復興所帶來的世俗精神在連續六任教宗身上都得到了集中體現。他們唯利是圖、道德淪喪、貪得無厭，引火自焚般地玩弄權術。他們的統治令盡忠職守的人感到無望，他們對改革的呼聲置之不理，對所有抗議、警告以及日益高漲的反抗置若罔聞。

黑死病讓歐洲人口減少了三分之一至一半左右，天主教會的絕對權威遭到沉重打擊。在牛津大學莫頓學院學習的神學家威克里夫發現，神職人員在黑死病疫情中的死亡率特別高（缺乏運動

又老的文人），反而是那些幹粗活的、低下階層的有更高的存活率。當主流神學觀點都將黑死病解視為上帝「賞善罰惡」的制裁時，威克里夫獨獨認為這份「天罰」是給神職人員的起訴書。天主教會未能在瘟疫期間帶給信徒安慰和信心：很多神父缺席宗教活動卻占有多個有俸聖職，上下層神職人員的分離日益嚴重，教士像普通人一樣飲酒作樂甚至包養情婦。許多神父「從未讀過舊約，也幾乎沒有讀過祈禱用的詩集」，醉醺醺地來到講壇傳經布道。在普通人看來，教士作為人與神之間的中間人，理應更加聖潔。如果這些中間人怠忽職守，人類到哪裡去尋求寬恕和救贖呢？

　　在儒略二世（Julius II）與利奧十世（Leo X）統治的交替時代，即一五一〇至一五二〇年，義大利政治學家馬基維利發現「羅馬教會是我們信仰的中樞，但人們離它越近，就越是對宗教持懷疑態度」，他據此認為這就是教會頹廢的明證。他預言說，教會「即將遭遇滅頂之災，很快就將受到懲罰」。他更難以忍受教宗對義大利造成的危害，「羅馬教廷邪惡昭彰，完全銷毀義大利人對宗教的敬虔態度」，導致「無盡的傷害，一片混亂」，「讓我們的國家總是分崩離析」。教會是「我們之所以毀滅的根源」。教會自身實力不足，從未強大到擁有至高無上的霸權，因此在害怕失去權力之時，總是尋求外部援助，「這種野蠻的統治手法令每個人都嗤之以鼻」。

　　直接跟路德對決的利奧十世，在一五一三年用賄賂的方式獲得教宗寶座時年僅三十七歲。他是義大利麥地奇家族的成員，他在給弟弟的信中聲稱：「上帝賦予我們教宗地位，就讓我們享受這種權力。」他是文藝復興時代的貴族，也是同性戀者；他熱愛狩獵，贊助高雅藝術；他復興了羅馬大學，鼓勵科學研究；他任

人唯親，也債台高築。他並非窮凶極惡，只不過展現了那個時代義大利貴族身上所有的惡劣品質——他沒有意識到教廷已在深淵邊緣搖搖欲墜，僅僅將路德對贖罪券的質疑當成是「教士為瑣事爭吵」。他錯了，錯得一塌糊塗。

上帝選擇路德成為戳破潰瘍的人。一五一七年十月三十一日，路德將手寫的《九十五論綱》貼在城堡教堂的大門上，那裡是小城的信息發布中心。《論綱》尖銳地指出：「所有認為憑藉贖罪券可以確保自己救恩的人會遭到永恆的詛咒。如此教導他們的人，也是如此。」這是史上最短小、最具爆炸性的學術論文。

參加萬聖節慶典的人們擠到前面來閱讀這份文件。它是九十五下重擊，擊中許多良心麻木的教會的重大弊端。它通俗易懂，又不出純粹宗教和樸素道德真理的範圍。《論綱》對一切受過純樸福音派信仰薰陶和沒有拋棄這一信仰的人有強烈吸引力。

路德沒有在《九十五條論綱》上簽名，他從不在公開出版物上署名。他後來承認，自己當初「像匹被蒙了雙眼的馬」，被上帝牽著走，看不見左，也看不見右，無法預料接下來會發生什麼。他並未料到，宗教改革的星星之火就這樣被點燃；羅馬教廷更未料到，一名最低級教士由此打破教廷一千多年一手遮天的局面。

《九十五條論綱》發表時，現代活字印刷術已被谷騰堡發明，它很快成為那個時代發行量最大的出版品。不到兩個星期時間，這份文本傳遍全德國；四個星期之後，整個西歐都能讀到它，邁科尼烏斯熱情洋溢地說，「好像它們是由天使傳送的」。

不久，路德居然收到從遠方倒流回來的《九十五條論綱》印刷本，這讓他隱約感到不安。他不是擔憂自己的版權——那個時代沒有版權觀念；他只是沒有想到，新思想有了新的印刷和傳播

技術的幫助，其力量可摧枯拉朽。如果說《九十五條論綱》是解構大一統的天主教會和中世紀思想觀念的說明書，那麼剛問世四十年的谷騰堡活字印刷術就是讓這份說明書人手一份的技術幫助。

幾個月之後，路德迅速成為德意志民族精神的代表，在德國「每一塊石頭和每一棵樹都在呼喊著『路德』」。一個世紀以後，人們為紀念《九十五條論綱》的發表而舉辦一場遊行，遊行終點就是威登堡的城堡教堂。一幅一六一七年的百年紀念雕版畫描繪了路德用羽毛筆在教堂刻下論綱時的場景。筆尖從教宗利奧十世的一隻耳朵穿入，由另一隻耳朵穿出，打落了他的三重冕。它暗示的是，話語（word）包含致命的真理，擁有推翻寶座的力量，正如路德所宣告的：「羅馬存留的日子屈指可數，上帝的震怒已經顯在它頭上。」

在長達千年時間裡，天主教內部從未有修士敢於如此大逆不道、犯上作亂。一五二〇年，教宗利奧十世宣告路德為異端，將其驅逐出教會。但他對路德鞭長莫及，不得不利用世俗君主的權力處罰路德。一五一九年，年輕的西班牙國王查理繼任神聖羅馬帝國皇帝之位，是為查理五世（Charles V）。如同路德代表未來的信仰，查理五世代表過去的信仰，他不明白為什麼這個小小修士竟敢與全體基督徒堅持一千年之久的信仰對立，作為西班牙人，他也無法理解德意志地區的諸侯和民眾為何支持膽大妄為的路德。

一五二一年，查理五世在沃姆斯召開帝國會議，傳召路德到會陳明其觀點。路德做好最壞的準備，在赴會前告訴其助手墨蘭頓說：「親愛的弟兄，如果我回不來，如果我的敵人置我於死地，你一定繼續傳播和忠實地捍衛真理。」出乎意料，這趟旅程

彷彿是一場勝利的進軍，一路上無數民眾向他獻上祝福和支持，他已然名滿天下並成為德意志精神和利益的代言人。

在冠蓋雲集的帝國大會上，一身樸素修士服的路德與一身華服的教廷代表展開激烈辯論。面對查理五世、皇太子、六位選帝侯、二十四位公爵、七名伯爵以及數百名貴族和使節們，路德在最後陳詞中宣布只服從聖經的權威：

除非用聖經裡的箴言或明白的理性證明我錯了，否則我絕不會放棄我的主張。我不相信教宗的也不相信宗教會議的決定，因為它們不僅明顯有誤，而且相互矛盾。我的良心向著聖經，違背一個人的良心既不誠實也不安全。這是我的立場，我別無選擇。願上帝幫助我。阿門。

人山人海的民眾在宮殿外等候辯論結果。在德意志諸侯和民眾輿論的壓力下，查理五世沒有下令逮捕路德——就連站在皇帝身邊的不倫瑞克公爵埃里克也公開宣稱，如果不從餐桌上取出一罐艾因貝克啤酒送給路德就無法坐下進晚餐。路德打贏了第一仗，但還有無數的戰役在等候著他。

◎「因信稱義」與「信徒皆祭司」給人帶來解放與自由

歷代聖徒們都有其生命和信仰的轉折點：保羅的轉折點是在騎馬赴大馬士革的路上，奧古斯丁的轉折點是躺在米蘭花園裡一棵無花果樹下，路德的轉折點是在修道院讀《羅馬書》的時候。雖然早已將自己獻給上帝，但路德的心靈一直不得平安。一五一五年，在讀《羅馬書》時，讀到「因為神的義正在這福音

上顯明出來，這義本於信，以至於信，如經上所記：『義人必因信得生。』」他被真理光照，「這時我覺得自己得到了重生，穿過敞開的大門進入天堂」。上帝感動了路德，並在其掌握的人類的歷史進程中選中了路德——

時代獲得了一位先知；他是群眾中的一員，與群眾骨肉相連；他自己過著完全保持堅定、真誠本色的大眾宗教生活，他深深觸及了它的全部奧祕，試測了它的全部能量；後來，他終於找到通向上帝的道路，他憑自己的經驗知道，每一個基督徒都能接近活生生的上帝。他已經贏得了基督徒的自由，並通過信得到了遠比人文主義所自詡的更深刻的生活快樂。他成為一位眾人的領袖，因為他那充滿快樂的信使他排除了對教會或教士們的一切畏懼——這種畏懼世世代代壓抑著人們的良心。

路德從光照他的聖經中提煉出「因信稱義」的教義，成為宗教改革的神學基礎之一。路德之「朝往」沃姆斯帝國會議，以及他與世俗及教廷之強權的戲劇性對抗，都可以從他對聖經的講解來理解——路德說：「縱使沃姆斯的魔鬼多如屋頂上的瓦片，我仍然要前往。」路德以聖經為生活和教義的源泉與最後權威，且由此形成自己的一切文字。「唯獨聖經」居於路德世界觀（認識論、神學、人學）的根基處，同時也是這一世界觀對教會以及社會產生廣泛影響的根本原因所在。

在四個關鍵的教義問題上，路德作出了與天主教截然不同的回答：對「人如何得救？」，他的回答是：不憑善行，惟獨憑藉信心。對「宗教的權威性何在？」，他的回答是：不在被稱為羅馬教會這個有形機構裡，而存在於聖經中上帝的道之中。對「何

為教會？」，他的回答是：是整個基督信仰的團契，因為人人皆是祭司。對「基督徒生活的真諦是什麼？」，他的回答是：在一切有用的職業中侍奉神，無所謂神聖、世俗之分。直至今日，新教的任何經典描述都必定是這些核心真理的回聲。

路德不是書齋中的學究，而是充滿魅力的民眾改教家。路德「因信稱義」的教義，以及與它相關的「信徒皆祭司」的教義，其重要性遠超乎學術上的神學領域。它顛覆了以賣贖罪券為代表的特權階級的既得利益結構。路德指出，贖罪是信徒與上帝之間的事情，並不涉及其他人。信徒完全不用教士來宣布他已被赦免，他可從聖經中讀到對認罪者的赦免應許。沒有必要支付任何形式的金錢來獲取上帝的寬恕。煉獄的觀念是建基於民間的迷信與教會的剝削，是不符合聖經的杜撰。在否定煉獄的存在後，對死亡就有了一個嶄新的態度，無數信徒獲得了精神的自由與解放，這就是觀念的巨大力量。

路德是近代獨立思考的第一人。他強調信徒對聖經的研讀以及個人直接同上帝建立關係，反對盲從於教宗、主教及神父的權威。在印刷術的幫助下，德語及歐洲各種語言的聖經廣為印刷和傳播，民眾的識字率爆發式提高。很多平信徒（即除去神職人員的一般信徒）通過研讀聖經，引發了對已有的權威觀點包括古代先賢思想的質疑。這種新教主義引起獨立思考風潮，這種獨立思考風潮為現代科學革命奠定了基礎。

路德掀起的改革運動強調回歸聖經的福音精神。這福音就是自由，也是承擔——心靈釋放後帶來的承擔。基督徒的自由是服事他人的自由，歸附社群的自由；不是遺世獨立，唯我獨尊，自我中心。這福音精神在個人主義與集體主義中取得優美的平衡，肯定個人的尊嚴與社會的團結。

◎「路德宗」教會的建立與新教民族國家的出現

　　一五二二年，路德回到威登堡，在薩克森選帝侯的支持下投身宗教改革運動。他宣布停止天主教彌撒和拉丁文崇拜，建立新式教會和崇拜禮儀。新教的崇拜分三部分進行：講道，即解釋福音；其次是唱聖歌，很多是當代人（包括路德自己）寫的聖歌；最後是聖餐儀式。祭拜聖母瑪利亞和歷代聖徒的儀式被取消。路德掃除了人與上帝之間的虛假中保，讓崇拜儀式變得簡潔明瞭，人與上帝的聯繫更為直接，也使人對上帝的崇拜更加內在化。作為新教最早的宗派之一的路德宗（也稱信義宗）教會逐漸建立起來。

　　路德宗成為一個國際化的新教宗派，可以從路德任教的威登堡大學變化中看出來。威登堡大學是路德發起宗教改革的搖籃和基地──他首先是一名大學教授，然後才是一名牧師。這所大學由薩克森選帝侯於一五〇二年創辦，在路德開始宗教改革的時只有十多年歷史，是一所在德意志偏遠小城的地方性學府。然而，宗教改革大大提升了這所學校在全歐洲的地位──全歐洲都矚目於這座小城，凡是有新教發展的地方都打算派人到此接受路德之親炙。從一五五四年到一五六五年這關鍵的十年內，僅僅波蘭就有一百一十五個學生來此學習，這個名單就像是從整個天主教歐洲來接受培訓的宗教改革領袖的名單。

　　北歐地區與德意志的關係密切，很快接受路德宗。一五一九年，丹麥國王（薩克森選帝侯之侄）請薩克森選帝侯派人到丹麥協助進行宗教改革，又派人到威登堡考察學習。就連莎士比亞的著作中都提及劇中的主人公丹麥王子哈姆雷特曾經到威登堡大學學習（儘管時代不符）──國王克勞狄斯對王子說：「至於你要

回到威登堡去繼續求學的意思，那是完全違反我們的願望的。」實際上，丹麥對德意志諸邦的宗教改革亦步亦趨。由此，路德宗在丹麥取代天主教。瑞典國王於一五二七年頒布敕令，宣布沒收天主教會的財產，建立路德宗教會。挪威也於一五三九年皈依路德宗。不久，芬蘭也皈依路德宗。路德宗在四個北歐國家取得國教的地位。

篤信天主教的查理五世決定以武力來壓制異端邪說。改信新教的諸侯貴族們以及二十四個帝國城市的首長也決定用刀劍來捍衛其信仰，他們於一五二九年春天發表了一份抗議書。從此這群改教者被稱為「抗議宗」——這也是「新教」或「更正教」的另一個名稱。於是，兩者發生了一場殘酷的戰爭。最後，筋疲力盡的雙方締結《奧格斯堡和約》，規定各諸侯貴族可在其轄區內自行選擇天主教或新教信仰。宗教信仰自由的第一步——脫離天主教的自由終於實現了。

十六世紀，基督新教出現了三大宗派：路德宗、長老宗（或喀爾文宗）、英國聖公會（英國國教會，或稱安立甘宗），後兩者亦深受路德神學影響。至十七、十八世紀，在路德和喀爾文神學的共同影響下，又產生了公理會（由信徒直接管理教會）、浸禮會（洗禮要求全身浸入水中）和衛斯理宗（由約翰‧衛斯理所開創）。這六大宗派被稱為基督新教的主流宗派。

路德在瓦爾特堡避難期間翻譯的德語聖經，對近代德語的成熟產生了無與倫比的影響，從此，德語不再是一種粗鄙無文的語言。無論是歌德（Goethe）還是海涅（Heine），凡是讀過路德翻譯的德語聖經的德國文學家，無不從其優美典雅的德語中汲取養分。海涅讚美說：「馬丁‧路德創造了德語，是因為他翻譯了聖經完成的。……這部古老的書是使德語不斷更新的源泉。」

如果沒有路德，宗教改革運動不可能首先在日耳曼地區取得勝利：

　　馬丁‧路德是他那個時代一位最偉大的人物，他遠遠超出其他任何一個人。……在這樣一個四分五裂的德國，沒有人能像路德那樣，心胸開闊，能把新教力量團結在一起。

　　路德被譽為「近代德國之父」，路德神學對人的心靈的解放，對德意志民族意識的覺醒所起的作用，無人可以比擬。當然，路德思想中的一些局限和盲點，如反猶主義，如「兩個國度論」中對世俗王權的低頭，也深刻影響到日後德國的近代化道路。德國近代以來的榮耀與悲劇，都離不開路德留下的光與影。

　　路德的改教運動，不可避免地同時啟動了一場政治運動。這場宗教改革，實質上是對教會「政治」（瓦解教士結構）與「神學」（因信稱義）所做的「雙重革命」，路德本人因此在新教世界成為「無冕之王」，甚至被時人稱之為「威登堡教宗」，儘管他本人並不貪戀權力，但他無法脫離他所造就的時勢。

　　這場觀念革命使幾百萬人改變了信仰的形式和對命運的認識，它提出百家爭鳴和信仰多樣這兩個問題；培育出一種新的國家認同；提高各國語言的地位；它通過促進向海外新世界移民使西方和西方文明的勢力得到空前擴展。一千多年來天主教壟斷聖經解釋權的局面解體了，整個歐洲乃至世界的宗教、政治、文化、經濟的版圖翻天覆地，一個嶄新的世界出現在歷史的地平線上。

　　在政治上，宗教改革借由排除梵蒂岡在各國國內的龐大影響力（經由任命主教及擁有大量財產而來），加速了民族主義之興

起與民族國家的形成；在經濟上，所謂新教倫理更促成資本主義萌發之可能因素；在文化及思想上，新教的出現不但瓦解了梵蒂岡的傳統權威，也借由瓦解在教義上一元性帶來的禁錮，激發出若干科學及思想的變革。

五百年後，人們仍然生活在路德掀起的宗教改革的豐富遺產之中。

第三節　約翰‧喀爾文：鬱金香永不凋謝

◎沒有墓地的異鄉人，也是世界人

如果說路德是宗教改革運動的開創者，那麼喀爾文就是宗教改革運動的集大成者。一九二一年，德國神學家巴特（Karl Barth）在給朋友的一封信中描述喀爾文對他的影響：

> 喀爾文是一條洪流、一片原始森林、一種巨大的力量，直接從喜馬拉雅山上降臨，奇異而神祕，我完全沒有辦法去吸收這一現象，更不要說將其充分地呈現出來。我獲得的只是一條細流。我很願意埋首苦讀，與喀爾文共同度過我的餘生，那樣我將受益匪淺。

喀爾文對西方的影響極為深遠，絕不僅在教會內部，他參與了現代西方的醞釀與誕生。所謂的喀爾文主義，對現代生活的信仰、社會結構、經濟觀，乃至思想文化的發展都有重要影響。它的衝擊是全面性的，這一點超乎喀爾文原來的期盼。喀爾文教派

及喀爾文主義的流布區域是世界性的——法國、瑞士、荷蘭、英格蘭、蘇格蘭，更不要忘記了坐五月花號漂洋過海的清教徒所居住的北美洲；它所引起的衝突、動盪也較多——法國宗教戰爭、尼德蘭獨立革命、歐洲三十年戰爭、英國清教徒革命以及清教徒出走美洲等。

　　一五〇九年，喀爾文出生於法國北部小城努瓦永的一個平民家庭，他比路德晚一代。喀爾文的父親是主教的顧問，母親在他五歲時過世了。喀爾文十二歲時成為神職人員，十四歲赴巴黎接受法律和古典文學教育，他學習極為勤奮，「半夜起身讀書，一天常常只吃一餐，這樣才能連貫地讀下去，不致被打岔」。他二十一歲就在法律界成名。當時關於英王亨利八世（Henry VIII）的婚姻是否有效的問題眾說紛紜，喀爾文是少數被詢及其意見的歐洲大陸學者之一，顯然他被認定是當時第一流的法學家。

　　在巴黎期間，喀爾文經歷了上帝的光照，認罪悔改：「我意識到自己的汙穢與敗壞，一無是處且一無所有，只能在哭泣與眼淚中，懇求主使我能揚棄舊生命。」由此，他也「因著上帝暗中的引導與統治，至終改變了我的人生旅途方向」，由律師轉向神學家。他閱讀路德的著作，認同宗教改革，受通緝而逃亡——他的朋友在前門擋住前來逮捕他的警察，使他能從後面的窗戶溜出去。

　　喀爾文先是住在傾向新教的巴塞爾，在那裡寫作第一版的《基督教要義》。一五三六年夏天，喀爾文與家人前往斯特拉斯堡，為避開法國軍隊的演習，往南繞行，經過古城日內瓦。他們原本計劃在此住宿一宿。日內瓦宗教改革領袖法雷爾聞訊闖入旅店，懇求喀爾文留在日內瓦，幫助完成日內瓦的宗教改革。喀

爾文不願留下，性情粗暴的法雷爾怒斥說：「如果躲避上帝的呼召，必將遭受上帝的詛咒。」喀爾文只好先留在日內瓦擔任一段時期的聖經講師，接著被任命為牧師，後半生的生命軌跡就此改變。

　　在個人生活方面，喀爾文屢遭沉重打擊，遠沒有路德那樣順暢和幸福。喀爾文很晚才結婚，結婚前，他提出挑選妻子的條件是「品行端莊，不要太挑剔，勤儉持家，有耐心，我還希望她關心我的健康」——他的健康狀況已經出現了問題。他如願以償——他的妻子伊蒂麗（Idelette de Bure）是一位有兩個孩子的寡婦，願意為他付出一切（她也是尼德蘭人，她堅韌不拔的尼德蘭人性格也影響到喀爾文，而喀爾文神學在日內瓦之外最成功的實踐就是一百年後獨立的尼德蘭共和國）。然而，他們唯一的孩子不久後就夭折了，喀爾文在給朋友的信中寫道：「主用這樣深刻而痛苦的傷害折磨我們。但祂是我們的父：祂知道什麼對祂的兒女是好的。」他的敵人挖苦他「絕後」，他回答說：「上帝曾給了我一個兒子，上帝也取走了我的兒子……但是在基督教世界裡，我有無數的兒子。」一五四九年，伊蒂麗病逝，之後喀爾文孤獨地生活了十五年。

　　喀爾文一生過著簡樸的生活，「我是真正富有的人，因為我對自己僅有的完全知足」。一五六四年，日內瓦議會的記錄中有這樣一段文字：「喀爾文病了，沒有錢支付全部的醫藥費，議會送了他十塊錢。之後喀爾文將錢還來，議會決定用這筆錢買一大箱葡萄酒，讓他無可推辭。」議會作出決定：「將喀爾文目前使用的、屬於我們城市的傢俱，全部贈送給他。」在生命最後一年，喀爾文才在屬於自己的書桌上寫作、在屬於自己的床上睡覺。他去世時，遺產少得可憐。

喀爾文長期身患多種疾病：哮喘、痛風、偏頭痛、肺結核、痔瘡、腸胃病等。他的哮喘發展成胸膜炎，這個滔滔不絕地講道、講課的人，因呼吸困難不得不竭盡全力說出每一個字；嚴重的痔瘡使他坐臥不寧；腎結石那尖刀般的疼痛不停地折磨著他。假若痔瘡尚能忍受，為了試圖顛碎結石以便於排出，他會騎馬狂奔，當時是沒有手術的。頭痛病從未離開過他，有時痛得他眼睛幾乎看不見東西，整夜不眠。大多數時候他一天只吃一餐。消化不良、痙攣、感冒則是習以為常。

　　一五六四年春，喀爾文病情惡化。二月六日，他作了最後一場講道。五月二十七日，他在牧師居所病逝。喀爾文的門徒泰奧多爾·貝扎（Theodore Beza）說：「就在那天的同一個時刻，太陽西沉，在世上引導神的教會最燦爛的光芒被接回天家了。」喀爾文的遺囑感人至深，他強調自己的願望是「不論是講道或寫作，都要以最純正的方式教導神的話語，和忠心地解釋聖經」。他有如保羅那樣回顧自己坎坷且為主奮鬥的一生：

　　當我第一次來到這裡的時候，幾乎一切都是雜亂無章的。時局動盪不安，我歷經磨難，卻大難不死。……後來我被趕出了這座城市，當我從斯特拉斯堡回來的時候，改革工作所遭遇的困難和從前一樣。人們放狗咬我，那狗咬住我的袍子和小腿不鬆口。……當我前往兩百人會議平息騷亂的時候，他們朝我大喊，讓我出去。……我有許多事情失敗了，你們要從頭再來，我所做的一切不值一提。我是個可憐的被造物。……說到我的教義，我忠實地教導，上帝也賜給我寫作的恩典。我所做的這些忠實於聖經，盡可能不敗壞聖經的每一段經文，也不刻意曲解。我總是抵擋細枝末節的、精妙的誘惑，學習那最樸素的東西。我寫作從來

不是出於對他人的仇恨，我所寫的都是我認為能榮耀上帝的。

喀爾文衣服上的紋章標識是一隻手捧著一顆焚燒的心，他的一生確實如此。應喀爾文自己的要求，他被埋葬在一個普通墓穴，沒有石碑標明墓主身分。在今天的日內瓦，沒有人能找到喀爾文的墓地。他不需要被後人憑弔，他最大的安慰就是其神學及其衍生的觀念秩序早已散播全球。喀爾文是近代第一個超越語言、族裔和國家認同的「世界人」，他的國度是上帝的國度，他一生所傳講和寫作，都是為了榮耀上帝——他的座右銘是「哦！主！我要快快地、誠摯地把心獻給祢。」

◎《基督教要義》：信徒走向聖經的橋樑

喀爾文深受聖經、自然法及中世紀傳統的影響，在一個「脫軌的世界」裡，其神學以重建秩序為念。他與中世紀的關係不是一刀兩斷，乃是藕斷絲連。以聖經的世界觀及奧古斯丁、阿奎那的神學體系而論，宇宙是一個差序格局的存有體系，日月星辰懸於地表，予萬物日夜寒暑；人類具靈性，掌管草木鳥獸自然資源；在人類之中，君王統治人民，父母教養兒童，丈夫引領妻子。因此，喀爾文致力於規矩、典則、律法等，予人一幅嚴峻的面貌。沉重的真理比輕飄的謊言更有吸引力。

在流亡巴塞爾期間，喀爾文完成並出版第一版《基督教要義》，那時它還「只是一本小冊子」。喀爾文一生都在修訂此書，最後版本為厚重的四卷本，從最初的六章發展到八十章，從一部教義問答手冊和致法國國王的信仰辯護書發展到「新教信仰的系統說明書」和「基督教教義的卷軼浩繁和包羅萬象的系統著

述」。[9]關於寫作此書的目的，喀爾文曾謙虛地說：「我的目的不過是想提出一種基礎知識，使那些對真信仰有興趣的人能受教而進入真正的敬虔。」他並未打算以之作為基督教教義的經久不衰的系統著述，而是打算用它來作為那些在困難的日子裡試圖作為基督徒而生活的人的一本實用手冊。[10]

一五五九年出版的最終版本的《基督教要義》，被後代稱為「文學世界的奇蹟之一」。這本堪比阿奎那《神學大全》的傑作，是人與聖經之間的一道橋樑。它是宗教改革運動史上的里程碑，也被廣泛視為「法語雄辯術的第一座紀念碑」。該書渾然一體，自然流暢，風格優美，因明晰性和系統性而著名。渥克說：「它把改教運動所帶來的基督徒生活與教義，作了最有秩序且有系統的廣泛說明。」法國歷史學家腓力斯（G. de Felice）在《法國抗議宗歷史》一書中說：「抗議宗教徒們以此書為準則，在其中找著他們所需要的一切——教義、宗規和教會的組織。」《基督教要義》使得喀爾文成為宗教改革時代最偉大的神學家，在整個基督教歷史上與保羅、奧古斯丁、湯瑪斯·阿奎那地位相等。《基督教要義》是一本活的書，數百年以後，它仍然是現代基督教神學的重要資源與對話伙伴。

《基督教要義》內在地具有三位一體的教義，四卷的內容分別是：第一卷，討論作為聖父的上帝，特別是上帝的創造與護理；第二卷，討論作為聖子的上帝，包括人的罪，耶穌基督道成肉身的救贖；第三卷，討論作為聖靈的上帝，以及救贖在個人身上的應用，包括信心、重生、稱義與預定的教義；第四卷，探討

9　岡察雷斯：《基督教思想史》（第三卷），頁184-185。
10　喀爾文：《基督教要義》，（北京）三聯書店，2017年版。

蒙救贖群體的生活，也就是教會、事工、聖禮以及教會與國家的關係。

喀爾文在《基督教要義》中一開始就斷言，人能夠知道的幾乎所有事情包括兩個部分：對上帝的認識和自己的認識。對自己的真正的認識——在其中人們發現了自己的悲慘和不足之處——也使人們意識到，需要尋求對上帝的認識。但是，由於人們在目前的狀態中，太容易欺騙自己——我們不是什麼而聲稱我們是什麼，並且遮掩我們的弱點——因而真正智慧恰當的出發點，是從認識上帝出發。真正的上帝是作為造物主而顯示出來，這樣人們就可以把上帝和異教崇拜的眾神區別開來。人們應當為一切美好事物而感謝上帝，而且在處於逆境時，應當忍耐和信賴上帝。

喀爾文支持路德「因信稱義」的學說，主張人類不能透過自以為正義的行為獲得救贖。他恢復了逐漸被天主教會所遺棄的奧古斯丁派「神恩獨作」論，而竭力反對逐漸成為天主教神學主流的「神人合作」論。他認為，教義應當回歸聖經，喀爾文主義者之神學傳統常被稱為「改革宗神學」或「歸正信仰」（Reformed Faith）。後人將喀爾文神學歸納為「五個惟獨」（Five Solas）：惟獨恩典、惟獨信心、惟獨聖經、惟獨基督、惟獨一切榮耀歸給上帝。

喀爾文神學博大精深，其核心部分更可總結為「喀爾文主義五要點」，嚴格來說，應稱為「喀爾文主義救贖論五要點」。喀爾文本人並未提出五要點教義，乃是後來在多特國際教會會議中，因應阿民念主義者的修正式論點，喀爾文主義者根據聖經一一加以駁斥，而後作為《多特信條》發表。[11]後世的喀爾文主義者由此發展出「五要點」：第一，全然敗壞（Total depravity）或完全無能力（Total inability），人類由於亞當的墮

落而無法以自己的能力作任何靈性上的善事;第二,無條件的揀選(Unconditional selection),上帝的揀選並非因為人在倫理道德上的優點,也非祂預見了人將發生的信心;第三,限定的代贖(Limited atonement),基督釘十字架只是為預先蒙選之人,不是為世上所有人;第四,不可抗拒的恩典(Irresistible grace),人類不可能拒絕上帝的救恩,上帝拯救人的恩典不可能因為人的原因而被阻撓;第五,聖徒恆忍蒙保守(Perseverence of the saints),已得到的救恩不會喪失。這五點教義的英文首字字母恰好拼成「Tulip」,即「鬱金香」,所以也被稱之為「鬱金香神學」。這五個要點環環相扣,層層推進,宛如人的五根手指一般缺一不可。此五要點衍生出具有近代性的政治、經濟及倫理原則,有力地形塑了現代西方世界社會生活的每一個方面。

在所有改教家裡,喀爾文對宗教改革之世界觀所作的貢獻,無論就範圍上的廣度還是就內容上的深度而言,都無出其右。喀爾文建構了一種基於聖經的世界觀:「上帝的主權當及於生命的全部而不只是神學與教會。」在新教各宗派當中,改革宗在其導師喀爾文的帶領下,深刻地意識到上帝的主權和統治遍及人類生活的每一面。對於各類社會議題,改革宗神學給出了一致的、整全的答案,可以跟中世紀天主教的綜合世界觀或現代世俗的世界觀相抗衡。

---

11 阿民念主義:其創始人阿民念(Jacobus Arminius)原是喀爾文主義者,曾受教於喀爾文的繼承者泰奧多爾·貝扎門下。他後來不認同喀爾文派在預定和定罪方面的看法。阿民念主義是打了折扣的喀爾文主義。但對於嚴厲的喀爾文主義來說,真理是不能打折扣的,差之毫釐謬以千里,打了折扣的真理就是謬誤和異端邪說。

◎長老制：「最不壞」的教會治理模式

喀爾文的觀念秩序當然影響到他對教會和國家的關係的看法。與路德相似，喀爾文也認為有「靈性的王國」和「政治的王國」兩個不同的國度，前者存在於人的內心裡，後者只是管制外在的行為，「不同的國王和不同的律法擁有管理這兩個世界的權威」。

與路德不同的是，喀爾文並未將兩個國度截然分開，它們之間存在有機聯繫。就政府基本形式而言，無論是君主政體、貴族政體還是民主政體，都是很容易腐化的，三種政體的統治者都有可能變成暴君。喀爾文不是革命家，他沒有像孟子那樣論證誅殺暴君是正義之舉，他認為身為平民的基督徒不能用暴力反抗統治者，即便統治者是虛弱的或邪惡的。但他又提出兩種例外的情形：第一個例外，下層行政官和公務員有權責備暴君，因為他們的義務是保護人民的利益，他們不能逃避此責任。第二個例外，如聖經所說，基督徒必須永遠服從上帝先於服從人的統治者，所以，基督徒必須拒絕服從任何與上帝的律法相抵觸的民法或要求。正是這兩個「例外」論，讓後世的喀爾文主義者能夠採取非常革命的立場，儘管喀爾文本人的態度基本上是保守的。

就建立合乎聖經教導的教會體制而言，喀爾文是改教家中貢獻最大的一位。喀爾文比路德更注意教會的組織。路德認為，只要福音被恰當地宣講，教會組織這類事務就是次要的。結果，路德宗的各教會有五花八門的組織形式。而大多數改革宗教會則按照喀爾文提出的基本原則進行管理。這種不同，不是細枝末節的，而是涉及到宗教改革的目標方面，路德和喀爾文之間的根本不同。路德認為，只需要把教會傳統裡那些同聖經相抵觸的成分

放在一旁就行了；而喀爾文和改革宗神學家們則認為，所需要的宗教改革必須更進一步，並按照新約的形式回復原始的基督教。對路德來說，教會制度是永遠要取決於世俗情況的某種東西；而對喀爾文和改革宗傳統來說，教會制度是教會性質本身的一部分。

喀爾文是博大精深的神學家，也是極具布道和組織管理恩賜的牧師。在相當長一段時間裡，他每個禮拜天講道兩次，禮拜一、禮拜三、禮拜五各講道一次。根據專業抄寫員整理的講章，僅在一五四九年至一五五四年間，他在主日講《使徒行傳》共有一百八十九篇講章。他的講道出自信仰的熱忱，具有真情的燃燒，帶動神學意識的啟發，充滿機智與想像力，表現出憐憫的深度以及不能熄滅的喜樂之盼望。那些在日內瓦長期聽喀爾文講道的人，願意「被教導、勸誡、勸勉與責備」，所接受的嚴格的基督教信仰訓練，是歐洲自初代教父以來，只有極少數會眾有幸經歷到的。

喀爾文制訂了教會法規，規範教會管理體制和崇拜儀式。他起草的《日內瓦教會憲章》被日內瓦小議會通過，該憲章規定教會設立四種領導職位：牧師、教師、長老和執事。憲章仔細規劃了主日崇拜程序，包括主日講道、兒童主日學、成人主日學、洗禮、聖餐禮等。這份憲章後來被大部分新教教會所採納，成為改革宗教會和長老教會管理制度的基礎。

喀爾文主義為教會政務塑造了長老制形式的模型。改革宗教會組織結構的主要特點是會眾選舉「長老」監督教務，由牧師和不受聖職（非全職事奉教會）的長老集體管理教會——因其「全然敗壞」之「人論」，任何人都不得享有不受約束、不受監督之權力。同時，喀爾文宗又認為教徒可以參加政治活動，使世俗世

界更加接近上帝的旨意。在喀爾文宗掌權的國家或地區，經濟、民主制度和公眾事務受到教會的重視。

喀爾文特別重視教育，包括神學教育和人文教育，他本人即兼具法學和神學兩方面的嚴謹訓練。他親自草擬供主日學課程使用的《教義問答》，使之更適合青年人。教會還設有兒童主日學課程，孩子們的神學基礎教育打得很牢靠，日內瓦的男孩子也能像「索邦的博士」那樣流利地談論信仰問題。

基督教史學者麥格拉思在論及喀爾文創建的長老制的全球影響力和普適性時，特別將喀爾文與另一位瑞士改教家瓦狄亞努斯（Vadian）做對比：瓦狄亞努斯在跟日內瓦規模相當的聖蓋爾推動宗教改革，聖蓋爾是歐洲生產優質麻布的中心，瓦狄亞努斯是當時國際知名的人文學者，曾任維也納大學校長，學術地位高於喀爾文，他是聖蓋爾的公民，而且屬於該城幾個主要的家族之一，還是七個行會之一的重要成員。瓦狄亞努斯掌握該城實權長達二十年之久，不曾遇到強大的反對派的挑戰，成功實施了其改革綱領。這些優勢都是喀爾文望塵莫及的。就一城之內所取得的成就而言，瓦狄亞努斯的成功超過了喀爾文。然而，後世除非專門研究瑞士地方史，無人知曉瓦狄亞努斯；反之，從十六世紀以來，喀爾文享有全球性的、溢出基督教內部的巨大影響力。

喀爾文為何能從同時代的改教家群體中脫穎而出？麥格拉思認為，第一個原因是兩人的寫作語言、出版策略不同：瓦狄亞努斯用瑞士德文寫作，著述甚少，且出版和流傳都很少；喀爾文用法語寫作，著述豐富，且出版傳播量巨大。第二個原因是兩人對「改革」的含義有不同的理解：瓦狄亞努斯制定的是一個地方性改革計劃，只關心如何改變當地狀況；而喀爾文的目標，不僅局限於日內瓦，起初鎖定法國，後來擴大到全世界，他將宗教改革

視為對現存體制、做法和信條的挑戰，有能力超越地理、文化和政治界限。最後一個重要的原因是兩人對教會組織結構的認識不同：瓦狄亞努斯對教會的構想極少強調結構和紀律；喀爾文則十分清楚教會的結構紀律的重要性，並設計了一種教會模式，這一模式非常適合他發動的全球性計畫。喀爾文對教會的組織形式的革命性改革，絲毫不亞於列寧對政黨這一現代政治力量的改造，儘管這一比喻並不妥當。

宗教改革以來，獨立於羅馬教廷之外的新教教會紛紛建立，不同宗派的新教教會又彼此競爭，先於經濟貿易層面的自由市場形成了「宗教的自由市場」，並由此產生宗教寬容和信仰自由的觀念。新教教會的組織形態，成為現代民族國家尤其是共和國的模仿榜樣。譬如，在北美新大陸，當國家尚未出現時，教會既是信仰的中心，又承擔著政府的功能。於是，美國的國父們受教會尤其是長老制教會組織結構的啟發，締造了美利堅合眾國：在縱向的權力結構上，合眾國與長老教會一樣，是地方自治、地方分權的聯邦制；在橫向的權力結構上，合眾國與長老教會一樣，是三權分立、彼此制衡——長老教會是牧師、長老會和會友大會三足鼎立；美利堅合眾國則是行政、立法和司法三足鼎立。在此種權力結構背後，同樣都是基於聖經的、宗教改革之後形成的觀念秩序，即人的全然敗壞、權力必須被分割和制衡。邱吉爾說，民主是「最不壞」的制度；同樣的道理，對於教會而言，長老會也是「最不壞」的組織形式。

◎喀爾文不是日內瓦的「獨裁者」，而是美國「隱身的國父」

長期以來，喀爾文被左翼知識分子或對基督教持否定立場的

人士刻意塑造成「日內瓦獨裁者」之形象。[12]其中，持異端思想（否定三位一體教義）的塞爾維特（Michael Servetus）在日內瓦被捕並被處以火刑，是喀爾文一生中最受爭議的事件。

喀爾文對塞爾維特被處以火刑負有一定責任，但絕非「元凶」。首先，在那個對異端普遍敏感的時代，天主教國家和新教國家對異端的判決同樣嚴酷，新教不同教派之間的攻伐亦極為血腥。若喀爾文被天主教國家或其他新教敵對宗派占統治地位的國家捕獲，等待他的命運也是火刑——若塞爾維特與喀爾文換位，他對待喀爾文的唯一方式也是火刑。[13]塞爾維特本人不僅被諸多新教占統治地位的地方判處死刑（路德也主張對其判死刑），也

---

12 受納粹德國迫害、流亡巴西的猶太裔作家史蒂芬·茨威格（Stefan Zweig），在《異端的權利》一書中，將喀爾文描述成不幸的日內瓦人民的專制統治者。也許出自無神論者對基督教的反感和反法西斯立場，作者把羅伯斯庇爾、希特勒和史達林的形象與喀爾文糅合起來，而非實際反映十六世紀日內瓦的政治生活和喀爾文的地位及本性。這種影響深遠的刻畫手法，缺乏充分的歷史根據，與史實大相徑庭，對日內瓦的權力結構與決策程序缺乏認識。中國歷史學者朱學勤在代表作《道德理想國的覆滅》中，將喀爾文的日內瓦與盧梭的日內瓦混為一談，將「道德王國的日內瓦」與法國大革命相提並論，這是巨大的誤解。喀爾文與盧梭毫無共通之處。喀爾文在日內瓦建構的社會秩序和生活方式，基於「全然敗壞」的人性論，以及民眾「同意的忠實」；而信奉盧梭思想的羅伯斯庇爾的雅各賓派革命，基於「性善論」（革命者自以為是聖賢），並使用血腥的暴力手段。在思想史的意義上，日內瓦連接倫敦與華盛頓，而非巴黎、莫斯科與北京。

13 那是一個信仰決定一切的世代，並不具備現代社會的宗教寬容和宗教自由的觀念。喀爾文在某些方面超越了他的時代，在某些方面仍受限於他的時代。對那段血與火的歷史，後來的喀爾文主義者亦有深刻反省。在塞爾維特赴刑的山坡上，他們樹立了一塊石碑，碑上用法文刻著一段文字：「我們是改教者喀爾文的忠實感恩之後裔，批判他的這一錯誤，這是那個時代的錯。但是我們根據宗教改革運動與福音的真正教義，相信良心的自由超乎一切，特立此碑以示和好之意。一九〇三年十月二十七日。」

被天主教國家判處死刑。當時，維也納天主教當局要求引渡塞爾維特到維也納受審，因為塞爾維特並非日內瓦公民，日內瓦市議會給他兩種選擇：回維也納或留在日內瓦接受司法判決。塞爾維特選擇留在日內瓦。日內瓦抓捕並處死塞爾維特，並非因為他是喀爾文的論敵，而是他被看作與激進的重洗派有關。重洗派主張廢除私有制、財產公用，對脆弱的日內瓦賴以生存的經濟社會秩序構成致命威脅。

其次，日內瓦不是中世紀風格的「神權國家」，卻不可避免地帶有「神權」之遺跡。日內瓦的宗教及社會改革帶有某些激進之因素，卻不是法國大革命那種與舊世界「一刀兩斷」的革命。喀爾文等改教家與作為大一統的羅馬教廷決裂，卻無法跟奧古斯丁—阿奎那的天主教神學傳統割席。宗教仍是日內瓦立法的基礎。不過，根本性的變革還是出現了：喀爾文制定的一五三四年法令，將改革浪潮席捲城市的實踐編成法典，卻並未建立一個由神職人員控制所有領域的神權國家。喀爾文設立教會法庭，是為了實踐其改革宗神學，規範日內瓦人的舉止和信仰。這個教會法庭與天主教的宗教法庭不同，它無權作出民事懲處，也不介入宗教之外的事務。對塞爾維特的判決，並非來自教會法庭。

再次，喀爾文不是日內瓦的獨裁者，也不是處死塞爾維特的決策者。當日內瓦審判塞爾維亞時，喀爾文的角色是證人和技術顧問（他有法學背景），而非公訴人。喀爾文的意見是：「我同意對他判處死刑，但我希望執行的方式不要過分殘忍。」當「小議會」做出火刑判決時，喀爾文一度要求改為斬首，卻被法雷爾指責為過分寬容。喀爾文在城市事務中的權威，是個人的、道德的、宗教層面的和受到嚴格限制的。日內瓦的最高權力機構是

由二十五人組成「小議會」，喀爾文從來不是「小議會」成員。
「小議會」無意將來之不易的權力和特權拱手讓人，更不用說是
一個沒有選舉權、可被隨意解僱和驅逐的外國人。喀爾文早就可
以成為日內瓦公民，但從未主動要求過，免得有人以為他想要擁
有權力。數以千計難民提出申請後都獲得公民權，被全歐洲稱為
「日內瓦人的喀爾文」，並自稱為「日內瓦的僕人」的喀爾文，
在他使之揚名的城市裡一直都是寄居者。

　　二十世紀以來，喀爾文長期被左翼和無神論陣營妖魔化，其
歷史形象早已面目全非，必須回到十六世紀的歷史場域中，還喀
爾文一個公道。

　　喀爾文一生的最後階段，即生命中最後九年，被稱為「勝利
時期」。此種「勝利」，不單單是其個人的勝利，更是教會和社
會的「共贏」。喀爾文得到日內瓦民眾的愛戴和日內瓦政府的支
持，日內瓦有忠實於上帝的話語而治理有序的教會，也有高效而
清廉的政府機構。教會與政府合作，教會為政府提供精神幫助，
政府為教會提供物質需要。這個具有一定「神權」特質的公民社
會和共和政府，奠基於聖經原則和中世紀的經驗，又是對包括喀
爾文神學的宗教改革思想成果的實踐。

　　喀爾文不是政治學家，更不是革命者。他以法語為母語，大
半生流亡日內瓦，卻不曾想到，他推動的這場信仰的變革，帶來
廣義的社會生活及世界格局的變革。他眷念的祖國法國錯過了宗
教改革，而他的神學觀念開花結果的地方，居然是低地國家（尼
德蘭）、遙遠的英國和繼之而起的美國。喀爾文的時代，歐洲
還未興起到北美新大陸的移民潮，喀爾文更不會料到大洋的另一
邊會興起一個未來將超過歐洲、主宰世界的超級大國，而這個大
國的崛起的精神資源居然是他的神學。《五月花號公約》、美國

《獨立宣言》和《美國憲法》的精神源頭來自歐洲的宗教改革，特別是喀爾文的神學與實踐，聖經和喀爾文神學是美國的建國者們不言自明的觀念秩序。

清教徒無疑是喀爾文的孩子。美國歷史學家悉尼·阿爾斯特羅姆認為，「清教徒信仰為一七七六年宣布獨立的全部美國人中的百分之七十五提供了道德和宗教的背景……美國既是山巔上的燈塔，也是世界的榜樣等神話式的主題，已成為歷來人們眼中的美國宗教生活的組成元素」。北美大多數教派是由喀爾文主義建立或受其強烈影響。長老會是新大陸第三大宗教團體，經蘇格蘭流傳至北美，是喀爾文的嫡系宗派。在大覺醒運動中開始發展的浸禮會是英國分離派支系，明顯受喀爾文影響。其他大的宗教團體如衛理公會，是英倫三島清教徒信仰的衍生物。移居北美的尼德蘭改革宗教會遵循嚴謹的喀爾文神學。連北美聖公會也比英國聖公會更接近喀爾文神學。在美洲殖民地，喀爾文主義受大覺醒運動中虔敬的奮興主義影響，在方式上發生重大變更，它仍為獨立戰爭提供了重要的神學傳統。

創建新日內瓦，或許不能稱之為改變世界；但創建美國這個人類獲得的「第二次偉大機會」，就是對現代世界的最大改變。清教徒乘坐「五月花號」奔赴美洲新大陸，宛如聖經中摩西帶領猶太人出埃及、過紅海。在觀念秩序的意義上，喀爾文是美國「隱形的國父」——十六世紀日內瓦的約翰·喀爾文是以間接的方式開創美國經驗的國父之一，新英格蘭的清教徒信仰是嚴格的喀爾文宗，它對這一正在出現的國家的體制和機構的形成貢獻甚大。

德國歷史學家、被譽為「近代史之父」的蘭克（Leopold von Ranke）說過：「喀爾文是美國的真正建立者。」十九世紀美國

偉大的歷史學家、《美國史》和《美國制憲史》的作者、曾任海軍部長和駐英大使的喬治‧班克羅夫特（George Bancroft）則直呼喀爾文是「美國之父」，他指出：「一個不尊重歷史、不尊重喀爾文的影響的人，對美國自由的起源知之甚少。」喀爾文宗具有領袖地位的學者德奧比格涅亦指出：

> 喀爾文是世界上最偉大共和國的創始人。清教徒們離開了詹姆斯統治的英國，在新英格蘭登陸，建立了繁榮昌盛的殖民地——他們是喀爾文的兒子，是他合法的直系後裔；我們所見的這個快速崛起的美洲國家擁有一位謙卑的父親，就是徜徉於萊蒙湖畔的那位改革家。

第四節　約翰‧諾克斯：蘇格蘭的勇武派牧師

◎「他敬畏上帝到了一個地步，以至於不害怕任何人」

一五四五年，當新教徒們占領蘇格蘭聖安德魯斯城時，他們迎來了本來要往德國避難的諾克斯，任命他為這座城市的牧師。諾克斯的第一次講道就讓他身置蘇格蘭宗教改教家的最前列，人們擔憂地說：「他講道如此直白，一定會被燒死。」

一五四七年七月，一支法國艦隊攻破聖安德魯斯城堡。占據這座小城的蘇格蘭新教徒被迫投降，法軍將這群異端分子送去當划槳的奴隸，諾克斯也在其中。

這種折磨只有西元最初幾個世紀被罰去礦井裡服苦役的基督徒所遭受的痛苦可與之相比。在長達十九個月裡，這群俘虜必須

忍受生不如死的折磨：四個人或六個人一起被鎖到划槳的坐板上，白天不能改變姿勢，晚上仍被鎖在坐板下睡覺。監工在兩排坐板之間來回走動，他們動作稍一遲緩就遭到鞭打；吃的是粗糙不堪的硬麵包和菜豆煮的稀湯，而且吃不飽。法國的天主教徒發明這種手段來對付在宗教信仰上與他們不一樣的人。

諾克斯的傳記作者海立克寫道：「划船生涯特別會消磨一個人的志氣。這種懲罰十分殘忍。……這一切會使人先是被激怒，然後人格扭曲變形，變得凶惡殘暴，最後就麻木了。在這種情況下，能夠心存忍耐、盼望、勇氣和獨立的精神，堪稱極大的奇蹟；而諾克斯做到了。」有一位奴隸同伴不斷地問諾克斯：「你認為我們會被釋放嗎？」諾克斯的回答是一樣的：「上帝為著祂榮耀的緣故，必在今世就救我們脫離這捆綁。」

多年後，諾克斯如此描述這段可怕的經歷：「我做了多長時間的囚犯，在船上經受了什麼樣的折磨，我的心靈有多麼痛苦，現在都沒有時間回憶了。我唯一不能隱瞞的一點是：當我的軀體遠離蘇格蘭的時候，我曾表達過一個堅定的信念，就是在我結束此生之前，我要回到聖安德魯斯去公開講道。」

如果說日耳曼宗教改革的成就幾乎全歸功於路德，蘇格蘭宗教改革則是由諾克斯依靠英雄般的意志和旺盛的精力完成的。與路德一樣，諾克斯在民族文化史上刻下永不磨滅的印記。他憑一己之力，帶領蘇格蘭貴族和城市階級一舉推翻中世紀遺留的天主教會，正式採納喀爾文的教義信條。喀爾文主義與諾克斯激烈堅韌的性格的契合程度甚至超過喀爾文本人，喀爾文主義對於諾克斯就像呼吸般自然，在其倡導下，與他同時代的蘇格蘭人都受到這種信仰的教育。

如果說日內瓦在很多方面都是喀爾文主義在城邦共和國中最

值得尊敬的例子，那麼，從國家的範疇來看，也許諾克斯所在的蘇格蘭比世上任何其他地方都更充分地展現了喀爾文主義。在上帝、主權、律法和政教關系等諸多方面，喀爾文主義在蘇格蘭比在法蘭西和英格蘭都發展得更為深遠。「蘇格蘭人的宗教改革既在國家層面上展開了喀爾文主義的內涵，又在一個激進的方向上超越了喀爾文主義。後來證明這個方向在一定程度上形成了這個世界『未來的思潮』。」

諾克斯的最終目標是將蘇格蘭人改造成上帝的選民，將蘇格蘭改造成新的耶路撒冷。為此，他竭力掃清一切羅馬天主教在蘇格蘭的殘餘，蘇格蘭成為宗教改革最徹底的地方。有人讚美他說：「對付羅馬教廷，別人只是修剪枝葉，他卻是連根拔起，片甲不留。」

一五一五年，諾克斯生於蘇格蘭哈丁頓一個普通人家，早年攻讀文學和神學。一五四〇年成為神父。宗教改革思潮影響到蘇格蘭，諾克斯追隨蘇格蘭宗教改革的先行者威沙特，當他聽說羅馬教廷企圖暗殺威沙特，便攜帶一柄需雙手舞動的寶劍，隨時準備砍倒企圖在威沙特布道時襲擊他的人。清教徒都是富於戰鬥精神的，有中世紀騎士的美德，絕非弱不禁風的中國儒家的士大夫。在後來的美國，最具此種彪悍的戰士氣質的，是德克薩斯持槍上教堂的牛仔。

諾克斯成為蘇格蘭宗教改革的領袖，首先是因為他強而有力的講道。英格蘭駐蘇格蘭大使蘭道夫形容說：「這一個人的聲音，在一個鐘頭內灌注進我們裡面的活力，勝於五百個號筒不停地一起向我們的耳朵吹響所帶來的。」這一個人的聲音，許多時候，就在一次講道內，把情勢完全扭轉過來。

諾克斯是戰士型的牧師和神學家。在宗教改革之前，迷信仰

仗愚昧和權力，占據著壓倒性的統治地位；如果氣質溫和、溫文爾雅的人走上戰場和敵人較量，就如同侏儒或兒童遇到巨人一樣，根本不是對手。諾克斯身上有一些品質令其性格缺少親切和藹的一面，但正是那些品質將他鑄就成上帝手中的器皿，在一個強悍暴烈的民族當中推進改教運動，給他正面危險和克服攔阻的勇氣。若是溫和柔順的人遭遇這一切，恐怕早就畏縮退後了。神學家鍾馬田（David Martyn Lloyd-Jones）指出，諾克斯是那個時代需要的人。十六世紀的蘇格蘭，所需的是一個剛強嚴格、勇敢無畏的人。諾克斯正是這種人。上帝使用各式各樣的人，也賦予各人不同的性格。那個時代需要一個具有英勇且粗獷性格的人，上帝按照需要預備好祂要使用的器皿。

諾克斯的大半生都在戰場上與敵人作戰，處處面臨危險。槍彈射穿他的窗戶，到處是致命的埋伏。有一段時間，諾克斯幾乎難以支撐下去：「二十四個小時中我沒有四個小時的空餘時間來使自己這副疲憊不堪的軀殼得到休息和放鬆……我需要一匹寶馬良駒，因為人們為了逮捕我而嚴密監視著我，為殺掉我而設下巨額獎賞。」他的一生比喀爾文還要飽經憂患，鮮有間歇和喘息的機會，往往是才脫離一個難處，又陷入另一個更糟的困境。一五七二年，諾克斯臨終前最後一段話是這樣開頭的：「在我軟弱的一生中，我經歷了許多的爭戰……」諾克斯的墓誌銘是如此地鏗鏘有力：「這裡躺著一個人，他敬畏上帝到了一個地步，以至於不害怕任何人。」反之，羅馬教廷和專制君主們聽到諾克斯的名字就恐懼戰兢。[14]

---

14 諾克斯讓教廷和英王畏懼，從多年後他女兒與國王的對話即可看出。諾克斯的兩個兒子都英年早逝，三個女兒均嫁給牧師。小女兒的丈夫韋爾奇牧師反抗詹姆斯

◎史上最尊貴的流亡者：「我，一個上帝派來的人」

　　諾克斯的兩大敵人是兩名女王：一個是企圖讓天主教捲土重來的蘇格蘭女王瑪麗・斯圖亞特（Mary Stuart）[15]；另一個是企圖讓蘇格蘭接受英國國教聖公會的英格蘭女王伊麗莎白一世（Elizabeth I）。「諾克斯要和這兩個女人打交道，毫不畏懼。她們的本事，各有千秋，但對諾克斯而言，全不相干。」

　　瑪麗女王在法國宮廷所受的教育是王權意味著無限的專制特權，她希望將這一統治模式沿用到蘇格蘭。沒有料到，她在蘇格蘭遇到了強有力的對手：諾克斯。

　　一五六二年冬天，法國胡格諾派教徒慘遭大屠殺，瑪麗女王開心地舉辦盛大舞會大肆慶祝、徹夜狂歡。諾克斯強力抨擊瑪麗及其朝臣行為輕浮、殘酷。瑪麗先後四次召見諾克斯並與之激烈辯論。女王驚訝地發現，面前的這個平民有著她不能摧抑的意志

六世，被判處死刑，後改為流放，一家流亡法國十六年。韋爾奇夫人有機會求見國王，希望讓丈夫得到回國許可。國王問，誰是你的父親？她回答說，是諾克斯先生。國王驚呼：「諾克斯和韋爾奇，這樣的絕配連魔鬼都想不出來。」韋爾奇夫人針鋒相對地回答：「陛下，您說得對，因為我們從來沒有徵求過魔鬼的意見。」國王知道諾克斯活著的三個孩子都是女兒，舉起雙手喊叫道：「如果他們都是兒子的話，我治下的三個王國將會永無寧日。」國王要求她說服丈夫順服其權柄，才能重返蘇格蘭。韋爾奇夫人當即拎起裙襬，其回答如同父親的風範：「尊敬的陛下，我寧可在蘇格蘭迎接丈夫的人頭，也不會從命。」

15 瑪麗・斯圖亞特：十六歲嫁給其表弟法國王太子。即位不久的王太子（法蘭索瓦二世）因病去世後，瑪麗回蘇格蘭繼承王位，企圖恢復天主教的統治地位。她後來嫁給另一名表弟亨利，因與祕書私通，設計害死丈夫。之後，她與參與暗害亨利的貴族伯斯維爾結婚。蘇格蘭人奮起反抗，將其廢黜，扶持其子詹姆斯繼位。瑪麗出逃英格蘭，遭伊麗莎白女王囚禁十八年，後捲入刺殺伊麗莎白的「巴賓頓陰謀」，被處以極刑。

和勇氣，以及跟她完全不一樣的信仰及思維方式。

在會面中，瑪麗大聲抗議說，從來沒有哪個君主受到平民如此的羞辱，隨即失聲痛哭。諾克斯平靜地為自己辯護說，他與女王並無私怨，女王過去所接受的訓練一直缺乏真理的教導，如果能從謬誤的捆綁中釋放出來，肯定是一件蒙上帝喜悅的事。面對哭泣的女王，諾克斯強硬嚴厲，毫不退讓。他聲明，自己從來沒有以任何人的悲痛為樂事；作為父親，在懲戒自家孩子的錯誤時，他從來不忍心看到他們哭泣；既是如此，他更不會對女王的眼淚幸災樂禍。但是，他所做的不過是履行職責而已。他只有被迫忍受女王的哀哭，而不能壓制自己良心的呼聲；倘若他閉口不言，就是背叛國家和背叛上帝。

瑪麗怒氣衝衝地問道：「你在這個國度算什麼？」諾克斯回答說：「我乃一介出生於這個國度的臣民，夫人。儘管我在這個國度既不是伯爵、勛爵，也不是男爵，但是上帝讓我（不管我在您的眼裡是多麼卑微）成為這個國度的一位有益的臣民。」

瑪麗反問說：「上帝豈不是命令臣民順服他們的統治者嗎？」諾克斯回答：「真實的信仰源頭和權柄並不是來自於君王，而是來自於永恆的上帝；君主們通常是一群對真實信仰最懵懂無知的人；臣民在宗教信仰的問題上並沒有義務要服從於統治者專制武斷的意願——假若有這項義務的話，那麼古希伯來人就應該皈依埃及法老的宗教，但以理和他的同伴也必須信奉尼布甲尼撒和大流士的宗教，早期基督徒也應當接納羅馬皇帝的宗教了。」瑪麗啞口無言。

諾克斯和瑪麗女王的會面，展現的正是人民的公民權利、宗教權利與專制權力之間的鬥爭。現代民主就在這種回答中產生了。

此前，諾克斯曾流亡歐洲大陸，擔任法蘭克福的英國流亡者教會的牧師，再轉至日內瓦，在日內瓦大學學習，成為喀爾文的門徒並參與翻譯日內瓦版本英文聖經的工作。在那些最嚴酷的歲月裡，大約有八百名像諾克斯這樣的新教徒和牧師在歐洲大陸流亡。他們生活在「任何有效的司法管轄的範圍之外」，「是自由人」。

像諾克斯這樣信仰最堅定、最虔誠的一群流亡者在日內瓦如魚得水，他們確定了一群教眾和設定了清教徒未來雄心的一套戒律。對於他們而言，流亡是一種偉大的解放。牧師們擺脫了宮廷以及各種派系，獨立於大貴族，他們第一次發現自己是有著自身信念的獨立知識分子，並深深感受到了按他們自己的形象重構世界的強烈願望。

蘇格蘭形勢險惡。諾克斯曾詢問喀爾文，蘇格蘭的新教徒如何應對暴君的瘋狂逼迫？喀爾文回答：「較好和較安全的路徑是靜靜地等候某些特別地要求介入的號召到來。」諾克斯不同意喀爾文的「節制」和消極等待上帝介入的建議，他對導師並非言聽計從。

當瑪麗女王以權力之劍在蘇格蘭重建天主教之際，諾克斯認為，什麼都不做，就會變成暴政的共犯。摧毀偶像崇拜、推翻暴政，是上帝賦予全體人民的神聖使命，任何人都責無旁貸。一五五四年，諾克斯這樣寫道：「上帝的先知有時教導大家要反抗君王，遵從上帝之道者沒有侵犯上帝。」因為瑪麗通姦並謀殺親夫，諾克斯公開譴責瑪麗是舊約中邪惡的王后耶洗別，要求其退位，甚至要求由下級官員或普通人對其施行處決。

無論是教會內部的改革，還是國家政制的改革，與喀爾文相比，諾克斯的觀點都更為激進。因為諾克斯與喀爾文的處境不

同：喀爾文到日內瓦時，新教徒已取得壓倒性勝利，日內瓦已成為新教徒的城邦共和國，他只需要致力於建構新的教會和新的社會；諾克斯面臨的是則一場攸關生死存亡的戰鬥，這場戰鬥決定著他個人的生死，更決定蘇格蘭乃至整個歐洲宗教改革運動的生存。

英格蘭國務大臣、最堅定的新教徒塞西爾（William Cecil）如此概括歐洲局勢：「（神聖羅馬帝國）皇帝覬覦歐洲統治權，他不鎮壓改革派宗教徒就不能實現這一目的，而他不壓服英格蘭就不可能撲滅宗教改革。在這關鍵時刻，如果蘇格蘭被天主教徒所控制，就會對宗教改革運動的生存造成致命打擊。」

與深受人文主義和自然法觀念影響的喀爾文相比，諾克斯更接近於舊約時代的希伯來先知，他認為上帝同人民的聖約直接賦予人民反抗一切不尊崇上帝主權的權力。「我，一個上帝派來的人」——諾克斯就是以這樣的方式來稱呼自己——「來呼召……這個民族……在此真切地侍奉上帝。」諾克斯「不是從人的智慧、自負的雄辯或敏銳細緻的理性的角度，而是從聖經是絕無謬誤的真理的角度」進行言說。

喀爾文思想的焦點在於如何維持日內瓦這座新教徒的城邦共和國的正常運作，他致力於建構性的神學思考；諾克斯則為一群憤怒的、被疏離的知識分子和離開祖先之地的流亡者而寫，他們的古老紐帶已經斷裂，抱有發現一種新的合法性和新的正直無私的希望，他的神學更有反抗性，致力於把喀爾文的清教觀念轉變成一種理想，將宗教意義上的聖約或盟約觀念移植到政治領域。在這一點上，如歷史學者道格拉斯·凱利（Douglas F. Kelly）所論，諾克斯與喀爾文大相徑庭：

在新的領域，聖約思想與蘇格蘭的封建主義傳統和自然法——社會契約理論逐漸結合為一體。……在合法地反抗世俗統治的本質問題上，諾克斯與喀爾文之所以產生最終的分歧，原因可以追溯到他們對聖約的不同闡釋。正是諾克斯，而不是喀爾文，更明確地主張人民有正當的權力來反抗暴政。……聖約是一個帶有令人敬畏的政治力量的觀念。

諾克斯的盟友布坎南（Buchanan）將「君權神授」轉化為「天賦人權」，給絕對君主制以致命一擊。一五七九年，布坎南出版《蘇格蘭人的政府法規》一書，明確指出「一切權力屬於人民」，人民選舉的管理者，國王或治安團體，都是民眾事務的「代管者」。如果管理者違背大家的意願，人民就有撤換他的權利。每一位公民，無論如何低賤，都有神聖的權利和責任除掉暴君。這一觀點的提出，比約翰·洛克早了將近一百年。

◎蘇格蘭為何能比英格蘭更先一步邁入現代社會？

蘇格蘭的宗教和文化產生於喀爾文教的思想和知識土壤之中。一五五九年，蘇格蘭爆發內戰，這是一場宗教戰爭。孔武有力的喀爾文宗教徒迅速占領首都愛丁堡。一五六〇年，蘇格蘭議會開幕，諾克斯每天講授《哈該書》，這卷經文的主題是建造聖殿，正好「適合這個時代」，「聽道者很多，儘管各色貴族不是堅定的信仰者，但他們確實屢次來聽道，這就產生了很大的希望，即上帝一定會感化他們的心靈」。議會宣布實施改革宗教，廢除羅馬天主教。諾克斯和五名同伴寫成《蘇格蘭信仰告白》，並在議會通過。這份信仰告白在改革派教會全部信綱中享有崇高

的地位，它存在的頭一個充滿暴風雨的世紀裡，一直是蘇格蘭教會的象徵。

　　一五六〇年十二月三十日，蘇格蘭改革宗教會第一屆總會在愛丁堡召開，共有四十名成員出席大會，其中有六名是牧師，諾克斯是其中之一。這一年，諾克斯的愛妻去世，喪妻的打擊讓諾克斯敏銳的情感受到嚴重傷害，但他努力緩和悲痛的心緒，積極投身教會事務和公共事務。這一年，由諾克斯起草的兩份重要文件在蘇格蘭議會通過，具有法律地位，深刻影響了蘇格蘭及其他國家的長老會模式：一份文件為《第一宗規書》，又稱《教會的政策與戒律》；另一份文件為《公儀書》，又稱《諾克斯的禮拜儀式》。

　　《第一宗規書》規定，教會的神職人員分四種：第一種為主僕或牧師，負責傳講福音和主持聖禮；第二種為神學家或教師，負責詮釋聖經和駁斥謬誤；第三種為治理長老，負責幫助牧師實施教會紀律和管理教會；第四種為執事，負責照管教會財務和周濟窮人。所有職務的任命都必須經過若干程序：民眾的自由選舉、對候選人的考查、公開認可，並伴隨禱告和勸勉。對於每一群特定的會眾而言，都有牧師、長老和執事管理各項事務，形成地方教會的「堂會」，這是教會最基本的治理結構。若干堂會組成「地方大會」。全國層級則有「總會」，處理全國教會的事務。

　　《公儀書》則規定了主日崇拜的儀式。諾克斯依據日內瓦英國難民教會的禮拜儀式及喀爾文在日內瓦教會的儀式加以修正，蘇格蘭長老會的崇拜包括讀經、講道、唱詩與奉獻等部分，這也成為大部分新教教會的崇拜儀式。

　　諾克斯影響了整個蘇格蘭長老教會，而教會構造了新社會。

諾克斯堅信，政治權力由上帝賦予，屬於人民，而非國王或貴族，亦非教士。長老教會與上帝訂立誓約，有責任捍衛宗教信仰自由和教會內部事務不被世俗權力干涉。在歐洲所有國家中，蘇格蘭的教會制度是唯一高度民主的。對於蘇格蘭長老會而言，統治者是上帝，而非君王。諾克斯的門徒梅爾維爾牧師告訴詹姆斯六世，蘇格蘭是雙重國度，一個屬於君王，另一個屬於耶穌基督，人之國須受神的國支配。英國以聖公會為國教，卻無法強迫蘇格蘭接受聖公會模式——長老會是蘇格蘭人用血肉捍衛的「準國教」。

蘇格蘭長老教會高度重視教育。諾克斯提出一個宏大的計劃：每個堂區建立一所學校，每個重要城市建立一所高級學校或學院，通過由最為虔誠而飽學的人士在各堂區巡查這一制度，使得一整套教育組織體系與人民的生活融和到一起。一六九六年，蘇格蘭議會通過「興學法案」，規定蘇格蘭各地每個教區至少設立一所學校。

一五五九年十一月十八日，喀爾文自日內瓦寫信給諾克斯說：「當我們因在如此短暫的時間取得這樣令人難以置信的成功感到驚奇時，我們也要虔誠地感謝上帝，是他的特別賜福成就了它。」諾克斯本人則在戰鬥的風暴眼如此寫道：「我們並沒有做什麼事，只是走到耶利哥城下，吹響號角，是上帝給予了力量，我們依靠上帝的權能期盼勝利。」

在諾克斯去世時，蘇格蘭的宗教改革只成功了一半，長老教會與專制王權保持脆弱的平衡。詹姆斯六世之後，其子查理一世（Charles I）強迫長老會採用聖公會的公禱書，再度引發內戰。一六三七年，騷亂從愛丁堡開始波及蘇格蘭全境。一六三八年，蘇格蘭新教徒簽署「國民盟約」，又稱「長老會版本的民主宣

言」，以此挑戰國王隨意制訂法律的特權。長老教會信徒用實際行動證明，不經教徒代表大會和議會允許，蘇格蘭人反對任何強加的變革。在「國民盟約」上簽名的人宣誓維護諾克斯建立的信仰：「我們將極力維護……上帝賜予我們的權力，至死方休。」蘇格蘭長老教會的反抗運動，引發查理一世武力干涉，召開國會討論徵稅作軍費等議題，未曾想到觸發國會反抗，演變成英格蘭的內戰與革命，王室被顛覆，查理一世被送上斷頭台。查理一世輕率地侵犯蘇格蘭人的宗教信仰自由，付出了失去王座乃至頭顱的代價。

諾克斯最重要的神學著作是《預定論》，他一生中的主要神學思想都來自於喀爾文。在他的推動下，蘇格蘭成為喀爾文主義付諸實踐、生根發芽的地方。當喀爾文去世、日內瓦的光芒逐漸黯淡時，蘇格蘭成為改革宗的大本營。日內瓦太小，沒法撼動歐洲和世界；蘇格蘭則足夠大足夠強悍，喀爾文主義由蘇格蘭擴展到整個英國，進而由英國跨過大西洋傳到北美及世界各地。移民美洲的早期清教徒對政府和掌權者的看法，與諾克斯的觀念完全一致；諾克斯與喀爾文一樣可算是美國清教徒的精神之父。從許多方面看，諾克斯的思想是一七七六年美國獨立戰爭的原動力，他本人是這種爭取獨立精神的開路先鋒。

諾克斯的宗教改革帶動了蘇格蘭社會的全面進步。蘇格蘭長老會對教育的重視經過百年的努力終於實現了「百年樹人」的目標：蘇格蘭的格拉斯哥大學、愛丁堡大學、阿伯丁大學和聖安德魯斯大學以及設立在各郡或區級的學術俱樂部，共同推進了各類科學、機械、工業、道德哲學、歷史、認識論和政治理論的學術研究。相比之下，英格蘭的名校如劍橋和牛津主要成為上層菁英們的精修學校。蘇格蘭的大學對醫學、自然科學和工程技術進行

深入研究，建立起全世界最現代化和經驗主義的課程體系。他們的研究方法、研究成果和學生廣泛傳播到英國和北美各地。

不僅高等教育後來居上，平民教育也突飛猛進。一七五〇年，蘇格蘭男子的識字率高達百分之七十五，高出英格蘭二十二個百分點。很多蘇格蘭牧師和信徒家中都用法語交談，在家庭敬拜中，孩子們用希伯來語、希臘語、拉丁語和法語誦讀聖經。亞當·史密斯（Adam Smith）在《國富論》中評述，蘇格蘭的教育體系使幾乎所有平民都能識字閱讀，其中很多人能寫字和記賬。在複雜的現代世界，識字和計數是生活的基本技能。

蘇格蘭原本是英倫三島的窮鄉僻壤，直到一七〇〇年還是歐洲最為貧窮的邊緣地區之一，到一八〇〇年時已迅速發展成一個世界性的思想中心、工業發明中心和採礦業、製造業中心。它擁抱新發現、實驗性的研究方法和牛頓主義的科學研究方法，並堅持把這種對發現和方法的教育看作是包括從技師到工業家的所有人的一項至關重要的智力裝備。瓦特（James Watt）作為一個蘇格蘭人在格拉斯哥大學開始他關於蒸汽機的研究這一點或許並不是巧合。

正是由於蘇格蘭長老會帶來的思想解放與知識突破，使得十八世紀的蘇格蘭已準備好「進入」現代世界，其他歐洲國家都落後了一步。可以說，蘇格蘭是歐洲第一個現代意義上的文明社會。

一九〇九年，人們在日內瓦舊城牆處修建了一座宗教改革紀念碑。在紀念碑中段，是四尊五公尺高的雕塑，從左到右分別是：法雷爾、喀爾文、貝扎和諾克斯。在紀念碑上，鐫刻著一段諾克斯說過的話：「一個人與上帝同在總是多數。」

第五節　約拿單・愛德華茲：
新英格蘭精神的燃燈者

◎北美新大陸終於有了可以與歐洲並肩的牧師和知識分子

　　當「五月花」號抵達美洲大陸時，帶去了清教徒的信仰和生活方式。在新大陸，天路客們的社會身分經歷了重大轉變：他們從英國的異議分子變成北美殖民地的立法者。無論是普利茅斯還是麻薩諸塞灣區，其居民都自認為是宗教改革之子，也深信唯有信仰救世主獲得恩典才可得救，聖經是唯一的權威；唯有上帝是榮耀的，一切宗教、政治與社會的思想、行動必須臣服於上主耶穌。

　　在新大陸的各個「小小共和國」，尤其是在以麻薩諸塞為核心的新英格蘭地區，統治形態是公理會制，即教會自治、各自經由神諭，負責執行上帝的律法與命令，並監督人們奉行遵守。諾頓（John Norton）說：「我們身處世界的極端，氣候雖然改變了，我們的思想依舊。」公理會制是以盟約為基礎，由教友自願結合而創立的宗教團體。其神學根基來自於喀爾文，為了防止向絕對民主和完全的平等主義傾斜，他們引證喀爾文的見解：世上最理想的體制實為貴族與民主的混合制，或者再與君主制混合。這一淵源使得美國建國時避免了最容易蛻變為獨裁制的單一民主制。

　　經過清教徒辛勤的耕耘和建設，波士頓很快發展成北美地區最大的城市，大到可以維持一所大學。一旦解決了溫飽的問題，清教徒立即興辦學校。一六三六年，哈佛大學創立，其目標是將

年輕人培養成牧師。哈佛的責任是將神聖的真理傳授給成長中的一代，哈佛的格言——真理（Veritas）——意為使人自由的真相與真理。包括哈佛大學在內的美國最頂級的八所常春藤名校，最初全都由教會創建，以神學和人文教育為主。清教徒懂得，他們清教主義莊嚴的思想形式需要一種堅實的學術基礎。他們認為聖經是上帝的話，閱讀、了解和解釋聖經需要認真的準備，所以他們高度重視教育。

經過一百年的磨礪與孕育，美洲殖民地終於產生了第一位清教徒思想家——約拿單・愛德華茲，他的出現意味著美洲不再是歐洲眼中的蠻荒之地。「美國歷史之父」的班克羅夫特說過：「一個人如果想瞭解十九新英格蘭思想的巨大影響力，那他必須夜以繼日地研究約拿單・愛德華茲。」

愛德華茲有那麼重要嗎？今天，美國知道愛德華茲的人僅局限於對神學有興趣的基督徒圈子，人們不知道愛德華茲對美國的貢獻不下於功勛卓著的國父——他是牧師、大學校長、布道家、神學家、哲學家。鍾馬田牧師指出：「清教徒思想到了愛德華茲身上，就達致最高峰，因為在他身上，我們不但看見清教徒的共通點，也發現額外的屬靈表現和充沛的生命。……愛德華茲的生平和事奉所表現出來的清教徒精神，已達到全盛的境界。」

一七〇三年，愛德華茲生於麻薩諸塞的東溫莎。他畢業於耶魯大學，在紐約短期擔任牧師職位後，回到耶魯成為高級助教。一七二七年，他成為外祖父、著名牧師斯托達德的助理牧師。兩年後，斯托達德去世，愛德華茲接任北安普敦教會牧師一職，年僅二十六歲。

這位年輕的牧師每天凌晨四點起床，至少花十三個小時研讀神學書籍和英國古典作品。午餐後，他通常騎馬到附近森林中伐

木並靈修。準備講章占據愛德華茲大量時間，他的閱讀、研究和思考都圍繞「我要講什麼」這一問題。他認真撰寫講章，並仔細地裝訂成冊，留下了多達一千一百多篇講章。每當站在主日講台上，他給會眾留下的印象是「瘦瘦高高的，從容的舉止讓人覺得他很有威懾力」，他們認為他是「最有口才的人，言談舉止都能體現出上帝的同在」。

　　然而，由於愛德華茲忠於真理，「順從神，不順從人」，得罪了很多有影響力的會友。首先，他不贊同此前四十五年以來外祖父一直實行的隨意邀請人領聖餐的方式，而是嚴格遵循只有認罪悔改、重生得救的基督徒才能領聖餐的原則，這讓很多人難以接受，甚至感到被羞辱。其次，他猛烈譴責年輕人中流行的淫穢書籍以及婚外情等敗德行徑，公開譴責其大堂兄霍利有情婦和私生子一事，得罪了若干頗具勢力的親戚家族。第三，愛德華茲的薪水是新英格蘭地區牧師中最高的，很多會友垂涎於牧師的「高薪」，認為自己是牧師的衣食父母，粗暴干涉牧師如何使用薪水。

　　就這樣，愛德華茲與一部分會眾陷入對峙狀態。他連續發表五場布道，仍未化解矛盾。一七五〇年六月二十二日，教會投票決定將其免職、趕出教會。十天之後那個禮拜天，愛德華茲在教會作了最後一場告別講道，面對七百多名會眾，他堅守聖經真理，卻毫無憤怒和怨恨：「就讓最近發生的這次有史以來最大的一次有關基督聖餐的爭辯成為最後一次吧！……願上帝祝福你們！願他賜給你們一位敬虔的牧師。願他能清楚地曉得上帝的心思和意念；願他能使罪人警醒，滿有智慧洞察信徒的心，並引導你們走向通往永福之路……」

　　之後，愛德華茲遠赴北方邊疆斯托布里奇，這是一個摩霍克

族（Mohawk）印第安人和少數白人的聚居區。他努力學當地印第安人的語言，並向他們講道。兩年後，英法戰爭爆發，戰爭波及此一區域，他竭力保護當地居民，心力憔悴。

愛德華茲是一位兼有神學家和哲學家身分的牧師，他牧養過的教會已不復存在，但他的著述仍然啟迪人心。在天路客移居新大陸一百多年以後，清教徒社群在其子弟中培養出有學養的一個階層後，給了他們很多自由發揮其才能。當整個殖民地的狀況愈來愈穩定後，牧師們開始有了閒暇寫作；他們中有些人的才華令人讚歎——愛德華茲無疑是其中最傑出的一位。

一七五八年，紐澤西學院（普林斯頓大學之前身）邀請愛德華茲擔任校長。愛德華茲回到文明世界，與思想家和學者們一起討論和交流。但此時一種危險正在慢慢逼進，那就是天花病毒。愛德華茲接種天花疫苗，疫苗卻奪走他風華正茂的生命，使他未能為學院貢獻更多力量。不過這所長老教會創辦的學院後來成為新英格蘭的學術中心，從這裡畢業的基督徒很快占據社會的重要崗位。

在其生前，愛德華茲的影響力已超越公理會的範圍，擴展到作為普林斯頓大學之根基的長老教會。有人說，「你無法讓時鐘逆轉」。不過，愛德華茲確實做到了這一點：在他的指引下，當時正在滑入自然神論的新英格蘭思想，回到了以前清教徒的模式。在十八世紀餘下的那些年分以及此後很久，基督教根植於喀爾文教義的福音復興傳遍整個新英格蘭，並接著傳遍北美其他地區。

在生命的最後時刻，愛德華茲環顧四周說：「現在，我永不失敗的真朋友拿撒勒人耶穌在哪裡？」他用最後一句話勉勵圍繞在房間裡的人們：「信靠上帝，你們就不必懼怕。」

◎「新英格蘭神學」和「新英格蘭哲學」的第一人

　　喀爾文神學的精髓，在愛德華茲的著作和講道中綻放，後來被稱之為「新英格蘭神學」，引發十八世紀三〇至五〇年代的宗教復興（大覺醒運動）。愛德華茲在塑造美國精神中的貢獻包括：為大覺醒辯護；表達一種以宗教情感為內容的宗教觀；細緻可信地為喀爾文主義辯護；反對啟蒙思想家的世俗世界觀。這位具有創意想像力的神學家和哲學家成為美國保守主義思想的源頭之一。

　　毫無疑問，愛德華茲是美國基督教歷史上最偉大的知識分子。即便左派思想史家沃濃‧路易‧帕靈頓（Vernon Louis Parrington）也承認愛德華茲的成就：「無論在哪方面──以最銳利的辯證法為武器的神學家，具有卓越論證稟賦的形而上學家，能夠處理最微妙的病態靈魂的心理學家──他都是可以用古代教義為新英格蘭陷入凶境的教會進行辯護的人。……愛德華茲終生恪守的一項主要原則是上帝的權威和效能，這一關鍵思想為理解他的哲學和神學體系提供了線索。」

　　十八世紀中葉的大覺醒運動，是基督教的「美國形式」誕生的「助產士」。這是一場席捲整個美洲殖民地的信仰復興風暴，讓此刻趨於衰敗的基督信仰恢復了一百多年前清教徒剛剛抵達新大陸時的火熱與敬虔。它難以定義，是一場大眾運動，沒有明確的開始和結尾，沒有明確日期的一錘定音的戰役或法律上的勝利，沒有章程，沒有正式的領袖，沒有容易計算的統計數據，沒有一套正式的信仰告白。但是，這次精神事件，無論在宗教上，還是在政治上，都有重要的意義。

　　愛德華茲繼承了從喀爾文和諾克斯而來的正統的改革宗神

學，他的很多努力都是為了抵制阿民念主義的擴張，其實際效果卻是更有力地駁斥了在美洲殖民地日漸盛行的自然神論以及崛起中的信奉上帝一位論和普救論的教派。作為大覺醒運動最有口才的演說者之一，愛德華茲將喀爾文反覆強調的有關上帝揀選的教義作為正確理解基督教生活的線索。他毫不畏懼地宣講人的罪性和人的全然敗壞，面對那些對宗教異常麻木的聽眾，他講到「落在上帝憤怒的手中的罪人」時，用了一個可怕的比喻：如同被人扔到爐火中的討厭的蜘蛛。聽眾開始哭泣和喘息，並認罪悔改，以至於他不得不暫時中止講道。

愛德華茲參與大覺醒運動，也以喀爾文主義的世界觀為這場運動定錨。愛德華茲稱大覺醒為上帝的奇妙作為，同時譴責某些同伴的粗糙，對聖靈的特性作出形象描述——甚至淪為虛假的醫病趕鬼的表演，由此開啟了反教義和反智的靈恩派的源頭。愛德華茲支持智識與敬虔的結合，追求理性與感性的平衡。他提出「肯定性跡象」的概念，是否合乎聖經是唯一的判斷標準。真正的復興應當促進對基督的敬拜、對罪與撒旦工作的抵擋、對聖經話語的喜愛及對基督徒社群的真愛。他將大覺醒置入更廣的歷史背景中，指明復興並非局部現象。美洲的大覺醒是上帝最新一次更新教會的階段性行為，與德國敬虔派復興運動、英國教會復興運動同時發生，是一場全球化運動。

這場信仰的復興將這片廣袤的大地推入新世紀。它跨越不同宗教派別之間的邊界，把一系列歐洲式教會轉變成美國式教會，開啟了創造一種具有普世價值的、美國類型的宗教信仰的進程。在政治上，大覺醒運動產生了一種更自覺和更自信的「美國意識」，是美國獨立革命的先導事件，它預先為獨立戰爭提供了政治驅動，並使獨立成為可能。

愛德華茲的一生完全地參與到美洲殖民地及海外的智識環境中，他廣泛閱讀藝術、科學、哲學與神學著作，計畫寫作一本龐大全面的書，證明每當藝術與科學往前推進時，就給上帝帶來榮耀，表明它們是上帝的意旨。這本名為《神學總論》的巨著，因其突然去世而未能完成。愛德華茲在《意志的自由》與《原罪》兩篇論文裡，為喀爾文主義作出明確的神學辯護，回應人類自治、人類完善的現代觀念。他堅信，萬物只有在相關上帝時才能被完全理解。他秉承奧古斯丁的傳統，以三位一體的上帝之愛為出發點。上帝的自我啟示，揭示了這樣一種宇宙觀：人的歷史是被造、墮落與被救贖的歷史，是在信心之中得享與上帝之聯合的歷史。

一七五八年，愛德華茲驟然去世時，獨立戰爭的槍聲尚未打響，但深深打上美國烙印的、有激烈革命精神的清教徒信仰已在這片土地上生根發芽、茁壯成長。美國國父之一約翰‧亞當斯指出：「革命在戰爭開始之前就發生了。革命在人民的頭腦和心裡：改變就發生在他們的責任和義務中的宗教情懷上。」沒有清教徒精神深入人心這一宗教背景，獨立革命就不可能發生。美國革命和法國大革命的本質不同在於：就起源而言，美國革命是一次宗教事件；相反，法國大革命則是一次反宗教事件。這一事實，自始至終影響著美國的獨立革命，也決定了它所創造的這個獨立國家的特性。

◎更加寬闊、更加明亮的「美國版喀爾文」

隨著歐洲思想的變遷，啟蒙運動也開始影響到新大陸。啟蒙運動對傳統宗教造成的衝擊表現為自然神論的短暫影響，尤其是

對一八一二年戰爭之前的政治領袖層的影響。

　　愛德華茲是「牧師中的牧師」，是「作家中的作家」，是「美國版的喀爾文」。他的最大貢獻是一生不懈地在世俗世界觀面前表達一種可靠、可信的基督教世界觀。他相信，只有改革宗基督教能提供一個連貫的、讓人滿足的觀念秩序及精神和心靈秩序，相比之下，在夾道歡迎中前進的啟蒙運動只是「反照出來的黯淡微光」。他是第一位力抗歐洲啟蒙主義的美洲殖民地本土思想家，他在《上帝創造世界的目的》及《美德論》中，表達了一種基礎性的世界觀，反駁現代自由思想家的預設。他指出，啟蒙哲學家錯在從人的幸福而不是上帝創造萬物的目的這一觀點看事物。笛卡爾（Descartes）以來的思想家以人類自治為基礎理解與詮釋事物，最終只能緣木求魚。[16]

　　愛德華茲發現，啟蒙主義總體上敵視宗教。啟蒙主義思想家把人視為準神聖的生物，認為天啟宗教不僅錯誤，而且多餘。這種把上帝的屬性轉移到其他存在領域的觀念，發展到一個極端便導致此種自滿的看法：人是像神一樣的超人，只要運用意志就可實現理想世界。另一個極端是，把人視為野獸，人是受本能驅動的動物，它開啟了弗洛伊德（Sigmund Freud）的心理學。無論是對人的自我崇拜還是自我貶損都是錯誤的，兩者之間存在著無法調節的矛盾，使啟蒙運動走入死胡同。恐怖統治清楚地揭示了這些矛盾——恐怖統治的動力和激烈性無疑來自於階級怨恨、政治內鬥和機會主義，但它一貫的理由是需要不斷消除腐敗，消除

---

16 思想史家科林‧布朗（Colin Brown）將愛德華茲概括為「美國啟蒙運動時代重要的正統基督教思想家，借助啟蒙運動的哲學使喀爾文主義合理化」。這個概括與愛德華茲的思想南轅北轍，因為愛德華茲是反對歐陸啟蒙主義的。

諸如「自私」這樣的「特殊意志」。然而，這樣的任務永遠無法達成，作為有限的存在，人必然植根於特殊性、有限性，或者喀爾文反覆強調的罪性。將人神話必然導致可怕的結果，恐怖統治是第一個現代例子，顯示了把上帝的屬性賦予人所帶來的危險。

愛德華茲反對啟蒙主義，但不反對上帝賜予人類的理性。一六八七年，牛頓（Isaac Newton）的《數學原理》出版；一六九〇年，洛克的《人類理智論》出版，成為人們追求知識和秩序的新的動力。愛德華茲迅速汲取了這兩項源於英格蘭的科學和政治學的最新成果，將牛頓與洛克的理論結合在一起解釋神學教義。他用牛頓定律清楚地解釋上帝的偉大，用洛克的思想清楚地闡述人如何直接地、被動地經歷上帝，從而給喀爾文主義注入活力。愛德華茲不是政治哲學家，但他的神學成為《獨立宣言》的作者和簽名者們所站立的思想山峰。

或許跟新大陸的年輕和單純有關，儘管愛德華茲跟喀爾文一樣對人的全然敗壞如此敏感與恐懼，但他同時又對人恢復與上帝的關係充滿樂觀的信心，他描述了一個廣博的生活和精神架構：

自由意志、善心義舉、行為的純潔、對上帝的世界的感激，以及對它的美的享受，還有拯救的最終實現，所有這一切，都是鼓舞人心的、充滿生機的愛的能量組合、調和、鎔鑄在一起。

新大陸的居民就是如此生活和如此信仰的。歐洲的宗教改革到了新大陸，產生了新發於硎的在地特色。無論抱持什麼信條，有什麼樣的出身背景和種族血統，無論是土生土長的美國人，還是歐洲的新來者，共同的願望把他們聯合在一起，他們渴望行善，渴望過有益而虔誠的生活，並幫助其他人在這個上帝賜予他

們的嶄新而輝煌的國家做同樣的事情。

　　愛德華茲將喀爾文神學和清教徒精神美國化了。拉塞爾‧柯克指出，清教徒的嚴肅道德在愛德華茲身上沒有褪色，他和喀爾文一樣堅信人的行為是由某種無法逃避的必然性決定的，他的神學體系憑藉其連貫性贏得美國人的認可，它訴諸美國人的信仰傳承，而且為那些教義增添了新的說服力，在其作品中可以發現「一種使人高尚的倫理體系以及一種高深的宇宙理論」。愛德華茲以邏輯論題的形式呈現的詩性洞見，吸引了美國很多博學之士以及普羅大眾，「他的追隨者翻過大山，進入紐約西部和俄亥俄的西部保留地，湧入密歇根和印第安納，沿著通向太平洋的孤獨小路分散到大平原各處。他的著作和追隨者將他的教導帶入紐澤西和賓夕法尼亞的長老教會，並從那裡不斷向外擴散，進入浸禮會和衛理公會的教會。」

　　在美國尚未誕生時，愛德華茲就為這個新的國家做好了思想和精神上的充分準備，他是比他晚了一代或兩代的美國國父們精神上「共同的父親」。

義人必承受地土，永居其上。

——《舊約‧詩篇》，37：29

第二章

日內瓦：
黑暗過後是光明

在這麼多強大敵人的包圍中，這個小共和國的每位成員，都要成為訓練有素的戰士，為精神和世俗戰爭而奮鬥。訓練保持了這個中世紀小城市共和國的獨立，喀爾文則為其增添了精神內容。

——湯瑪斯‧馬丁‧林賽（Thomas Martin Lindsay），
《宗教改革史》

五〇〇年的歐洲，在很多領域都為現代世界提供了原型或模板。在西歐，許多中世紀晚期的農民已擺脫農奴身分，生活比以往任何時代都好，眼界也比以往任何時代都寬。在歐洲全境內，商業再度興旺發展，城市繁榮，人口增長。有更多人接受教育，這些人又為新興的印刷術生產的廉價書籍提供了廣闊的市場。其他新的發明和進步——火藥、水泵、眼鏡、機械鐘錶——正在改變人們的生活。

　　一度夢想在整個天主教世界建立統治的羅馬教宗，此時的勢力範圍只剩下羅馬附近的一個小小公國。英格蘭、法國、西班牙、俄國正大步走在通往主權國家和民族國家的道路上。歐洲的船隻已觸及美洲和印度的海岸，葡萄牙的商人正在從來自非洲海岸的商船上卸載貨物。一個擁有無限力量的歐洲，正呼之欲出。

　　路德的宗教改革，等於為歐洲更換了一顆強有力的心臟。當然，新的心臟與舊的身體之間還需要適應與磨合，甚至會有暫時的排斥反應。宗教改革沒有在德意志地區取得完勝，新教徒與天主教徒的戰爭持續了整整兩個世紀，最後劃定楚河漢界，互相承認對方的存在。

誰也沒有想到，宗教改革首先取得完勝的，反而是臨近德意志的一些城邦共和國——後來它們大都成為瑞士聯邦的一部分。一五一一年，當年輕的路德翻越盧克瑪尼爾山口赴羅馬朝聖，瑞士同盟已是一個鬆散而有力的邦聯，不過在法理上仍是神聖羅馬帝國的一部分。[1]

早期的瑞士實行鬆散的邦聯制度，和古希臘城邦的邦聯制度差不多。一直到十六世紀，瑞士邦聯的十三個成員都保持著各自的獨立地位及不同的政府模式。它們的政治機構各種各樣，在很大程度上依賴於各自以往的歷史和傳統。直到一八四八年，在歐洲的烽煙四起中，瑞士才通過一部新憲法，轉型為聯邦制。

十六世紀，在瑞士及其周邊的城邦中，在這一歐洲的心臟地帶，宗教改革取得最輝煌勝利的是日內瓦。當時的日內瓦，是一座被圍在新建的高大防護牆內的城市，直到一八一五年才加入瑞士，但在歷史上與瑞士的聯繫非常緊密。日內瓦的宗教改革，離不開瑞士、德意志地區乃至歐洲風雲激盪的大背景，也離不開喀爾文和宗教改革家們的領導。日內瓦注定要成為歐洲改革派的堡壘，它的歷史為它所要扮演的堡壘角色做好了準備。

---

1 「瑞士」一詞衍生自三個結盟的區域：施維茨、烏里、翁特瓦爾登。一二九一年八月一日，這三個相對獨立的城邦簽署了一份共同抵禦奧地利人的同盟條約。該同盟條約規定，三個簽約者須相互幫助對抗一切內外敵人；通過共同的法律來保證地方安定；同盟之間的分歧須以協商方式和平解決。此後，盧塞恩、蘇黎世、格拉魯斯、楚格、伯爾尼等城邦相繼加入。再以後，索洛圖恩、弗里堡、巴塞爾、沙夫豪森、阿彭策爾等城邦也相繼加入。這份同盟條約是瑞士歷史上有案可查的最早協議，瑞士將一二九一年八月一日視為瑞士聯邦的誕生日。

第一節　日內瓦：如此小，如此美

◎兵不刃血的獨立，怎麼不令人羨慕

在羅馬帝國的勢力進入這片地區之前，凱爾特人就在此建造古城，「日內瓦」的意思有可能是「水的誕生」。凱撒在《高盧戰記》中提到過日內瓦：西元前五八年，凱撒在此包圍西行的赫爾維蒂人。此後數百年，它在歐洲歷史中籍籍無名。

九世紀，日內瓦成為勃艮第的首都。在中世紀的歐洲，它是眾多君主主教區之一，與其強大鄰國法國的國土和政策維持著某種鬆散的聯繫。日內瓦的領土如此之窄，以至於法國在它一邊的大砲射程內，而薩伏伊在它另一邊的大砲射程內。

羅馬帝國崩潰之後，歐洲始終沒有完成統一，這是歐洲最大的幸運。否則歐洲的命運就如同那些大一統的、令人窒息的東方帝國一樣走向停滯。歐洲分裂的、一元（基督教文明）之下多元化的政治、經濟和文化結構，為宗教改革的成功提供了「網漏吞舟」般的縫隙。如果神聖羅馬帝國是真正的羅馬帝國，如果羅馬教宗擁有更多的軍隊和疆域，路德豈能在德意志諸侯的保護下倖存下來？

當政教在一定程度上分立、政治上各自為政的歐洲開展宗教改革、宗教改革的成功帶來新一輪的精神解放和社會活力的爆發之際，東方帝國卻因為大一統而走向沒落：鄂圖曼土耳其帝國的改革運動，是通過強化伊斯蘭教來解決政治和經濟問題。原有的宗教信仰自由被取消，伊斯蘭教取得至高無上的地位，一切新的思想和新的事物都遭到譴責。雖然社會趨於穩定，但此前幾個世紀裡伊斯蘭科學和知識所取得的偉大成就都被宗教道德所遏止

了。同樣，清帝國的統治者由於是異族入主中原，反倒更推崇正統的儒教知識體系及日益僵化的科舉制度，以此獲得自身統治的合法性。這種做法導致了知識的停滯甚至喪失。雖然清帝國的人口在增加、工農業在發展，在那些在以前歷朝歷代留下光輝業績的科學和機械發明，幾乎再也沒有出現過。

分治的歐洲有不計其數像日內瓦這樣的小國、小城，它們是千姿百態的政治實體。日內瓦的古老憲法頒布於一三八七年——比英國的《大憲章》只晚一個半世紀，比波蘭立陶宛聯邦於一七九一年通過的國家憲法——近代歐洲第一部成文憲法——早了四百年。而東方帝國認識到「憲法是個好東西」還要等五百年。

日內瓦憲法承認在日內瓦城內有三種不同的權威：主教是城市的「君主」；伯爵擁有城堡；以及自由市民。主教由羅馬教廷任命。薩伏依家族繼承日內瓦的伯爵爵位，總督是他們在城裡的代表，也是最高司法官。市民按照民主方式組織起來，每年舉行一次正式的市民大會，選舉四位執政官為代表，並行使統治權。這三個獨立的權力機構經常發生衝突。

日內瓦的獨立運動稍早於宗教改革運動，很快兩種運動便交織在一起形成巨大的合力。一四四四年後，薩伏依家族的伯爵阿瑪德烏斯八世利用手中的權力，謀取到日內瓦的主教職位，形成政教合一的統治。薩伏依家族十歲和十八歲的孩子，以及私生子，竟然坐上主教寶座。市民的權利受到忽視，市民的信仰被玷汙，市民對主教的忠誠動搖了。

經過長期忍耐，日內瓦市民開始結成黨派，發誓恢復城市的古老權利。但他們的力量比不上薩伏依家族，他們在困境中求助於鄰近的瑞士諸邦，先後與弗萊堡和伯爾尼結盟。當薩伏依家族

集結起一支軍隊，企圖消滅城內的反對勢力時，伯爾尼和弗萊堡集中力量前來支援，擊潰了薩伏依的軍隊。雙方達成妥協，主教仍是日內瓦的領主，總督的權力受到削弱，市民的特權受到尊重，日內瓦由小議會來治理。由此，日內瓦取得了半獨立的地位。

但日內瓦的根本問題並未得到解決：天主教會已喪失人心，市民需要尋求真實的信仰。而在教廷支持下的主教企圖繼續控制市民的身體和靈魂，乃至配合教廷實行經濟剝削。一五三二年，教宗頒布一道販賣贖罪券的法令，主教聲稱要在日內瓦販賣贖罪券。日內瓦市民堅決反對這項法令，在教堂等處的門口貼滿揭帖：「每個人的所有罪行都能得到全部赦免，條件只有一個──悔改。」這是十五年前路德在威登堡的城堡教堂門口做過的事情。十五年來，路德等改教家的思想早已在日內瓦生根發芽，日內瓦大部分民眾都選擇了新教信仰。

於是，衝突不可避免，全城發生騷亂。一五三六年一月十六日，薩伏依家族的查理公爵派兵圍攻日內瓦，日內瓦與外界的一切聯繫都被切斷。伯爾尼再度派出強大援軍，沿途很多新教城市的武裝市民紛紛加入，他們渴望痛擊壓迫者。

幾乎沒有發生什麼戰鬥，沃州的大部分地區甚至一槍未發便倒向新教陣營，薩伏依公爵和主教的軍隊未經戰鬥便潰散了。這場勝利解放了日內瓦，也解放了洛桑以及周圍很多新教地區。

日內瓦的平民繼承了主教的領土權，也繼承了薩伏依公爵對城市和鄉村的主權。日內瓦在伯爾尼的保護下成為一個獨立共和國。這種兵不刃血的、輕輕鬆鬆的獨立，在將近五百年後，仍然讓在帝國的陰影下渴望獨立的台灣人、香港人、圖博人、東突厥斯坦人何其羨慕。

同年五月二十一日，日內瓦「根據習慣，用鈴聲和號聲」召集市民大會，正式認可二百人議會通過的決議，宣布廢除天主教的彌撒和聖徒崇拜儀式等。二十五日，日內瓦再次舉行市民大會，一致投票決定要「按照福音生活」，接受新教信仰。根據新的城邦憲法，日內瓦由中世紀的「主教城市」變成「教城的邦共和國」。日內瓦人幾乎同時完成宗教改革與獨立革命，用英國政治哲學家阿克頓（Acton）的話來說：日內瓦的宗教改革同時已成為一場「日內瓦革命」。

　　一五四〇年十月二十二日，日內瓦行政長官暨議會做出決議，在蠟封的議會公章上刻入日內瓦的座右銘：「黑暗過後是光明」（拉丁文：Post Tenebras Lux）——這句話是對日內瓦宗教改革和獨立革命歷程最形象的概括。

◎慈運理和法雷爾：喀爾文之前瑞士地區的改教家

　　瑞士地區宗教改革的先驅者是慈運理（Ulrich Zwingli）。一四八四年，慈運理生於托根堡山谷上游一個富足農家，十八歲入巴塞爾大學，學習神學和古典哲學，通讀教父、尤其是奧古斯丁的著作——改教家們幾乎都以奧古斯丁為師。

　　一五一九年初，慈運理獲得蘇黎世大教堂神父的職位。蘇黎世是神聖羅馬帝國直轄的手工業城市，實權操在行會手中，議會由十三個行會組成，包括十二個貿易行會和一個代表貴族的行會。它是瑞士地區最民主的城鎮，居民正急切地討論著宗教改革的風潮。慈運理的布道獨特新穎，很快得到官方和民眾的歡迎。慈運理有明確的先知使命，「如果一個牧者閱讀了先知書，那麼他只會發現一場與強大而罪惡的世界的永恆鬥爭」。他不排斥政

治參與，直接進入蘇黎世、瑞士聯邦乃至整個神聖羅馬帝國複雜的政治網路之中，他的一生的事業體現了宗教與政治之間不可分割的關係。

一五二三年，慈運理提出宗教改革的綱領《六十七條論綱》，比馬丁·路德的《九十五條論綱》更猛烈地批判天主教的陳規陋習、腐敗墮落。他在談到教士獨身制度時說：「我知道沒有比法律上禁止神父結婚，而又允許他們花錢納妾嫖妓更惡劣、更可恥的了。呸，不要臉！」這一條只有短短的這一句。

慈運理並未在蘇黎世擔任任何公職，却是政教兩界的實際領袖。他大膽的改革計畫包括重新排列整個社會的順序，而不只是教會內部的結構。一五二八年，經過慈運理的努力，軍事強邦伯爾尼在一場公開辯論後開始宗教改革。次年，巴塞爾的宗教改革在慈運理的同伴厄科蘭帕迪烏斯（Johannes Oecolampadius）的領導下取得勝利。

一五三一年，瑞士新教各自由邦與天主教各自由邦發生戰爭。作為隨軍牧師，慈運理全副武裝奔赴戰場，揮舞雙刃劍戰鬥在第一線。十月十一日，他身負重傷，很快死去，年僅四十七歲。敵人發現並焚燒了他的屍體，將他的骨灰與糞便混合在一起。然而，此種卑劣伎倆並不能消滅慈運理的精神信仰。「勇敢為主！」是慈運理臨死前說的最後一句話。從他第一次在蘇黎世講道直到最後站在卡佩爾修道院外的戰場上，他的事業的特點就是面對敵人時的堅定與勇氣。作為「上帝的雇傭兵」，他知道生命不屬於自己而屬於主。

在蘇黎世市中心，豎立著一尊慈運理的塑像，他一手拿聖經，一手拿劍。這個姿勢戲劇性地象徵了其事業的張力，這張力導致他悲劇性地英年早逝，也表明他想要使生活的各個領域，包

括教會與國家、神學與倫理、行政官員與牧師、個人與集體，都符合上帝的旨意。

雖然慈運理「出師未捷身先死」，新教在瑞士各邦迅速擴張的趨勢卻不可遏止。新教在沙夫豪森、聖加侖、阿彭策爾、格拉魯斯和格勞賓登等地取得壓倒性優勢。

當慈運理在蘇黎世為宗教改革奮鬥時，在被譽為「法語瑞士區的使徒」的法雷爾的努力下，新教在瑞士西部的法語區紮下根基。

當伯爾尼及其周邊地區的宗教改革鞏固後，法雷爾將目光轉向日內瓦。他在給慈運理的信中說，他相信日內瓦人會歡迎真正的福音。伯爾尼議會派遣法雷爾到日內瓦與天主教教士公開辯論，「新教根深蒂固的信念是，必須當著全體人民當面就宗教問題舉行公開辯論，發言者必須用人們聽得懂的語言，總是起到傳播宗教改革的目的」。

一五三三年十二月二十日夜，法雷爾抵達日內瓦。日內瓦新教著名人物梅松諾弗把位於市區豪宅內兩間房屋的隔牆打掉，給新教建了一個聚會人廳，這裡成了日內瓦宗教改革的搖籃。法雷爾向三、四百人布道，並根據新教禮儀實施第一次洗禮。聽眾人數不斷增加，大廳容納不下，新教徒們便在伯爾尼代表的保護下，占領同一條街道上的女修道院教堂大廳。他們在那裡聚會，人數達四、五千人。很快那裡也容納不下，新教徒們又占領了聖彼得大教堂。

此時，一件令人震驚的事情導致天主教徹底垮台。城裡的神父策劃了一樁陰謀：讓法雷爾房東的女廚師在菠菜湯中下毒，法雷爾由於不喜歡吃菠菜湯而倖免於難，他的副手中毒甚深。一股同情新教牧師的強烈情感席捲全城。

長期在天主教和新教之間搖擺的日內瓦議會，在民意的壓力下同意安排舉行公開辯論。新教牧師起草《福音派論綱》應戰。一五三四年五月三十日，辯論開始，天主教無人到場，法雷爾滔滔不絕地申明新教教義，大獲全勝。日內瓦市民奔走相告：

　　如果所有的基督徒君主都能像我們日內瓦一樣允許自由辯論，事情就會很快得到解決，根本用不著放火、屠殺或謀殺。但教宗及其黨徒，也就是紅衣主教、主教和神父們清楚，如果允許自由辯論，他們只使用火和刀劍。

　　日內瓦議會對何去何從仍猶豫不決。群眾忍無可忍，發起暴動，破壞天主教堂的偶像雕塑，驅趕天主教神職人員。

　　法雷爾領導日內瓦市民取得了初步的勝利。他是一位具有騎士精神的法國人，他無所畏懼的英雄氣概贏得民眾尊重，也使他成為冒險事業的志願領袖。他最適合攻擊敵人的據點，但攻克之後，不擅長控制局面。他看到別人在他奠定的基礎之上建功立業，毫無嫉妒之心。

　　日內瓦公民在法雷爾的領導下似乎已經開創了一個新教的教會。但事實上，它只是形成了一個具有宗教改革意識的真空教會。日內瓦的新教教會何去何從？日內瓦的社會如何配合教會的改革？哪一種教義的教導才符合聖經？日內瓦需要一個性格與法雷爾完全不同的領袖來完成這項迫在眉睫的事業。二十七歲的喀爾文正好路過這裡。年長的法雷爾以三顧茅廬的方式拜訪喀爾文，連哀求帶恐嚇地將他留下，並把正處於轉折關頭的日內瓦交到其手上。

◎日內瓦成為「模範基督徒社會」和宗教改革的「世界之城」

一五三六年底，喀爾文被小議會任命為日內瓦教會的牧師。喀爾文剛到日內瓦時，這座小城與歐洲中世紀晚期的大部分城市一樣：因天主教的腐敗，人們喪失了信仰，過著敗壞的生活。法雷爾的宗教改革剛開了一個頭，人們的信仰和日常生活遠未歸正。很多人不參加主日敬拜，躲在家中打牌；有人在教會大聲喧譁，說說笑笑；其他還有醉酒、偷竊、打架鬥毆等惡行。喀爾文與這些現象做了長期而艱苦的鬥爭，有時像是對牛彈琴，有時他沮喪和失望，寫信給回法國的法雷爾說：「他們的邪惡竟達到如此地步，我簡直就想放棄這個教會了，真的，我真的垮了，除非上帝向我伸出手。」

一五三七年初，對宗教改革家而言，日內瓦的前景頗為樂觀。四位市政官都是法雷爾的支持者，自然也是喀爾文的支持者。被稱為「日內瓦先生」的小議會和市政官接納了喀爾文提出的《信仰告白》，要求「日內瓦所有的公民和僑居者，並該地區所有的國民」都應效忠這一信條。

然而，新耶路撒冷並沒有那麼容易建成。喀爾文在信仰上的嚴厲要求，特別是將犯規者逐出教會的做法，引發很大的反彈。執政官為討好民意，提出凡是願意領聖餐的人都可參加聖餐儀式，而且日內瓦要效仿伯爾尼的模式，一年只舉行四次聖餐儀式，而不是喀爾文建議的每個月一次。

一五三八年二月三日，新當選的四名市政官敵視喀爾文和法雷爾，小議會中六名支持喀爾文和法雷爾的成員被停職。當局致信喀爾文和法雷爾，要求他們遵從伯爾尼模式。喀爾文和法雷爾

予以拒絕。四月二十一日復活節這天，喀爾文、法雷爾、柯勞等三位牧師被小議會從日內瓦流放出去。

喀爾文被迫流亡斯特拉斯堡，他與當地的宗教改革領袖布塞爾（Martin Bucer）彼此砥礪，一邊寫作，一邊在教會講道，積累了大量管理教會的經驗，並深入思考教會、公民政體和紀律的理論。新版的《基督教要義》顯示這位思想家已經摸準了這個真實世界的人類社會和制度的脈搏。在此期間，喀爾文結婚了，在新婚的甜蜜生活中創作了很多詩篇的樂曲，如後來廣為傳唱的《三一頌》。

因為喀爾文離開之後，日內瓦的社會秩序陷入混亂狀態，日內瓦天主教會的前任主教撒都雷（Sadolet）發表了一封給日內瓦民眾的信，希望日內瓦人重新回到天主教的懷抱。喀爾文回信反駁之，此信被認為「大概是抗議宗最有利之表白」，以至於日內瓦人用公費將這封出於被放逐者之手的信印刷出來廣為散發——這個細節唯有流亡日本的梁啟超為清廷出洋考察憲政的大臣捉刀撰寫憲政考察報告抗議媲美。路德讀了這封信後，大叫道：「我真高興上帝興起人來，繼續與敵基督作戰，接著我所發動的戰役。」這句話也是教會史家的共識：改教運動是路德發起的，而喀爾文加以推廣並組織起來。

兩年後，日內瓦的政局發生了劇變。日內瓦與伯爾尼關係破裂，反對喀爾文和法雷爾的、親伯爾尼的派系在民眾暴動中被趕下台。一五四○年十月，親喀爾文和法雷爾的派系控制了日內瓦。整座城市悔改，重新將喀爾文請回來。日內瓦需要喀爾文，正如喀爾文需要日內瓦一樣，「最後，只因為嚴肅地意識到我的職責，遂同意回到被迫分離的羊群身邊」。回到日內瓦之後，喀爾文的後半生定居於這座美麗的湖畔城市，著述、講道、起草法

令，建立和牧養教會，直到一五六四年病逝。

在遭恐嚇、侮辱、挑釁的年頭裡，喀爾文看不到前面的勝利。但是，講道、教理問答和紀律漸漸地深入許多日內瓦人心裡。世風開始改變。他們看到喀爾文所走的路，也看到喀爾文所過的樸素、嚴肅的生活，一如他的信仰那樣專一；他們更看到上帝的道，被真理所吸引，被聖靈所充滿。

一位曾以日內瓦為避難所的義大利新教徒歐席諾（Ochino）描述說：「我居住過許多城市，普遍充斥著咒罵、不貞、淫亂、褻瀆的生活。而此城卻沒有一點影兒，沒有老鴇和妓女，沒有賭場，沒有乞丐。人們衣著合宜，以弟兄之愛彼此規勸。訴訟事件幾乎銷聲匿跡，也沒有買賣聖職、結黨營私和謀殺。……日內瓦的社會乃基督教國的奇蹟──秩序良好、秉公行義、道德淳樸、學術自由、慷慨好客、藝術興盛、工業發達。」

海立克（Herrick）也寫道：「按著摩西的法典，治理兩萬易變、不穩定的居民，又須考慮各種不同的因素，實在是艱巨無比的工作，然而因此帶下顯而易見的祝福──好秩序、好道德。喀爾文成功了，自從摩西的日子以來，沒有第二個人在如此大的範圍內獲致這樣的成就。」

經過喀爾文數十年如一日的努力，日內瓦獲得了「模範基督徒社會」和宗教改革的「世界之城」的榮譽。邀請喀爾文到日內瓦任職的法雷爾自豪地說：「寧可最後一個到日內瓦來，也不要第一個去其他地方。」

喀爾文對日內瓦的影響，遠大於路德對威登堡的影響：路德在宗教思想方面才華橫溢，但在組織能力方面有缺陷，二十世紀九〇年代，德國政府為紀念路德而將威登堡改名為「路德城」，但實際上路德對威登堡的權力結構和市民生活帶來的改變並不

多。而喀爾文具備組織天賦、很強的社會紀律感並深信教會權威，這是喀爾文與路德的重要差異所在。

　　路德青年時代研習過法律，但終其一生具有神學教授之氣味，對於理念落實於現實生活中所需借助的法律本身較不具興趣，路德不曾參與實際政治運作，也缺乏這方面的經驗；喀爾文則不同，日內瓦這座城市居民的日常生活規約及法律之制定，他本人參與甚深，他改造了日內瓦這個新興的共同體，修訂了日內瓦憲法，促使議會通過健康法、安全法等──許多都是第一次出現在歐洲。喀爾文在日內瓦的地位，幾乎就是事必躬親的「立法者」。

　　另一方面，喀爾文認為，擺在宗教改革家面前的工作，不單單是去創建新教會，還要創建新社會。路德宗信徒在追求無形的天國的過程中，拋棄了現實政治，正如路德本人所寫的，把人世間的王國「留給任何獲得它的人」。反之，喀爾文對塵世和組織的獻身，驅使他「接受」人世間的王國，並對之進行改革──宣言、訓誡和辯論文章都是喀爾文主義的表達方式；聖約、集會、禮拜聚會和神聖共和國則是它有組織的主動行動的結果。

　　喀爾文深刻地改變了日內瓦的家庭生活、政治秩序和經濟結構的每一個方面。他為日內瓦做了三件事，每件事都超出這一座城市的範圍──他為教會造就了一支訓練有素的牧師隊伍，為家庭造就了能說出信仰理由的受過教育的人民，為整座城市造就了一種英雄精神，使日內瓦這座小城成為整個歐洲受迫害的新教徒的堡壘和避難所。

第二節　喀爾文主義的城市特性：
富裕可以榮神益人

◎喀爾文主義為城市中產階級確立了
新的身分認同與生活方式

　　歐洲的經濟發展與政治變遷同步。十五世紀，歐洲湧現出五千個具有近代化特徵的城市，城市成為歐洲最重要的政治、經濟和文化現象。在城市之上，更大的主權國家也在形成之中。新型資產階級，包括商人、採礦主（比如路德的父親）和製造商掌握越來越大的權力。多數歐洲城市和國家的政府所表現出的對商業和經濟發展的關心，以及對在其疆域內發展新的製造業和新技術的主動性，都加速了經濟發展。十七世紀，歐洲的政治家們牢牢樹立了這樣的觀念，即繁榮的工商業是國家的基石。

　　世界其他文明地區的政府沒有對城市人口的繁榮表現出同樣的關心。這也許是因為其統治集團與商人、手工業者階級之間的鴻溝太深。歐洲儘管也有階級分野，但並非不可逾越。歐洲的市民有地方自治的傳統，能更有效地維護其自身利益。在十七世紀那些政治上取得很大成功的國家，中等階級總是能在政權機構中占據適當的位置，並能對國家政策施加影響。

　　美國法學家伯爾曼（Harold J. Berman）分析說，促成近代城市興起的重要因素有五個：經濟、社會、政治、宗教和法律。

　　以經濟因素而論，商業的復興，大量的生產者——工匠和手工藝人——作為農業的剩餘人口來到城市，城市提供了一種新的生產方式和一種新的分配方式。

以社會因素而論，城市成為在社會、經濟的等級制度中向上流動的機緣寶地，因此對希望提升其階級地位的人具有吸引力。

　　以政治因素而論，傳統的統治者，無論是皇帝、國王、公爵，還是教宗和主教，通過對向新移民開放的城鎮頒發「特許狀」來增強自身的軍事防禦並聚斂財富。

　　以宗教和法律因素而論，新興城市是宗教的聯合體和法律的聯合體。城市的許多精神和特性來自於教會，城市也通過法律行為建立起來，不是簡單地出現，而是「被設立」——「特許狀」通常包括自治的各項實體權利，並由宗教誓約來確認。

　　宗教和法律因素對於西歐城市的重要性，可以通過對照同一時期中東伊斯蘭文明裡的城市發展來評估。在那裡，儘管有相同的經濟和政治因素，但城市文化是貧弱的。無論在經濟上還是在政治上，伊斯蘭城市都缺乏社團聯合體和一種獨立的特性，它們實質上是或多或少與農村結為一體的大村莊。與西方相比較，關鍵在於，一方面，伊斯蘭城市和城鎮從來不是「誓約共同體」，也從來不是由宗教行會或兄弟會構成的；另一方面，它們也不曾結成社團並獲得規定權利和特許權的「特許狀」。伊斯蘭教既缺乏改革和拯救世俗社會的熱忱，又缺乏關於對抗性的複合政治體和法律體系可以用作從事此種改革與拯救之工具的觀念。

　　於是，三個發人深省的現象出現了：資本主義沒有在歐洲之外的其他文明中產生；在歐洲，資本主義在近代化的城市而非中世紀的農村產生；在歐洲的城市中，資本主義發展最好的城市，往往是新教占統治地位的城市而非天主教控制的城市。

　　日內瓦因其歷史傳統、地理位置以及宗教改革之後形成的觀念秩序，而成為近代資本主義城市的典範。瑞士經濟歷史學家讓弗朗索瓦·貝爾吉指出：

現代資本主義社會的發展，取決於三個關鍵因素，即資本、製造技術和能力、經銷網絡，這三個因素在喀爾文時代的日內瓦同時出現。

　　就人口結構來說，日內瓦沒有貪得無厭的國王和貴族、沒有口蜜腹劍的紅衣主教，更沒有對經濟生活施加重稅和管制的獨裁政府。勤勞而簡樸的中產階級是這個城市的中流砥柱，遵循憲法治理的共和政府是市民的服務者。在日內瓦這個資產階級為主體的社會裡，上層社會以大教堂的牧師團和一些在大教堂周圍上城區的專業人士為代表。中產階級的富足和繁榮靠生產與貿易，居民中很多是手工業者——皮匠、裁縫師、糕餅師、屠夫、木匠、石匠、泥瓦匠、理髮師和藥劑師，其中很多人是從天主教國家移居而來的新教教徒，他們帶來了技術、資金和經營管理的訣竅。

　　喀爾文主義的信奉者大都是城市中產階級，他們踐行著清教徒的生活方式和信仰模式。與大多數歐洲國家喜歡爭吵、放縱自己的貴族，或與奢侈而瀕臨破產的君主相比，喀爾文主義深深扎根於其中的中產階級，是一個堅強、自律、簡樸、剛健的群體。清教徒對連續的、組織化的和秩序井然的行動的要求——消除懶散——是對鄉村穩定狀態的瓦解和城市流動人口突然出現的一種必然反應。在新的城市生活中，清教徒在勞動中發現了社會戒律首要的和基本的形式，發現了秩序的關鍵和所有深層次道德規範的基礎——勞動是敬畏上帝和自我肯定的行為。乞丐和流浪漢從日內瓦消失了。

　　另一方面，在一個清教徒社會中，人們的職業結構事實上決定了人們的關係結構。清教徒在勞動過程中，幾乎總是聚集在一

起，「正當的職業」會充盈著他們的生活，成為他們除了清教徒這一宗教身分之外第二重要的身分認同。人的職業選擇不再單單是為了養家糊口，更是回應內在的呼召——也就是上帝的命令。他們必須審視自我，研究自己的感情和天賦，「適合各種職業的人們必須選擇最適合的那種」，因為任何職業中的盡職和勤奮都是對上帝的頌讚和對社會秩序的有效維護，用清教徒的話來說就是「榮神益人」，「偉大的和敬愛的上帝，祂不蔑視任何政黨職業……職業可能根本就不重要，但祂會賜福給它，會引導所有有著善良心智的人們遵從祂聖潔的規條」。

　　喀爾文在日內瓦的影響力和權力的鞏固，離不開中產階級的支持。一五五〇年，日內瓦的人口為一萬三千一百人，五年之後增加到兩萬一千四百人，這一大幅增長的原因是大量新教徒移民來此避難，他們很多都來自法國。在十六世紀五〇年代日內瓦居民的花名冊中，可以查到百分之六十八點五的難民是手藝人以及富裕的、受過高等教育的出版商、律師、店主，他們幾乎無一例外地支持喀爾文。日內瓦當局為了開發這些外國人的財富，接納難民為自由民。由此，很多難民獲得了政治權力——主要是投票權。一五五五年四月、五月間，日內瓦的選舉機構總議會的投票場所，擠滿了突然之間獲得投票權的喀爾文的支持者，選舉圈內喀爾文的反對者與支持者的微妙平衡被打破。所以，這一次的選舉類似於一場革命，使得喀爾文和他的朋友們掌握了日內瓦的政局。當時，到日內瓦的移民大都強烈支持日內瓦的宗教信仰、政治和經濟制度以及觀念秩序，他們的投票大大強化了喀爾文的地位——這與當代處於各種原因到美國和西方國家的新移民不同，他們中有相當一大部分反對乃至破壞其移居國的觀念秩序。所以，包括美國總統川普在內的保守派不是反對移民，而是反對接

納那些試圖顛覆美國秩序的移民。

◎喀爾文主義是致富的靈丹妙藥？

　　喀爾文神學及其實踐的城市特性，與路德神學及其實踐的鄉村特性形成鮮明對比。

　　路德一生中大部分時間居住在小城威登堡，這是一座由封建諸侯統治的、按照中世紀生產生活模式運行的城堡，尚未走向近代化。路德的經濟觀（和其總體社會思想一樣）受制於德國純樸的鄉下地區的社會現實。

　　儘管路德的父親是一名善於經營、靠個人奮鬥發財致富的礦主，也是一位在城市獲取政治地位的新興資本家，路德本人卻並不以這種出身為榮。路德對影響城市經濟的問題不甚了了，對於正在將德國從農業國家變成新興資本主義的經濟勢力一無所知。路德是以一個農民、神祕主義者和浪漫主義者的眼光看待經濟生活的，他讚揚農民的勤勞和農業的美好，卻厭惡城市商人的「狡詐」。[2]而且，路德借著「兩個國度」的教義，有效地阻隔了俗世生活與宗教觀念的互動。

　　如果說路德是一名鄉下人，那麼喀爾文就是一名城市人。喀爾文出生在法國皮卡迪省的努瓦，皮卡迪人富有獨立精神，能把熾烈的熱情與冷靜堅韌的目標結合起來，他們是威克里夫和胡斯的同情者，是宗教改革的積極參與者。喀爾文的父親是一名受人

2　一五二四年，路德寫了《論經商與高利貸》一文，對從事任何形式的商業活動的人，都採取嚴屬的批判態度。對商業和商人的反感，強化了路德思想中陰暗的一面：反猶主義。

尊敬的律師，他的家庭是城市中上層階級。喀爾文十四歲來到巴黎，十九歲離開，期間他由一個少年變為成年人，性格也形成了。中年以後，喀爾文長期在日內瓦工作和生活，他知曉、欣賞和享受正在近代化和資本主義化的歐洲城市生活。

與之相似，喀爾文的重要支持者慈運理和布塞爾分別孕育於自由城市蘇黎世和斯特拉斯堡，他們與喀爾文一樣都是城裡人。喀爾文既不刻意對農民社會的古老美德作理想化的解釋，也不刻意對資本主義商業金融冒險的純粹事實抱懷疑態度。喀爾文及其追隨者重視工業階級和商業階級的環境，他們的思想符合這種環境的實際需要。

喀爾文完全承認資本和人類勞動的生產特性，肯定勞動者的職業自豪感。他稱讚勞動分工，勞動分工不僅帶來經濟利益，也顯示了人與人之間相互依存的重要性。喀爾文坦率地承認資本、信貸、銀行、大規模商業和金融以及商業生活其他事實的必要性，他在一封通信中明確指出：

有什麼理由說，經商的收入不應當比占有土地的收入大？商人除了他自己的才智和勤奮之外，還從哪裡獲得他的利潤？

如果路德讀到此類為商人和商業正名的論述，一定會氣得暴跳如雷。在肯定商人的利潤這一點上，喀爾文不僅是路德的反面，更是馬克思（Karl Marx）的論敵。

一五四一年，日內瓦新一屆議會懇請三年前被上屆議會趕走的喀爾文重返日內瓦，喀爾文不願再作馮婦、躊躇再三。蘇黎世的牧師們於四月五日再次寫信給喀爾文，用日內瓦的城市特徵和地理上的重要性來打動他：「你知道日內瓦位於法國、義大利和

德國的交界處，福音很有希望從這裡傳播到鄰近的城市，因此能擴大基督教王國之堡壘。——你知道使徒們選擇大都市作為傳教中心，以便福音能傳遍周圍的城鎮。」這些牧師用了使徒選擇羅馬帝國的一系列重要城市來傳教的先例游說喀爾文，這個策略頗有說服力，喀爾文確實被打動，回到了日內瓦。不過這些寫信的牧師並未意識到：作為十六世紀中葉資本主義正在興起的現代城市之一，日內瓦跟使徒時代的城市並非同一個概念。羅馬帝國的城市首先是政治和軍事中心，是受帝國直接控制的；而日內瓦等中世紀晚期的新興城市，首先是經濟和文化中心，是具有獨立政治地位的城邦。

喀爾文比同時代大部分神學家和改教家都要深諳新型城市的經濟現實及其對精神生活的影響。他在牧養教會時，捕捉到大多數中產階級的心聲。他在共同體中引入公共秩序和家庭道德，他的理想是建立這樣一種社會——人們嚴肅持重地追求財富，並過著敬虔愛主的生活。喀爾文宗大體上是一種城市的運動，它在資本主義勃然興起的近現代城市中發軔和取勝，雖然某些清教徒身上也有田園牧歌的情懷以及奔向曠野的衝動，但整體而言他們更是城市的市民。清教教義是社會上有能力的人們、是已蒙上帝揀選的人的宗教信仰。在十七世紀，某些反對清教徒的政論家指出，清教是經濟上富庶的人們的宗教信仰，這至少是一種部分為真的判斷。清教徒肯定那些「自我表現為道德行動之充滿活力的中心」的信徒，並不像天主教徒那樣無原則地美化窮人——尤其是因懶惰造成的貧窮。在喀爾文宗看來，勞動是人們必須自願參加的一種檢驗標準，不能自願參加勞動是他們沒有被上帝揀選的證據。

在十五世紀末、十六世紀初，歐洲北部和中部的很多城市取

得了相當程度的獨立，事實上每個城市宛如小型國家，市議會是政府，居民是公民。這類城市成為宗教改革運動的基地。在德意志地區的六十五個「帝國城市」中，有五十個對宗教改革運動有積極回應。在瑞士，宗教改革運動起源於城市的處境（蘇黎世），通過同盟城市的公開辯論傳揚出去，例如伯爾尼和巴塞爾以及其他通過條約而相關聯的中心——日內瓦和聖蓋爾。法蘭西的新教思想也始於一場主要在城市的運動，紮根於里昂、奧爾良、巴黎、普瓦提埃、盧昂等大城市——可惜後來被中央集權的政體碾碎。

在宗教改革運動初期，喀爾文主義在某種程度上是由移居外國的商人和工人從一個城市傳播到另一個城市的。日內瓦的城市規模包括經濟規模太小，且被天主教國家包圍，難以像磁鐵或酵母一樣對歐洲發揮更大的作用。所以，下一波的宗教改革在低地國家（尼德蘭）和英國掌握了海洋貿易的大型城市展開。喀爾文信仰的總部無疑是日內瓦，後來喀爾文主義在更大的商業城市——如安特衛普及其工業資源供應地倫敦和阿姆斯特丹——擁有其最有影響的信奉者群體。在整個歐洲，在新教與天主教的競爭中，以及新教不同宗派的競爭中，可以發現一個有趣的現象：越是經濟發達、生活富裕的城市和地區，越是容易接受喀爾文主義。

◎自由市場經濟的內在驅動力：天職、文化使命與聖約觀念

喀爾文身處中世紀與近代早期的過渡時期，既見證世界經濟的巨大變化，也為此貢獻出支持資本主義的觀念，並且是在一個以信仰為基礎的平台上成就這一切。

喀爾文並非經濟學家，但喀爾文神學滲透了人類生活的所有方面——當然包括經濟生活。二十世紀的學者將喀爾文視為現代商業文明的推手：很少有神學家像喀爾文那樣清楚地將經濟現象與救贖這一宏大的主題聯繫起來。對於這位改革者來說，財富是該劇中的一個中介，它不是中立的，而是正面的，這與將物質財富客觀化甚至負面化的中世紀思想形成鮮明對照。社會理論家羅德尼·斯塔克在向馬克斯·韋伯的《新教倫理與資本主義精神》致敬的著作《理性的勝利：基督教如何促成自由、資本主義和西方的成功》中試圖回答，為何有些歐洲社會孕育了資本主義，而其他地方卻沒有出現資本主義——

牧師對資本市場的支持，技術進步是福不是禍，教育，生產的創新，科學的興起，以及對理性的管理方法的期待，所有這些因素都對新教倫理作出了貢獻。喀爾文的立場在西方經濟史上具有絕對的決定性作用。

喀爾文神學中隱藏著催生自由市場經濟的密碼。首先，喀爾文發展出一套有助於資本主義發展的工作倫理，即「天職」觀念——上帝的呼召不僅僅是給神職人員的，也是給所有基督徒的，每個基督徒從事的世俗工作都來自上帝的呼召。每個領域都有其責任、邏輯和節奏，家居和家庭、工作和休閒、友誼和商業，不論什麼情況，這些場景都反映上帝的呼召和事奉的機會。這樣，貧窮不再是美德，真正的美德是用堅韌的勞動訓練個人品格，投身於能為上帝接受的事業。喀爾文批評說，不加區別的布施是「虛偽的慈善」，有勞動能力的基督徒必須制止乞討，持守勤勞和節儉的美德。喀爾文所描述的新型基督徒的品格，正是經

濟成功所要求的品格——節約，勤奮，嚴肅，儉樸，本身經過純化和約束。

其次，喀爾文重視「普遍恩典」的概念，認為文化是上帝普遍恩典的一部分，基督徒應當承擔文化使命，在生活的每一部分侍奉上帝。喀爾文主義者強調「文化更新」，希望將文化變得更符合耶穌的教訓。這就是神學家范泰爾（Cornelius Van Til）提出的「征服世界」的要求。在十七世紀，喀爾文主義是知識擴展背後的推動力，很多受喀爾文神學影響的科學家認為，其工作是由對上帝的信仰所推動，人可以準確理解宇宙，因為宇宙是由上帝設計的。喀爾文主義者向西方介紹了新的時間觀。日內瓦大學的學者麥克斯·昂加馬爾（Max Engamare）在《論早期現代喀爾文主義者的時間觀、準時和紀律》一書中指出，中世紀天主教的時間觀是週期性的，喀爾文主義者提倡時間是線性的和有限的觀念；亦因著時光如此珍貴，人們學會準時赴會。「準時」乃是現代社會人們重要的生活習慣，是農業文明與工業文明的明顯區別。

第三，喀爾文神學被稱為「立約神學」、「盟約神學」。喀爾文指出，上帝與人類立下救贖之約、工作之約及恩典之約。聖經分為「舊約」、「新約」，顧名思義，聖經是上帝與人所立之約。契約的存在，讓人與人的關係超越血緣聯繫和熟人社會，建立起彼此之間的信任。這正是資本主義興起、法治社會形成的先決條件。生活在城市的清教徒首先確立的社會關係是契約式的，即形式上自由的人們自願簽訂的。他們的職業足夠穩定可靠，他們行為的可持續性足以使他們做出長期承諾和簽訂長期契約。那些力圖讓上帝滿意的人通常具有「確定的方向」。顯而易見，受喀爾文神學影響的新教國家，是最早建立公司契約和政府法治的

國家；伊斯蘭文明、儒家文明至今仍未邁入契約資本主義，重要原因就是法治和契約精神的缺失。

在工作倫理、文化使命、立約神學三大觀念之下，喀爾文主義進一步為自由市場經濟開路。正如約翰·斯泰普爾福德所說「經濟學顯然是關於價值的」，亞當·史密斯在討論經濟學議題時從未忘記討論道德問題。喀爾文沒有創立任何經濟理論，卻充分理解資本和技術運行的基本原則。在宗教改革時代之初，經濟學是倫理學的一個分支，而倫理學是神學的一個分支。喀爾文沒有將經濟學作為一門單獨的學科加以研究，他所做乃是闡釋聖經真理，形成一種神學傳統和觀念秩序。

在此過程中，喀爾文觸及了宗教的所有基本問題：人的本性是什麼？人的目標是什麼？上帝是誰？他對人們有何要求？人死之後會發生什麼？他回答這些問題時，通過對聖經的注釋，對世俗生活的方方面面給出建議，進而對日內瓦既有的或正在發展的經濟觀點、政策與體制予以合理化。聖經提出道德框架，在此道德框架裡經營的企業就可獲利，就是高尚的、合理的。因此，有理由認為資本主義與企業文化之所以產生新動力，主要是因為喀爾文的思想、大眾對喀爾文主義的詮釋，以及這種詮釋所造成的結果。喀爾文可以說是近代世界最早一代的經濟學家。[3]

---

3 對應喀爾文主義的五點要義，美國長老教會牧師大衛·W·霍爾（David W. Hall）與資本管理公司總裁馬修·D·伯頓（Mathew D. Burton）提出了「喀爾文經濟學五大要點」：第一，財富不均是一股持久動力，必須承認這個事實，今世不可能消滅階級，上帝也無意消滅階級。收入與地位之間的差異必將始終存在。無論發現自己處於什麼樣的生活狀態，都應當知足、勤奮、感恩。第二，上帝讓人成為創造者、開發者、企業主。喀爾文在聖經第一章中看到創造的豐富性，也明白要對世界萬物進行塑造、馴服和治理。人是按照上帝的形象造的，人被造出來是要工作。第三，因為人有罪，責任與激勵不可缺少。如果人沒有受到適當激

身處歷史轉折點的喀爾文強烈支持個人擁有財產的權利。喀爾文主義是第一種承認並歡迎經濟美德的、系統的宗教教義，它所反對的不是積聚財富，而是為了縱慾或炫耀濫用財富。資本主義與基督信仰並非如凱因斯（John Maynard Keynes）所說的「天然對立」，喀爾文主義支持並推動了「有節制的資本主義」的蓬勃發展。

第三節　喀爾文主義的共和特性：
　　　　民主制與貴族制的結合

◎在希臘與美利堅之間最優質的共和國

　　在近代史上，如果有哪個十六世紀的政體可以與希臘城邦相提並論（甚至比之更優異），那麼非日內瓦莫屬。當代政治哲學家論及共和傳統，言必稱希臘，卻很少有人關注日內瓦。[4]而且，希臘城邦並未持久維持，在戰爭中崩潰了。美國政治哲學家拉塞爾・柯克認為，雅典乃至希臘的政治失敗，原因在於宗教

發，利己主義必將導致人變惡。激勵方式是給予工資和獎勵。反之，問責制也應制訂和實施。第四，個人自由（包括不受外來統治集團干涉）是生意興隆必不可少的。市場越自由，個人自由就越能發展。上帝利用市場作為顯示神意的途徑。第五，利潤受到讚美，以便為其他人提供更多好處。慈善倫理學是從博愛的角度利用利潤，它源於喀爾文主義。

4　尤其是在華語學術界，總體上對清教徒傳統是陌生的，極少有人探討日內瓦的宗教改革與共和制度之關係。在文革的迫害中堅持獨立思想的中國政治學家顧准，被後人譽為思想先知。顧准高度推崇希臘城邦的政治傳統，卻未深入論及日內瓦的共和實踐及其背後的喀爾文神學。

的缺陷。希臘外表上美侖美奐的宗教，並未為希臘人提供一個連貫的道德秩序。雅典因此未能在其體制內成功建構一套公義的秩序。

在近代早期的歐洲，共和國和共和制極為罕見。波蘭和立陶宛等地零星、短暫地出現過共和制的火花，但很快就被君主專制撲滅。一五〇〇年前後，任何著眼於未來趨勢的歐洲人都無疑支持君主制，而非任何其他政府體系。大部分觀察家認為，基督教的共和國是一個矛盾，或者至少是實驗的雜交品，其存在並不可靠。然而，日內瓦共和國存活下來，並以一種混合狀態繁榮了將近兩個半世紀——她於一五三六年徹底獨立，直到一七九八年拿破崙以強力征服這個「最小共和國」（Parvulissime）。在兩百五十年裡，共和制在日內瓦運行無礙；相比之下，雅典共和的全盛時期只持續了數十年。

在西方，「共和制」起源自拉丁語「res publica」，意為「人民的公共事務」。古羅馬思想家西塞羅將希臘文詞彙譯為拉丁語「res publica」，在文藝復興時代此拉丁文單字被譯為英語「republic」。「共和」有三個基本特徵：第一，人民不是君主或最高統治者的所有物或附屬品；第二，有某種有實際效力的法律限制政府權力，並保護人民的基本權力；第三，人民普遍認知國家事務為公共事務。近代以來，重要的共和國首先誕生在新教地區，最具代表性的是日內瓦、尼德蘭和美國（英國的立憲君主制亦帶有某些共和制的特徵）。

與「民主」相比，典範的現代「共和」還必須具有一個重要特徵：權力的分割和制衡，不僅行政、立法和司法三權分立，立法機構也採取兩院制，以此保障少數派的權益不受「多數暴政」侵害。

當代西方主流學界討論共和主義時，從古典共和主義到當代共和主義一路梳理下來，論及古希臘城邦、羅馬共和國的混合政體、馬基維利的平民共和國、孟德斯鳩的商業共和國、麥迪遜的擴展共和國等「共和主義制度探索層面的歷史性界標」，偏偏刻意跳過或略過日內瓦的城邦共和國實踐。自由派主導的學界不願意承認喀爾文神學對西方政治文明的貢獻，不惜用成見抹煞事實。

　　然而，西班牙政治家、天主教學者卡斯特拉亦承認：「共和制運動需要一個比路德宗更嚴謹的道德體系，那就是喀爾文體系；還需要一個比德國教會更為民主的教會形式，那就是日內瓦教會。盎格魯－撒克遜式的民主與聖經中描述的原始社會一脈相承。這是少數基督徒帶來的嚴謹的神學產物……其菁華沉澱下來，形成了人類歷史上最尊貴、最高尚也最富於啟發性的文化遺產。」

　　喀爾文不是現代意義上的民主主義者，如政治學家漢考克（Ralph C.Hancock）所論，「現代民主制的基礎是人民主權的原則，而這對於喀爾文來說是完全不相關的」。這正是啟蒙運動和宗教改革的重大分野。喀爾文對民主充滿疑懼，因為他對人性完全不信任。不同的「人性觀」導向不同的「制度論」：啟蒙運動者相信人性本善，因此相信民主是人自己發明的「最優」的制度；宗教改革者則相信人性本「罪」，且「全然敗壞」，在他們看來，民主只勉強算是一種「不壞」的制度而已——到了邱吉爾那裡，才加了一個「最」字，成為「最不壞」的制度。

　　經歷過日內瓦社會和教會的動盪歲月，也曾被議會用投票表決的、看似民主的方式「永久驅逐」（幸虧沒有像蘇格拉底那樣被投票判決死刑），喀爾文對民粹主義和暴民專政充滿疑懼——

多數票並不意味著必然公正與正義。有人批評喀爾文迷戀中世紀的貴族制，批評者並不理解喀爾文真實的主張是具有菁英或賢人色彩的代議制。如弗朗索瓦・基佐（Francois F Guizot）所言，代議制的核心在於，「權力只有符合真理、理性和正義才是正當的」；同時，「權力通過使自己得到它所行使對象的自由意志的認可來證明其正當性」。對喀爾文而言，共和高於民主——共和主義將單個的人和整體的人民視為「委托人」，國家是「受托人」，人民委託國家實施一種非專制的統治。

喀爾文確實只對一種「貴族制，或者一種混合了貴族制與民主制的政體，在那裡自由被適當地約束所調節」的政體表示讚賞。貴族制需要民主制來補充，喀爾文在《基督教要義》中闡釋古代以色列政體的優越性時指出，上帝賦予猶太人選舉士師和官員的自由，「這確實是一件極為寶貴的贈禮」，由此，猶太人的生活狀況「比他們所有的鄰人們都要幸福和優越，那些地方有國王和君主，卻沒有自由」。另一方面，在喀爾文神學中，對秩序的強調始終是重中之重。美國政治哲學家沃格林（Eric Voegelin）指出，喀爾文主義的「天職系統」構成了「一個根據職位和義務而明確界定的社會等級制度，而這只不過是支撐宇宙的神聖原則的世俗對應物而已」。沒有秩序，自由根本無從談起。

在「絕對民主」的狂熱支持者看來，喀爾文對貴族制和菁英制的欣賞，以及由此對共和制的贊同，是中世紀思想的殘留物，是一種不夠「進步」的舊觀念。然而，民主並非包治百病的良藥：直接民主有可能是一種非常糟糕的政治模式，它很可能導致某種專制獨裁的極端形式：多數人暴政（從法國大革命到蘇俄十月革命，從靠選票上台的希特勒到發動「文革」的毛澤東，都以

民主、大民主、絕對民主等辭藻推行暴政）。民主是令人期待的和必不可少的，但並非「好政府」的最高目標。喀爾文對民主的質疑有助於破除當下全球範圍內「政治正確」的「民主神話」和「民主崇拜」。

喀爾文時代的日內瓦，居民分為三大類，各自享有不同權利並承擔不同義務。第一類是「公民」，指出生繼而受洗於日內瓦，且父母是日內瓦公民的人，他們享有全部的公民權。最高行政當局、二十五人組成的「小議會」成員，必須是公民且由公民選舉產生。第二類是「自由民」，是在日內瓦城之外出生的人，有資格參與集會並被選舉為政府官員，亦可入選六十人議會和兩百人議會，但沒有資格入選「小議會」。第三類是「居民」，擁有合法的外地居留者身分，但沒有選舉權，不允許攜帶武器，亦不可擔任公職，唯一的例外是可以成為牧師（喀爾文本人長期保持「居民」身分，晚年才成為「自由民」）。

日內瓦的混合政體，符合喀爾文神學的要旨，它就像一棵生長多年的大樹，喀爾文不是種植者，而是修剪者。十六世紀的日內瓦共和國，由規模頻繁減少的、金字塔式的委員會統治，日常事務由四位市政官處理。四名市政官從「小議會」中產生。二百人的「大議會」是立法機關，其成員由「小議會」任命，而非由民眾選舉產生。在二十五人的「小議會」與二百人的「大議會」之間，還有一個六十人議會，它為非常設機構，其作用是調和行政與立法機關的矛盾。由此，日內瓦形成一個「同心圓」體系：二十五人加上必要的三十五人成為六十人，六十人加入一百四十人而成為兩百人。

除此之外，日內瓦還有市民大會，該會議每年召開兩次，從「小議會」提供的名單中選舉行政長官和法官。市民大會的出席

者是一千五百名二十五歲以上的男性成員，可以制定新法、選舉公共官員，有必要時投票通過徵稅法案。

日內瓦建構了一種精密的共和制（「間接民主制」），三權分立的雛形隱然可見。

共和制不是憑空誕生的，它需要高素質的公民群體來實現。喀爾文認為，公民不僅是政治身分，更是素質上的要求，如果民眾不具備公民素質，共和制度無法持續、穩定與鞏固。幸運的是，在日內瓦這個年輕的城邦共和國，並不存在後來大部分民主或獨裁政府難以避免的「分肥制度」，那些在日內瓦競選公職的人，在獲得職位之前就擁有可觀的、可供自由支配的財富。儘管研究舊制度的人會覺得難以置信，但日內瓦的晉升體系就是如此──公民將財產留給共和國的證據比他們從共和國搾取私人財富的證據更多。日內瓦不需要「反腐敗」運動，也無需設立「廉政公署」之類的反貪機構。

在日內瓦，幾乎所有公民都是喀爾文宗信徒，他們構成共和制度的堅實基礎。喀爾文倡導培養公民的優秀品格，這與古典共和主義所推崇的政治德行、政治智慧和政治勇氣是一致的。凱波爾說，喀爾文的這場改革從人心的改革開始：

一個得贖的人，在他生活的所有一切事情上、所有一切選擇中都被一種明察秋毫的、最激勵人心的對上帝的敬畏所控制，因為他的良心永遠在上帝的面前，在上帝的眼中。這就是歷史上的喀爾文主義者。

未來任何國家和民族要效仿日內瓦的共和制度，必須先擁有高素質的公民群體──中國人很羨慕新加坡，但新加坡不是日內

瓦，而是日內瓦的反面：新加坡沒有公民，只有幼稚園中的孩童；新加坡沒有共和制度，只有家族獨裁；新加坡從前宗主國英國那裡學到自由貿易，卻沒有學到憲政主義。中國應當謙卑學習的，不是新加坡，而是日內瓦。

◎在人內心都有某種政治秩序的種子

在喀爾文的影響下，日內瓦建立了符合聖經原則的共和政府。喀爾文相信，政治及建立公民秩序的衝動都發自人的本質屬性：「在人內心都有某種政治秩序的種子，這就有力證明：關乎今生的治理之事上，人都有理性之光。」喀爾文教導說，上帝給公民政府命定的目標是尊重並保衛信徒對上帝外在性崇拜，捍衛引人虔誠的可靠教義，捍衛教會的地位，使個人生活和公眾社會生活一致，使人的社會行為和公民正義相一致，使人與人之間彼此和好，促進普遍的和平與安寧。這樣，公民政府乃是為了實施上帝刻在「兩塊法版上的法律」而存在：處理人類與上帝之間縱向關係的法律，以及處理人與他人之間橫向關係的法律。在此意義上，共和政府具有一定的神聖性，而非全然「世俗」的政府。

喀爾文從來不迴避政治議題，政治不可能被排除在信仰之外。政府是上帝天祐的一種恩賜，借由這種賜福，虔誠之心得以激勵。在政治領域，上帝的秩序依賴於人類的審慎和勇氣。喀爾文適當地區分了政治和屬靈兩個不同領域，並指出它們的功能「應該結合為互相服務的關係，而不是互相阻礙」。世俗政府的一項「主要的任務和責任」就是要設法保護「基督徒公開的信仰敬拜」：

為支持旨在保護上帝律法教導下的真正信仰的世俗政府，它防止真正的信仰遭受毫無懲戒保障的公開褻瀆與冒犯，人不可能按照自己的意思頒布任何關於信仰以及敬拜神的法律。

　　喀爾文反對凱撒教宗主義和絕對神權政治的核心在於：與信仰相關的律法、觸及靈魂的律法，絕不依賴於任何人類的選擇和政權的決定。由此，喀爾文成為現代世界「政教分立」（不是路德式的「政教分離」）最早的闡釋者之一，他成功地將宗教的權柄從政府那裡剝離出來，這一觀念後來在美國憲法第一修正案中得以發揚光大。

　　日內瓦最高的權威是聖經之下的憲法。喀爾文主義認定，上帝本身決定政治秩序，它的官員都是以上帝之名行事。考慮到這一原則，最終就有可能回答此一古老的問題：誰能切實地在世間代表上帝？新教貴族和平民的反抗，不過是履行上帝賦予的捍衛信仰自由和良心自由的使命。在此意義上，憲法程序使反抗成為可能。

　　日內瓦沒有國王，日內瓦的共和制對於整個歐洲來說確實是特例。日內瓦的獨立和宗教改革相對順利，並未經歷漫長而血腥的戰爭，國家獨立得以實現，共和制得以確立，宗教自由得以夢想成真。然而，大部分歐洲的清教徒仍然必須面對國王的問題，尤其是剝奪他們良心自由和宗教信仰自由的國王。在衝突激烈的法國胡格諾派反抗運動、尼德蘭獨立戰爭、英國清教徒革命中，誅戮暴君的可能性是喀爾文神學乃至整個清教徒神學必須加以處理的難題。

　　喀爾文對此相當謹慎，而喀爾文的追隨者們詳細闡述了兩種重要觀念。第一，他們明確堅持所有人類秩序的契約性，這排除

了家長制統治和魅力領袖的合法可能性，為直接和明確的憲政政治開啟了路徑。第二，他們將宗教的良心和戒律注入這種新的秩序之中。如果說是歷史和法律使得清教徒的反抗行為具有合法性，那麼，正是喀爾文宗的良心使得他們的行為具有強制性，並界定行為的目標。良心在各類職位上都起作用，實際上是上帝呼召信徒採取切實的政治行動。

喀爾文宗的現實世界觀導致了對歷史的新評價。在此原則之下，法國的胡格諾派作家奧特芒撰寫了《法蘭克—高盧》一書，書中的歷史事例的描述冗長和細緻，因為作者將對歷史的解釋成一項宗教行為，「一種敬虔的行為」。毫無疑問，理性地使用歷史例證可以支持政治創新，邁克爾·沃爾澤（Michael Walzer）說，「引證歷史上的事例是一種重要的論證方法，沒有比它更能夠解放十六世紀新教徒思想的方法了」。

奧特芒指出，清教徒的自由觀是「所有國家的持久和普遍的法則」。他力圖證明，反抗暴君並不是與上帝或上帝指定的在塵世中的代理人作對。他通過對法國歷史的縝密研究，揭示了上帝的意志已經確立了供選擇的諸多政治力量，它們在權利和義務上與國王等同。經由奧特芒的發掘，法蘭西王國歷史上被湮滅已久的「公眾委員會」其實擁有「神聖不可侵犯的權威」，從法律上看，它立基於一部古老的和長期存在的憲法之上。其行政人員擁有的權力與國王的權力一樣是「神授」的。「公眾委員會」經常反對、甚至是廢黜國王。因此，法律事實能決定良心，良心本身就是諸多法律事實的一個集合體。政治秩序對於律師奧特芒和神學家喀爾文來說都是神聖的，奧特芒進而證明了反抗暴君是正當的，因而是神授的。

另一位胡格諾派的小冊子作家反問道：卡佩王朝的國王廢黜

加洛林王朝的國王們，這是如何發生的呢？那實際上並不是十分困難之事，首先是由「上帝的意志」所決定：

　　上帝可以隨心所欲地改變王國和帝國，只要祂高興。通過什麼方式呢？通過祂在世界上已確立的政治秩序。

　　換言之，清教徒尊崇的是上帝設立的政治秩序，而不是自稱君權神授的國王本人。政治秩序高於國王。英國清教徒作家露西・哈欽森如此寫道：「如果有人因王國的恥辱、窮人的受制而感到傷心，或者因臣民被發明出來的種種方式所壓迫（而這些方式只是為了維持廷臣的驕奢淫逸）而感到難過……那他就是一位清教徒。……倘是清教徒，那他們就是國王及其政府的敵人。」這種以國王及其政府為敵的說法廣為流傳，乃是英國清教徒革命的先聲。接受這一觀念的清教徒，在處死破壞上帝設立的政治秩序的國王時不會有良心上的壓力。

　　由此，「國王」被喀爾文神學重新定義。法國胡格諾派作家德・莫爾奈在《反暴君申辯》中寫道：「君主的本質表明它不過是一項繼承權，不是所有物，也不是用益權，而是一種職責和一種職位。」所以，臣民是國王的兄弟。只存在一個上帝，統治者、領主和所有人在上帝眼中都是一樣的，都有共同的天性。除了上帝之外，不存在其他的父親身分、控制或統治；塵世的官長只是上帝的執行者和代理官員。從此，西方世界不再有東方那種占據血緣和精神上「父親」地位的絕對專制君主，「君父」的概念被徹底粉碎。這是喀爾文和日內瓦的政治實踐對現代政治哲學最大的貢獻之一。

◎如果說巴黎是蕩婦，日內瓦就是貞潔的妻子

　　喀爾文早年受過嚴格的法律訓練，但他不是職業的法學家和政治哲學家。他沒有寫過政治理論方面的綜合性論文，沒有系統的關於宗教自由、關於教會──國家關係方面的公民規範；但他對個體信仰者按照神法所享有的精神自由和按照世俗當局的公民法所享有的政治權利，都有過深刻的論述。美國法學家約翰・維特（John Witte Jr.）指出，喀爾文設計出一套更為完全的法律、宗教和人權理論，發展出一種詳盡的道德法律和責任理論，預示了後來喀爾文宗自然法和自然法理論的全部範圍。喀爾文呼籲保護「人類的共同權利」，這激勵了許多喀爾文教徒的公權、私權和程序權利理論的發展。

　　擔任過尼德蘭首相的政治家和神學家凱波爾在《喀爾文主義講座》中如此概括喀爾文主義的政府觀：上帝設立世上的一切政權，原因是由於罪；假如沒有罪的存在，政府與國家就沒有存在的必要（麥迪遜的說法是，如果人類是天使，就不需要政府了）。喀爾文主義出於對罪的深刻認識，告訴人們國家、政府的本來面目，教導信徒認清兩件事：首先，應當心存感恩地從上帝手裡接受國家與政權，這是今天不可或缺的。另一方面，必須十分警惕，因為政府的權力裡潛伏著對個人自由的威脅。凱波爾高度重視日內瓦的城邦共和國的實踐經驗，並讓這一遺產在尼德蘭發揚光大。

　　喀爾文毫不猶豫地聲明，只要情況允許，最理想的是由人民自己選舉政府，在這種有條件進行民主選舉的地方，人們應該存感恩之心承認這是上帝的特別恩待。有德性的公民才有資格選舉，這樣的選舉才不至於將暴君和獨裁者送上權力寶座。在喀爾

文所寫的《撒母耳記注釋》裡，他告誡所有能選擇自己政府的人們說：「是啊，你們這些具有上帝所賦權利選舉自己政府的人們，當三思而行，不要辜負上帝的恩典，不要把惡人、把與上帝為敵之人選在高位上。」

即便在共和制運行良好的日內瓦，研究如何防止出現暴君和獨裁者，亦非杞人憂天。睿智的神學家和政治家知道防患於未然的道理。抵抗理論的興起是喀爾文教派權利理論發展中的關鍵一步。喀爾文的門徒和在日內瓦事業的繼任者泰奧多爾‧貝扎是發展這一理論的重要人物，他與喀爾文一樣，出生於法國，來自小貴族家庭。一五四八年，貝扎作為避難者來到日內瓦，成為日內瓦教會的牧師，並出任日內瓦大學教授和校長。在喀爾文去世後，貝扎被選為牧師會議主席，成為日內瓦宗教法院中最重要的成員。貝扎還是日內瓦最有影響力的法律和政治顧問。與喀爾文一樣，貝扎為城市當局起草了大量法規和法律建議。與慈運理一樣，貝扎還擔任隨軍牧師，走向戰場，是一位文武雙全的改教家。

在法國發生聖巴塞羅繆日大屠殺之後，貝扎在基督徒的抵抗權方面向前邁出一大步。所有的神學和政治哲學都是現實的回音。一五七四年，貝扎完成其代表作《統治者的權利》，將四十年來改革派關於抵抗權利的思考整合成一套強有力的政治權威和個人自由本性的新結構。他不情願地邁出這一步，知道自己正在遠離日內瓦導師的表述，但他最終堅決地走向此一立場，而且正是遵循喀爾文「永遠改革教會」的告誡——總是要遵循聖經和聖靈的啟示，以及面對新的挑戰和危機，改革教會和更新它的學說。

喀爾文的一只腳停留在中世紀，一只腳邁入現代世界。日內

瓦當然有政治紛爭，但喀爾文並未直接面對暴君屠殺無辜民眾，也沒有經歷過殘酷的宗教戰爭。喀爾文在抵抗權利上的論述方面有其保守性是其性格、經歷和時代因素使然。而在貝扎這裡，新教世界與天主教世界的戰爭已在歐洲諸多國家開打，在許多地方，新教徒遭到宗教滅絕式的屠殺。貝扎不認為個體公民在面對暴政時只能引頸受戮、選擇殉道，他堅持認為，存在著「源自於人類制度」的反對暴君的方法。舊約中以色列的士師反抗暴君，就是上帝召喚他們完成特定使命。上帝用這種特殊方式喚醒以色列人，因為他們的精神已被暴君損毀。貝扎指出，良心不是私人問題，而是公共事務，這是一種嶄新的新教意識。他進而指出，基督徒能夠而且應該充分地和自由地實踐依政治契約所享有的權利：

　　當最高統治者已經成了一個暴君時，他必須因其偽誓而被認為已經使得人民不受誓言的約束，而且當人民正當地宣稱他們反對暴君的權力時，也是如此。

　　另一方面，貝扎反對個體公民宣布自行掌管法律、隨心所欲地以動用私刑的方式反抗暴君。「任何個體公民都無權按照他自己的私人權威，用以暴易暴的方式反對暴君」，所有此類私人反擊和報復都會導致「無盡的失序」，「趕走了一個暴君，換來了一千個暴君」。暴君固然殘暴，但聖約猶在，人不能因為反抗暴君而自己淪為暴君。
　　貝扎並未預見到兩百年之後發生的法國大革命，以及作為法國大革命升級版的俄國革命、納粹德國的崛起以及毛澤東的中國革命，但他對抵抗權的肯定及限制，清晰地區分了日內瓦革命、

尼德蘭革命、英國革命、美國革命的脈絡與法國大革命及其惡劣模仿者之間根本性的差異。對於後者，馬克思毫不隱晦地說：勞動者的宗教是沒有上帝的，因為它努力於恢復人自身的神聖性。「消滅上帝」是作為自由主義者繼承人的「革命的社會主義者」綱領中的第一條。他們工作的第一個階段是破壞性的：破壞舊社會，破壞尤其是一切由信仰上帝而產生的東西。最終，如同杜斯妥也夫斯基在小說《群魔》中所說：「從無限制的自由出發，達到無限制的專制。」

此一根本性差異，就是日內瓦和巴黎的差異，有上帝的、遵循上帝誡命的革命與無上帝的、反對上帝誡命的革命之差異，後來形成了近代化的英美模式與歐陸模式的差異。喀爾文主義者在這兩者之間畫出一條明確的界限。一七九三年，在漢密爾頓與傑佛遜（Thomas Jefferson）之間發生了一場關於法國大革命的激烈論戰——那一年正是雨果（Victor Hugo）的小說《九三年》的歷史背景。在那場發生在大西洋彼岸的爭論中，傑佛遜堅稱法國大革命是美國革命的繼承者，而漢密爾頓毫不客氣地指出：「假如我們要拿法國革命與美國革命來作比較的話，那麼就像拿法國小說中不貞的妻子與新英格蘭清教徒的妻子相比，兩者之間毫無相似之處。」

或許正如凱波爾所說，法國革命與日內瓦、尼德蘭、英國和美國的革命有著原則上的差別。清教徒的革命是用禱告、以信靠上帝的方式進行的，在喀爾文主義的範疇內，正像美國《獨立宣言》裡一樣，膝蓋謙卑地向上帝跪下，頭顱驕傲地向人抬起。反之，法國革命無視上帝、反對上帝。法國人否認政治上有任何比自然也就是比人自己更為深刻的基礎。法國的《人權宣言》第一章宣告了對上帝的絕對不信，把人的自由意志置於上帝的寶座之

上。他們聲稱人的意志決定一切，所有的權威、一切的權力都出於人自身。於是，由個人到眾人，由眾人到人民，成了一切權力的最終源泉。而全然敗壞的人一旦掌握不受制約的權力（此前，甚至連法國的專制君主也會受到諸多制約），有什麼事情做不出來呢？

第四節　喀爾文主義的普世特性：
　　　　清教徒走向世界

◎日內瓦不是「新教的羅馬」，而是「清教徒的耶路撒冷」

日內瓦一度被稱為「新教的羅馬」——當然，新教不會有高居於金字塔頂端的「羅馬」，這個比喻只是表明日內瓦的信仰生活、文明程度、政治與經濟生活舉世矚目。與其說日內瓦是「新教的羅馬」，不如說它是「清教徒的耶路撒冷」。

一五三〇年代，喀爾文主義影響法國，形成胡格諾派。在德意志地區，萊茵河巴拉丁等地，喀爾文主義尤為盛行，海德堡大學成為喀爾文宗神學家聚集的學術重鎮。

在尼德蘭，喀爾文主義在與阿民念主義的鬥爭中得以強化，成為人們生活和思想中不可或缺的部分。其影響在十九世紀減弱，又被「新喀爾文主義」賦予新生命，尤其是凱波爾和巴文克（Herman Bavinck）等人讓喀爾文主義更深刻地進入政治領域之中。這些思想影響了二十世紀美國的喀爾文主義，特別是尼德蘭裔美國學者范泰爾從事的護教學研究，以及薛華影響一個時代的文化傳教事業。

尼德蘭人率先將喀爾文主義帶到非洲，南非的尼德蘭改革宗教會是非洲最有影響力的喀爾文主義教會。

十九世紀蘇格蘭傳教士的工作，在亞洲產生了韓國以及台灣長老教會的發展和傳播，這兩個亞洲國家成為今日頗具活力的長老教會的重要據點。

有趣的是，東歐的立陶宛、匈牙利、波蘭、羅馬尼亞等國，儘管天主教是主流，但喀爾文主義如涓涓細流般傳播開來，讓這些地方的天主教也打上喀爾文主義的烙印——正如美國的天主教會傾向於堅持保守主義價值，挺身反對現任教宗方濟各的左派意識形態。

以立陶宛為例，新教改革和反新教改革交替出現。很多立陶宛名流在十六世紀五、六十年代轉向喀爾文主義。美國學者蒂莫西‧斯奈德（Timothy Snyder）指出，立陶宛的東正教徒轉向新教，是通過從東方基督教轉向西方基督教的方式參與宗教改革。儘管後來天主教捲土重來，但並非天主教本身，而是宗教改革使得立陶宛東正教貴族接受了西方基督教的信仰，先是新教，然後是天主教——被新教改造過的天主教。在此一維度上，也就能夠理解波蘭裔的教宗若望‧保祿二世何以成為反抗共產極權主義的巨人以及波蘭天主教會何以跟團結工會攜手推翻共產黨的暴政了。

在普世性這一維度上，喀爾文神學比路德神學更具普世性。

首先，路德和喀爾文在身分認同上迥異。

路德認定自己是德國人，或日耳曼人。在路德的時代，作為近代民族國家的德國尚未形成，正是路德具有強烈的德意志民族主義色彩的神學，像混凝土一樣將德意志諸侯和民眾的力量凝聚起來，以此對抗強大的羅馬教廷，並建立清晰的自我認同。在

《致德意志基督教貴族書》等文章中，路德巧妙地利用德意志諸侯們強烈反對羅馬的情緒。路德的宗教改革催生了統一的德國，他不自覺地扮演了近代德國「國父」之角色，但也為此後德國走向偏執和狂熱的民族主義乃至種族主義埋下禍根。

喀爾文則是一名「自由在哪裡，祖國就在哪裡」的「世界公民」。喀爾文出生於法國，法國強大的天主教勢力讓他在法國無立錐之地，被迫流亡日內瓦，後半生旅居日內瓦推動宗教改革。喀爾文沒有忘懷祖國法國，其《基督教要義》的早期版本中，有獻給法國國王法蘭西斯一世（Francis I）的題詞，希望法蘭西斯一世轉向新教，並宣布「我的首要目的即在解救我的同胞脫離那恥辱」。但喀爾文很快就對祖國的情勢絕望了，法國成為專制王權與天主教緊密結合的國家，他再也沒有回過法國。喀爾文旅居日內瓦，以現代法律的標準來看，其大半生都是「無國籍人士」。正是這種「世界人」的身分，讓喀爾文具有超越於國家和種族之上的「天國子民」的胸襟與視野。

其次，路德神學和喀爾文神學回應的對象不同。

路德神學中相當重要的部分是為了回應十六世紀初期德意志北部地區所面臨的信仰及社會問題，喀爾文神學更多是探討超越國族和時空的、具有永恆性的議題。

人們提起路德時，必定首先想起十六世紀初德意志地區的具體狀況；但當提起喀爾文時，則不一定會關心喀爾文究竟是法國人還是日內瓦人，除了日內瓦與法國，人們還會想到喀爾文神學盛行的尼德蘭、英國乃至美國。

路德神學的傳播，以及路德宗（信義宗）教會的擴展，在地域上主要集中於德國北部和北歐各國，這些地方在文化上屬於廣義的德語文化區。喀爾文神學的傳播，以及改革宗、長老會等按

照喀爾文主義建立的新教宗派的拓展，則顯示出跨地域、跨文化、跨族群的特徵，更具全球性。

第三，路德和喀爾文的個性及「問題意識」不同。

老年的路德是一位地方性人物和政治上的保守主義者——與十九世紀更有活力的保守主義不同，那是一種與世無爭的沉浸狀態。而年老的喀爾文則是一位國際性人物，他的學生遍布歐洲各國，他的作品被翻譯成多種語言出版，他有意識地對著整個新教世界發言。

相較於路德的理念，喀爾文的理念傳布的範圍更廣遠，更廣泛地適應一系列社會經濟環境。喀爾文的理念具有客觀的和非個人教義的權威性，並擁有針對公眾主張的眼界與感染力。

路德從未真正將最多精力投入到教會組織及理論問題的研究中，也許因為他最初就不想面對那些問題，他沒有建立組織嚴密的新教會的計畫。喀爾文則屬於下一代的新教徒，自其職業生涯開始起，就是一位致力於制度創新的人物，他主要關注的是取代天主教會的新教教會及組織方式。

日內瓦的市民和信徒大都沒有向外部輸出清教徒的觀念秩序的雄心壯志，但在日內瓦成功實踐的喀爾文主義卻邁過有形的邊界、民族和語言的差異、海洋的阻隔，甚至超越新教內部不同教派的分歧，如同水銀瀉地、無處不在。比如，在路德教派與喀爾文教派的競爭中，後者往往占上風。阿克頓敏銳地發現：「喀爾文教體系完整而明確，而且實踐適應性強，所以它是新教最好移植的形式；它在路德教缺乏足夠支持者而不能立足的環境惡劣地區生根並且長勢茂盛。喀爾文教不僅在國外而且在國內傳播開來，它還剝奪了路德的部分德意志地區、巴拉丁伯爵領地、安哈特州、勃蘭登堡家族領地和匈牙利的大部分地區。」

教育是傳播教義的重要渠道。喀爾文推動重建日內瓦大學，使之成為第一所由新教徒建立的新型大學。他不必離開日內瓦，就可通過日內瓦大學及各類學校為整個歐洲培養大批受過喀爾文主義教義和人文學術訓練的牧師，他們成為尼德蘭、英格蘭、蘇格蘭、萊茵諸省和法蘭西等地跟天主教鬥爭的新教牧師，聰明睿智、不屈不撓、無所畏懼，隨時準備為事業獻身。蘇格蘭改教運動領袖諾克斯在日內瓦受教並稱讚說：「這是從使徒時代以來，最優良的基督教學校。」

　　日內瓦是一個高度國際化的城市。但日內瓦人並沒有後來的英國人和美國人的特殊感覺——生活在新政治秩序中，其觀念秩序和生活方式可傳至全世界——日內瓦人並不認為其經驗可普遍化。日內瓦周邊天主教的勢力依然強大無比。宗教改革在法國失敗了，喀爾文利用日內瓦影響法國的希望破滅了，儘管喀爾文的《基督教要義》用法文寫成，他也翻譯了法文聖經，但法國的民情與傳統跟新教倫理產生了強烈的排斥反應，如同不同血型的人之間無法輸血一樣。宗教改革沒有在法語區成功，卻被諾克斯帶到英語世界。這是日後近代世界分野的關鍵所在：是英語國家而不是法語國家掌握了打開近代之門的鑰匙。

◎當你看到自由世界的枝繁葉茂，不要忘了它的根基是日內瓦精神

　　在喀爾文去世十年之後，改革宗已成為一個國際性的新教宗派，比路德宗傳播的國家更多。不僅如此，不同國家和民族的喀爾文主義者均具有一種昂揚奮發的特質：

喀爾文最偉大的成就是創造了一種新型的人類——喀爾文主義者，這種人因感知到上帝的呼召和上帝所賜予的能力，對生活懷有「我能行」的態度。

　　以嚴屬的信仰告白與嚴格的律己精神相結合，喀爾文成為最英勇的法國胡格諾派、尼德蘭和英格蘭的清教徒、蘇格蘭的盟約派和北美清教徒移民之父，他們為了良心和信仰的緣故可以犧牲世界上任何東西。此種精神武裝起英國議會對抗暴君查理一世，激發起克倫威爾的輝煌勝利，更成為推動清教徒移民先輩們的動力，將文明的種子播種到北美新大陸——清教徒移民的領袖布拉福德（William Bradford）在「五月花號」上每天閱讀的就是喀爾文注釋的日內瓦版本的聖經。

　　英國歷史學家和教育家托尼（R. H. Tawney）指出，日內瓦宗教改革的成果鞏固之後，喀爾文主義迅速向外擴張。此後數十年間，喀爾文主義者進行了好幾場革命，以流血或不流血的方式，使新舊大陸六個不同國家公共生活的政治概念和社會政策深刻打上他們的印記。喀爾文主義為社會與政治定下根本性的概念——從來沒有一個政治體制不是建立在一個特殊的宗教概念或一個特殊的反宗教概念之上。歷史上發生在尼德蘭、英國和美國政治上的改變就是喀爾文主義給這三個國度帶來的自由。

　　宗教改革之後持續兩百年的清教徒運動，其神學基礎就是在日內瓦孕育成形的喀爾文主義。伯爾曼指出，儘管不同分支的被稱為清教徒的人之間有很多不同，但他們都共享某些基本的喀爾文主義的教義，這些最終成為了一種英國的世界觀點的一部分。麥格拉思概括說：「喀爾文主義的國際性特徵，即喀爾文主義具有原初日內瓦處境的一切特色，卻能迅速融入新環境。喀爾文主

義能夠在各式各樣的環境中屹立不倒，並能直接觸及特定問題，如政治、經濟與宗教問題。這包括與十六世紀的日內瓦大相逕庭的歐洲與美國。……喀爾文主義遠不只是神學。它是進步的世界觀，足以轟動世界，深深影響當時的文化。」

喀爾文主義對西方神學和法律轉向近代的貢獻不容忽視：喀爾文的基督徒良心的理論為後來的新教徒在法國、尼德蘭、英格蘭、蘇格蘭和美國支持良心自由和宗教信仰自由提供了基石。喀爾文的道德律法和義務的理論激勵了喀爾文主義者的自然法和自然權利理論。喀爾文對「人類共同權利」、「共同體權利」及「所有人平等權利和自由」的提及，為健全的喀爾文主義和團體的公權、私權以及程序權利的發展提供了規範的吸引力。喀爾文的長老制教會政體理論打破了宗教會議和主教制度的中央集權，最終被用於支持國家的共和制和宗教市場化。喀爾文的教士和官員平等與合作理論為後來教會和國家的分立和適應的憲政保護提供了堅實基礎。喀爾文的教會和國家都對道德負有責任的理論成為後來社會多元和共和主義的基督教理論的核心。在以上每一個層面，喀爾文的貢獻都超過任何一位近代政治哲學家或公共知識分子。

凱波爾如此概括作為整全性的觀念秩序的喀爾文主義說：「喀爾文主義並非只停留在教會事務上，而是擴展為一個生活體系；不僅僅全力建立一套教義，並且創造出一個世界觀。它不但在過去，在今天也仍然能夠適應人類發展的每一個階段、人類生活的每一層面的需要。它將把基督信仰提升到一個最壯麗的屬靈境界；它創立了一整套教會秩序，這套教會秩序成為聯邦制政體的胚胎；它被證明是科學的守護天使；它解放了藝術，促成了歐洲和美國的立憲體制；它鼓勵、刺激了工業、農業、商業和航

海業；它在人們的家庭生活、家庭關係上刻下了鮮明的基督教之印；它以純潔道德標準提升了社會道德；它以其各方面的影響力在教會、政府、社會和家庭裡形成一個根本性的理念，這種理念完全出於喀爾文主義的主導原則。」

凱波爾指出，雖然有人將喀爾文主義視為已經作古的化石，但事實正相反，「我們這些後人要做的是，根據我們實際的現代生活，按照未來時代的要求回到那棵活的喀爾文主義大樹的根上去，澆水、修剪，使它重新萌芽，再次綻放出絢麗的花朵」。

喀爾文的思想遺產已成為一個不斷闡釋、歷久彌新的「母題」。晚近一百多年來，喀爾文主義已跨越西方世界的疆界，向非西方國家拓展。喀爾文宗誠然不是新教諸教派中人數最多和最有活力的分支，但喀爾文主義為所有新教宗派（甚至包括天主教和東正教）提供了應對當代社會挑戰的政治哲學、經濟學、倫理學思想。在亞洲，喀爾文主義成為追求自由和權利的象徵：喀爾文主義在韓國和台灣所催生的「長老教會的反抗意志」，成為這兩個國家痛苦而漫長的民主運動中一股最堅韌、最強大的力量。

◎唯有日內瓦的喀爾文主義可以對抗馬克思主義

美國國父之一的約翰·亞當斯感嘆說：「不要貶低日內瓦，宗教自由欠它太多尊敬。」喀爾文去世後不久，日內瓦的喀爾文主義傳統就遇到強烈的挑戰、歪曲及貶低。啟蒙主義和法國大革命是日內瓦的喀爾文主義的對立面，它們更高調、更激昂、更能俘獲人心。在現代思想史上，在日內瓦出生的法國啟蒙運動旗手盧梭（Jean-Jacques Rousseau）獲得了比喀爾文更高的地位。人們提起日內瓦時，首先想到的不是喀爾文，而是盧梭。

日內瓦未能長久地保持宗教改革聖城的地位。首要原因是日內瓦體量（人口、疆域、經濟規模和政治影響力）太小，就像小孩子穿成人的衣服，無法撐起宏大的喀爾文主義的觀念秩序。

　　其次是因為日內瓦不得不小心應付在宗教上和政治上都與之敵對的強大鄰國法國。成為法國的鄰居是日內瓦最大的不幸，正如成為中國的鄰居是台灣最大的不幸。日內瓦人害怕觸怒強大的、君主專制和天主教的鄰居法國。最具普世性思想的日內瓦人只能小心翼翼地告訴法國人，「法國人從歷史碰巧遺留給小鄰居的制度中學不到任何東西」。

　　即便如此，大革命之後橫掃歐洲的法國軍隊沒有放過這個城邦國家。沒有正規軍、只有少數雇傭軍的日內瓦被迫跟拿破崙帝國簽署投降條約，並由拿破崙扶持一個傀儡政權。日內瓦不是亡於內部的失序，而是外部的壓力——讓這個小國在逆境中存活下來的意外平衡優勢，因法國大革命而意外地停止運行。

　　幸運的是，一種大眾文化素養與誠摯公民的非凡文化在政治獨立喪失後卻存活下來。清教徒時代日內瓦的觀念秩序被部分地保留在後來瑞士聯邦的憲制之中，迄今為止，瑞士的聯邦制是歐洲最成功的政治模式之一——而身處歐洲心臟地帶的瑞士始終拒絕加入歐盟。

　　第三個原因是日內瓦地處歐洲內陸，不靠海，不是海洋貿易和國際傳教的焦點。而下一步歐洲經濟的騰飛和海外傳教的熱潮都出現於港口城市和海洋國家。於是，近代歐洲權勢和典範轉移的第二棒就轉到了尼德蘭手中。

　　第四個原因是喀爾文宗在日內瓦一家獨大，其他宗派遭到排斥和禁止。喀爾文宗走向教條主義之後，對民眾日常生活的要求和規範過於嚴厲。由於缺乏競爭性的宗教市場、缺乏宗教生活與

世俗生活之間的彈性，加上人本性中物極必反的一面，幾代人之後，虔誠的信仰便淡化和稀釋了。

　　到了十八世紀，清教徒傳統在日內瓦成了被遺忘的陳跡。敵視基督教的盧梭成為日內瓦最受歡迎的公共知識分子，更敵視基督教的伏爾泰居住在日內瓦城外推銷其無神論觀點。伴隨著信仰的衰落，是經濟崩潰以及政治秩序的僵化。一八一五年，後大革命時代的政治安排，將日內瓦置於新的瑞士聯邦共和國之內。從此，日內瓦的共和主義被納入瑞士的歷史脈絡之中。當代的日內瓦更成為諸多聯合國機構的駐所——這些機構背後的左派理念乃是喀爾文主義的對立面。

　　日內瓦在世界史上地位的下降，以及二十世紀下半葉以來瀰漫於西方學界的反基督教氛圍，使得喀爾文主義對近代文明的貢獻被大大低估，正確評價喀爾文主義的歷史貢獻及其在日內瓦的成功實踐，被視為嚴重的「政治不正確」。人們在討論「普世價值」時，小心翼翼地剔除它與基督教的淵源，這充分反映在《聯合國人權憲章》和《歐盟憲章》的有關表述當中。[5]

　　更令人遺憾的是，當福音派教會和基督徒逐步退出以大學為代表的學術和教育領域及主流媒體之後，喀爾文主義和清教徒傳統作為應對世俗化挑戰的利器被無情丟棄了。喀爾文時代的清教

----

[5]　當代若干人權文件都避開人權與基督教尤其是新教之關係。自由派學者否認人權有其神聖性來源。瑞士國際憲法學家湯瑪斯・弗萊納（Thomas Fleiner）指出，人權是人類啟蒙觀念的反映。啟蒙是現代民主的基礎。美國人權律師、法學家艾倫・德肖維茨（Alan M. Dershowitz）指出，在這個人們既無法就造物主意志的內容及其方法論取得共識的多樣化世界裡，造物主不應該被當成政治權利來源而被援引。在宗教與哲學多元的民主社會中，神聖權利的傳統論證很難行得通，自然權利外源的說法與民主社會格格不入。

徒和當代那些企圖效法清教徒的人們，遭到左派無神論者無情恥笑。在西方的公共領域中，連提及上帝和聖誕節都變得相當「敏感」，很多基督徒自覺不自覺地「以福音為恥」。那麼，誰還會談論喀爾文和日內瓦呢？

其實，喀爾文主義者持續地影響著西方國家幾乎所有重大議題，這些議題不僅牽動且週期性地攪擾著西方國家甚至非西方國家。例如社會正當秩序問題，包括宗教信仰自由和公民自由；教會組織和國家機構之間的關係及其穩定性與變化——當年，喀爾文親自研究過這些問題，後來他那些在法國的胡格諾派的追隨者們、蘇格蘭的宗教改革家、英格蘭和新英格蘭的清教徒、北美殖民地的愛國者們也都有所建樹，他們共同論證了這些議題更具體的連續性和差異性。最重要的是，也論證了神學與信仰的傳承是如何更新歷史處境中的文化。來自喀爾文的這些相關的、不同的研究方法被看作是構成最近四百年西方國家政治、經濟、宗教生活的框架體系的重要原動力之一。

關於喀爾文和喀爾文主義的激烈爭議，至今仍未停息。在日內瓦成功實踐的喀爾文主義，是唯一可以全面對抗作為現代諾斯替主義極致的馬克思主義的觀念秩序和精神秩序。唯有觀念秩序才能對抗觀念秩序，唯有精神秩序才能搞對抗精神秩序，形形色色的無神論的自由主義、世俗主義，無法形成強有力的觀念秩序和精神秩序，以應對百足之蟲死而不僵的「後共產主義」。

上帝自有其特別的美意和幽默：祂給喀爾文的舞台是小小的日內瓦，而馬克思（及其信徒列寧、史達林）所獲得的舞台則是巨大的莫斯科。晚近兩百年人類的善惡之戰，歸根結底就是喀爾文與馬克思之戰、日內瓦與莫斯科之戰。這場終極之戰的主人公，如今置換成了華盛頓與北京。

以喀爾文為代表的基督教保守主義的觀念秩序，是以馬克思為代表的無神論、唯物主義、國家主義、集體主義、極權主義的天敵。左右之爭、有神無神之爭、自由獨裁之爭，永遠不可調和。如果沒有喀爾文主義這一翼的觀念秩序作為「防波堤」，人類早已沉淪在無邊的黑暗之中，而且黑暗之後不會再有光明。

　　在西方民主國家內部，讓全社會陷入巨大分裂的社會道德倫理議題——如福利國家、全民健保、同性戀婚姻、墮胎、安樂死、持槍權、移民政策等，喀爾文在日內瓦不曾面對和處理過，但每一個問題背後都可順藤摸瓜地找到喀爾文主義式的答案。

　　如果說歷史是一面照亮未來道路的鏡子，那麼四百多年前喀爾文在日內瓦所說的、所寫的、所行的一切，就不是發黃的檔案，而與今天的生活息息相關。如果要了解西方的政治經濟和社會文化制度，就有必要置身於十六世紀早期社會，去了解那時人們的思想和行為。如學者凱利所指出的那樣，現在有關法律與權利、秩序與權威、忍耐與自由、個人主義與集體主義的政治制度的根源和最初的模型，都是在那個時代奠定的——

　　約翰‧喀爾文的思想和著作是對新教改革所引起的歐洲劇變最強有力的反應之一。當喀爾文成為一個突出的宗教領袖之後，他的著作就不僅是對瀰漫整個歐洲的宗教衝突的一種回應，而且更進一步地推動了歐洲的格局。……喀爾文的理論及其基礎上所形成的制度、所提出的一系列問題，都極大地影響了宗教改革後的西方世界形勢。

　　無論人們是否願意承認，現代世界的每個人都生活在喀爾文的無形遺產之中。

有我與你同在，必沒有人下手害你，
因為在這城裡我有許多的百姓。

——《新約‧使徒行傳》，18：10

第三章

尼德蘭：
堅持不懈，自由無畏

在很短的時間內，一個剛形成的國家和民族就達到最偉大的巔峰
狀態，世界上哪裡還有這樣一種文明呢？

——約翰・赫伊津哈（Johan Huizinga）

從二〇二〇年一月一日起，荷蘭正式停止使用舊國名「荷蘭」（Holland），所有公司、大使館、外交部、大學等機構都使用新國名「尼德蘭」（Netherlands）。從地理位置來講，「荷蘭」只涵蓋十二個區域中的兩個：北荷蘭（North Holland）與南荷蘭（South Holland），主要是阿姆斯特丹、哈勒姆及鹿特丹等城市所在的地區，並不能代表整個國家。尼德蘭外交部發言人對媒體坦言，「僅把尼德蘭的一小部分——即荷蘭——推廣至海外，這有點奇怪」。而「尼德蘭」一詞取「低窪之國」之意，形容其國內平坦而低濕的地形，可概括國內全部的共同體。

尼德蘭距離羅馬超過一千英里，面朝北海，是中世紀歐洲的邊陲地帶。在歐洲強國中，尼德蘭是後起之秀，其獨立與崛起同步，這在歷史上是極為罕見的。十七世紀是尼德蘭的黃金時代，甚至可以說是尼德蘭的世紀。其艦隊所向無敵，商船遍及全球，富裕和文明程度超過歐洲乃至全球任何一國。法國歷史學家布勞岱爾（Fernand Braudel）評論說：「當時的人們只是看到一些令人眼花繚亂的表象。跟往常一樣，他們對長期的準備過程未加注意，直到尼德蘭獲得光彩奪目的成就時，他們才猛然醒悟。任何人都不明白，一個初出茅廬的蕞爾小國居然一舉成功，發展神

速，無比強盛。人們紛紛議論尼德蘭的『祕密』、『奇蹟』和『出奇的』富有。」

尼德蘭本國的歷史學家也對尼德蘭奇蹟感到不可思議。曾任萊頓大學校長、在納粹占領期間遭害致死的歷史學家約翰・赫伊津哈（Johan Huizinga）指出：「說到尼德蘭的歷史時，我們的驚訝尤其突出。如此一個彈丸小國、偏居一隅、初出茅廬的年輕共和國何以成為政治上、經濟上和文化上的先進國家？為何雅典、佛羅倫斯、羅馬和巴黎成為各自時代的文化中心，我們容易明白，但它們的衣鉢居然有一段時間落到了尼德蘭這樣一個小國手裡，這似乎就難以理解了。」他進一步讚歎說：這個年輕的共和國成了獨立的國家，其人民成了獨立的民族。在它誕生後的一百年裡，這個狹小的舞台上演了一幕幕大戲，偉大的業績和傑出的人物紛紛登場：政治家、將軍、航海家、畫家、詩人和學者以及商業帝國的締造者。你能夠指出令一個創立不久即迅速達到文化巔峰的國家嗎？

作為世俗主義者的赫伊津哈，在其著作中刻意貶低宗教改革及喀爾文主義對尼德蘭崛起的影響，但他仍然承認：

在七省聯盟這個自由的新興國家的興起和維護中，喀爾文教義的影響的確起到了決定性作用；在海外尼德蘭帝國奠定基礎的過程中，它也發揮了決定性作用。毫無疑問的是，人民的生活也是在喀爾文教義的模子裡鑄造的。……永恆榮光的觀念是不能用歷史標準來衡量的。

「堅持不懈」是帶領尼德蘭獨立的奧蘭治家族的格言，也是尼德蘭的國家格言；而「自由無畏」是尼德蘭國歌《威廉頌》中

對國父威廉的頌讚。以喀爾文宗新教徒為主體的尼德蘭人及新移民，經過長達百年艱苦卓絕的戰鬥，打敗了宗主國、當時的歐洲第一強國西班牙，創造一個新的、活力四射的尼德蘭共和國，並成為第一個具有全球影響力的新教國家。新教徒在尼德蘭創建的一系列政治、經濟和文化教育制度，之後與英格蘭路徑融會貫通，成為具有典範意義的近代海洋文明、資本主義和民主政治。

第一節　海上馬車伕：
尼德蘭的地理、歷史與民情

　　十七世紀尼德蘭傑出的畫家約翰尼斯・維梅爾（Johannes Vermeer）與林布蘭（Rembrandt van Rijn）一起代表著「黃金時代」尼德蘭繪畫藝術的最高水準。維梅爾存世的作品僅三十五幅，其最為世人所知的畫作是「戴珍珠耳環的少女」。他以善用光線聞名，是印象派的靈感始祖。

　　維梅爾不曾出國遠行，他畢生工作、生活於港口城市台夫特。他最初打算專攻歷史和宗教題材，後來畫風景畫和肖像，描述台夫特鮮活的市民生活，在其作品中，定格了文藝復興、宗教改革和全球貿易的時代。

　　加拿大歷史學家卜正民（Timothy Brook）在《維梅爾的帽子：揭開十七世紀全球貿易的序幕》一書中，如同福爾摩斯一樣，從維梅爾的畫作中探究尼德蘭崛起的祕密。在維梅爾的名作《軍官與面帶笑容的女子》中，背朝觀眾的軍官有一頂氣派的毛氈帽，製作毛氈帽的材料來自美洲海狸皮下層的絨毛。畫中那頂海狸皮毛氈帽很有可能從加拿大的林地，用歐洲的火繩槍、南美的

銀子甚至中國的茶葉換來的。支撐這種貿易的，不但有接近兩百倍的利潤，還有探尋一條溝通大西洋和太平洋路線，實現歐洲與中國直接貿易的探險意圖。

卜正民藉由維梅爾畫作上的歷史密碼，探究更為核心的問題：宗教改革之後的尼德蘭，如何搖身一變成為全球貿易的領跑者？當畫著鬱金香的中國瓷盤出現在尼德蘭尋常家庭的餐桌上，帶給主人美好樂趣時，那股愉悅感不經意地觸動了整個歐洲國際貿易的野心與文化擴張企圖。然而，同一時期中國的一位古董收藏家只能站在家鄉嘉興的碼頭往海的方向望去，對於儒家士大夫來說，大海意味著對既有秩序的威脅，絕非美好的未來。在紫禁城的皇帝與京城的百官眼裡，那片蔚藍色的海洋又代表著什麼？必定是不安定和危險。

中國擁有漫長的海岸線，但因為文化和制度的束縛，中國從來不是海洋國家（除了殖民中國的元帝國）。儘管中國華南沿海地區一直有從事海洋貿易的衝動，但帝國的統治者禁止和扼殺了這種衝動。因為「海陸相剋」，中國難以擺脫禮法秩序下「陸上帝國」之命運。[1]日本學者村上衛在《海洋史上的近代中國》一書中認為，一直到十八世紀末以後發生的世界性貿易的擴張，才使得明清帝國既有的體制瓦解，不得不建立海關和近代海軍等以西方制度為基礎的體制。在英國叩門之前，對包括中國、日本、台灣、印尼等國在內的東亞世界而言，尼德蘭是衝擊最大的「家

1　日本學者上田信在《海與帝國：明清時代》一書中指出，以明帝國開國君主朱元璋為例，他要想打造的帝國，是以貨幣經濟不順為前提而設計。首先，交易時不再使用白銀，以實物交易為目標；不向人民徵收稅金，直接徵收生產物及勞動力。在此前提下，必須控制國民的人身自由。再者，因為擔心貨幣經濟從統治區域外侵略帝國，對外交易不再委託給民間人士，採行由朝廷直接管理的辦法。

門口的陌生人」。

◎尼德蘭的一切，包括天地自然在內，都由人力造成

　　所謂低地國家，其實就是一個靠國際貿易致富的、擁有新興資產階級的城市群。這個新的群體渴望國家的獨立，也渴望信仰的更新。權勢與典範從日內瓦轉移至此，似乎理所當然。

　　尼德蘭立國雖遲，歷史卻很悠久。自古以來，這片低於海平面的泥濘之地，有一群自稱打敗過凱撒的巴達維亞人的後代居住。在古羅馬時代，萊茵河以南地區先是屬於「比利時高盧省」，後歸於「日耳曼行省」。在中世紀，低地國家（包括今天的尼德蘭、德國西部、盧森堡、比利時、法國北部）存在著很多諸侯封建領地，分別屬於勃艮地公國和神聖羅馬帝國。

　　近代之前，尼德蘭地區是歐洲文明的邊緣，經濟文化落後，人民勉強裹腹。這是一片飽受水淹困擾的水鄉澤國，自然條件不佳，或是泛濫的眾多大河之水沖積而成的三角洲，或是海水不斷侵蝕的海岸。當地居民築起圍籬、堆起水壩，在壩上建起風車，用唯一不缺的資源——北海的狂風，將壩內的海水抽乾；再從遠方運來土石，把坑洞填平。慢慢地，在北海的角落，竟然長出來一片又一片的土地。

　　這個狹小的地區，甚至不構成一個獨特的地理單位。法王路易十四（Louis XIV）的一名大使在一六九九年評論說：「一個很小的小國，海岸盡是寸草不生的沙丘，國內江河縱橫。海岸及河流兩岸經常發生水災，僅適於草地生長，牧草為唯一天然富源，當地收穫的小麥和其他糧食不夠養活百分之一的居民。」英國作家、《魯濱遜漂流記》的作者笛福（Daniel Defoe）譏諷

說：「不夠用以餵養公雞和母雞。」西班牙經濟學家烏斯達里茨說：「該國有一半是水或不出產任何東西的土地，種植面積每年不過國土的四分之一；因而好些作家都說，農業收成勉強只夠居民四分之一的消費。」簡單來說，這是個窮地方：出產的小麥很少，質量又差，另有少量黑麥、燕麥和綿羊，沒有葡萄架。

然而，正是惡劣的自然環境造就了居民吃苦耐勞的品質和獨立自主的精神，和大自然的鬥爭錘鍊了人們的智慧和意志。從十六世紀開始，尼德蘭人利用風車及堤防排水造田，「風車之國」的美譽顯示了他們在農業上的精耕細作和技術發明。現今尼德蘭國土總面積中，有百分之十七是填海造田形成的。一七〇六年，來自日內瓦的一名旅行者指出：「尼德蘭的一切，包括天地自然在內，都由人力造成。」一七八七年，一位名叫安東尼奧·邦斯的西班牙旅行者讚歎說：「幻想和詩意勝過真實！」

尼德蘭人將狹小的國土打造成世界聞名的農業大國。由於可支配的土地太少，畜牧業和農業勢必寄希望於提高勞動生產率。在十六世紀，尼德蘭的牲畜比別處養得更好，奶牛每天產奶達三桶之多。農業轉向田間化經營，發明了合理的輪作方式，依靠施肥獲得比別處更高的產量。自一五七〇年起，尼德蘭的農業進步相當明顯。法國學者讓·德弗里斯指出，尼德蘭的資本主義首先從土地中成長起來，規模雖小卻貫徹始終的進步開創了一場農業革命。今天，尼德蘭是世界第三大糧食與農產品出口國，僅次於美國和法國。

在尼德蘭，農村與城市沒有明顯的分界線。只要農村與城市相接觸，不用太久，農村就會朝商品化方向發展，在一定程度上實現城市化，並像城市那樣依靠外來物資生活。尼德蘭的農業很快轉向最能賺錢的作物：亞麻、大麻、油菜、啤酒花、煙草、植

物燃料等。

當時，大部分英國人穿的呢絨衣服都需要送到尼德蘭染色。一六一四年，英國國王詹姆斯一世決定禁止向尼德蘭出口「本色」呢絨，希望在國內完成染色。這項政策完全失敗。英國人在染色工序方面競爭不過尼德蘭的先進技術以及尼德蘭國內唾手可得的染料。市場的力量強過國王的命令。

經過農業革命和商業革命，尼德蘭農產品的商品率大大提高，意味著農民和農村越來越富裕。尼德蘭人通過辛勤勞動讓自己過上歐洲農民最好的生活，「在這裡，財產在十萬里佛以上的富農不算稀奇。」

◎「我們尼德蘭人都是資產階級」

尼德蘭人對近代文明的貢獻，不僅限於農業領域。如果說中國文明是內陸文明、農業文明、黃色文明；那麼，尼德蘭文明是海洋文明、商業文明、蔚藍色文明。

尼德蘭臨靠瓦登海、須德海和北海，又是萊茵河、馬斯河與斯凱爾特河彙聚成的三角洲，它必然成為水手、漁夫、貿易商的國土。尼德蘭的海運與河運連為一體，因為比鄰大洋，自從這個地區在歷史記錄中露面以來，居民就爭先恐後地去航海探險。他們熱愛海洋，不怕海上的風險；不願墨守成規，而是積極創新。他們在很短時間內建構了一個強大的國家和民族，形成一種獨特的文化，輻射到歐洲遼闊的地區，構成時代精神的一個亮點。

與歐洲其他地區相比，尼德蘭這個小國的城市化程度和組織程度很高。伊薩克‧品托說，尼德蘭的人口密度「居歐洲之首」。一六二七年，一名旅行者從布魯塞爾前往阿姆斯特丹，驚

訝地發現「所有尼德蘭城市都擠滿了人，而西班牙所屬城市則顯得空空蕩蕩，城市之間只相隔兩三個小時的路程」。尼德蘭一半居民在城市生活，創歐洲最高紀錄。交換成倍增加，聯繫更加緊密，人們必須充分使用海道、河道和陸路，才能讓商品更快流通。尼德蘭諸城市的繁榮靠人口快速增長，其居民從一五〇〇年的一百萬上升到一六五〇年的兩百萬，相當一部分是被吸引來的外國移民。

尼德蘭人天生就是商人，而且是從事海洋貿易、國際貿易的商人。這裡沒有中國儒家那種鄙視商業和商人的文化，而是高度肯定並尊重商業和商人，「商人是社會上層唯一有經濟活力、能夠發出自己聲音的群體」。尼德蘭人視商業為一種融匯智慧和勇氣的特殊勞動。中世紀晚期，尼德蘭居民與挪威和波羅的海國家的海上聯繫，與法國和西班牙的貿易，給尼德蘭帶來財富和繁榮；與地中海東部自土耳其至埃及諸國，與印度以及稍後的波斯、東印度群島的貿易，更是給這個低地國家帶來滾滾財源。一五九六年，當新生尼德蘭共和國才八歲時，其最大城市阿姆斯特丹向議會報告，尼德蘭的海運量和貿易額已超過作為歐洲大國的英國和法國。

在宗教改革之前，尼德蘭便形成了有利於商業發展的法律和制度環境，當宗教改革的風潮到來時，兩者一拍即合，如同烈火遇到乾柴。避難來此的新教徒之中，不乏富商、巧匠及知識分子，他們為尼德蘭帶來全新的活力：來自美茵茲的新教徒帶來印刷術，使阿姆斯特丹成為當代歐洲自由出版的重鎮；南方安特衛普的鑽石師傅帶來寶石切割與鑑賞的知識；佛蘭芒商人帶來大批紡織工人，讓尼德蘭成為紡織中心。與歐洲其他地區相比，多元發展的尼德蘭低地一下從蠻荒之地躍升為經濟重鎮；阿姆斯特丹

似乎很快就能取代維也納，成為新的歐洲首都。

在尼德蘭這樣的商業和工業社會，財產權利的保障至關重要。歷史學者菲利普・霍夫曼（Philip T. Hoffman）發現，從中世紀後期開始，尼德蘭地區的諸城市就有法令明確保護公民和來訪商人的財產權利，並詳細規定裁決商業爭端的法律程序。尼德蘭獨立之後，保護所有居民（包括外國人）的財政權利被普遍認為是政府的首要職責。

在尼德蘭，合約被視為神聖的文件。在哈布斯堡家族統治時期，甚至在更早的時代，凡是涉及商業運作、遺囑、保險、財產轉讓等事項的合約，都由專職的公證人起草（在同時代的歐洲其他國家，公證人這個職業還沒有產生）。因此，這些合約具有充分的法律效力，如果必要的話，可以在法院得到支持。在較大的商業城市，有許多公證人，一般專攻特定範圍的業務，以確保迅速而順利地起草必要的文件。在共和國時期，這種體制得到進一步保護，公證人制度成為尼德蘭商業和船運業驚人增長的前提條件。

尼德蘭是近代歐洲最早實現高度城市化的國家。生活在城市中的居民，即近代化的市民，或者說資產階級，成為尼德蘭獨立戰爭和宗教改革的中堅力量：

我們尼德蘭人都是資產階級——律師和詩人、貴族和勞工莫不如此。我們的民族文化是資產階級的。尼德蘭的一切階級和群體都分享資產階級的觀念——都市人與鄉村人、有產者和無產者。我們的先輩之所以挺身反抗西班牙人，那是出於資產階級厭惡干擾的天性。

尼德蘭人以身為資產階級為榮，仇恨有產者的馬克思主義在這裡找不到多少支持者。

◎在水道縱橫切割的國土上，地方自治勢在必然

尼德蘭有著根深蒂固的地方自治和共和主義傳統。

十六世紀初，因為複雜的皇室聯姻，尼德蘭成為神聖羅馬帝國哈布斯堡王朝轄區的一部分。當帝國統治者查理五世親自主持尼德蘭政務時，才發現他統治的是一些各自為政的公國、領主屬地、伯國和自治城市，它們與一個鞏固和集權的君主國很少有類似之處。尼德蘭人從不願接受像法國那樣的絕對君主制和中央集權制。這裡沒有如臂使指的中央政府，中央控制的缺失使貿易和工業大大受益。

尼德蘭的機構、職位和職位持有人複雜多樣，簡單地說，在布魯塞爾的親王占據著中心位置和最高位置，他下面有許多議事會和機構。大多數領地保持自己的政府，包括代表親王的行政長官，他們得到一個由地方貴族（有時是平民）組成的議事會的協助。議事會成員分別屬於三個不同等級：貴族、教士和城鎮居民。省級議會有時被當作人民的代表和中介，通過他們，人民的利益得以維護，以防受親王濫權之侵害。最高層級的「等級大會」通常由來自所有省級議會的代表組成。

尼德蘭的地理環境決定了人民的生活方式和政權的結構模式。在大大小小的天然水道和運河上，靠無數互聯的支流，可以在東西南北縱橫的國土上揚帆航行，也可以靠船槳和縴繩行船，安全、舒適且快捷。這種水文地理結構反映到社會權力結構中就是：在水道縱橫切割的國土上，一定程度的地方自治勢在必然。

經過獨立戰爭創立的尼德蘭共和國是由七個行政單位組成的鬆散邦聯，即尼德蘭聯省共和國（the United Provinces of the Netherlands）。它沒有最高的、絕對的政治權威，主權保留在成員單位即各地議會手中。每個行政單位可任意派出若干代表，但每個行政單位在投票時只能投出一票。在最重要的問題上，共和國議會需要全體一致的票數；在不那麼重要的問題上，只需簡單多數。這種體制的好處是，沒有一個強勢邦可以壓服其他弱勢邦。儘管結合鬆散，尼德蘭在短短數年內即崛起為歐洲列強乃至世界強權之一。這一成就是非凡的經濟發展帶來的，卻依靠一種鬆散的政治領導權來實現，它團結了像當代歐洲政治體系一樣複雜的多樣性、彼此衝突的利益，簡直就是一個奇蹟。尼德蘭的案例充分表明，強大的國家並不必然是中央集權的模式。

尼德蘭各行政區域各自為政的、令人難以置信的分權狀態，給個人提供了巨大的自由空間。實際上，每個行政區都是一個密集的城市網或城市集團。就尼德蘭而言，除了在尼德蘭議會享有投票權的六個舊城市外，還有鹿特丹等十二個城市。每個城市都按照其傳統自治，各自徵稅，各自做出司法裁判。作為城市的統治者，資產階級執掌著司法大權，可下令將被處罰者驅逐出城市。反過來，城市當局保衛和維護公民權益，使公民不受國王和貴族的侵犯。

尼德蘭的地理環境和生產生活方式，使階級分野與其他歐洲國家截然不同。這裡貴族的社會地位遠不如國外的貴族。國土的擁擠狀況局限了城鎮無節制擴張，亦有助於防止土地過度兼併。尼德蘭莊園的規模跟法國和德國相比，小得無足掛齒。中世紀末，農奴制消失了，約束地主和農民關係的主要制度是自由民制度。大部分農民生而擁有遺產，主要是土地。在尼德蘭，沒有大

的封建主，沒有人奪取農民的土地，沒有人妨礙平民有效地參與公共生活。

尼德蘭人對貴族和君王的看法也跟其他國家的民眾不同。在十七世紀的歐洲，尼德蘭是獨一無二的共和國：它擁有一個由資產階級邀請而來的「執政王」，或者說「準君主」，國家仍是共和國。儘管有學者聲稱「執政王制度的異常地位扭曲了人們對尼德蘭共和國共和主義的研究」，但實際上，擁有王室地位的奧蘭治家族並非掌握實權的君主，它享有一般情況下只留給國王的尊敬——比如，獨立戰爭的領袖、奧蘭治親王「沉默者」威廉被人民稱為「祖國之父」，但他仍要服從於由各地方議會組成的「總議會」。尼德蘭君主的地位還比不上君主立憲制下的英國君主。

第二節　尼德蘭的獨立戰爭：
上帝所造之人，不做國王的奴隸

神聖羅馬帝國皇帝查理五世最後留下的名言是「對上帝我用西班牙語，只有對我的馬，我才用尼德蘭語」，因為終其一生都無法壓服尼德蘭人的反叛，他對尼德蘭的敵視溢於言表。尼德蘭本來是帝國財源滾滾的「金母雞」，在其治下卻成為一個無法止血的「傷口」。

一五五六年，查理五世退位，將西班牙和尼德蘭低地分給兒子腓力二世（Philip II），將奧地利等其他地區以及哈布斯堡王朝正統分給弟弟斐迪南一世（Ferdinand I）。如此一來，尼德蘭的十七個地區就隸屬於西班牙王國——這種宗主國的權力轉移，尼德蘭人無從置喙。

此時，馬丁・路德和約翰・喀爾文掀起的宗教改革浪潮已經沖刷著低地國家的人心。腓力二世卻強行在尼德蘭實施嚴格的羅馬天主教會統轄政策，並將西班牙宗教裁判所制度移植過來。另一方面，因為連年發動對外戰爭，西班牙的財政相當困窘，而尼德蘭地區非常富庶，腓力二世在經濟上大肆壓榨尼德蘭，控制其國際貿易，不經地方議會同意而徵收重稅。

尼德蘭對西班牙的反抗，既是宗教上的，也是政治和經濟上的。宗教改革運動產生了許多新教教派，在十七個地區有眾多堅定的追隨者：有馬丁・路德創立的路德宗，有門諾・西門（Menno Simons）創立的重洗派，以及遵循喀爾文教義的改革宗教會，他們奮力爭取宗教信仰自由，對抗腐敗強橫的天主教會。同時，「無代表、不納稅」的思想在尼德蘭廣為流傳（這也是後來美洲殖民地獨立革命的導火線），尼德蘭居民在上書請願運動失敗後，走向武裝起義。

◎烏特勒支同盟：尼德蘭共和國之前身

一五六〇年代，尼德蘭民眾在奧蘭治親王「沉默者」威廉率領下開始武裝反抗。從一五六八到一六五八年，尼德蘭打了一場長達九十年的獨立戰爭。荷蘭獨立戰爭是歷史上第一次勝利的資產階級革命，其結果是建立了歐洲第一個資產階級共和國和新教共和國。

一五六七年八月，腓力二世派遣以血腥、殘暴著稱的阿爾瓦率領軍隊鎮壓尼德蘭人的反叛，被處死的起義者達八千多人。阿爾瓦制定新稅制，規定一切動產和不動產都要徵收高額財產稅，所有商品都要徵收交易稅。他惡狠狠地說：「寧留一個貧窮的尼德蘭給上帝，也不留一個富裕的尼德蘭給魔鬼。」新的壓迫性稅

收，居於所有弊端的首位，足以讓商人和實業家產生遷居的想法，並刺激人民的革命情緒。

一五六八年，尼德蘭人發動起義。有人說，這是西班牙的一次內戰，交戰一方是西班牙天主教王室，另一方是受到路德和喀爾文影響的尼德蘭新教徒。但從結果來看，它其實是一場尼德蘭獨立戰爭。「獨立」這個詞蘊含著雙重含意：第一，一個地方自覺地想要推翻既有的統治結構，脫離現存的法律制度，也就是說擺脫目前的政治法律系統，自立於當前的國家體系之外，建立屬於自己的政治法律結構。其次，要在現存的世界秩序與國際法律關係裡，塞入一個新的、需要世界秩序認可的國家。尼德蘭人通過持續幾代人的、前仆後繼的戰爭贏得了實質的獨立。

戰爭初期，西班牙軍隊在正面戰場接連獲勝，喀爾文宗游擊隊「乞丐軍」則在陸上和海上不斷襲擊和搶劫——在美國獨立戰爭中，華盛頓率領的衣衫不整的大陸軍也被英國人成為「乞丐軍」。「乞丐軍」攻占鹿特丹以西的布里爾港，又陸續占領一些城市。一五七三年十月，阿克馬解放，這是尼德蘭第一次在重大戰役中擊退西班牙。一五七三年底，北方各邦解放，威廉被推選為尼德蘭執政。

在與西班牙的戰爭中，威廉屢戰屢敗，但他有足夠的耐心和韌性，如同被英軍統帥嘲笑為「常敗將軍」美國國父華盛頓——威廉和華盛頓都知道如何在實力不足的情況下與敵人周旋，一步步削弱敵人的有生力量，等到最後時刻來臨，再給疲憊不堪的敵人以致命一擊。

一五七四年五月，西班牙大軍包圍名城萊頓。萊頓距海六英里，地勢低於海平面，戰略位置十分重要。經過幾個月圍城，城裡彈盡糧絕，上千人被餓死，有民眾企圖打開城門投降。市長范

德魏夫站出來說：「乾脆把我的手臂割了，拿我的肉給大家吃吧！」此舉大幅提振士氣，市民決定堅守到底。八月的一天，守城戰士打開水閘，萊頓城外成為一片水鄉澤國，圍城的西班牙軍隊陷入海水中。見到城內居民寧死不屈，威廉率領的援軍已趕到，損失慘重的西班牙軍隊只得狼狽撤走。

十月三日清早，威廉率領的援軍乘船駛入城內，為長達數個月的圍城畫下句點。如同美國獨立戰爭中的薩拉托加大捷，萊頓保衛戰的勝利鞏固了北方局勢，推動了南方的鬥爭，成為尼德蘭獨立戰爭的轉折點。

此後，威廉一度收復南部各邦，尼德蘭獨立有望。然而，低地國家同時存在著天主教徒與新教徒，南北兩部分在文化上也有相當差異。西班牙新任尼德蘭總督法內斯利用這一點，挑起南北對立，誘惑南方十邦組成親西班牙的「阿拉斯同盟」（Union of Arras）。該同盟規定，居民不得信奉天主教以外的宗教。這種宗教分歧遂不可調和，南北分裂成為事實。「阿拉斯同盟」後來演變為比利時。

作為對南方背叛的回應，一五七九年，年輕的政治家、來自海牙的律師奧登巴納維推動北方七邦成立烏特勒支同盟（Union of Utrecht）。威廉親王加入該同盟，當選執政王。「烏特勒支同盟」即為現代尼德蘭之雛形。「烏特勒支同盟」確立了喀爾文宗在北方諸邦的主導地位。

威廉一直希望建立統一的尼德蘭共和國，卻功敗垂成。威廉本人是喀爾文宗信徒，卻秉持宗教寬容的信念。然而，當時新教與天主教尖銳對立、互不妥協。在為十七邦在全面宗教寬容的基礎上建立一個聯盟徒勞無益地奮鬥多年之後，威廉發現其使命毫無成功的希望，無論是大多數天主教徒還是大多數新教徒，都不

能理解宗教寬容的意義。延遲到當年五月三日，威廉終於在《烏特勒支條約》上簽字。

◎啟發美國《獨立宣言》的《誓絕法案》

一五八一年七月二十六日，「烏特勒支同盟」發表一份聲明，史稱「誓絕法案（Act of Abjuration）」，正式宣布廢黜腓力二世，脫離西班牙，成立共和國。《誓絕法案》如此鏗鏘有力地寫道：

眾所周知，國王是上帝所設立的一國之主，是為了管理民眾、保護民眾免受壓迫和暴力侵犯之苦，就像牧羊人照料他的羊群一樣；但是，上帝造人，並不是要讓人民成為國王的奴隸，不顧對錯地去盲從他的命令，而是要讓國王為了民眾的緣故（沒有民眾，何來國王？），以公正、平等和愛心去治理他們、扶持他們，像慈父之於孩童、牧者之於羊群，甚至不惜為其捨命。

當他（國王）不但不這樣去做，反而還壓制、迫害民眾，伺機破壞他們古老的習俗、侵犯他們固有的權利，強迫人民對他卑屈順從的時候，那他就不再是國王了，那麼各邦將不僅拒絕承認其權威，還要以合法手段另擇他人做護國君主。

我們應當把這樣一個天然法則傳遞給我們的後代，哪怕付出生命的代價也在所不惜。

《誓絕法案》的歷史意義長期被低估。尼德蘭裔美國作家房龍（Hendrik Willem van Loon）指出：「一五八一年的尼德蘭《誓絕法案》作為近兩百年後的美國《獨立宣言》的『原材

料』，非常值得注意。」他感歎說：「這份文件經過幾百年後仍令人熱血沸騰。我敢肯定，傑佛遜在他最雄辯的時刻也不可能更勝《誓絕法案》一籌。」傑佛遜和美國的國父們必定熟讀《誓絕法案》，《獨立宣言》是《誓絕法案》精神上的子嗣。

這一具有挑戰意義的文件的起草者，可能是一位名叫辛特·奧爾德貢德的澤蘭貴族。他作為歌曲《拿騷的威廉》的作者而獲得永久的聲譽，這首歌後來成為尼德蘭共和國的戰歌，尼德蘭王國成立後成為國歌，也是第一個近代國家的國歌。奧爾德貢德是虔誠的喀爾文宗信徒，在這首歌曲和這篇政治宣言中，反覆強調上帝的主權和對上帝的信仰。他不時充當威廉的捉刀人，這一職位對他來說極為合適，因為他古典知識豐富，對他所處時代的總的政治體制極為熟悉。

在《誓絕法案》中，奧爾德貢德深入發掘古代歷史，並通過許多雄辯的例子證明，自時間開始，人民就有權消除威脅到其公民的自然權利和任何種類自由的暴政。這是尼德蘭的現實政治領域內一種新的聲音。這樣的觀念，在喀爾文的日內瓦，在法國胡格諾派教徒之中，早已是不言自明的真理。如今，被尼德蘭人拿來使用。

這份法案的起草人對尼德蘭以前三十年發生的大事作了簡短的歷史回顧，並鄭重宣布，鑑於西班牙國王許多有違自治區憲法特權的敕令，他在法律上放棄了君臨尼德蘭人民的權利，這些臣民現在不再受從前的臣服誓言的制約。在這裡，在現代史上第一次，號稱承蒙天恩的君王被一頭朝下地打翻在地，像不稱職、不誠實的僕人那樣被打發回家。而人民昂首挺胸，除了在上帝面前跪拜，他們不再跪拜任何人。

《誓絕法案》發表的日期是新時代的開端，一個新教民族國家誕生了。喀爾文宗革命思想在這個關鍵步驟中發揮了重要作

用，這一步所具有的巨大歷史意義是慢慢被認識到的。在此之前，從來沒有一個「君權神授」的統治者因為對其臣民的嚴重不當行為而被廢黜。清教徒的政治理論認為，統治者和其人民之間存在一種不成文的契約，前者必須保護後者，就像牧羊人愛護羊群一樣。如果統治者表現得像一個暴君，就是單方面打破契約，人民就完全有理由廢黜他。

一五八六年出版的一份尼德蘭語小冊子指出：「這個國家的國王、親王或公爵，沒有權力抵押各省，更沒有權力出售各邦，在沒有作為這個國家共同統治者的諸邦明確同意下，他也不能對其臣民徵稅。」廢黜西班牙國王之後，議會最初試圖邀請法國國王和英國女王保護他們，但兩國國王都不敢與西班牙國王為敵。在對外國國王感到失望後，議會決定不要一位統治者，把主權牢牢地掌握在自己手中。直到後來「沉默者」威廉加入共和國陣營，共和國才有了象徵性的領袖。

◎《西發里亞條約》簽訂時，
尼德蘭共和國得到整個歐洲的頌讚

一五八四年，西班牙軍隊重新控制佛蘭德和布拉班特，迫使尼德蘭共和國遷都海牙。共和國在其新執政、威廉之子莫里茨親王（Maurice of Nassau，拿騷的莫里茨）率領下繼續作戰。父親遇刺時，莫里茨年僅十六歲。面臨亡國危機，尼德蘭議會立即推舉正在萊頓大學求學的莫里茨為執政，之後又兼軍事統帥。莫里茨率領尼德蘭軍隊屢戰屢勝。

腓力二世不能容忍尼德蘭共和國的存在，但西班牙已無力與新生的共和國較量。一五八八年，西班牙無敵艦隊在英吉利海峽

被英國皇家海軍擊潰，從此失去海上優勢，這是西班牙國運衰落以及新教勢力在歐洲占上風的轉折點。

一五九八年，腓力二世去世。兩年後，莫里茨率軍發動攻勢，贏得尼烏波特戰役的勝利。一六〇九年，腓力二世的繼承者腓力三世（Philip III）被迫與尼德蘭共和國簽訂《十二年休戰協定》，事實上承認了尼德蘭的獨立。

一六二一年，停戰協定屆滿，尼德蘭共和國與西班牙帝國之間的戰爭又起，這場戰爭與歐洲各國在一六一九年啟動的三十年戰爭大致重疊。三十年戰爭是天主教國家與新教國家之間的波及歐洲各大國的戰爭。尼德蘭人乘西班牙捲入三十年戰爭之機，在戰場上不斷贏得勝利。

莫里茨死後，其弟腓特烈‧亨利（Friderik Hendrik）於一六二五年領導共和國軍隊繼續作戰。腓特烈‧亨利極具軍事才華，在其執政時期，為尼德蘭贏得歐洲大國的地位，尼德蘭的國力和影響力達到頂峰。

一六三二年，尼德蘭軍隊攻占馬斯垂克。一六三九年，尼德蘭海軍名將馬頓‧特羅普（Maarten Tromp）率領的尼德蘭艦隊在唐斯海戰重創西班牙艦隊。西班牙被迫進行和談。此次和談屬於三十年戰爭各交戰國之間和談的一部分。

和談在西發里亞和明斯特兩座城市舉行。一六四八年，腓特烈‧亨利的兒子威廉二世（William II）執政期間，尼德蘭與西班牙簽訂《明斯特條約》（Vrede van Münster），西班牙正式承認尼德蘭的獨立。威廉家族經過三代人的奮戰，終於帶領人民贏得了獨立：

尼德蘭共和國得到了整個歐洲的頌讚。這個人口只有一百多

萬的小國，竟然可以抗擊西班牙長達八十多年。尼德蘭共和國是
歐洲權力最分散的地區，但他們政府卻能以最有效的手段調動國
家資源，支援戰爭。

　　《明斯特條約》是《西發里亞條約》（The Peace of
Westphalia）的一部分。《西發里亞條約》正式確認現代民族國
家的主權原則。簽署和約的各方都同意，互相尊重領土主權，也
不干預別國的內政（尤其是宗教事務）。由主權國家組成的近代
歐洲由此誕生。

　　另一方面，天主教、路德宗和喀爾文宗等新教宗派的地位都
得到各國認可，民眾可自由選擇其信仰的宗教和教派。不過，羅
馬教宗英諾森十世（Innocent X）強烈反對該合約，宣稱和約對
教廷無約束力。

　　《西發里亞條約》奠定了近代歐洲各國疆域的劃分，它所制
定的政教分立的原則，此後逐漸成為普世價值的一部分。

　　《西發里亞條約》之後的歐洲，雖然還未實現人人享有宗教
信仰自由，但天主教一家獨大的中世紀終結了，近代文明的曙光
來臨了。德國詩人席勒讚歎說：「締結這樣一個以《西發里亞條
約》命名的著名的、不容踐踏的神聖和約是一項多麼巨大的事業
啊！要完成這一艱難、昂貴和持久的政治藝術作品需要克服多麼
無休止的障礙，統一多少有爭執的利益，使一系列偶然事件一起
發揮出作用來啊！」

◎獨立戰爭的勝利有賴於清教徒的戰鬥精神及軍事改革

　　尼德蘭的獨立經過漫長而血腥的戰爭，這場戰爭是新教的也

是民族的——兩者的結合非常重要。像烏特勒支同盟這樣具有宗教特性、同時聲稱有權在政治上組織起來並進行戰爭的自願聯盟的出現，成為十六、十七世紀歷史中最突出的特徵之一。馬基維利說過，戰爭應當由公民軍隊來進行。一個城市應由它自己的武裝公民來保衛，這是一種古老的自治市民觀。但是，直到尼德蘭的軍隊、蘇格蘭的聖約聯盟、英國內戰中的新模範軍相繼出現，這一原則才成為事實。這些新教徒的軍隊超越了古羅馬的軍團，在戰爭中以少勝多，取得了驚人的成功。

基督教並不支持絕對的和平主義——這個說法似乎聳人聽聞，但的確是事實。基督教認為，基於人的罪性，戰爭不可避免，戰爭可分為「正義戰爭」和「非正義戰爭」兩種，基督徒可支持乃至參與「正義戰爭」。清教徒極具戰鬥精神，喀爾文神學強調，信徒的一生就是一場永無休止的征戰。清教徒在確立其信仰時，就具備了戰鬥激情，捍衛宗教信仰自由和良心自由，單靠讀經禱告、演講寫作是不夠的，還需要刀劍和槍砲以及捨生取義的戰鬥。在新時代，封建的效忠和雇傭軍的算計都不足以支撐新型戰爭。戰術革命的基礎是明確的宗教目標。清教徒和公民比封臣、雇傭軍或被誘拐的流浪漢，更有可能為了上帝而把自己投入漫長而艱難的鬥爭之中。

作為公然反抗傳統秩序的反叛者們，新教的指揮官們證明了自己比天主教對手更樂意接受革新。打破中世紀先例並首先試圖在全年都作戰的，帶頭清除掉完全裝飾過頭的武器的，都是新教的軍隊統帥，他們更明確將文藝復興時期的「快樂」與嚴肅作戰的戰爭事務分離出來。一六一七年，清教徒在錫根建立一所軍事學校，雖然只持續六年，但它被普遍認為是歐洲第一所近代意義的軍事學校，「它的重點在於培養有技術能力的陸軍軍官」。

在軍隊內部，革新大多體現在命令和服從的性質、士兵的訓練和守紀律方面。喀爾文宗的作家們詳細闡述了與新軍隊的組織和訓練密切相關的戒律和任務。在戒律和士氣方面的重大變化成為這些軍隊成功的基礎，它們一起使得一場戰術革命具有了可能性。在胡格諾派和尼德蘭人的軍隊中，曾試驗性地使用過這些新戰術，克倫威爾更充分地發展了它們。

「沉默者」威廉的奧蘭治家族就是信仰虔誠且極富軍事天才的清教徒之典範。「沉默者」威廉大半生都在戎馬征戰中度過，後來成為國歌的《威廉頌》如此吟唱道：「經歷一番寒徹骨，上帝必賜予我梅花香。我高貴的思想，正期待著苦盡甘來——期待著光榮地，為祖國英勇犧牲，然後獲得一個永恆國度，做個真正英雄。……像王子般騎著馬背，與武裝部隊同行；被暴君欺騙的我，正期待著戰爭。……人們看得見我騎著馬背，英勇駛過草原。」

威廉之子、拿騷的莫里茨，從少年時代就愛好數學、彈道學和軍事工程學，並鑽研軍事史、戰術學、戰略學以及天文學。任軍隊總司令後，莫里茨首先縮小軍隊的編制和籌備充足的軍餉，並加強正規的軍事訓練。他開創了新的歐洲形式的軍備和演練，被譽為一場「軍事革命」。在贏得蒂倫豪特戰役（一五九七年）與尼烏波爾特戰役（一六〇〇年）兩大騎兵戰之後，莫里茨的軍事才華獲得全歐洲的認同。

這個家族的另一位莫里茨——約翰·莫里茨（John Maurice，其祖父為「沉默者」威廉的弟弟）也是一名軍事天才。他年輕時便加入軍隊，在其堂叔、尼德蘭執政腓特烈·亨利領導的戰役中脫穎而出。他在尼德蘭與英格蘭的戰爭爆發之際被任命為總司令，儘管指揮權被國會所限制，依舊擊退入侵之敵。

一六八八年，他被任命為陸軍元帥，負責鎮守東方戰線。

尼德蘭軍隊中的士兵大都是清教徒。他們不畏懼戰爭，也不畏懼邪惡。他們深知，獨立不可能在談判桌上得到，更不可能由獨裁者賜予，必須靠戰鬥爭取而來。

在尼德蘭的黃金時代，這個在國土面積和人口意義上的小國卻擁有世界上最強大的海軍，之後這一榮譽轉交到另一支清教徒軍隊手上——英國皇家海軍。當英國的世界強權地位被美國取而代之時，繼承清教徒傳統的美國軍隊亦成為人類有史以來最強大的武裝力量。

從戰死疆場的慈運理到帶劍上教堂的諾克斯，從尼德蘭的威廉家族到英國革命中創建「鐵軍」的克倫威爾、英國海軍戰神納爾遜（Horatio Nelson）、打敗拿破崙的英國陸軍統帥威靈頓公爵（Arthur Wellesley, 1st Duke of Wellington），再到二戰中戰功彪炳的美軍將領艾森豪（Dwight D. Eisenhower）、巴頓（George S. Patton）、麥克阿瑟（Douglas MacArthur）、尼米茲……他們身上無不流淌著清教徒的血脈。

清教徒以戰鬥贏得自由，也以戰鬥建立秩序。清教徒的自由是秩序之下的自由，清教徒的秩序是保護自由的秩序。

第三節　尼德蘭的宗教改革：
　　　我的勇氣來自於我的信仰

◎喀爾文宗刻苦己身的教義契合尼德蘭刻苦己身的民情

尼德蘭獨立戰爭的動力來自於宗教改革，來自於人們爭取以

自己的方式敬拜上帝的權利，德國詩人和歷史學家席勒指出：

宗教改革使尼德蘭人感到難以忍受西班牙的奴役，喚醒了該民族砸碎這種桎梏的願望和勇氣，宗教改革也極大地給予了這個民族這方面的力量。

十六世紀五〇年代，喀爾文教派從法國傳入低地國家，它顯示了強大的感召力，在弗拉芒語工業城鎮很快流行，並將其革命性的信條和教會組織擴散到北方。

尼德蘭的規模比日內瓦大得多，它擁有數十個像日內瓦那樣的城市，但在本質上，它與日內瓦一樣都是城市文明。這種城市文明構成了宗教改革的土壤。「都市生活深深紮根在尼德蘭的大地之中，它的城市可與義大利的工業和智慧相媲美。」

繼日內瓦之後，尼德蘭成為喀爾文教派的大本營。歷史學者揚・阿爾特指出：「新教倫理在尼德蘭共和國的語境中找到了理想的生長環境，使這種思維方式得以對整個尼德蘭文化產生深刻的影響，新教影響比在其他信奉新教的歐洲國家中更為顯著。」磁鐵效應、酵母效應和馬太效應同時發揮作用了。

喀爾文宗為何能在尼德蘭一枝獨秀？首要原因是，喀爾文神學與尼德蘭的民情極為契合。在諸多新教教義中，強調清心寡慾、克勤克儉的喀爾文宗，非常適合在北海與海爭地、奮鬥不止的低地人。作家房龍對比了尼德蘭人與拉丁民族在信仰方式上的差異：對於十六世紀普通的拉丁人民來說，教會是一種普遍性的俱樂部，他們是其理所當然的成員。教會給你實施洗禮和葬禮，教會還登記你的婚姻，但你並不希望教會干預自己日常生活的和諧追求。你對現成的教義採取一種禮貌的態度，在一定時候

參加一些宗教儀式。再多的宗教活動就沒有必要。但是，在一個低於海平面的國家，在自然條件惡劣的北方，宗教往往採取嚴肅態度。拉丁民族的輕鬆和超然，令壓抑和埋頭苦幹的尼德蘭人吃驚。尼德蘭人嚴肅地對待宗教，因為他們嚴肅地對待生活中的每一件事。艱苦的生活呼應嚴峻的信仰和教義。尼德蘭人的天性是探索事物的內在真實價值、不滿足於接受它們的表面意思，他們對當時的神學討論尤其是喀爾文嚴謹的神學系統懷有濃厚的興趣。

喀爾文教義肯定工作和勞動的價值，鄙視好逸惡勞、好吃懶做。在此教義引導下，尼德蘭人更加辛勤工作，賺更多錢財；同時，根據教義，豪奢是可恥的，賺來的錢不能亂花，只能儲蓄起來，或是用於傳教和慈善事業，或是投資到新的事業之中。這樣的文化與價值觀，成了現今全球資本主義的前身。在這種「只賺不花」的氣氛中，尼德蘭迅速累積資本，出現大批中產階級。

其次，在尼德蘭地區，貴族和天主教教士階層的權勢弱小。低地國家北部接受基督教比較晚，遠離政治和等級社會的中心，從未形成一個強大的、握有金錢和權力的高等教士階級。羅馬教廷也不願在這些邊陲地帶投入太多資源，這裡是被教廷遺忘的角落。在尼德蘭，宗教改革和後來的造反都用不著跟強大的天主教會展開殊死較量，這裡的天主教會沒有富裕的修道院和掌握實權的高級教士，作為精神力量的天主教會對人民的控制早就喪失殆盡，不可能強力阻擋新教的浪潮——直到西班牙介入。但西班牙帝國跟羅馬教廷勾心鬥角，兩者無法形成政治與宗教的合力。

第三，尼德蘭地區經濟發達，教育程度較高。印刷術傳入後，聖經和其他書籍大量印刷、廣泛傳播。一四五三年，來自鹿特丹的基督教人文主義者伊拉斯謨出版了希臘原文的新約聖經。

緊接著，越來越多用不同語言翻譯的聖經問世。尼德蘭地區先是流行一種通俗版的拉丁文聖經，後來出版了尼德蘭語翻譯的聖經。一五一三至一五三一年間，至少有二十五種尼德蘭語、法語、弗蘭德語翻譯的聖經上市。尼德蘭家家戶戶都有聖經。

宗教改革尚未狂飆突進，尼德蘭就已暗潮湧動。尼德蘭人格魯特為在世俗世界推廣基督教教育而創立了「共同生活兄弟會」，該會的學校遍布尼德蘭和德國中部。被譽為「宗教改革前的宗教改革家」的約翰・普百爾和約翰・威塞爾都是尼德蘭人，他們的改革思想深受民眾贊同。在馬丁・路德貼出《九十五條論綱》之前，各種反對羅馬教廷販賣贖罪券的小冊子就已在尼德蘭各邦到處流傳。

十六世紀上半期，尼德蘭城市的實際掌權者多是在行業組織中強大起來的工匠。人們發現，這些工匠身上存在著奇妙的特質：追求信仰的真理表現出崇高的自我犧牲精神，偶爾在歇斯底里的舉動中爆發出殉道者式的不可思議的興奮，以及不顧一切困難保衛自己的信仰。如果說喀爾文宗是種子，尼德蘭就是一片最適合其生長的土壤。

◎尼德蘭國父「沉默者」威廉：
求上帝賜予我消滅暴君的力量

十六世紀中葉，尼德蘭被稱為「西班牙皇冠上的珍珠」——它是整個西班牙最富有的地區。這欣欣向榮的一切，卻在查理五世一紙「血腥詔令」下戛然而止。查理五世既仰賴低地地區豐厚的稅收作為擴充軍備的資金來源，又對力量日益增強的新教徒感到芒刺在背。一五五〇年九月二十五日，他發布一份「血腥詔

令」：「禁止喀爾文教派；禁止破壞天主教聖像；禁止討論與辯論聖經。違者斬首、活埋、或是處以火刑，並且沒收財產。凡是為新教徒求情、包庇者，視為共犯，一並處罰。」其代理人在尼德蘭焚燒路德和喀爾文的著作，查禁非天主教指定版本的聖經。

一五五六年，腓力二世繼位，嚴厲執行承自其父的「血腥詔令」。腓力二世是狂熱的天主教徒，在位期間大興宗教審判所，加強天主教會的權力，命令尼德蘭總督在一切重大事務上必須聽從主教的意見。在此期間，宗教迫害達到巔峰，尼德蘭地區被殺害與驅逐的新教徒高達五萬多人。以宗教鬥爭為先導的尼德蘭的反抗運動逐步高漲。

一五六三年，來自尼德蘭各個教會的代表召開了一次制定教義和教規的會議。路德、慈運理和喀爾文三大系統的新教宗派都在尼德蘭流傳，他們在教義上有差異，教會組織和管理方式的差異更大。經過激烈討論，日內瓦的訓誡取代路德和慈運理的學說，尼德蘭的改革派在教義和教規上採納了喀爾文主義。

一五六六年八月十一日，在弗蘭德爾的一些城市，以製帽工人馬特為首的激進群眾手持木棒、鐵錘，衝進教堂寺院，把聖像、聖骨之類騙人的「聖物」全部搗毀。他們又衝進監獄，釋放被捕的新教徒。起義很快波及尼德蘭的十二個邦。短期內，五千五百多所天主教教堂和修道院被搗毀。此一事件被稱為「聖像破壞運動」。

帝國的高壓統治和高昂的稅收，以及腓力二世的宗教迫害，讓尼德蘭人包括貴族忍無可忍。當尼德蘭人民舉行武裝起義時，奧蘭治親王、「沉默者」威廉站到鬥爭隊伍的最前列。

宗教改革需要使徒式的領袖。上帝在日耳曼地區揀選了馬丁‧路德，在日內瓦揀選了約翰‧喀爾文，在蘇格蘭揀選了約

翰‧諾克斯,在尼德蘭者揀選了「沉默者」威廉:

　　十六世紀沒有造就出比威廉品格更高尚的人。在一個沒有寬容的時代,他以超越時代的宗教情感並為各個宗教派別爭取信仰自由和公開禮拜的權利而獻出畢生精力的偉大領袖形象立於時代前列。

　　一五三三年,威廉生於拿騷的迪倫堡,又被稱為「拿騷的威廉」。其家族的信仰屬於路德教派,但其保護者、神聖羅馬帝國皇帝查理五世(Charles V)要求其接受天主教教育。一五五五年,威廉仍是一個天主教徒。次年,他在一封信中,露出改變信仰的端倪,他自稱「一個好的基督徒」,而非「一個好的天主教徒」。他私下表示,準備返回孩提時代的信仰並贊同新教的《奧格斯堡告白》。

　　青年時代,威廉為查理五世所重用,多次奉命出使歐洲各國。出使法國時,法王亨利二世(Henry II)講述他跟西班牙國王達成祕密協定,將用火與劍把新教徒趕出尼德蘭。威廉聽到後大為震驚,但緘口不提反對意見,被紅衣主教格蘭維爾取了「沉默者」之綽號。威廉在殺戮計畫面前保持沉默,但他並不軟弱,他的堅強很快被歷史銘記。

　　一五六八年,威廉在流亡期間成天研讀聖經,他的信仰非常虔誠,形成了為上帝和其受迫害的子民從事偉大事業的理想,正如《威廉頌》中詠唱的那樣:「我奧蘭治王子,自由無畏懼。……上帝引領,猶如良師引領著我。……請賜勇氣於我──您永遠的僕人。賜予我消滅那讓我痛心的暴君的力量。」(美國國父傑佛遜也說過類似的話,這句話被銘刻於傑佛遜紀念堂屋

頂，環繞整個紀念堂：「我於上帝之祭壇上誓言與宰制人類心靈的所有暴政為敵。」）在給妻子或親密朋友的信件中，威廉表達了對上帝和上帝真理之引導的恬靜信仰。在威廉一生的最後歲月裡，喀爾文宗的教義愈來愈主宰他的智慧和情感，一五七三年十月二十三日，威廉公開宣稱自己是喀爾文宗教徒。

一五八一年，腓力二世發布文告宣布威廉是叛國者和人類公敵，提供兩萬五千克朗和貴族稱號的獎賞，給予將威廉的屍體或活人交出的人。威廉以《答辯書》回應，該辯護書陳述其畢生事業之經歷，揭露腓力之罪惡行徑。辯護書被譯成多種文字送往歐洲各國宮廷。

腓力二世的高額賞金吸引了無數刺客。一五八二年三月十八日，一名刺客開槍擊中威廉，槍口離親王如此之近，以至於他的頭髮和鬍鬚都著火了，子彈從右耳下進入，穿透顎骨從左顎鑽出。但威廉奇蹟般地活了下來。

兩年以後，一五八四年七月十九日，一名喬裝成法國貴族的刺客對晚餐後走下樓梯的威廉開槍。這一次威廉未能躲過，中槍身亡，終年五十一歲。威廉的遺言是：「主啊，憐憫我的靈魂吧。主啊，憐憫這些可憐人吧！」

「再見，我那可憐的羊群，它們都感到失落。雖然要分離，但牧羊人將無法入睡。去上帝那兒吧，聆聽祂的開示——做個虔誠的信仰者；一切都會在此結束。」在獨立革命尚未成功時，尼德蘭痛失其精神領袖。

◎歐洲第一個實現宗教信仰自由的國家

在十七、十八世紀，尼德蘭共和國被視為自由之鄉，近代人

權觀念不僅寫在法典中,而且在實際生活中得以實踐。在人們的觀念與想像中,只有瑞士聯邦有類似的地位。十八世紀的尼德蘭政治家斯皮爾格爾自豪地描述說:

在那裡,人人可踐行其宗教,而不受迫害;人身與財產自由的神聖性受到法律盡可能完全地保護;至上的攝政者與最卑微的居民都服從同樣的法律,按照其財富比例,公正地獻身於支持國家;在那裡,窮人找到安慰、支持,找到受到抑制的法律,以及保護。

自由必然帶來思想的繁榮和經濟的繁榮。以打磨鏡片為生的尼德蘭猶太裔哲學家史賓諾莎(Baruch Spinoza)說:「在這個最繁榮的國度,最壯麗的城市裡,任何民族與信仰者都能夠和睦相處。」法國詩人波特萊爾(Charles Baudelaire)在《巴黎的憂鬱》中認為尼德蘭的榮光已蓋過法國:「據說有個奇妙的國家,是個理想世界,也是我夢想帶著舊愛造訪之處,它深藏在北方的迷霧中,任何熱烈的突發奇想在此都可以自由馳騁。」

尼德蘭共和國在其存續的時間裡,是自由的象徵,當局極少有壓迫行動,很少有警察的監控。由於其分權結構、複雜的內部制衡體制及其國際角色,是小商業國的普遍現象,其居民享受世界其他地方所望塵莫及的自由。

一開始,尼德蘭的宗教改革者試圖把共和國改造成日內瓦式的「唯獨喀爾文教派」的新教國家,卻只取得有限的成功。尼德蘭是避難所,是救生船。宗教寬容對各種人,無論是工人、商人或流亡者,實行兼收並蓄。既為世界的「中心」,就注定要實行寬容。來自葡萄牙的猶太人和來自法國的新教徒紛紛湧入尼德

蘭，帶來技藝，也帶來財富。尼德蘭人誇口說他們在成為一個熔爐、一個向全世界最有才能的人開放的社會——這是二十世紀美國的自我身分定位。

在不同宗教信仰者之間你死我活的時代，尼德蘭最早以法律形式確認宗教自由和宗教寬容的原則。一六七二年，一名英國人寫道：「在這個共和國，人們沒有理由抱怨自己在信仰問題上受束縛。」一七〇五年，一名尼德蘭人說：「世界各國的人民在這裡都能根據自己的信念和信仰侍奉上帝，儘管新教占統治地位，但人人都能自由地根據自己信奉的宗教舉行禮儀。」對於信仰的多元性，人口史學家比別人了解得更清楚，他們為計算人口，需要面對十種不同的戶籍冊。以鹿特丹為例，就有尼德蘭、蘇格蘭、瓦隆的新教徒以及長老會、聖公會、路德派、抗議派、門諾派、天主教和猶太教等教派。

一六八三年至一六八九年間，英國思想家約翰·洛克流亡到尼德蘭，寫下了《寬容書簡》。洛克把對宗教寬容的呼籲化為充滿激情、內容確鑿的文獻，這在政治哲學史上絕無僅有。這部著作在尼德蘭的土地上創作，對英國的局勢發揮了更大的影響。尼德蘭為所有基督教教派的和平共處樹立了榜樣。

當然，因著信仰和國家的獨立與自由的緣故，尼德蘭民眾強烈反對西班牙暴君及其信奉的天主教，天主教徒的宗教信仰自由在這裡受到一定限制。這是尼德蘭與義大利諸城邦共和國的重要差異之一——後者在抵抗神聖羅馬帝國的壓制時，選擇將羅馬教廷作為盟友，他們拒絕了宗教改革，保持將天主教作為國教。也正是這個原因，使得義大利半島雖然比尼德蘭更早出現「自由的城市共和國」之雛形，甚至出現共和制如同「自由的光輝火焰」般在半島上的燎原之勢，卻很快因為天主教的反改教運動而趨於

沉寂——天主教會害怕其權威地位受到挑戰，故而著手壓制新的思想、觀念和科學，義大利各城邦終究未能如尼德蘭那樣成功邁入現代世界的門檻。

第四節　尼德蘭「黃金時代」的光與影

◎尼德蘭成功的祕訣：開放社會、海洋貿易和新教倫理

　　十六世紀末和十八世紀末之間，無論在敵人還是朋友的眼中，尼德蘭共和國政府都是歐洲最自由和最穩定的政府。它是歐洲政治中的主要力量，其政治影響得到經濟力量的支撐。它的稅收比世界任何地方都要高；然而其高稅收是自願繳納的。財政危機在法國之類的周邊國家經常發生，但在尼德蘭則完全不為人所知。

　　尼德蘭的聯盟式政府衍生於中世紀的自治城市聯盟。它和同樣古老的議會制英國政府都「偏離了整個歐洲政治發展的進程」——所以，後來繼承英國傳統的美國，衍生出一種自豪的「美國例外論」。然而，不管其傳統如何古老，尼德蘭和英國政府都比法國的君主專制體制更擴大了中等階級的勢力。在尼德蘭，富裕市民控制著城市政權，並利用城市政權統治整個國家。公平地說，實踐中，尼德蘭共和國內的自由可能比當時其他任何地方都更接近現代自由的觀念。

　　尼德蘭的成功標誌著世界上出現了新型社會和新型權力。一個開放、充滿活力的資本主義社會在金融、科技、市場和通信等方面促發創新。這種創新的開放社會在世界貿易中占有極大的優

勢。用這種方式獲得的財富，足以對抗農業時代軍事力量最強大的帝國如法國和西班牙。開放社會、海洋貿易和新教倫理，是過去四百年人類歷史的主要驅動力。

獨立之後的荷蘭很快迎來其黃金時代，在科學藝術和商業貿易上達到世界頂峰。尼德蘭的貿易、金融機制、獨創性和科學令世界震驚：近代第一批股分制公司、第一個股票交易所都誕生於尼德蘭。宗教寬容乃至宗教自由的到來，伴隨著科學技術的進步，使得尼德蘭的黃金時代成為那個世紀歐洲的奇蹟。尼德蘭人誇口說他們已成為一個熔爐、一個向全世界最有才能的人開放的社會——兩百年後，美國人用同樣的讚美之詞自誇。

反對西班牙和宗教裁判所的長期鬥爭激發了尼德蘭人民和教會的活力，他們的大學和神學院不久就在歐洲嶄露頭角。萊頓大學是為紀念萊頓保衛戰而於一五七五年創立的，很快就有實力與歐洲最古老的大學展開競爭。這所以「自由的堡壘」為校訓的大學，是尼德蘭境內第一所大學，也是標示政治獨立和宗教自由的新教大學。它提供知識，也培育新教徒和訓練行政官員，其規模遠遠大於日內瓦大學。

十七世紀，尼德蘭的神學家和律師以其學識和智慧聞名於世。

各國學者在尼德蘭的大學裡會晤，互贈圖書、交換思想，他們在其他大學交流的機遇達不到這樣的水平。尼德蘭的大學吸引歐洲各國的學者來任教、學生來留學，成為最具國際性的學術機構。十七世紀，在格羅寧大學執教的五十二位教授中，十七位是德國人。很多人選擇在尼德蘭定居。與此同時，富有的尼德蘭青年們到歐洲各大學作「教育旅行」，培養出世界性的視野和心胸。

當尼德蘭東印度公司與葡萄牙和西班牙的商船在大海上展開激戰時，尼德蘭法學家葛羅休斯（Hugo Grotius）受命於一六〇九年出版了現代國際法的奠基之作《海洋自由》。葛羅休斯在該書中力主海洋乃是國際領域，任何國家都有權自由從事海上貿易，尼德蘭東印度公司有權闖入葡萄牙人在東印度的壟斷貿易。在這種新的國際法思想的支持下，尼德蘭打造了世界上最強大的海軍力量，其海軍配有一萬艘船、十六萬八千名水手。

　　尼德蘭的文學藝術在歐洲處於領先地位。尼德蘭誕生了傑出的畫家林布蘭，他既有傳統的聖經題材的作品，也描繪了尼德蘭人的生活場景，呈現出經過深刻洞察後的人性與內在心理，被譽為「文明的先知」。當天主教勢力衰微，無法向中世紀那樣大量訂購用於教堂膜拜和裝飾之用的聖經繪畫時，林布蘭是第一代將客戶轉向新興中產階級的精明的藝術家。他建立了擁有五十人的藝術工作室，其工作室在當時的意義，與其說繼承了文藝復興的傳統，不如說是藝術企業化的成就。林布蘭從不恥於談錢，其名作《夜巡》掙到一千六百基爾德報酬，這在當時的行情是空前絕後的，「自由、藝術和金錢」是其一生追求的三樣東西。赫伊津哈認為，林布蘭及其作品完美地呈現了十七世紀尼德蘭的時代精神：

　　林布蘭是國家和人民真正的兒子，你通過林布蘭去把握尼德蘭，又通過尼德蘭去把握他。在林布蘭的藝術裡，永恆而無所不在的美感勝過了風格原則。這一勝利必定是純正技藝和質樸心靈的勝利。

　　在建築方面，任何領域的尼德蘭特色都不如建築的特色更令

人注目，它似乎成了尼德蘭國家和民族爭取自由鬥爭中創造的一種工具。

尼德蘭人在建立教會的過程中，也影響了教堂建築的設計。尼德蘭的改革宗神學讓尼德蘭人重新思考教堂的設計，外國元素經過簡潔、莊重的形式轉化，被賦予尼德蘭喀爾文教派的精神內涵，幾乎所有的教堂都清爽、簡潔而美麗。新教神學認為教會成員不應有階級之分，在上帝面前人人平等，而天主教的「長軸式」教堂建築讓神職人員與會眾產生前後與高下之分，所以尼德蘭的教堂採取嶄新的「向心式」平面，讓會眾平等地圍繞中心講台而坐。這一設計亦可視為與羅馬天主教決裂的強烈宣告。

十七世紀尼德蘭的城鎮建築，無論是私人住宅還是公共建築，都擺脫了中世紀的僵化呆板，而富有新時代的活力。什麼東西也比不上十七世紀那種街市景色，也不可能使人們心裡充滿如此之多的對陽光時代的渴望——人們渴望健康的生活、淳樸的觀點和簡單的信念。市政廳的建築風格展現了共和和開放的精神特質，阿姆斯特丹市政廳被譽為「世界第八大奇蹟」。

在科學技術方面，尼德蘭的科學家在很多領域作出突破性貢獻。物理學家、數學家和天文學家惠更斯（Christiaan Huygens）著有《擺動的時鐘》、《論光》等，創建光的波動說，最早觀測到土星光環，最早在鐘錶中使用鐘擺。

尼德蘭的造船業領先歐洲各國，他們憑藉著世界上最發達的造船業和航海技術而稱霸於世。他們發明了一種三桅商船，具有最大的貨艙空間，這種大輪船是開始控制世界海洋的尼德蘭的主要依靠。

尼德蘭的文化和技術大量輸出到歐洲各國。十七世紀，波羅的海各國把尼德蘭語作為外交語言，即使在與英國的外交中也用

尼德蘭語。英格蘭的園藝、農業、圍墾和水土保持及繪畫，丹麥的建築，瑞典的礦業，俄羅斯的航海方法，都受到尼德蘭影響。在很多領域，尼德蘭成為「純出口國」。

◎尼德蘭東印度公司：
近代第一個比國家更有權勢的跨國公司

作為《西發里亞條約》之後崛起的全球性強權，擁有實力強大又管理良好的獨占公司的尼德蘭，由於主客觀條件的配合，在利用全球貿易上占盡優勢。

一五六〇年，尼德蘭商人霍特曼蟄伏三年，憑藉一張地圖、一本書，率兩百四十九人、四艘船的第一支尼德蘭遠征東方船隊到達印尼萬丹。路程艱險，船隊只有八十九人生還，但帶回的貨物獲得百分之四百的高額利潤。這使得尼德蘭人義無反顧地派出第二支遠征隊。之後，尼德蘭各城市紛紛組織東印度公司，掀起東方貿易熱。

一六〇二年，尼德蘭當局促成境內各地的東印度公司合併為尼德蘭聯合東印度公司（Vereenigde Oostindische Compagnie，簡稱VOC），這家公司的成立是近代歐洲結合國家權力與商人精神，資本制度發展的重大里程碑。這個公司一開始看起來就像是一個不切實際的折衷方案。然而，只有像尼德蘭這樣與眾不同的聯邦國家，才能想到建立聯邦式公司的結構。尼德蘭東印度公司將實力和靈活性有機地結合在一起，在國際競爭中享有巨大優勢，從而主導面向亞洲的海上貿易。

尼德蘭東印度公司是近代第一家跨國公司和股份公司，它對企業資本主義的意義，如同班傑明・富蘭克林的風箏之於電子

學、賈伯斯的蘋果手機之於通訊業：重大歷史事件揭開序幕之時，無人能預見其未來的發展。短短數十年間，尼德蘭東印度公司證明了自己是十七世紀世界上最強大的貿易公司，並成為此後時代主導全球化經濟的大型商業企業的範本，VOC這三個字母的組合成了當時最知名的公司商標，實際上這可能是第一個全球化的標誌。

這個新公司可自行組織傭兵、印行貨幣、發動戰爭並簽訂條約，甚至執行殖民統治所有的法律功能。在十七世紀中期，尼德蘭東印度公司不僅是歐洲最有錢的私有財團，高達四成的驚人股息更使其他國家紛紛起而效仿。大量湧入的錢潮讓處理周轉和生育資本的機制應運而生，這就是現代銀行和股票交易所。

十七世紀主宰東西方的激情，是航行在「連接東西海域的未知通道裡」；是通過旅行、接觸和接納新知識縮短不可逾越的距離；是用自己的出生地作抵押，換得個人的理想世界。這正是十七世紀的靈魂世界燃燒的熊熊火焰。歷史學家估計，在東印度公司運作的前十年間，大致正是十七世紀開頭的十年，有八千五百人乘坐該公司的船隻前往亞洲。到了十七世紀五〇年代，每十年有超過四萬人奔赴海外。在一五九五年和一七九五年之間的兩百年時間裡，近一百萬人踏上從尼德蘭到亞洲的海上之旅。他們大都是雄心勃勃的年輕人，有三分之二的人一去不復返。

歐洲在全球範圍內開展商業運營的能力，在很大程度上取決於伴隨海上貿易應運而生的新技術。英國思想家培根（Francis Bacon）認為，當時三大「機械發明」在航海上的廣泛運用「改變了世界各地萬物的面貌和狀態」。一是磁石羅盤，二是紙，三是火藥。任何帝國、任何宗派、任何明星，對人類施加的影響力，都不及此三大發明。中國搶奪到「四大發明」的話語權，卻未能以這些發明激勵本國整體性的進步。而尼德蘭東印度公司充

分利用這三個發明，建立了一路延伸到東亞的貿易網路。

尼德蘭東印度公司在遠東建立了一直延續到二十世紀的殖民帝國。一六〇〇年，尼德蘭人抵達日本。一六〇三年，尼德蘭人登上錫蘭島。一六二二年，尼德蘭人對澳門的葡萄牙人的進攻遭到失敗，轉而駛向澎湖和台灣，在一六二四年至一六六七年間，台灣成為為其殖民地。一六一九年，巴達維亞城的建立使尼德蘭能把它在南洋群島的主要軍事力量和商業活動集中到一個有利地點。尼德蘭正是從這個固定地點和香料群島出發，編織起龐大的商業交換網，建立起海外領地。阿克頓指出：

阿姆斯特丹的商人們準備駛向巴達維亞，就像清教徒乘船開往新英格蘭一樣；現在他們是歐洲第二大政治力量，就商業上講，是那時的第一大力量。

但是，巴達維亞不是新英格蘭，東印度公司的淘金者也不是前往美洲的清教徒。當對金錢的渴求超越對上帝的信仰時，這個國家即將失去上帝的眷顧和祝福。

尼德蘭人與日本發展出了特殊淵源。尼德蘭東印度公司在亞洲約有三十五個據點，日本的獲利接近四成，排名第一。尼德蘭成為日本向西方學習的第一個老師，在長崎出島的尼德蘭商人是自一六四〇年來唯一獲日本幕府容許在日經商的歐洲人，他們為日本帶來一門新學問，即「蘭學」，「蘭學」是經尼德蘭人傳入日本的學術、文化、技術的總稱，字面意思為尼德蘭（荷蘭）的學術。數千部「蘭學」刊物在日本出版和傳播。一七八七年，日本學者森島中良出版《紅毛雜話》一書，記載了許多來自尼德蘭的知識，包括顯微鏡、氣球等新事物，還介紹西洋的醫院和醫學

知識，列出繪畫及銅板印刷的技巧，描述製造發電器及大型輪船，及有關新近的地理知識。很多受「蘭學」薰陶的日本開明人士鼓吹進一步吸收西洋新知識和開放對外貿易，提升國力及推行現代化。「蘭學」為日後的明治維新打下了伏筆。

尼德蘭人與台灣有更深淵源。一六二四年，尼德蘭東印度公司在台灣本島沿岸沙洲建立商館，改革宗傳教士康第紐斯（George Candidius）積極與新港社住民接觸，並嘗試傳播福音、影響其社會文化。一六三六年，東印度公司通過武力征戰與南島語族間的口耳相傳，成功將若干村社要人、長老召集到大員商館，並在新港社舉行歸順村社和約確認儀式。東印度公司台灣長官授予每位代表布袍、親王旗與代表公司權威的藤杖，並舉行若干村社土地主權轉移儀式，奠定日後的「尼德蘭和平」。台灣成為尼德蘭在亞洲第一個涉及領土控制的殖民地。尼德蘭建立的熱蘭遮城，從商館轉型為兼具殖民地領土與屬民的行政中心。直至鄭成功擊敗尼德蘭，這段福爾摩沙與尼德蘭的因緣才告終結，尼德蘭傳教士法蘭汀哀歎說：「現在美麗的福爾摩沙已被國姓爺奪走，我們占領三十七年間所獲致的成就，全都化為灰燼，福爾摩沙再度陷入原始的異端迷信或漢人的偶像崇拜。」[2]

尼德蘭在亞洲打造了一個以商業為中心的殖民帝國，卻未能在亞洲創建一塊清教徒殖民地（如同之後英國在北美所做的那樣）。他們在商業上的成功，不能掩飾傳教上的失敗。單純的貿

2　十九世紀到台灣宣教的英國長老會宣教士甘為霖（William Campbell）反思說：「這段福爾摩沙教會史告訴我們，一心只想積極開展傳教範圍，卻沒有提供適當措施來滿足那些棄絕偶像崇拜的改信者的精神需要，這種傳教政策的效果是極其可疑的。傳教工作只要和人有關，就沒有什麼方便、表面、迅速的方法，可以讓改信者經受不斷的誘惑和嚴厲的迫害而不動搖。」

易衝動及盈利是無法持久的，持久的是文化及觀念秩序的輸出。尼德蘭無意向海外輸出文化和觀念秩序，他們的海外擴張只能是曇花一現。尼德蘭的足跡到達了世界上最多的地方：他們在非洲開普敦建立殖民地，一度擁有巴西等南美殖民地，在北美也有殖民地，但這些殖民地很快丟掉了——北美殖民城市「新阿姆斯特丹」被改名為紐約（新約克），清晰表明宗主國的易主。尼德蘭治理殖民地遠不如英國成功。

◎尼德蘭為何走向衰落：生於憂患，死於安樂

在法蘭西共和國和美利堅合眾國登上歷史舞台之前，尼德蘭共和國是人類有史以來最強大的共和國。房龍在談及尼德蘭的「黃金時代」時讚美說：

在歐洲各國中，尼德蘭聯省共和國史獨一無二的。歷史上曾經存在過其他形式的共和國，從古代雅典和斯巴達到後來的威尼斯和瑞士聯邦。但是，歷史上從來沒有出現過由第三等級——中產階級建立並占統治地位的共和國。

但尼德蘭的黃金時代只維持了短短一個世紀，遠不及羅馬帝國那麼長。房龍對尼德蘭的衰落痛心疾首地評論說：「看哪，多麼令人吃驚啊！建立多年的尼德蘭共和國瓦解了！董事會和董事長帶頭逃亡了，股東們則心甘情願在全新的基礎上被重新組合。」他用公司解體的比喻來描述尼德蘭的急劇衰落——尼德蘭共和國被拿破崙的鐵蹄顛覆，再也無法重現十七世紀的榮耀。

十八、十九世紀之交，在喀爾文主義者凱波爾擔任首相期

間，尼德蘭一度再現活力。當時，面對現代社會碎片化的危機，面對基督信仰的急速世俗化以及現代主義的猛烈衝擊，凱波爾以牧師、神學家、新聞記者、大學教授、政治活動家乃至政府首腦的多重身分，用正統基督教信仰真理予以回應。

凱波爾不單單是尼德蘭的凱波爾，更是世界的凱波爾；不僅僅是十九世紀的凱波爾，更是「今天」的凱波爾。凱波爾、巴文克以及新喀爾文主義未能在尼德蘭本土長成參天大樹，卻漂洋過海在美國生根發芽。美國神學家理查德茅指出：「今天的美國人正生活在一個『凱波爾時刻』。」在經歷基要派信仰從公共話語退卻的失敗之後，越來越多美國基督徒意識到，基督信仰需要一種公共視野和公共分析能力，而那正是凱波爾的長處。

凱波爾在信仰衰退的時代向同胞發出疾呼：尼德蘭是「受過洗禮」的國家，應該給予基督教特別的尊重，至少國家應該廢除不利於自由傳揚福音的所有法律障礙。然而，凱波爾面對一個世俗化和多元化的社會，其神學不是開創性的，而是反應式的，他要致力於建立的基督教國家，不是奧古斯丁式的上帝之城，而是舊約中猶太式的逃城。凱波爾的成功中已然埋下失敗的因子。

凱波爾的努力只是迴光返照。尼德蘭的衰落伴隨著基督教信仰的喪失和改革宗教會的衰微。如今，尼德蘭是歐洲最世俗化的國家，在安樂死、墮胎、同性婚姻合法化、死刑、性交易合法化等議題上，社會主流輿論支持極端自由派立場。[3]尼德蘭走向衰

3　一八〇九年，每十個尼德蘭人中有六人自稱是新教徒；一九九〇年前後，約半數尼德蘭人為不信教者；一九九五年，無神論者的比例達百分之六十二。不信教人口的增長使改革宗教會損失巨大：一八九九年，教徒人數占總人口的百分之四十八點六；一九七一年，減少到百分之二十三點六；一九九七年，為百分之十七；一九九五年，為百分之九。

落並逐漸喪失清教徒的信仰和保守主義的觀念秩序，有六個重要原因。

原因之一，喀爾文宗是最接近聖經真理的新教宗派，但若用不太貼切的比喻，它也只是如同「瞎子摸象」一般摸到大象最美妙的那部分，而不可能掌握百分之百的真理。換言之，在其他宗派那裡也有上帝的啟示，也有喀爾文宗可取長補短之處。如果喀爾文宗在某一國一枝獨秀，反倒會窒息信徒追求真理的激情。尼德蘭的情形便是如此，當喀爾文宗的政治人物掌權後，熱衷於內鬥和清除異端、標榜誰才是正統。教義變教條，宗教自由市場消失，教會和國家的活力與創造力也喪失。國內如此，海外亦如是。一六五二年，尼德蘭東印度公司在好望角成立前哨所，後來發展成南非共和國。在南非占主流地位的教會，是尼德蘭本土之外最大的尼德蘭系統的改革宗教會，卻長期支持白人政府的種族歧視和種族隔離政策——反對種族隔離的黑人領袖艾倫·布薩克（Allan Boesak）在鬥爭也採取喀爾文主義者的文化概念，指斥種族隔離政策抵觸了喀爾文主義的理想。直到南非取消種族隔離制度之後，南非改革宗教會才為此公開道歉。

原因之二，尼德蘭過度卷入歐洲的大國衝突，熱衷於爭奪歐洲霸權。「共和國以體面的身段在歐洲發揮作用，卻損害了她先前的強大地位。」在一百多年間，尼德蘭與所有歐洲強國都發生過曠日持久的戰爭，除了必須面對的獨立戰爭之外，有的戰爭是可以避免的。有幾場戰爭不是為了捍衛新教信仰，而是維護面子和利益，戰爭的結果往往得不償失。一六七二年，早就覬覦尼德蘭的海外貿易的法國，派遣龐大的陸軍入侵尼德蘭，兵員之眾遠超過尼德蘭所能動員的兵力人數。尼德蘭無力抵抗，被迫使出獨立戰爭中在萊頓用過的絕望戰術——破堤，此舉果然擊退法軍，

尼德蘭也元氣大傷。英國趁其衰弱之際，大舉對外擴張，從此凌駕尼德蘭之上，成為十八世紀全球貿易之霸主。在十八世紀初的歐洲，英國迅速崛起，奧地利力量倍增，普魯士和俄國開始扮演領頭角色，尼德蘭未能適應新時代的格局，找不到自己的位置，逐漸失去號召力。

原因之三，尼德蘭人口、國土有限，國內消費市場狹小，過度殖民擴張，讓自己成為頭重腳輕的「泥足巨人」。一開始，尼德蘭的海外殖民地還能扮演「輸血者」功能，為共和國帶來滾滾財富；然而，維持海外殖民地需要共和國付出天文數字般的軍費和人力，尼德蘭這個小小的母國無法有效管理和經營人口及面積超過它幾十倍、幾百倍的海外殖民地，後來演變成被迫向遍布全球的殖民地輸血，致使母國的經濟難以承受、形成愈演愈烈的惡性循環。與人力和財力更充沛的英國和法國相比，「尼德蘭缺乏保持自己原先擴張速度所需的資源」，這種先天不足是無法在短期內改善的。歸根到底，十八世紀時，尼德蘭被迫將歐洲霸主的王座讓位於英國和法國，其原因與二十世紀中葉英、法兩國在二戰後國疲民弱，被迫讓位於人口和資源更強大的美國和蘇俄正相同。

原因之四，國際貿易的成功、物質生活的富裕、銀行及信貸業的繁榮，使金融寡頭和中產階級喪失了清教徒勤儉奮發精神，耽於享樂和不勞而獲的投機。這使得從英國和歐洲國家避難到尼德蘭的清教徒們選擇離開、奔赴美洲新大陸。「整個共和國的男男女女，那些在一個世紀前在饑餓、圍攻和瘟疫面前沒有屈從外國意志和外國教會的人，現在變成什麼樣子呢？他們退化了，退化成一群生活優裕和自滿的食利者，活力和進取心都煙消雲散。他們的金錢都用於投機活動，指望利用利息維持舒適的生活。如

果說十七世紀是財富積累的時期，十八世紀就是享受財富的時期。」由此，尼德蘭付出的代價是巨大的，人力和財力都被消耗殆盡，個人的創新精神也被扼殺。任何改革都不受歡迎。鐵路被滿懷狐疑的目光注視著，因為運河船隻提供了各種基本需要。阿姆斯特丹交易所引發的金融危機，影響到全球經濟，跟當代西方的金融危機如出一轍。

　　原因之五，尼德蘭人對商業利益過度看重，逐漸超過宗教感情和民族感情。外國觀察者對此現象感到驚訝：一些尼德蘭商人嫉妒尼德蘭東印度公司的特權，竟用資金幫助和支持英國、丹麥、法國的東印度公司跟本國的東印度公司作對。他們出資扶植敦克爾克的法國私掠船，這些私掠船有時劫掠他們同胞的商船，他們只要能從中分贓，全然忘記了法國是天主教的敵國。尼德蘭東印度公司的董事們宣稱，他們奪取的要塞和堡壘不應被看作國家的戰利品，而是商人的私人產業，「商人有權把這些商業賣給任何人，即使是西班牙王國或尼德蘭共和國的其他敵人」。尼德蘭的商人振振有詞地聲稱，「在尼德蘭，商人是國王」。在尼德蘭與法國交戰期間，尼德蘭商人仍與法國保持貿易聯繫，打著尼德蘭旗號的船隻，向法國運送貨物。商人也傾向於不支持海外傳教事業，還認為傳教士阻礙他們發大財。[4]

4　今天的美國也屢屢出現權力階層為私利而突破價值底線乃至出賣國家利益的醜聞。二○二○年四月十七日，一名記者在白宮關於中國病毒的簡報會上指出，美國情報顯示中國病毒可能來自武漢的實驗室，另一份報告稱，歐巴馬政府時期的國立衛生研究院（NIH）在二○一五年向該實驗室提供了三百七十萬美元的贈款。歐巴馬若知情，儼然涉嫌叛國罪；若不知情，則涉嫌瀆職罪。而歐巴馬時代的副總統、二○二○年民主黨總統候選人拜登（Joe Biden），放任其兒子利用特權到烏克蘭和中國等國撈錢，甚至在生產監視器的公司領乾薪，而該公司將產品出口中國，供新疆的集中營使用。主流媒體及司法機關對此放任自流。這些例子

原因之六，尼德蘭的政治制度未能確立和穩定。在中央和地方的關係上，共和國如同邦聯制，邦聯制可以保障弱勢邦的權益，卻造成中央政府過於軟弱。缺少強有力的中央政府，使共和國在國際競爭中處於不利地位。比如，緊迫的軍備計劃長期停留於一紙空文。這也是美國建國初期，國父們發現邦聯制運作不暢之後迅速改為聯邦制的原因。另外，共和國與王國幾經轉換，議會與奧蘭治家族的權力分割曖昧不明。奧蘭治家族的親王們往往在國家出現危機時挺身而出，以傑出的軍事才能和政治手腕阻擋外國的侵略，繼而要求更大的實權，這樣勢必與議會發生衝突。金融寡頭操縱的議會，害怕奧蘭治家族演變成法國國王那樣的絕對君主，千方百計排斥其參與政府決策，甚至出現兩段「無執政王時期」。尼德蘭並沒有制訂出一份英國式的確立君主立憲政體的法律，國家的資源和人才在此起彼伏的內鬥中消耗殆盡。

以上六個原因，導致尼德蘭的「黃金時代」戛然而止。

◎尼德蘭體系像軟體的一點零版本，
   英國是二點零版本，美國是三點零版本

尼德蘭的衰落及喪失清教徒的觀念秩序，並不意味著新教倫理與資本主義精神的熄滅，上帝有其美好而宏大的計畫，超乎人的所思所想。文明的火種繼續傳播，尼德蘭退出國際舞台的中心之後，取而代之的是英國。十八世紀，新興海洋秩序的中心渡過北海，從阿姆斯特丹轉到倫敦──英國與尼德蘭之間，有著明晰

都表明，今日美國的政治生態何其敗壞，而這正是喪失清教徒觀念秩序及精神和心靈秩序的惡果。

綿密的傳承關係。

奧蘭治的威廉三世（William III），是「沉默者」威廉的曾孫，他出生即繼位為奧蘭治親王，但尼德蘭議會拒絕承認其為執政王，並將其當作「國家的人質」控制在手中。在宛如囚徒般的童年時代，幸運的是，喀爾文主義神學家科內利斯‧特利格蘭德每天都為小親王講授宗教改革的教義知識。在喀爾文神學的「預定論」課程學習中，威廉深信自己有著神聖眷顧的使命，注定要在神佑下改變奧蘭治家族和共和國的歷史命運。「堅持不懈」的家訓（後來也成為尼德蘭的國家格言），不但是曾祖父「沉默者」威廉的座右銘，更是他奉行一生的信念。

在威廉二十二歲那年，即一六七二年，英法兩國聯合進攻尼德蘭。禍難當頭，造成尼德蘭共和國的大震盪與政變，史稱「災難年」。

年輕的威廉三世被任命為陸海軍統帥。當時，英國的白金漢公爵警告說：「親王殿下，難道你沒有看出你的國家已經失敗了嗎？」威廉堅定地答覆：「我的國家是很危險，但是我不會眼睜睜的看著她失敗，因為我會戰死在最後一道壕溝裡！」這句話成為他的傳世名言。

威廉以出色的戰績證明，他不愧為英勇善戰的奧蘭治家族的後代。這場戰爭十分艱苦，但當尼德蘭人奮戰到第二年底時，法國軍隊已被趕出國土。威廉三世之威信達到頂點，他得到「護國英雄」的稱號，其能力獲得公認，在歡呼聲中就任尼德蘭共和國執政。威廉三世挽救了奧蘭治家族，挽救了尼德蘭共和國，也維持了尼德蘭海上殖民帝國的穩定。

一六八八年，英國面臨一場嚴重的政治危機。國王詹姆斯二世（James II）企圖重新將天主教定為國教，眾叛親離。作為其

女婿的威廉看準時機,得到尼德蘭議會批准,親率尼德蘭大軍渡過英吉利海峽,登陸英國,廢黜詹姆斯二世。此後,威廉與妻子瑪麗二世(Mary II)共治不列顛,他們共治時期被稱為「威廉和瑪麗」。威廉成為「英國國王兼尼德蘭執政」,這是英荷兩國在歷史上唯一一次被劃到同一君主名下,形成「共主邦聯」。

自從一六七二年成為尼德蘭執政後,威廉即號召全歐新教徒,抵制法王路易十四的霸權,被新教徒視為「新教英雄」。威廉以英、荷「共主邦聯」國家元首的身分,帶領新教的英、荷兩國對抗天主教法國,鞏固了新教信仰及君主立憲政體。由此,英國得以分享尼德蘭的信仰與文明,大英帝國部分地繼承了尼德蘭殖民帝國的衣鉢。

尼德蘭和英國的信仰及政治傳統,更深深影響了大西洋彼岸的美國。十八世紀末獨立的美國的制度選擇與尼德蘭高度一致。一八九四年,一位美國歷史學家如此寫道:「我認為,尼德蘭起義和尼德蘭的成功是現代科學和現代文明的開始……對於真正的自由愛好者而言,尼德蘭是現代歐洲的聖地。」在剛剛獨立不久的美國,人們熱情讚美早期的尼德蘭是宗教自由的安全港、美洲殖民者的聖地、西方憲政主義的溫床。美國人特別注意到尼德蘭起義和美國革命、一五七九年的尼德蘭《誓絕法案》和一七七六年的美國《獨立宣言》、一五七九年的烏特勒支聯盟和一七八一年的美國邦聯條例之間的相似之處。還有一些人看到威廉植根於「自然法和神法的權利、自由和特權」的「清晰的真理」與傑佛遜植根於「自然法和自然的上帝的生命、自由和追求幸福」的「不證自明的真理」之間的相似之處。

尼德蘭的經驗激勵和啟迪了美國的國父們。無論政治立場如何,美國的國父們都從尼德蘭的經驗中為美國憲法和憲政尋求

根據。約翰‧亞當斯寫道：「這兩個共和國的原型如此類似，以至於其中一個的歷史會被人看作是對另一個的轉抄。」傑佛遜稱讚尼德蘭的自由鬥士說：「熱愛自由，勇敢地保衛自由，她是我們偉大的榜樣。」詹姆斯‧麥迪遜（James Madison）論證說：「尼德蘭的例子證明了寬容不從國教派是安全的，更是有用的。」

此外，早期尼德蘭共和國發展出的大量法律和政治的核心觀點和制度——聯盟和聯邦主義，明確列舉的權力和權利、權力和特權的分立——都與年輕的美國的國家和聯邦憲制有明顯的相似之處。亞當斯、麥迪遜和漢密爾頓，都表達了對尼德蘭共和國思想遺產的關注，大量來自尼德蘭的革命性觀念——大眾主權、自然權利、社會契約、成文憲法、根本法、憲政自由和其他——在革命前和革命後的美國都得到不同程度的強調和適用。

美國歷史學者沃爾特‧拉塞爾‧米德（Walter Russell Mead）認為，海權的現代版本由尼德蘭發明，尼德蘭創建於十七世紀的聯邦共和制度、全球貿易、投資和軍事力量體系是那時世上的奇蹟，令世人歎為觀止。這一體系的諸多基本特點在隨後的歲月中被英國人和美國人採納：

尼德蘭體系就像操作軟體的一點零版本，當今世界仍有很多國家運行這一系統。十八世紀開始，英國推出二點零版本；到二戰後，美國推出三點零版本。過去四百年的世界史可用十個字母歸納：海洋秩序的領導權從尼德蘭共和國（U.P.）轉移到大不列顛聯合王國（U.K.），並最終轉移到美利堅合眾國（U.S.），也就是世界權力的故事從尼德蘭到英國再到美國（U.P. to U.K. to U.S.）。

有趣的是，二十世紀最偉大的美國總統羅納德‧雷根（Ronald Wilson Reagan），有一個意味深長的綽號「荷蘭人」。據雷根傳記作者莫里斯稱，雷根出生時體態豐腴，哭聲甚是響亮，老雷根便給嬰兒取了諢名「荷蘭人」，從此這個綽號與雷根形影相隨一生。

　　這個體現美式幽默的綽號，顯示了尼德蘭人以某種特別的方式在美國的復活（雖然雷根為蘇格蘭及愛爾蘭後裔，其家族並無荷蘭血統）——雷根有著尼德蘭人強健的體魄和冒險精神，他在年輕時代當救生員期間，拯救過七十七個人的生命；而作為堅定的保守主義者和虔誠的基督徒的雷根，更是觀念秩序層面的「荷蘭人」。

帝王榮耀在乎民多；君王衰敗在乎民少。

——《舊約·箴言》，14：28

第四章

英國：
從蠻荒孤島
走向世界帝國

英國人以良好的判斷力——如它們的哲學家所說的「常識」——來面對世界，這種判斷力使他們安然度過混亂時期，在現代性較晚期階段的今天，它仍然激起了我們的共鳴。

——格特魯德・希梅爾法布（Gertrude Himmelfarb），
《現代性之路：英法美啟蒙運動之比較》

西元五五年八月底的一個午夜，羅馬帝國高盧行省總督凱撒率領兩個軍團和八十艘船隻，向不列顛揚帆出征。羅馬軍隊打敗了島上的土著，第一次將這個海島與偉大帝國聯繫起來。此後，不列顛成為羅馬帝國的行省達四百年之久。羅馬傳教士到島上傳教，帶去新的信仰，它以驚人的速度傳播開來。他們還帶去新的政治制度，包括教會機構。

羅馬帝國衰落時期，放棄了不列顛島。後來，盎格魯—撒克遜人來到這裡，島上進入列國爭雄時代。五九六年，傳教士奧古斯丁赴不列顛傳教，經過幾代傳教士的努力，島上居民大都皈依了基督教。六六四年，不列顛各教會召開惠特比宗教會議，英吉利成為基督教世界的一員。

第二次征服發生在一〇六六年，英格蘭國王「懺悔者」愛德華（Edward the Confessor）逝世，膝下無子，引發王位繼承問題，諾曼第公爵的私生子威廉（William I）與愛德華的妻兄哈羅德·戈德溫森（Harold Godwinson）皆聲稱有王位繼承權。哈羅德匆匆加冕，稱哈羅德二世。威廉率六萬大軍登陸英格蘭。雙方在黑斯廷斯展開大戰，哈德羅及其兩位弟弟皆戰死沙場。威廉進軍倫敦，登基稱王，是為威廉一世。

威廉一世保留了盎格魯一撒克遜人的習慣法，將英格蘭劃分為三十六個郡，以「王廷」取代「賢人會議」。王廷由主教、修道院院長、大地主組成，每年召開三次會議。國王另有由親信組成的內圈組織，稱為「小會議」。後來，王廷擴大成國會，小會議演變為政府。諾曼征服是英國歷史的轉折點，弗蘭克・斯丹頓勛爵指出：「無論遲早，英國人生活的各個層面，都因為諾曼征服而被決定性地改變。」

　　羅馬帝國的征服和諾曼的征服，讓英國跟歐洲密切互動，但英國不同於歐陸國家。從《大憲章》時代開始，英國就走上了與歐陸迥異的道路。而英國的清教徒改革更讓英國模式得以強化，近代化的三大效應：磁鐵效應、酵母效應和馬太效應幾乎同步在英國發生。

　　英國有自己的啟蒙運動，歐陸的啟蒙運動由無神論的知識分子領導，英國的啟蒙運動由清教徒主導。英國的啟蒙運動有三個重要標誌：亞當・史密斯的經濟學、埃德蒙・伯克的政治學以及最具英國特色的衛斯理教派。法國思想家孟德斯鳩（Montesquieu）說，英國人「比地球上任何其他人更清楚地了解如何尊重這三個巨大的優勢——宗教、商業和自由」。稍後，托克維爾也指出：

　　在英國，我還欣賞我很久以來一直都失去的東西——宗教與政治世界的結合，公共美德與私人美德的結合，基督教與自由的結合。

　　英國的啟蒙運動興起於「對宗教的虔誠」，「沒有必要去推翻宗教本身，因為這裡沒有教宗，沒有宗教裁判所，沒有耶穌會會士，沒有專斷的教士」。於是，奇蹟在這個島嶼發生了。

第一節　不列顛從蔚藍色的海洋中崛起

◎保護人身自由和私有產權的《大憲章》

自以色列民族之後，英國人亦以上帝的選民自居，正如英國詩人詹姆斯‧湯姆遜（James Thomson）之吟唱：

當不列顛尼亞奉天承運。率先從蔚藍的海洋中崛起，這是上帝特許的土地，守護天使齊聲唱響這一曲。統治，不列顛尼亞！不列顛尼亞統治著海浪；不列顛人永不、永不、永不成為奴隸。那些國家不如你蒙福，暴君必定依次隕落；當你自由地強大興盛，他們全都恐懼又嫉妒。

一六四七年八月，內戰後的倫敦百廢待興，國會任命模範軍司令湯瑪斯‧費爾法克斯（Thomas Fairfax）擔任倫敦塔的巡警官。他上台後做的第一件事，就是要求將倫敦塔的鎮塔之寶帶到他面前。這件鎮塔之寶，不是皇冠，不是權杖，而是一張不起眼的、已乾透的羊皮紙，其拉丁文字跡難以辨認。

費爾法克斯虔誠地說：「這就是我們為之英勇奮戰的，也是我們必須繼續維護的，願上帝幫助我們。」這份文件就是大名鼎鼎的《大憲章》（The Great Charter）。對英國人來說，《大憲章》是重要性僅次於聖經的文本。

由坎特伯雷大主教史蒂芬‧朗頓（Stephen Langton）起草的《大憲章》，是封建貴族用來對抗國王約翰（King John）的封建權利保障協議，要求王室放棄部分權力，保護教會權益，尊重司法程序。《大憲章》是英格蘭議會接收國王的行政及立法權的

起點。一二一五年六月十五日，約翰王迫於壓力簽署了這份政治性授權文件，《大憲章》首次成為英國的法律。[1]

　　《大憲章》的文本瑣碎平淡，最值得注意的是第三十九條：「任何自由人，如未經其同級貴族之依法裁判，或經國法判決，皆不得被逮捕，監禁，沒收財產，剝奪法律保護權，流放，或加以任何其他損害。」這是對人身自由和私有財產明確的保護。法學家丹寧勛爵（Denning）評論說：「《大憲章》是所有時代最偉大的憲法文件，是個人反對專制政權、贏得自由的基石。」邱吉爾指出：「大憲章的重要性不在於具體的條款，而在於廣泛地確立這樣一條原則：國王也要服從法律。國王不應該服從哪個人，但應該服從上帝和法律。這一點已經明確。個人統治是不允許的，它很容易變得專橫恣肆，反覆無常。」被《大憲章》奉若神明、不惜以明文形式規定下來的，正是國家最高的權力──這種最高權力，不是行政權，而是一套確定的法律原則；行政權若與之衝突，則法律高於政府，英國法學家約翰·福蒂斯丘（John Fortescue）幽默地指出：「國王不得不經人民同意而改變法律，就像一個頭顱不能改變軀體的肌腱」。

　　《大憲章》是英國史上最偉大的奠基性文件。它不是突然被嵌入英國社會和歷史中的，它是在它們中間長出來的──它是英

1　一二一五年約翰王簽署的第一份《大憲章》未保存下來，只有少數早期的抄本保存至今。英國之外有兩份：一份保存於堪培拉澳大利亞議會大廈，另一份保存於華盛頓美國國家檔案館大廳、緊鄰《獨立宣言》及《美國憲法》，為美國富商羅斯·佩羅於一九八四年購得並捐贈。二〇一五年，為紀念《大憲章》頒布八百周年，英國國會保存的抄本在全球巡迴展出。在北京展覽時，中共害怕這份八百年前的文件喚起民眾的權利意識，設置重重障礙，只允許在英國大使官邸內對少數人開放展出。

國歷史傳統的產物。後代英國人對《大憲章》的內涵進行擴張解釋，直至其成為適用於所有社會群體的權利憲章，而非少數權貴階層的奢侈品。

《大憲章》影響了英國歷史的走向，也成為所有「英語民族」共同的政治遺產，歷史學家W‧S‧麥克尼評論說：「《大憲章》與英國的權利與法律發展密切聯繫，它的出現，宣告了文明社會最有價值的政府體系在其成長的道路上邁出了關鍵的第一步。」。一九五七年，美國律師協會在簽署《大憲章》的蘭尼美德建造了一座「大憲章紀念碑」，碑上的題詞是：「紀念《大憲章》，法律下自由的象徵。」美國人從《大憲章》中汲取精神資源，使之成為美國精神的組成部分，美國建國之前就出現了多份模仿《大憲章》的文件。[2]

◎國王只有「在國會」才是國王

一九四一年五月十日晚，德國空軍轟炸了英國下議院。兩年多以後，戰局逆轉，勝利的天平倒向英國一邊。一九四三年十月二十八日，邱吉爾向暫時在上議院開會的下議院議員們發表了以重建下議院為主題的演講。邱吉爾說：

2　最早的《維吉尼亞憲章》誕生於一六〇六年，很多地方沿襲《大憲章》；一六三八年，馬里蘭承認《大憲章》是本地法律的一部分；一七七五年，麻薩諸塞採用一位一手拿《大憲章》、一手持劍的愛國者形象作為自治領的徽章；賓夕法尼亞殖民地創始人威廉‧潘認為：「在其他國家，法律僅僅是國王的意志。君主一言，可叫人頭落地，稅率高漲，或者原屬某人的土地一夜之間充公。而在美國，每個人都有一套與生俱來的、確定的基本權利，尤其是人身自由和屬於他所有的財產。非經他本人同意，或因為犯罪而接受法律的懲處，這些權利不可剝奪。」

我們極其重視議會民主制的存亡。在這個國家這是我們戰鬥的目標之一。我們希望看到我們的議會是一個有助於自由辯論的強大的、簡便的和靈活的工具。……在這場戰爭中，下議院證明了自身是政府賴以依靠的堅強基石。正是沒有對下議院失去信心，政府才能夠應對最恐怖的緊急狀態。下議院表明自身可以鎮靜自若地面對國家瓦解的可能性。……我們將在舊有基礎上重建下議院，它是完整的，原則上在其舊有的維度之內，而且我們要盡可能利用被破壞掉的牆壁。[3]

議院的建築會被摧毀，但議院的精神永在。

《大憲章》的目的是要防止個人獨裁。然而，國王的力量過於強大，遠超過任何一名顯要貴族，也超過大多數顯要貴族的聯合。如果缺乏民主監督機制，紙上的權利什麼價值都沒有。在盎格魯圈，權利傳統上和代表機關聯繫在一起。為了使王權受到一定限制，只靠貴族的傳統特權是不夠的，必須有更強人的反抗力量。十三世紀中葉，「國會」這一新名詞在英國出現了。一開始，它的概念很模糊。兩三代人之後，慎重的政治家發現，要統治英格蘭，國會同國王一樣不可缺少。任何重要的法案只有經過國會批准才能生效。

英國憲政的進步，其標誌就是國會制度的不斷發展，國會是實現憲政的最主要機構。沒有獨立、地位至上的國會，就沒有英國憲政。英國歷史之初的「賢人會議」和「庶民會議」並沒有實

3　最後一句話的隱喻回到伯克的主題，即堅持必須在現有基礎上建造，它表達了隨著時間的推移制度所具有的連續性。

際權力，直到《大憲章》簽署後，才奠定國會的初始地位。英國國會運行時間之長、權力之大，舉世無雙，如史家所說：「英國國會之全備，古來萬國，未見其比。」雖然其他歐洲國家在中古時代也出現過國會，但「半途廢滅者有之，氣息奄奄，僅保命脈者有之，皆無足觀」，「獨英國國會，以自然之情勢，為自然之發達，以漸成今日完備狀況」。

《大憲章》簽署後不久，約翰王毀約，開啟戰爭，卻在戰爭期間突然死去（據傳是被毒死），其九歲兒子亨利三世（Henry III）繼位。一二六一年，亨利三世對國會和貴族發動戰爭，卻在戰場上敗北。一二六五年，亨利三世被迫在威斯敏斯特召集議會，這次會議是在同一地點召開至今的英國議會的起點。當時，由每個郡派出兩名貴族，由每個市鎮派出兩名自由民，上述代表通過直接選舉產生。兩類人各自開會，十年後才第一次碰面，各坐一邊，形成上院和下院。至一二九五年，奠定完全國會之雛形。

國會上下兩院激烈爭權，下院代表的平民階層力量崛起，法國歷史學家基佐（Guizot）描述說：「紳士們、小業主們、市民們一心專注於改良他們的土地，擴大他們的貿易資本，日漸發財致富，信用亦與日俱增，相互聯絡得更親密，他們正在把全體人民吸引到他們的影響之下，幾乎在不知不覺中掌握全部的社會力量，這是權力的真正來源。」一六二八年，下院成員的財富比上院成員多兩倍。上院喪失一系列重要權力，下院成為真正的國民代表，並確立由下院多數黨組閣的內閣制度。英國人認為，議會不僅是代表們聚在一起決定國家大事的地方，也是法治的最高監督者和個人自由的最後防護欄。

一六四二至一六八八年，英國革命幾經反覆，議會內閣制

度不斷演化，形成立法權和行政權相結合的「君主議會內閣制度」。當哥倫布朝著美洲大陸出發之時，國會、陪審團制度、地方自治以及新聞自由的萌芽破土而出，至少已處於早期發育階段。阿克頓敏銳地發現，在英國的權力結構中，國會高於國王：「議會授予王權，並在一定條件下授予。議會成為行政及立法中的最高權威。國王成為它的僕人，很容易因為他們自己或他的大臣們而遭到解僱。」

十七世紀，歐洲大部分國家的議會已消失，只剩下波蘭、匈牙利、瑞典和若干日耳曼小國還存在議會，絕對君主專制大行其道。誰也沒想到，宗教改革之後趨於成熟的英國議會制度和代議制政府原則，從英國傳播到歐陸，又從歐陸傳播到全世界，帶來十八、十九世紀「代表大會制度」的「總復興」。在此意義上，英國是「議會之母」的「英國中心主義」是有道理的。

◎普通法是英格蘭人自由的基礎， 十二位陪審員就是十二位國王

一九四二年，利物浦救護車隊員杜姆貝爾因車上放著一袋肥皂片，被警察截停。警察懷疑他是小偷，將其拘捕。杜姆貝爾被證明無罪後，控告警官「非法禁錮」。上訴法院斯科特法官認為，這雖然是一個很小的案件，其重要性卻不容忽視：「英國對個人自由的尊重與無罪推定的原則，在警方執行拘捕任務的時候也應該適用。……人身自由是要靠堅持個人的權利保障的。這裡所說的個人權利，主要的，除了人身保護令所賦予的外，還有來自普通法的權利，那就是，一個人受到人身侵害，亦即所謂『非法禁錮』時，可以要求賠償，因為這個侵害干預了人身自由。」

法官判決杜姆貝爾申訴，可獲得國家賠償。這是英國法官判案時引用普通法的案件之一。[4]

普通法系，又稱英美法系或海洋法系，起源於英格蘭，目前全球超過三分之一的人（約二十四億）生活在普通法法轄區。該法系與歐陸法系（又稱「大陸法」）並稱為世界兩大法系。英美法系的特點是判例法，即反覆參考判決先例，然後產生類似道德觀念的普遍的、約定俗成的法律。

英格蘭的普通法是歐洲最早的國家法，它最早適用於整個王國。普通法並不是一整套系統的法律規則，也不關注統治者或臣民的責任問題，它更多的是對過去法律智慧的總結，把歷代有經驗的法官的判決搜集起來，以尋求在法律程序中實現公平正義的原則。而在此後，它對於塑造和保護個體自由方面發揮了異常重要的作用。普通法堅持訴訟程序中的所有各方包括政府乃至國王本人，都必須適用於相同的法律、相同的訴訟證明標準和相同的公正原則。在普通法下生活幾個世紀的英國人，必然產生一種「盎格魯─撒克遜氣質」。

普通法背後有一整套習俗，如丹麥人和他們之前的撒克遜人帶來的規矩，如從羅馬法典中摘出來的法律格言，不管其來源是什麼，它們在爐火鍛造中形成普通法。英格蘭形成普通法傳統，原因之一是英格蘭不處於羅馬教廷直接控制之下。中世紀權力遍及歐洲的羅馬教廷用教會法實施統治，而英國的天主教會一直未

4　在有普通法傳統的英國，杜姆貝爾的冤屈得到法院的糾正；在沒有普通法傳統的中國，警察權力無邊無際，法院與警察狼狽為奸，民眾淪為刀俎上的魚肉。其中的一個案例是：作為警察暴力之受害人的楊佳，在司法系統內得不到正義，用暴力殺害若干警察，被處以死刑。但此種劉曉波所說的「原始正義」無助於法治化。

能在英格蘭施行教會法。

很難給普通法下一個明確的定義。英國法學家、王座法院首席法官愛德華・柯克（Edward Coke）認為，英格蘭普通法的主要內容是土地法和正當程序，它們一起構成「英格蘭人的自由」的基礎：

法律乃是理性之完善，它教導有用而必要者，禁止與其相悖者。法律乃是一種公正的獎懲體系，鼓勵正當者，而禁止與之相悖者。

在愛德華・柯克的定義中，普通法包括習慣，也包括令狀、檔案、基本原理和自然法本身，所有這些由法律的理性融為一體。英國法學家布萊克斯通（William Blackstone）的定義更乾淨利落——普通法由習慣和基本準則構成，他在普通法中看到了「整體的精緻均衡」，既具有「古代的簡潔之高貴典範」，又具有「現代技藝的更為嚴謹的細化」。布萊克斯通將普通法定義為習慣法，是「比記憶和歷史記載更為遙遠的古老習慣」，一種習慣，只要當它「自人們記不起的時代起就一直被人們作為法律而遵守」，就可以算作普通法。

普通法還有一個重要特徵，即陪審團制度。案件不是由法官裁定，乃是由十二名宣誓人裁定，這十二個人由外行的普通民眾所組成，卻讓國王亦為之折腰。詹姆斯國王曾吩咐侍從：「你們擺好十二把交椅吧，我要接待十二位國王呢。」法官的地位類似於體育比賽的裁判，主持法庭上的程序進行並防止陪審員受到不全面的觀點或不正當的證據的影響；而律師則類似於競賽的隊員，試圖通過自己的表述來說服陪審團接受己方的證據，作出有

罪或無罪的判決。

　　唯有英國形成了陪審團制度，這也是托克維爾的民情決定論——唯有在英國，每個村落，不論多小，都能找到騎士、鄉紳、非貴族出身的地主，或者自由佃農、自耕農，他們擁有足夠的財產，受過相當的教育，足以組成陪審團。福蒂斯丘認為，「這王國的法律實實在在是最好的」，他把法蘭西憲兵長官主宰下祕密而草率的審判、刑訊的濫用和證明程序的欠缺，與英格蘭的制度作了比較，認為後者避免了所有的邪惡，最值得稱道的是它獨一無二的陪審團制度。

　　英國的憲法是基於普通法和習慣法傳統。有人說英國沒有憲法——這只是指英國沒有全部成文、法典化、體現在某單一文本之中的憲法。實際上，英國確實具有一套「賦予政府權力並起限制作用的規章、習俗和共識」，從此意義上說，英國是有憲法的。英國憲法「不是被人為地發明或設計出來的，而是自然衍生的，某些政治事實逐漸積累，形成憲政規則」。除了柔性、部分成文但並非法典化之外，英國憲法還呈現為四個特點：立憲君主制、議會主權制、代議制民主、法治社會。

◎建構在勞動與理性之上的資本主義精神

　　十八世紀的英國，擁有一直保持獨立的普通法法院、活躍的議會、有法律保護的不同宗教信仰以及多種不同類型的官方教會。如果從英吉利海峽向大陸望去，從法國一直到土耳其再到中國，都是一片專制王權的海洋。所以，英國人當然為他們能生活在一個擁有個體自由和權利的國度而感到慶幸，他們為他們的法律、個人、自由和民選政府感到自豪。因為私有財產得到保障，

英國人對勞動的態度就跟歐洲人完全不同；因為理性精神的發育，宗教改革的風潮刮來時自然水到渠成。

宗教改革前，英格蘭早已具有資本主義的外在形式，及資本主義的內在精神：勤奮工作，節省時間和勞力，為利潤再投資。法國史學家布勞岱爾說：「貨幣等於城市。」整個英格蘭正是一個大城市，這個古老的「店主之國」沒有單獨的布爾喬亞階級，每個英格蘭人都是布爾喬亞階級的一員。英格蘭水上交通發達，雇傭勞動力無所不在，有著規範的和嚴格監控的價格機制，行會和同業組織遍地開花。十三世紀中葉，聖方濟會修道士安格利克斯在其編纂的百科全書《物之屬性》中寫道：「英格蘭是強大的國家，也是頑強的國家，它是世界最豐饒之角。」

英國建立起了比歐洲大陸所有國家都優異的財政管理制度。與法國相比，一七八〇年，法國人口為兩千五百萬，英國人口僅九百萬，但在公共信用方面，英國的能力總是要強於法國。一六九七年，當法國正在經歷九年戰爭所帶來的經濟疲軟之時，一位法國人滿懷嫉妒地提出疑問，為什麼英國這個表面上如此貧窮的國家「能負擔的債務比我們還要重」。英國歷史學家勞倫斯・詹姆斯（Lawrence James）指出，在面臨危機的時候，英國能夠在不增加稅收的情況下募集到巨額資金，即後來所謂的「國債」。「國債」之所以被民眾信賴，是因為國王的官吏們真正將議會的意見以及新聞媒體的反響放在心上，如此各階層之間可以取得共識，而在歐洲大陸很難看到這種情形。

英國人所享有的衣食住行的水準，在歐洲遙遙領先。尼德蘭是十五、十六世紀歐洲最富裕的地區之一，尼德蘭人的評價最有代表性：來自安特衛普的商人范梅特倫說：「英格蘭人食不厭精，膾不厭細，享用大量肉食。英格蘭人衣著優雅，輕巧而昂

貴。」一五六〇年，另一位尼德蘭人、內科醫生萊姆紐斯訪問英格蘭的觀感是：「英格蘭熙熙攘攘的大城市，富饒多產的土壤，淙淙的泉流和浩蕩的江河，結隊成群的牛羊，神奇的織布和製衣技術，更有商賈如雲，在這裡從事貿易，交換商品。」十七世紀末，英格蘭人毫不懷疑自己生活在全世界最富庶的國土上。較之歐洲其他國家的貧苦勞動者，英格蘭製造業工人吃得更肥美，喝得更香甜，住得更舒適。較之任何其他國家的人民，他們從工作中賺得更高工資，在衣食上花費更多金錢。

十二至十三世紀以降，英格蘭非凡的財富從公共建築，尤其是遍布全國的巍峨的主教大教堂和地區教堂中可以看出來。很多城鎮和村莊都有華麗的、造價高昂的教堂，大多始建於中世紀晚期，印證了英格蘭的財富分布廣泛。英格蘭大多數的鄉村教堂都比歐洲類似的教堂更壯觀。

由於經濟發達、政治開明、法治普及、教育推廣，英格蘭社會的一個驚人表徵是：普通民眾系統性地消除儀式、魔力和偶像，在精神和思想上率先步入理性精神。籠罩歐洲一千多年的神祕主義世界觀，在英國很早就被清除了。英格蘭人相信，理性與情感都是上帝賜予人類的，用以認識上帝和人類自己的工具。上帝活在信徒心中，世界受制於上帝設定的自然法則。這種世界觀構成現代科學的基礎，有助於清除經濟發展的障礙。

與深陷神祕主義的天主教不同，英國的基督教倡導理性主義，反對將人與自然混為一談，也很敵視神祕思維和象徵性思維。基思·湯瑪斯指出，英格蘭的除魅發生得很早，自盎格魯─撒克遜時期以來，英格蘭的基督教會便挺身而出，反對任何膜拜江河井泉的行為。異教的樹林之神、溪流之神、山巒之神被驅逐出去，留在它們身後的是一個「除魅」的世界，有待人們來塑

形、鑄模和主宰。英國人的理性是聖經之下的理性，與歐洲大陸的去上帝的理性完全不同，正如蘇格蘭啟蒙運動與法國啟蒙運動同名而不同質。

英國的宗教改革固然受到歐陸影響，但新教的傳播更是「英格蘭社會從中世紀以來所具有的深層性質引起的附帶現象」。弗里曼說：

我們不是因為信奉某些教義而變得自由、進取、霸氣；相反，我們是因為發現某些神學教義最能適合一個自由、進取、霸氣的民族，才去信奉這些教義。

實際上，基督教會在其他任何地方都未能如此真實地充當一種表達民族性的手段；基督教會的秩序和紀律在其他任何地方都未能輕易地套入舊有國家建制的框架。

在十七世紀末的英國，一個新的獨特的社會關係和社會交往模式開始形成。自然哲學家們著眼於揭開自然世界的奧祕，但他們所採取的不是煉金術士式的祕密方法，而是通過儀器公開展示他們所揭示出的自然界中規律性的聯繫。手工藝者們通過遍布英國各地的工藝學院學習到最新的化學和機械知識，並將其應用到生產中，創造出新工具、新機器。企業家和工廠主們則試圖和手工藝者、受過科學教育或有文化的工程師聯合起來，創造出新的產品或新的生產工藝。技術、方法的傳播，對科學成就的理解和對科學精神的奉獻，構成了一幅欣欣向榮的圖景。這種景象不曾出現在其他任何國家。

第二節　國王要離婚的自由，
　　　　　清教徒要信仰的自由

英國的宗教改革經歷了三個階段：從亨利八世（Henry VIII）到伊麗莎白一世（Elizabeth I）的「國王的宗教改革」，英國國教會即聖公會由此建立；接著是「清教徒的宗教改革」，克倫威爾領導清教徒推翻國王的統治，其建立共和政體雖曇花一現，但清教徒的神學和政治哲學滲入教會和社會，即便在英國國教會也打下深深烙印；最後是作為其巔峰的「光榮革命」，英國從此成為新教國家，國力突飛猛進，超越歐洲各大強權，邁向世界的中心。

有政治學家認為，英國之所以提供西方民主轉型的楷模，歸功於「三次英國革命」，即斯圖亞特王朝的「內戰」（「清教徒革命」）、「光榮革命」與漢諾威王朝的「美洲革命」。在「光榮革命」之後議會主權大致確立，英國以有限王權形態出現；而經過一七七六年的「美洲革命」後，英國人的後裔在北美建立了嶄新的現代民主共和政體。

◎脫歐第一人：有過六段婚姻、斬首兩名妻子的亨利八世

一件離奇的離婚案，讓英格蘭的教會和人民突然擺脫了中世紀羅馬天主教的教會體制。

這件離婚案的當事人是強悍的英國國王亨利八世：他打破教宗在他統治的國家範圍內享有的宗教和世俗的無上權威；他斬斷將英格蘭教會與羅馬天主教聯合起來的紐帶；他在教宗司法權崩

潰的基礎上建立起可稱之為「國王的教宗權」的體制。他是脫歐第一人，更準確地說，是脫「羅」（羅馬教廷）的第一個英國人。

　　亨利八世不是虔誠的基督徒，對天主教與新教的教義之爭興趣不大。亨利八世脫離羅馬教廷的起點是與教宗的一場爭吵：教宗拒絕他與妻子凱瑟琳（Catherine）離婚的要求。凱瑟琳是他兄長的遺孀，因不能取悅於他、不能為他生兒子而被拋棄。亨利愛上美麗的安妮‧博林（Anne Boleyn），當其懷孕後，亨利急於解除前一段婚姻，否則他們的孩子只能成為私生子。一五三三年一月，亨利祕密與安妮‧博林結婚，英國國會宣布英國教會脫離羅馬教廷，大主教克蘭默宣布亨利與凱薩琳的婚姻無效以及與安妮‧博林的婚姻合法。[5]

　　當然，用亨利八世急於與凱瑟琳離婚來解釋英格蘭宗教改革的原因過於簡單化了。沒有一個國土，即使像亨利這樣的強勢君主，能輕而易舉地推動一場宗教革命，除非人民生活中有大量因素使得他們支持這個變革。當時，亨利擁有廣泛的支持力量：民眾中蘊含著對天主教教士的深惡痛絕，英格蘭基督教人文主義進行教化產生的種種效果，以及路德的主張在全國的傳播。

　　亨利八世先後有過六次婚姻，以莫須有罪名斬首了兩名前妻。亨利本人並未接受新教教義，他以比羅馬教廷更「正宗」的天主教徒自居。但一旦開始宗教改革，他就無法讓歷史倒退了。一五三六年，英格蘭教會通過《十信條》，五條涉及教義、五條

5　成婚三個月後，安妮‧博林生下她與亨利的女兒伊麗莎白，即後來的英國女王伊麗莎白一世。喜新厭舊的亨利並不滿足於第二次婚姻，他廢黜並處決了安妮‧博林。

涉及儀式。《十信條》建立了一套讓順從的路德派教徒與順從的羅馬天主教徒達成初步妥協的、簡要的信經體系，並讓人民遠離玷汙中世紀大眾宗教的極端迷信。

亨利八世去世後，其子愛德華六世（Edward VI）繼位，繼續推進宗教改革，英國教會通過《公禱書》，廢除贖罪彌撒等儀式。愛德華六世早逝，瑪麗女王（Mary I）繼位，對新教徒大開殺戒，史稱「血腥瑪麗」（Bloody Mary）。邱吉爾將瑪麗的統治形容為「一段悲劇性的插曲」。

之後，英國迎來「賢明女王」和「光榮女王」伊麗莎白一世。[6]她從小就是新教徒，是新教義培養出來的優秀典型。緩和國內宗教矛盾是當務之急，伊麗莎白一世首先採取的行動是宗教和解。一五六三年，英國主教區會議公布對《三十九信條》的簡要表述，這成為「宗教變更」的標誌。該信綱實質上屬於新教，但措辭方式盡量不刺激天主教。教會儀式保留天主教的很多要素，並由主教管理教會。

經歷了一個暴風驟雨的特殊時期後，英國國教會形成若干自身的特徵：第一，完全棄絕羅馬主教在本王國和英格蘭國教會的權威；第二，君王成為英格蘭國教會的至尊管理者；第三，公禱書及其禮拜規程中為全體英格蘭人規定了一種劃一的禮拜儀式。英國國教會即「聖公會」，又稱「安立甘宗」，後來發展成一個世界性的新教宗派。英格蘭的教士說，這種折衷方法是兩個世界的最佳選擇，他們稱之為「中庸之道」，即新教和天主教之間的

6　在伊麗莎白兩歲八個月時，生母安妮・博林被父親亨利八世處死，他們的婚姻被宣布無效，伊麗莎白也被剝奪王室稱號。悲慘的童年生活養成了其堅毅謹慎的性格。

「中間道路」。

英國國教會的誕生是「國王的宗教改革」的結果，這種不徹底性使英國宗教改革處於未完成狀態。兩派尖銳對立的意見，在國會、教會、宮廷和民間蔓延開來：一派認為變革恰到好處，另一派認為還需進一步變革。這兩派先後演變為保皇派和清教徒、國教派和不從國教派以及托利黨和輝格黨，成為近代英國兩黨制的雛形。

經過伊麗莎白女王近半個世紀的統治，英格蘭成為歐洲最強大和最富有的國家。新教的英格蘭發展壯大：製造業受到鼓勵，商人冒險家租用女王的船隻，在世界貿易中所占的分額愈來愈大。受迫害的歐洲胡格諾派教徒和弗蘭德人大量定居英國，帶來他們的節儉和技工知識，使接受他們的英國富裕起來。法國和低地國家受迫害的新教徒都知道在海的那邊有個國家，為一名「聰明的年輕女王」統治，它可以成為他們的避難中心，而且準備幫助他們。以前不設防的英國，補充了「比任何別的國家更多的武器、軍需品和砲隊」。堅挺的貨幣、擴大的貿易、不斷增加的財富、日益增強的安全感，使英國成為向全球傳播新教的事業先鋒。

◎錯過了移民美洲新大陸的克倫威爾，成為英國的「護國公」

一六三八年，擁有到北美殖民地特許狀的英國紳士約翰・漢普頓與表弟等人登上一艘停泊在泰晤士河畔的船隻，計畫赴美洲新英格蘭，後因故未能成行。如果他們成行，兩年以後爆發的英國革命，將失去它最偉大的領袖，其結局或許大相徑庭。

約翰・漢普頓的表弟就是此後英國革命的中心人物奧利弗・

克倫威爾。英國上層的宗教改革由信仰並不虔誠的、生活淫亂的國王亨利八世啟動，英國下層的宗教改革則由原本要離開祖國的紳士克倫威爾率領，我們只能說這是上帝設定人類歷史時的小幽默。

三年之後，代表劍橋市的議員克倫威爾，在國會討論通過致查理一世的《特別抗議書》時再次表示：「如果抗議書遭到否決，我在第二天早晨就會變賣所有財產，永遠離開英格蘭。我知道有許多正直的人抱著同樣的態度。」克倫威爾與國會反對派領袖皮姆對大西洋彼岸的新土地充滿希望，那裡是蠻荒之地，但他們準備不惜犧牲生命而為之奮鬥的事業卻可以生存。陰差陽錯，他們沒有揚帆出海、駛向美洲大陸，上帝讓他們留在英國發起一場革命，但他們的行動和思想在美洲激起綿綿不絕的反響，直到一百多年後美國獨立革命期間蔚為大觀。

克倫威爾領導了一場清教徒革命，是英國宗教改革的第二階段。他建立的共和政體失敗了，但他對英國的影響超過任何一位國王：由於他的刀劍，絕對君主制未能在英國紮下根來；由於他的刀劍，大不列顛從內戰中建立起一個強大的國家，取代英格蘭、蘇格蘭和愛爾蘭這三個分裂的政治共同體。沒有一個英國統治者能像他那樣，塑造了他所統治的土地的未來形象；也沒有一個統治者像他那樣，在行動中鮮明地顯示出「樸實、大度的英雄氣概」。

一六三八年，克倫威爾沒有如願以償移民美洲，他正式接受喀爾文教義，並經歷了一段極為消沉痛苦的心路歷程：「他處於這樣的苦難的學校之中，直到他學習耶穌釘死在十字架上的一課；直至他的意志崩潰並屈從於上帝的旨意。因此宗教是以『錘子與火打進他的靈魂裡的』；而不僅僅是『用光照亮了他的心

胸』。」克倫威爾的精神轉折點與事業的轉折點完全重合。

　　一六三八年，是英國清教徒命運的轉折點。查理一世通過任意徵稅並組建軍隊的法律，等於廢除了《大憲章》。他又企圖迫使蘇格蘭長老教會採用英國國教會的《祈禱書》，蘇格蘭「盟約派」發動武裝起義，並在戰場上節節勝利。查理別無選擇，向議會求助，這就是一六四〇年的「短期議會」，這次議會沒有達成任何一致，很快被解散。同年十一月，查理重新召集議會，即「長期議會」，議會決定從國王手中拿過司法權，國王不得擅自收取特權稅。

　　一六四二年一月四日，因受國會抵制而暴怒的查理一世率領數百名士兵闖入國會，企圖逮捕下議院反對派議員。英國人信奉「國王在國會」的原則，不是說像查理一世此刻這樣「國王出現在國會」，而是說國王的重大政策必須得到國會之授權。查理一世的為所欲為，等於破壞了憲政體制，自我掏空國王的權力根基。國王既然可以隨心所欲地抓捕代表民眾在國會行使權力的議員，更可以隨意對任何一個普通人施暴。倫敦市民忍無可忍，湧上街頭，包圍王宮。驚慌失措的查理帶著朝臣逃離首都，從此不可挽回地失去了這座被彌爾頓稱為「自由的大廈」的城市。在倫敦的國會和在約克的國王遙遙對峙，各自擴充軍隊和物資，準備進行內戰。

　　當克倫威爾決定拿起武器反抗暴君時，他已四十三歲，是一個沒有軍事經驗的鄉下紳士。他領導的新模範軍何以戰勝擁有精良武器並受過專業訓練的國王的軍隊？克倫威爾從一支八十人組成的騎兵隊開始，精心挑選信仰虔誠的基督徒當士兵，他們不是為了錢，而是將公眾的幸福當作目標，在戰爭中表現得更加勇敢。

一六四三年，新模範軍初步成軍。克倫威爾培養了一支鐵騎軍，使之成為每戰必勝的軍隊——「在紀律上、嚴肅節制上、在勇氣上和戰績上都聞名遐邇、威震寰宇」。克倫威爾對一位朋友說：「我的士兵都是誠實的、嚴肅的基督徒。……只有從耶穌的教導中懂得了上帝的真諦，才能獲得作戰的勇氣和信心。」在每一場戰役的前夜，他都花很長時間祈禱，他的隨軍牧師說：「要是沒有聖經經文作為他精神支柱，他是不會去戰鬥的。」

克倫威爾和官兵們清楚地知道為何而戰。國王的宗教政策破壞新教信仰，他把戰爭的任務稱之為「去維護我們作為人的公民權利，去維護我們作為基督徒的宗教自由」。當戰爭不斷向前發展，宗教自由具有越來越重要的意義，原來是反對宗教壓迫的鬥爭，變成了努力建立信仰自由的事業。這是克倫威爾的騎兵擁有非凡戰鬥力的重要原因。戰術和紀律轉變的直接後果是建立了一支集權化的軍隊，它由小型的、高度機動的分隊組成，能夠在戰鬥中迅速地調動、出擊和重新組織。

一六四八年春，克倫威爾大病初癒時寫道：「熱愛上帝和他不幸的人們，為他們服務並願為他們受苦，我感到這是唯一的善事。願意這樣做的人會從上帝那裡得到最大的恩澤。」這一年年底，國會軍取得根本性的勝利，俘虜並罷黜國王。隨即，克倫威爾宣布英國廢除君主制，建立議會制聯邦共和國。

一六四九年一月三十日，查理一世被送上斷頭台。克倫威爾說，這是一件「在這個時代以後基督徒們會引以為榮，世界上所有的暴君們會為之感到懼怕」的事情。

克倫威爾是一個與大多數人不同層次的政治家，指導他行動的是宗教的而不是政治的準則，其政治思想直接來自於宗教信念。他在國會演講中說：「我在這個國家裡被委派擔任好幾項職

務，我力求作為一個忠誠於上帝，忠誠於人民的利益，忠誠於共和國的人而盡忠盡職。……我們的願望是按上帝的旨意辦事，並以此為一切行動的綱領。」他推動國會通過按照長老會基礎改革英國國教會的決議，使得喀爾文的教義在英國廣為傳播。

共和國的領導者們大都是品質高尚和大公無私的人。即便懷有敵意的法國使者馬薩林（Jules Mazarin）也如實寫下他所觀察到的一切：

他們不僅威震海上和陸地，而且生活上並不鋪張、浮華和炫耀，相互間也不你爭我奪。他們在個人事情上精打細算，而對公共事業則慷慨貢獻。大家對公共事業都勤奮勞動，看作是他個人的事業一樣。他們手中掌握大量錢財，但廉潔奉公，嚴守紀律，賞罰分明。

這位後來擔任法國樞機主教，路易十四的宰相的法國政治家承認，若是在法國，找不到類似的一群人。邱吉爾說，英國革命跟其他國家革命截然不同：英國人的最大特點是，「他們即使在『叛亂』時，也本能地尊重法律和傳統。那些破壞王權的人也向來深信，以國王的名義制定的法律是他們依靠的唯一基礎」。

歷史學家威爾·杜蘭（Will Durant）指出，克倫威爾執政時期，是英國清教徒的全盛時期，儘管有人批評說克倫威爾時代人民變成了偽君子，但大部分清教徒確實以虔誠、勇氣、堅信聖經著稱。後來，即便在王政復辟之下，仍然有超過兩千名傳道人寧肯潦倒而不放棄其理想原則。清教徒的教條固然有可能使人心智狹隘，卻增強了意志和品格。它使英國人有自治能力，平民的家庭生活獲得秩序和純潔。最可貴的是，清教徒政府使得民眾的道

德優美醇厚。

　　遺憾的是，克倫威爾晚年大權獨攬，以「護國公」的名義實行半獨裁體制──這一蛻變再次驗證了聖經以及喀爾文神學對人性的洞見：人是全然敗壞、無可救藥的罪人。這位強人有時也會表現出視權力如糟粕，後悔拋棄早年悠閒靜謐的鄉紳生活。「我在上帝面前發誓……我寧願住在森林邊，看顧一群綿羊，而不願擔負如此一個政府。」等克倫威爾去世之後，其軟弱無能的兒子奧利弗難以子承父業，將軍和政客各自為政。共和政體無法維持，斯圖亞特王朝再度復辟。實踐證明，沒有國王的共和制度不適應英國的國情──英國的國情是教會、國會、國王與普通法四者缺一不可，彼此達成精密的平衡。所以國王又回來了。

　　另一方面，長老教會也未能在英國取得主導權，主教制的英國聖公會成為英國國教。這使得英國的「抗議宗」繼續演變，出現了具有英國特色的「不從國教者」群體。這群清教徒看到大勢已去，毅然決然地選擇離開英國，他們對信仰的忠誠超過對國家的認同。他們到了尼德蘭，然後再遠渡重洋到美洲新大陸。英國的政教兩方面都未達到清教徒的願景，他們要在新大陸建設「山巔之城」，他們果然成功了──新生的美國擁有讓磁鐵效應、酵母效應、馬太效應如同核裂變般迸發的所有外部條件，一百多年後，更大的奇蹟將在美國出現。

◎「光榮革命」因不流血而「光榮」

　　斯圖亞特王朝復辟之後，作為英國國王的查理二世（Charles II）不惜認賊作父，從法國國王路易十四那裡領取津貼，仿效法國建立沒有議會的君主絕對專制，並恢復羅馬天主教在英國的統

治地位。等到查理二世的弟弟詹姆斯二世繼位後，加速推行實施君主專制和恢復天主教這兩大目標，「如果這種破壞獲得成功，會使斯圖亞特王朝的統治和法國與西班牙一樣專制」。這是無論英國國教會還是與之對立的清教徒都不能忍受的結果。

英國的輝格黨貴族求助於奧蘭治親王威廉三世和其妻子瑪麗二世解民倒懸。威廉率艦隊出發——五艘戰艦、五百艘運輸船隻，五百名騎兵、一萬一千名步兵。這是一支歐洲各國新教徒的混合隊伍。一開始，艦隊由於強風而折返，等候到一陣「新教徒之風」後，他們再度啟程。英國派一支特遣隊去攔截，卻被「新教徒之風」刮散。威廉的軍隊剛一登陸，詹姆斯二世的將領紛紛倒戈，幾乎沒有發生過什麼戰鬥。眾叛親離的詹姆斯二世流亡法國，終身再未見英國故土。

英國歷史學家屈勒味林（G. M. Trevelyan）評論說，借助於外國海陸軍以恢復被暴君剝奪的自由，算不上光榮；但是，這場革命是不流血的，它無關乎內戰、屠殺、放逐或報復；而且，自它以後，長期以來未能解決的宗教及政治糾紛竟基於大眾的同意而得到圓滿解決。所以，它配得上「光榮革命」的美名。阿克頓對「光榮革命」予以極高評價：

一六八八年革命是英國人民所做的最重要的一件事。它確立了契約之上的政府，並提出一個原則：違背契約將要喪失王位——前者存在於英格蘭的慣例之中，後者存在於蘇格蘭的慣例之中。……所有這一切不是恢復，而是倒置。絕對服從是過去英格蘭的法律，有條件服從和有權利抵抗成為現在的法律。權威受到限制、調整和控制。這次革命的最大成就在於這是在沒有流血、沒有報復、沒有排除整個黨派的情況下實現的。

威廉三世以尼德蘭人堅定、謹慎、溫和的特性，維護其勝利。議會權力的復興是「光榮革命」最有歷史意義的成就。議會通過《權利法案》。《權利法案》規定，國會具有立法權，人民有對抗暴政的權利；不經議會同意，國王不能行使法律豁免權和延擱權，不能在和平時期維持常備軍。《權利法案》為此後一系列法案的通過掃清道路，這些法案大大改善了公民自由；《權利法案》也明確將議會確立為憲政體制中高於國王的、永久性的核心機構。

「光榮革命」使每個英國人都可以其家屋為其堡壘，免受「官府的侮慢」以及「壓迫者的錯誤」。這場「不是革命的革命」的發起者們提供了部分今天英國政府為人所欽羨的法律和自由之調勻。他們如此做竟未流一滴血——除了那位苦惱、無助、被棄絕而有不智的國王不時流著鼻血。

威廉征服英格蘭主要是為了使它與尼德蘭聯合起來對抗法王路易十四，他「把英格蘭視為通往法蘭西之路」。但是，上帝的安排如此奇妙，這位堅定的喀爾文宗信徒，視王位為上帝的預定，進而推動英國的宗教自由和宗教寬容。「光榮革命」勝利之初，威廉認識到，英國境內各派信仰，若是未能和諧相處，其力量可毀掉這個國家。他制止了新教徒對天主教徒的報復；等到英國逐漸強大到不再畏懼天主教國家入侵或內部傾覆時，其宗教寬容也擴大到天主教徒身上。《寬容法案》的通過，英國的宗教寬容比尼德蘭之外任何歐陸國家都更充分。

「光榮革命」是政治革命，也是英國宗教改革的第三階段和最後一個階段。英國國教會效忠於上帝而非教宗，國王則效忠於國會。王位繼承法規定，若非新教徒，不得繼承王位。即便在二十一世紀「去基督化」的時代，英國王室、教會、議會及

憲政體制之間仍牽一髮而動全身。二〇一二年，伊莉莎白二世（Elizabeth II）登基六十周年之際，在坎特伯雷大主教官邸發表演說。女王公開支持基督信仰及英國國教會：「信仰在數以百萬計國民的個人身分與生活上，發揮了關鍵性的引導作用，不只提供信仰系統，更賦予歸屬感。」女王指出，教會作為國家社會的一部分，為全國「創造及維持社區」發揮著關鍵作用，並且為其他宗教信仰群體、甚至沒有信仰的人創造了自由生活的環境。「聖公會的理念偶爾被誤解；一般而言，教會並未得到正確的評價。」坎特伯雷大主教羅恩・威廉斯（Rowan Williams）回應說，「女王在看待自己的角色時，已將信仰放在心中」，他相信這是出自「上帝對女王的呼召」。這恰好印證了伯克一直盡力表明的觀點：一六八八年的革命不是革命，而是保守的；它不過是糾正最近的錯誤，並回到舊的原則中去。「光榮革命」主要是保守主義者的成果，也是教會人士的成果。

「光榮革命」深刻影響了此後英國社會和政治變遷的方式。「光榮革命」之後，英國的國家機制便一直以非暴力或低暴力的方式來促成變革，英國的制度和社會機構以和平改良的方式來適應不斷變遷中的環境。詹姆斯王黨分子或雅各賓人等暴動者或革命者，在英國的支持者永遠是少數。英國並不是一個歷史學者史派克（W. A. Speck）所說的「抗拒民主的國家」，而是一個「拒絕暴力革命的國家」，民主在英國的推進是以緩慢的改良方式實現的。大部分英國人相信變革可以通過遊說而不是暴力的方式來獲得——要說服統治階層並不難，因為他們必須透過國會對選民負責。

第三節　英國清教徒的思想巨人：
　　　　在這個偉大民族心中播下美善的種子

　　在西方世界，是英國思想，而不是任何歐陸思想，提供了對自由最深刻與最完整的辯護；在人類的各種文明和宗教中，也正是英語世界和新教信仰的結合，力抗近代以來的社會主義、共產主義、法西斯主義、納粹主義、後現代主義等形形色色的意識形態的挑戰，讓「個人自由」和「社會正義」最終戰勝「群眾政治」和「集體崇拜」。英國一直有一個全面性地思考對個人生命、自由與財產完整保存進而發展的優良傳統。基督教中的「博愛」與「團契」觀念是民主政治中彼此尊重的心理基礎。基督教義提供了「責任倫理」的現成範式，「道成肉身」即是一個歷史中實際存在的、人面對「責任倫理」時如何行為的良例。基督教讓人成為有良好品德的「自由人」，由此人類政治成為良好的公民之間的「連結」，而文明得以展開。[7]

　　在風雲激盪的宗教改革時代的英國，清教徒們為世界提供了彌足珍貴的古典自由主義或保守主義的觀念秩序，於個人而言是世界觀，於國族而言是文明論。英國出現了一大群對人類文明影響巨大的偉人，如哲學家休謨（David Hume）、霍布斯（Thomas Hobbes）、哈靈頓（James Harrington），文學家班揚（John Bunyan）、笛福、莎士比亞（William Shakespeare），科學家牛頓、哈維（William Harvey）、波義耳（Robert Boyle）……他們不一定都是信仰純正的清教徒，但他們的思想

7　陳思賢：《西洋政治思想史・現代英國》，頁62-63。

學術和科學研究都是在清教徒的觀念秩序之下展開的。當然，對英國宗教改革之後形成的政治體制和經濟模式最有力的辯護者和推廣者，首推三位思想巨匠：彌爾頓、洛克和伯克。

◎約翰‧彌爾頓：
用基督教神學寫作史詩和建構共和主義理念

如果說但丁是中世紀最後一位偉大詩人，彌爾頓就是近代世界第一位偉大詩人。在但丁和彌爾頓筆下，古典共和政治和基督教神學這兩種似乎不相容的政治思維模式，在史詩的樣式中融合並傳承。如果說馬基維利及哈靈頓強調制度規劃對共和國之建立與保障公民自由的重要性，那麼但丁及彌爾頓就為共和國中公民的「內在自由」作出強有力的呼籲。彌爾頓的政論和史詩完整地呈現了十七世紀「上帝的英吉利子民」所發動的革命及其促成的政治想像，他以聖經故事映照革命年代英國正在上演的壯闊戲劇。

彌爾頓出生於倫敦一個富裕的清教徒家庭。青年時代，在劍橋大學基督學院完成學士和碩士學位，此後退居鄉間、潛心寫作。其父希望他擔任聖職，他不願對國教教條及禮拜儀式宣誓效忠：「鑑於暴行專制已經侵入教會，在帶來奴役和背誓的神聖起誓場所中，我寧可保持沉默。」

一六三八年，彌爾頓遠赴義大利訪學，在途中聽聞英國革命爆發，感到「在同胞們奮力爭取自由時，我在國外悠然自得，這是很可恥的」，又說：「如果誰今後希望很好地歌頌值得讚美的事物又不落空，他應該自身就是一首真正的詩，也就是說他是最優美、最高尚的作品和楷模，除非他內心具有一切值得讚美的事

物的經驗和實踐，他就不敢對英雄人物或名城古都唱出高度頌揚的讚歌。」於是，他毅然折回祖國，投身這場偉大的革命。

彌爾頓首先是政論家，以散文式的政治評論，鮮活地呈現那個時代的思想鬥爭。在清教徒群體中，他卓爾不群、特立獨行：因為個人婚姻的不幸（他的妻子患有嚴重的精神疾病），撰文倡議離婚的自由（絕非亨利八世式的始亂終棄的離婚），受到長老派清教徒攻擊。他出任克倫威爾政府國務會議拉丁文祕書，幾乎就是共和政府的新聞發言人——他為革命者的弒君辯護：「君王的權力應當服從人民，人民可以更換國王，甚至把國王處以死刑。」

彌爾頓的《論出版自由》和後來約翰・彌爾（John Stuart Mill）的《論自由》一道，被視為言論自由的基石，其「觀點的自由市場」和「真理的自我修正」的理論一直影響至今，被維基百科網站當作最高原則。在彌爾頓看來，書是有生命的，是作者生命的凝結和延續：

書籍絕非死物，而具有生命的美性，乃是作者的子孫，像作者一樣有活力……阻止一本好書出版如同幾乎殺了一個人那樣嚴重。殺人等於殺害上帝的創造物，即殺害有理性的生物；破壞了一本好書等於殺害了理性，即殺害了上帝的創造物。……好書是偉大人物的寶貴精血，是刻意銘記和珍藏在超越生命的生命當中。……如果對書的毀壞擴展到整個印書行業，那就是集體屠殺了。

當共和崩潰、國王的軍隊占領倫敦之時，彌爾頓在小冊子中反對復辟、保衛共和，近乎找死。查理二世復辟成功，朋友們有

的被殺，有的變節，彌爾頓被捕入獄，受盡折磨。有幸獲釋，得以保全性命，他大可一走了之，卻又挺身控告獄卒貪汙其生活費，可見他爭取自由人權的徹底性。

儘管四十四歲時雙目失明且晚年受痛風折磨，彌爾頓仍堅信寫詩是「上帝絕無僅有地賦予人的接受其啟示的才能」，這種才能僅次於教堂講壇的職能，目的「在於在偉大的民族中繁殖並撫育道德的和公眾禮儀的種子，在於以壯麗崇高的讚歌頌揚上帝萬能的寶座和扈從，在於歌唱殉道者、聖徒們象徵勝利的苦痛，歌唱正直虔誠的民族的事跡和勝利，他們出於信念英勇地反對基督的敵人；在於譴責王國和政府故態復萌又普遍不講正義，不真正信奉上帝」。

在彌爾頓生命的最後二十年，這位盲詩人以口述方式完成了一生中最偉大的三部詩作：宗教史詩《失樂園》和《復樂園》、詩劇《力士參孫》。這三部傑作，是他對二十年來英國革命史的反思，正如其自我期許：「自荷馬以來的真正詩人，無不是暴君的天敵。」

作為「聖經史詩」的《失落園》，讓彌爾頓得到十英鎊稿費（此前他寫的政治評論，如《辯護書》獲得了一千鎊稿費），然而英國文學最崇高的豐碑絕不是用金錢來衡量的。彌爾頓將喀爾文《基督教要義》的精髓灌注在《失樂園》美侖美奐的詩句中，「在這個世界戲劇的舞台中，上有天，下有地，光明以及黑暗的力量都給帶上場來，彼此衝突著，影響著懸掛在兩個無極之間一個小小實心球——我們地球——上居民的命運。這一龐大無比、難以駕馭的材料就那麼完全聽命於詩人的想像力的指揮，以致我們不由得一下子就感覺到地球比之於原始的空間與萬能的力量真是渺小得很，感覺到取決於鬥爭勝負的結果對我們具有深奧莫

測的意義。」這部傑作建立在「上帝話語」之上，它關乎人神關係，在基督教世界裡與每一個人都有關。

猶如對黑暗時代投擲最後的抗議一般，彌爾頓在晚年出版了《力士參孫》和《復樂園》。一六六五年，艾伍德讀了彌爾頓早期及晚期風格不同的作品後，向他提出挑戰：「你已說了很多失樂園，現在怎麼又說找到樂園呢？」彌爾頓的答案是：人找不到樂園，但人可以從耶穌抵抗撒旦的誘惑中，看到上帝應許人類有一天可去除心中的魔鬼，並生活在基督的統治及人間的正義之下。

在神學上，彌爾頓持強硬的新教立場，在《論基督教義》中主張政教分立，反對教廷及教士制度，認為克倫威爾保留發薪水的教士是有害教會也有害國家的「偶像崇拜」。他強調「基督徒的良知」，並確立基督徒應有的宇宙觀及世界觀，與對神的性質、人的本質及現世之意義等問題的清晰認識。他不參加教會，且在家中不舉行禮拜，然而，「就是這位異端挑戰、反教士主義及非國教的人，給予基督教教義最高貴的現代闡述」。

彌爾頓從宗教自由出發，推展到人民追求良好生活的自由與權利。在《失樂園》中，盲詩人用基督教神學建構其共和主義觀念，其終極意旨在於表明人類最適政治體制是共和。現實中的共和制失敗了，但他堅信共和政治的理想是「使人民有最好的能力選擇統治者，使統治者有最好的能力治理」，政治的改善係乎民族的「再造」，而民族的「再造」須經由個體精神的「再造」。因此，彌爾頓以以色列先知自詡，勉力奮發，以詩救國。

彌爾頓一生命運多舛，其作品卻成為時代的見證及英語文學的最高峰。當法王路易十四命其駐倫敦大使列舉現存的英國最佳作者時，該大使之答覆是，除了彌爾頓外毫無值得引介之作

者——然而，彌爾頓卻跟那些已死或將被處死的英國的弒君者站在一邊。英國詩人德來敦將《失樂園》視為「此時代或本國曾經著作的最偉大、最高貴、最超絕的詩篇之一」；詩人華茲渥斯稱頌說「你有像海一樣雄宏的聲音，就像開放的天堂那樣純淨、高貴和自由」；而杜蘭則評論說：「他的靈魂就像一座紀念碑，他的心就像高貴的天空一樣，分散給各種人，而其聲音就像荷馬的許多巨浪洶湧的大海一樣呼嘯著。」

◎約翰‧洛克：有限政府與宗教寬容

一六八八年，奧蘭治親王威廉登陸英格蘭、成為英國國王，並從尼德蘭帶回一位鼎鼎大名的英國流亡者：約翰‧洛克。身為威廉祕書的洛克，奮筆疾書，破除民眾對君權神授的迷思，並大力為光榮革命辯護，提出人民有權推翻政府的社會契約論，在思想輿論上確立了威廉的王位的合法性及「有限政府」的架構。

洛克的雙親都是清教徒。他畢業於牛津大學基督教會學院，之後進入外交界，並獲得行醫執照，多次赴歐陸遊學，與歐洲第一流知識分子們唱和。他成為輝格黨創立者之一的沙夫茨伯里伯爵的私人醫生和政治顧問，跟隨其參與政治活動。一六八三年，由於被懷疑涉嫌刺殺查理二世，洛克被迫逃亡至尼德蘭。在尼德蘭，他整理完成《人類理解論》及《論寬容》的草稿。返回英國之後，他將大量文稿修訂出版。他於一七〇四年去世，終身未婚。

洛克是英國革命時代最重要的思想家，其社會契約論的根基是「上帝的創造」（而不是盧梭的「人的良心」）。他認為，上帝是道德的立法者，上帝的法規具有無時不有、無處不在的約束

力。上帝之所以有權立法，是因為他超越人類，上帝是全知全能的。所有權力都屬於上帝，權力必須根據聖經授予。上帝為人類準備了理解力，這種理解力有利於人類的生存，有利於他們對地球及其生物的統治。人對上帝負責，上帝要求人在行動中不要無保留地轉讓自由。人不能順從專制主義，他們對上帝負有責任。

洛克強調保護私有財產的重要性，洛克的思想是企圖消滅私有制的馬克思主義的天敵，如果十九世紀和二十世紀的人們沒有遺忘洛克的思想遺產，馬克思主義及其形形色色的變體，絕不可能甚囂塵上，並釀成彌天大禍。洛克指出，自由人的勞動歸其所有，這是自由的屬性。正是上帝偉大設計所支持的自由勞動，導致了占有，進而出現了更複雜的財富形式的聚集。財產包括土地和商品，還包括每個人的人格。洛克臨終前自豪地宣稱，他對財產權作出了清晰的解釋，「這是別的任何地方的解釋都無法與之相比的」。這一斷語以非同凡響的自信表明：對財產權的合理解釋對於他的目的來說何等重要。財產權的確定，是抵禦各種專制主義的堅強屏障。

那麼，洛克如何看待政府？洛克主張，政府只有在取得被統治者的同意，並且保障人民擁有生命、自由和財產的「自然權利」（這是上帝設計的組成部分）時，其統治才有正當性。他相信只有在取得被統治者同意時，社會契約才會成立，如果缺乏這種同意，人民便有推翻政府的權利。洛克指出，對政府的限制有三個方面，它們分別是締造、職能和喪失。霍布斯等政治理論家認為，行為主體對於怎樣轉讓其個人權力是沒有任何限制的，例如讓自己成為奴隸也是允許的。根據此說法，把權力轉讓給統治者是完全的，不可逆轉的。但在洛克看來，自由人不能放棄、出賣自由，無論是向奴隸主還是政府。政府不能奴役人民，政府

是為了特定目的而創設的一種工具，當它沒能服務於該目的時，便不再具備合法性。只要政府違背了建立它的目的，它就失去其「管轄權」，人民可將其推翻。這就是洛克為「有限政府」所建構的模型。

在《論寬容》中，洛克指出，寬容是基督教教義的重要組成部分，宗教迫害否定了基督教信仰所要求的「鄰里之愛」。一個人不能在受到壓迫和威脅的情況下突然決定去信仰他事實上並不相信的東西。使用武力或進行壓迫是非理性的，頂多只能造成偽裝的信仰，並且違背了上帝只接納真實信徒的願望。政府在信仰方面使用武力是不明智的，也起不到什麼效果。

洛克論及政教關係時指出，政府和教會都是人們自發組成的機構，但其目的和手段各不相同。國家應當切實維護法律和秩序，保護人民的生命財產安全，解決各種衝突。國家獨有的卓越手段就是刀劍強權和對武力的壟斷。作為人們自發形成的、以信仰為中心的團體，教會使人們得到救贖，達到這一目的的典型手段則是信仰、勸誡和好樣板。兩者有著不同的目的和手段，不能侵犯彼此的權威，國家不能干涉個人的良心問題，教會也不能對觸法者實施法律意義上的懲戒。洛克的觀點構成徹底的宗教自由的基礎——個人的良心不能在國家高壓之下成形。

◎埃德蒙·伯克：
為什麼支持美國革命的同時又反對法國革命

一七七五年三月二十二日，埃德蒙·伯克在英國下議院發表平生著名的一篇演講《論與美洲和解》。他大聲疾呼：鎮壓美洲，不僅是對美洲自由的踐踏，也是對英國自由原則的踐踏，是

對英國憲法的踐踏。雖然他喊啞了嗓子，當局卻置若罔聞。兩個月後，英國的武力政策，終於導致了康科德和列克星頓戰役，消息傳到英國，伯克沮喪地說道：「完了，與美洲和解的希望，只怕是全完了。血已經流了。閘門開了。流到何時，流到哪裡，怎麼停下來，只有上帝知道。」

伯克生於愛爾蘭都柏林，父親是一名從天主教改信愛爾蘭聖公會的知名律師，母親一生信仰天主教。伯克跟隨父親的信仰長大，一生信仰英國國教。在那個時代，伯克是英國憲法傳統最忠誠且最能幹的捍衛者，其政治理念體現在對當下嚴峻的政治議題斬釘截鐵的回答之中，其政治評論具有數學和音樂的美感與魅力，他將政治評論提升到藝術的高度。

拉塞爾‧柯克評論說，伯克比任何人都清晰地看到，自由是一個精密巧妙過程的產物；為永遠維繫自由，需要保留那些緩慢艱難地將野蠻人提升為文明的社會人的思想和行為習慣：

終其一生，伯克首要關注的是正義與自由，這兩者的生死命運緊密相連——這裡指的是法律下的自由、一種有明確內涵的自由，其邊界由習俗確定。他曾為捍衛英國人的自由而反對國王，為捍衛美國人的自由而反對國王和議會，為捍衛印度人的自由而反對歐洲人。他捍衛這些自由的原因不在於它們是新發明的事物，而在於它們是古老的特權，為悠久長遠的實踐所保障。伯克是主張自由的，因為他是保守的。湯瑪斯‧潘恩（Thomas Paine）完全不能理解這種思維框架。

正是出於對英國憲法傳統的無限忠誠，伯克為美洲殖民地人民的自由和權利辯護時直言不諱，沒有一個英國政治家比得

上他。伯克的《論課稅於美洲的演講》、《論與美洲和解的演講》與《致布里斯托城行政司法長官書》三篇傑作合稱「美洲三書」，被譽為「英國政治文獻的寶典」。他高度肯定美洲清教徒對自由的堅持，「這個教派，最反感於對心靈與思想的暗中壓服」。當年，他們為逃避暴政遠赴新大陸；如今，為捍衛「無代表，不納稅」的原則，一定不惜以武力反抗壓迫。

同樣出於對英國憲法傳統的忠誠，伯克成為批判法國大革命的第一人。就其所在國家的制度而言，他是一個耐心而循序漸進的改革者，也是最早對法國大革命以及英國政治中的法國大革命激進主義開展批評的政治哲學家之一，而且當之無愧是最犀利、最卓有成效的批評者。或許可以說，伯克是歷史上第一個「反革命」。[8]

英國革命與法國革命有什麼本質區別呢？伯克對既定秩序懷抱深深的尊重，在他看來，現實是領會理想的唯一可靠方式。他發現法國大革命已演變為一場顛覆傳統和正當權威的暴力叛亂，而非英國式追求代議制、憲法民主的改革運動。法國大革命是一個企圖切斷複雜的人類社會關係的實驗，也因此淪為一場大災難。他預言說，法國大革命的原則，將害及整個歐洲，摧毀西方的風俗與道德，引歐洲於暴政之途，將改變人類之精神和信仰。

為什麼法國會發生翻天覆地的革命而英國的變革相對額而言是循序漸進的？伯克的答案是，兩國有不同的民情。換言之，英國人擁有法國人不具備的「公民德性」，正是這種「公民德性」

8　這裡的「革命」一詞，有其特殊意涵，特指法國大革命及其變種（如俄國和中國的共產主義革命），而伯克支持其他形態的「革命」，如英國「光榮革命」和美國獨立革命及其精神繼承者。

使得英國人在追求自由的時候不至於破壞所有的秩序。伯克指出，自由一旦脫離智慧和道德，那將是「萬惡之極」。而法國大革命帶來的後果是啟蒙運動、理性主義的大獲全勝，由此開啟了全盤反傳統的歧途。伯克認為，必須信賴傳統、制度和道德標準這類歷史遺產和古老的既定秩序。他雖然如現代思想家那樣承認政治社會的目的是要保護人的權利，特別是追求幸福的權利（此一權利出現在美國獨立宣言中），但他特別強調幸福的追求唯有通過「德性」，亦即通過「德性強加給激情的制約」才有可能。伯克認為，人的意志必須永遠置於理性、審慎和德性的統治之下。

因此，政治哲學家列奧・施特勞斯（Leo Strauss）認為，雖然伯克在許多地方都已經與古典傳統背道而馳，但伯克畢竟還是深受古典精神影響而不會把個體和權利置於「德性」之上。

伯克像任何政治家一樣，無法對將來有絕對的確信。他對將要發生的事頗為憂慮，他總是說：「屈服不如握劍而死。」一七九七年，伯克去世前夕，非常擔憂法國大革命蔓延到英國，英國將會失去一切，歐洲舊有秩序也將毀滅。那些暴徒將會在倫敦某個顯著之處焚燒他的屍體以洩私憤。他要求安葬在一個沒有標誌的墳墓，並與家人的墓地保持距離，以免傷及無辜，直到現在也沒有人知道他被葬於何處。幸運的是，這種可怕的未來並未在英國出現。

事實上，是伯克自己阻止了他所預見到的巨大變化，他用的是思想而非武力。伍德羅・威爾遜（Woodrow Wilson）曾寫道，伯克在所有大的事件上作用如此重大，以致當人們說「柏克與法國革命」時，所論及的是兩種相等的力量。伯克以其雄辯、主張，尤其是政治敏銳，阻擋法國革命出現在英國。他先是在

一七九〇年二月的議會辯論中，斥責這一場血腥革命；隨後撰寫了其平生最偉大的作品《法國革命論》。

如尤瓦爾·萊文（Yuval Levin）所論，潘恩與伯克關於法國大革命的爭論被視為「有史以來用英語進行的最為重要的意識形態之爭」，近代以來西方的左右之爭即由此揭幕。潘恩代表著歐陸的啟蒙主義觀念，伯克代表著英國的宗教改革傳統。潘恩與伯克的分歧在於：潘恩的觀點肯定、自信、理性，講究技術和進步，認為通過適當的政治安排，人類可以克服外部環境的限制，根據其喜好重塑世界，甚至結束曠日持久的不公、戰爭和苦難。伯克的觀點則充滿感激、警醒、虔誠，講究漸進的改革，認為人類只有認識到自身的限制，以前人的成就為基礎，去修正其錯誤，並意識到有些深重的苦難和罪惡是人類本性造成的永恆結果，才能改善其境遇，反其道只會越來越糟。

就思想深度而言，潘恩跟伯克並不在一個重量級上，潘恩的背後站著盧梭，盧梭才配得上伯克的辯論對手。

盧梭以平等為信仰，伯克以自由為信仰——自由必然導致不平等，因為每個人捍衛自由的意志和努力不一樣。伯克的促發點是強調啟示的重要性，啟示就是不平等地分配的預言——這一觀點來自於喀爾文的預定論。人類社會的不平等是正常的。無神論者試圖摧毀不平等，卻帶來更大的不平等。伯克指出，暴力是天啟宗教和公民社會的敵人。為了完善人的生活狀況，「天啟神學」離不開「公民社會」。而在盧梭那裡，這種社會是他仇恨的對象。在伯克看來，盧梭和自然神論者以及無神論者都是反對上帝旨意的人物。現代歐洲秩序體現的是不斷進步的文明必須立足其上的條件，這種秩序是按上帝的意志產生的。換言之，天啟神學和社會不平等，或如伯克所說的「宗教精神」與「紳士

精神」是密不可分的。

　　就表達方式而言，伯克似乎不如潘恩。如果閱讀伯克的《法國革命論》，就會發現其晦澀艱深，難以為大多數當代讀者所閱讀，即便在伯克的時代，它也只有相當有限的讀者。反之，潘恩寫作所使用的是大眾化措辭，他使自己的言詞適合於任何能閱讀的人。潘恩作品的銷量若干倍於伯克。然而，長遠來看，從英國和美國觀念秩序的發展而言，伯克占了上風，潘恩在英國和美國遭到排斥。柏克具有敏銳的意識，他為影響和構造公眾輿論的人寫作。柯克指出，伯克影響了政府中人，包括英國國王——《法國革命論》的一個熱烈的讚賞者；他對英國首相皮特（William Pitt）的影響極大，對其他許多政治家也一樣。

　　其實，伯克試圖影響的首要目標並不只是擔任公職的人，而是神職人員。伯克估計，在法國爆發革命時，有三分之二的英國神職人員贊同他在《法國革命論》中的觀點，這些人是他寫作的對象。

　　當時，英國的神職人員如同今天的報紙專欄作者和電視評論員那樣在塑造著公眾輿論。政治說教是在所有的布道壇上作出的；政治通告被張貼在教堂外的教會布告欄上。幾乎每個人都去教堂。正是英國國教的神職人員不斷增大的影響在塑造公眾輿論。他們正是伯克通過《法國革命論》所要影響的「有影響力的群體」，他們當然能理解伯克刻意使用的拉丁文典故。在此意義上，伯克取得了驚人的成功。

　　伯克是一名百科全書式的思想家，他對於近代經濟思想亦有極大影響。他是自由貿易和自由市場體制的支持者，認為政府若是企圖以任何手段操弄市場，便違反了市場經濟原則。亞當·史密斯說道：「伯克就我所知是唯一一個在與我相識之前便已經與

我有完全相同的經濟思想的人。」伯克的「自由保守主義」反對政府依據抽象的理念進行統治、或是實行「全盤的」政治變動。在英語世界，伯克被視為是現代保守主義的奠基者。

伯克死後，對其評價可以從馬克思和邱吉爾兩人的極端對比中看出端倪。馬克思在《資本論》中寫道：「這個馬屁精受了英國君王的賄賂，讓他批評法國大革命，就有如他在美國問題的開頭時被北美殖民者收買以讚美他們，這個假扮自由主義者對抗英國君王的傢伙，只是個徹底下流的資產階級。」馬克思這個流氓無產者，沒有能力顛覆伯克持守的真理，只能詆毀伯克的人格。邱吉爾則在《政治的一致性》一文中崇敬地寫道：

歷史直接證明了伯克所一貫保持的動機和理念，以及在一連串他生命中所面臨的問題，他都顯現出一樣深刻而誠懇的精神，他的權威是對於專制的反抗，無論那是對抗一個跋扈的君主或是一個腐敗的法庭和國會體制，或是任何證明了沒有自由存在的政體，對他而言都是一個必須加以對抗的殘忍暴政和邪惡集團。

邱吉爾這個英國傳統「活的化身」，以伯克的思想傳人自居。不僅是邱吉爾，所有的自由公民，都應當學習關於伯克的一切，如英國政治家、作家莫雷勛爵在《埃德蒙·伯克》一書所說——「對紛繁的細節的簡化和有力的把握，以人類經驗的大原則，去洞明世理，對正義、自由這兩個偉大的政治之目標，心中有強烈的感受，對權宜之舉的解釋有大家的氣度，胸襟開闊，以及道德感、遠見和高貴的脾性。」

第四節　上帝將首先向祂的英吉利子民們現身：
大英帝國與英語民族

◎英國為何能率先實現非凡的現代轉型？

　　經過宗教改革洗禮的英國，率先完成工業革命，將西班牙、葡萄牙和法國拋在身後。

　　國家權力由該國的經濟實力、社會凝聚力、技術專業化程度、軍事力量以及政府組織共同形成。在一八一五年到一九一四年間，英國是世界上最強大的國家。從一七六〇年到一八三〇年，英國占有歐洲工業產量的三分之二；截止一八六〇年，英國占有世界貿易額的五分之一和製造產品交易額的四成。

　　一七一〇至一八五〇年這一個多世紀時間裡，英國是工程發明和應用發明創造新產品與新工藝的主導型地區。英國是壓倒性的領先者，尤其是在蒸汽機、煤礦開採、紡織機器和伐木、冶金所使用的機械工具等方面。其結果是英國在全世界的能源、棉布、蒸汽機、汽船、鐵路、五金和機械工具等方面都占據主導地位，甚至是一些看似不起眼的物品如抽水馬桶、安全別針和橡皮筋都是這一時期在英國發明的，英國的工程師引領著從道路到雨衣各個領域的技術改進和革新——現代社會的人們的日常生活，沒有一天離得開這些英國人發明的物品。

　　在十九世紀，英國人擁有精良的「帝國裝備」：他們的蒸汽船和電纜環繞全球；鐵路敲開「黑暗」大陸的大門；醫藥科學的進步消滅了那些號稱「白人墳墓」的、猶如魔咒般的疾病；科學進步迅速體現在軍事領域，軍事技術上的優勢——特別是「我們

有而他們沒有的」馬克沁機關槍，讓兵力上不占優勢的英軍輕鬆擊敗裝備落伍的亞非國家的軍隊——一八九三年，英軍在非洲與強大的馬塔貝萊人的軍隊交戰，在桑格尼河戰役中，首次大規模使用馬克沁機槍，其威力之大「就像除草一般讓馬塔貝萊人一群群地倒下」。一八一五年以後，英國皇家海軍維持著英國的世界霸權。一九〇〇年，它的總噸位超過一百萬噸，兩倍於任何兩個其他列強的噸位總和，而且得到全球一系列基地和大型商船的支持。

英國現代化的成功以及迸發出的巨大力量，顯示出磁鐵效應、酵母效應、馬太效應這三大效應的力道，與人口、面積以及民情和傳統的穩固性緊密相關——在宗教改革獲得成功的地方，從日內瓦到尼德蘭再到英國，經濟總量呈現幾何級倍增的趨勢。英國的現代化帶動了整個西方的現代化。如果以英國一九〇〇年的工業化程度為一百，已開發國家的工業化指數平均從一八六〇年的十六增加到一九一三年的五十五。同時期，法國從二十增加到五十九，美國更是驚人地從二十一到一百二十六，超越英國而正式宣告二十世紀世界新強權的誕生。相較之下，同期中國從四減少到三，印度則從三減少到二。

歷史學者傑克・戈德斯通（J. A. Goldstone）認為，英國率先走向現代化、工業化，並使得普通民眾的日常生活變得富於而舒適，絕非偶然。英國特殊的社會、政治、宗教和精神生活——這些特點很多都產生於從《大憲章》（一二一五年）到《寬容法案》（一六八九年）的漫長時段之中——產生了一種與歐洲大陸主導思想不同的潮流。宗教改革強化了這一潮流，促成了六個特殊因素的組合。

第一，一系列重要的新發現（從地理發現到太空發現）促使

英國人質疑並拋棄了某些古典思想，科學從宗教中分離出來。

第二，英國人形成了一種把實驗研究和數學分析相結合的方法來研究自然世界。比如，用實驗和數學的方法來研究運動和移動物體的力，使用望遠鏡研究天空，使用氣壓計和真空泵研究氣壓和真空問題，從而在科學成果上超越前輩。

第三，英國哲學家和法學家培根關於證據、論證和科學目的思想的注入。培根認為，科學家應該搜集事實並像律師在法官面前陳述事實那樣公開提供證據，進而在事實的基礎上而不是根據傳統哲學來建立對自然界的解釋。他還堅持認為，實驗推動的科學發現將提高人們的物質收益，並激勵人們去盡可能地追求科學研究的實用價值。

第四，由儀器所推進的實驗和觀測方法的發展。由實用儀器而驅動的研究方式的成功，刺激了新的、功能更強大的儀器的發明，這又推動新的發現，從而又常常產生新的儀器，形成新發現迅速拓展的局面。

第五，形成了一種寬容和多元性的文化而不是全體順從和政府強加的正統性，以及英國新教各宗派一致對科學的支持。英國由於《寬容法案》中規定的宗教寬容政策，聖公會教徒、衛理公會教徒、浸信會教徒、貴格派教徒、蘇格蘭長老會教徒、愛爾蘭清教徒以及從法國逃到英國的胡格諾派教徒等，都在英國的科學和工藝發展中扮演了重要角色。英國的宗教文化支持科學研究。

第六，企業家的自主和企業家、科學家、工程師與手藝工人之間緊密的社會關係。這種緊密聯繫和階級界限的打破，使得由科學家們得出的抽象設計、發現或者基本原理可以被那些擁有機械技術和經驗的人轉化為實用機器或大規模的生產工藝。法國大革命中的一個革命口號是，建立一個「職位向有才能的人開放」

的社會，然而，早在一個多世紀之前，英國就已經創造了一個職位向有才能的人開放的社會，這成為創造大量財富的基礎。

不能不說是上帝之手讓英國人率先完成了最後一塊拼圖。歷史學家艾倫・麥克法蘭指出：

英格蘭之能率先實現非凡的轉型，從農耕世界變成工業世界，是一組相互關聯的特點導致的結果。開啟現代性大門的鑰匙必須絲絲入扣，這不僅是把每一個部件都弄正確，而且是要把每一個部件和其餘部件的關係擺正確。這種契合得以首次出現的概率是幾千分之一，甚至幾百萬分之一，但它終究出現了。

◎太陽永遠不落：大英帝國及其塑造的世界

萬事俱備、只欠東風，大不列顛王國內部的政治實體的整合水到渠成。一七〇七年，英格蘭與蘇格蘭的合併事件，不僅牽動憲政體制，甚至改變了英國的本質，同時也促成大不列顛王國的出現。同樣，與愛爾蘭的合併也為英國政治提供了新的議題。在此基礎上，大不列顛王國迅速成長為大英帝國。

一八九七年，英國舉行慶祝維多利亞女王即位六十週年慶祝活動。這是英國有史以來最為盛大的慶典，「維多利亞女王的成功是一個更大成功的總結和頂峰──一個國家登峰造極的繁榮。……英國安定下來，平靜而自信地享受已經確立的顯赫輝煌」。

十九世紀，大英帝國既是最偉大的帝國，也是最遼闊的帝國。今日的主權國家，有多達四分之一出自這個帝國。大英帝國這個複雜的多國體系，如眾星拱月般以英國為中心，倚賴英國取

得資本、技術、戰略防禦，且採用英國的價值觀、建制、觀念。正如民主是「最不壞」的制度，英式帝國主義也是「最不壞」的帝國主義。大英帝國的歷史中有斑斑劣跡，如從事奴隸買賣和鴉片貿易、武力鎮壓殖民地人民的反抗等，但總體而言，大英帝國奉行的政治、法律、經濟、文化和宗教政策，功大於過，它為其眾多的殖民地架設了一道通往現代世界的橋樑。

從一開始起，盎格魯勢力擴展到新世界就被看成「天命」使然。第一位號召拓殖美洲的宣傳家理查德・哈特盧克預言說，北美將會成為講英語的人的國家，而且是「來自世界各地為尋找上帝真言而奔走的流亡者」的家園。英王喬治三世（George III）其實非常清楚美國獨立戰爭的本質，在他最後的日子裡，哀嘆失去美洲殖民地是「我的長老會戰爭」。在十七世紀，蘇格蘭長老會反對暴君查理一世時自我定義為「聖約者」；一七七四年，同樣的稱呼被波士頓的反抗者們拿來自我命名，而英王同樣被看作「背約者」。

對世界歷史而言，重要的事實是法國在十八世紀中期丟失了北美洲和印度。這意味著格蘭德河以北的美洲以後將發展成說英語的世界的一部分。德國政治強人俾斯麥評論說，美國和英國說同一種語言這一事實，是近代外交中最重要的一個成分，「十九世紀最重要的事情就是美國說英語」。兩次世界大戰期間的事態發展支持了這個觀點。

當然，在統治權的意義上，英國在十八世紀後期的失去美洲殖民地，所受之打擊同樣沉重。喬治三世哀嘆說，英國永遠也不可能從這次失敗中恢復元氣，它將淪為「歐洲一個微不足道的國家」，他甚至想到退位謝罪。然而，英國奇蹟般地重振雄風，在此後一百五十年裡成為歐洲乃至世界的超級強權。

在宗教、政治、文化、經濟、軍事、科技等全方位領先的前提下，英國著手打造其世界性帝國。在英國，帝國觀念存在甚早。從一開始，就是領土野心、治理習慣、法律程序、文化自負的混合體，而且是不穩定且有時矛盾的混合體。帝國的典型架構，有許多部分在哥倫布橫越大西洋之前，已在英格蘭得到闡明。

十九世紀末，大英帝國的統治範圍遍及全球，它統治著一個大陸、一百座半島、五百個海角、一千個湖泊、兩千條河流和一萬座島嶼。一八六〇年，大英帝國的領土面積達二四六〇萬平方公里；到一九〇九年，總面積增加到三二八九萬平方公里，占世界陸地面積的四分之一。大英帝國恰好也統治著世界人口的四分之一。

這個帝國的核心部分，除了英國本土，是加拿大、澳大利亞和紐西蘭等信奉新教的基督徒組成的「盎格魯圈」。這些自治領的白人移民人口顯著增長，大量英國人從不列顛島移居至此，使之成為英國真正有價值的「堅定忠誠的盟友」，也是未來戰爭中高質量軍事力量的來源。

英國與世界上其他帝國的殖民統治相比，具有與眾不同的特點。大英帝國的統治首先靠軍事力量維持，正如喬治·布朗所說：

英國今日掌控三億五千萬外國人的命運，假若沒有強大的軍事力量，無法有效管理，他們也容易遭受劫掠及淪為不公平待遇的對象。英國的統治當然並非完美，但容我在此大膽斷言，此前從未有過任何一個國家能給予被統治國如此安全的保障。

令人吃驚的是，大英帝國的國防成本極低——與它的繼任者美國相比尤其如此。一八九八年，英國在除了印度外的世界各地僅有四萬一千名常規軍駐守，國防總預算僅占國民生產總值的百分之二點五——即便英國開始建造作為「海上堡壘」的、世界上最先進的「無畏」戰艦。英國低成本運營帝國的祕訣是：海洋比陸地重要，海軍比陸軍重要，因為英國不會像歐陸國家那樣，需要隨時提防鄰國的入侵而必須維持一支龐大的陸軍，作為島國，只需要一支精幹機動的小型陸軍就足夠了，而強大的海軍可以將作為打擊力量的陸軍迅速移動到全球任何一個地方。

而且，大英帝國的統治更多是靠法治、德性與文化吸引力。大部分殖民地都實行英國人為之自豪的「責任政府」體制。英國人在其殖民地並不強迫改造當地的傳統，但有意識地傳播「英國模式」，至少包括：英語、英式不動產保有權形式、英格蘭和蘇格蘭式的金融業、習慣法、新教、團隊運動（如英式足球）、政府權力有限的「守夜人」國家、議會體制、自由的觀念。正如伯克所說，「沒有自由，就沒有大英帝國」，自由的觀念可能是最重要的，它始終是大英帝國最顯著的特徵，正是這一特徵使得英國與歐洲大陸的競爭對手們拉開了距離。

在「反帝國主義」、「反殖民主義」的左翼思潮占主流地位的今天，為大英帝國辯護，甚至僅僅恢復歷史真相，就已構成嚴重的「政治不正確」——正如劉曉波有感於香港的自由和繁榮而發出「中國要做三百年殖民地」的呼聲，卻被許多中國人視為「賣國言論」一樣。大英帝國的歷史固然有其冷酷無情和貪得無厭的一面，但與歷史上的其他帝國相比，大英帝國是一支有道德的力量，是一股向善的力量——作為英國的前殖民地南非的「新國父」的納爾遜·曼德拉如此回憶二十世紀二十年代在納塔爾的

求學生涯：

　　你要記住我是在一所英國學校長大，而那時英國擁有世界上一切最美好的事物。我沒有拋棄英國及英國歷史和文化在我們身上產生的那種影響。我們認為英國是世界之都，因此到訪英國就會有這種興奮感，因為我在遊覽一個我為之感到驕傲的國家……你也必須記住英國是議會民主制的發源地，我們希望英國積極地支持反對種族隔離制度的鬥爭，就像英國人民在反抗他們國家的暴政一樣。

　　對此，歷史學家勞倫斯・詹姆斯不無自豪地指出：「歷史上幾乎沒有帝國會讓其臣屬獲得推翻其統治者所必須的民智，也從沒有哪個帝國會依靠這麼多的愛戴和道德崇敬來維持其延續。」

　　最後，英語也許是英國在過去三百年中最重要的一項出口物。北美的歷史以及非洲、印度、中東和遠東的大部分現代歷史都是英國塑造的，在這些地區中的很多地方，英語仍然是法律、商業、政府和教育所使用的語言。英語是今天唯一的「全球語言」，若使用具備英語「合理能力」的評估標準，可得出十八億英語人口。更為重要的是，二十世紀以來，英語居於國際政治、學術及社群溝通與對話的領導語言的地位。

　　英語和「盎格魯圈」獨特的政治制度之間存在著直接聯繫。大部分關於自由的專用詞彙都來自英語，如：一五八〇年出現的「良心自由」，一六四四年出現的「公民自由」，一七九六年出現的「表達自由」。與偽飾含混、缺乏邏輯的漢語，從「仁義禮智信」中讀出「吃人」本質的漢語相比，簡明精準的英文詞語與民主法治的政治制度之間存在著真實、明晰而牢固的關聯性。

語言不僅僅是語言，語言背後是信仰和觀念秩序。一八六三年十一月十九日，美國賓夕法尼亞葛底斯堡國家公墓前，美國總統林肯（Abraham Lincoln）發表了一場僅有兩分多鐘的簡短演講，那一句名垂青史的話是這樣說的：「我們要使國家在上帝福佑下自由地新生，要使這個民有、民治、民享的政府永世長存。」這段文字並非林肯首創，在場大部分熟讀聖經的聽眾立即意識到它到出處：在最早的英文版聖經前言中有這句話：「這部大書正是為了一個民有、民治、民享的政府。」這句話的原作者是被譽為「宗教改革的晨星」的英國神學家和聖經翻譯者威克里夫。這段話第一次出現在一三八四年，委實讓人震驚──那時世界上絕大多數國家還深陷於專制暴政之中。

　　在大英帝國統治下，「英語民族」成為一種強烈的身分認同。歷史學家羅伯茨指出，在第一次世界大戰和第二次世界大戰中，「英語民族」諸國在戰爭中生死與共的決心和友情讓人感動。一戰期間，五百萬人口的澳大利亞向歐洲戰場派出三十萬士兵，六萬人戰死沙場；一百多萬人口的紐西蘭，派出總人口百分之一十一的作戰隊伍！加拿大以八百萬人口，派出六十萬軍隊赴前線。

　　盎格魯圈的文明建立於共同的價值和制度之上，不是各國政府之間形式上的聯繫，更不是亦友亦敵、變化無常的虛偽的外交關係。冷戰時代，由美國、加拿大、英國、澳大利亞、紐西蘭等五個英語國家建立「五眼聯盟」（Five Eyes），分享情報。美國、英國、加拿大、澳大利亞、紐西蘭這五個盎格魯圈核心成員國在軍事技術領域（包括核技術）保持著密切合作，所發揮的作用是任何單一國家不可比擬的。

◎英國殖民地的社會改革與英國教會的海外傳教

大英帝國的存在，不只是給作為統治者的國家（不列顛王國）帶來好處，也給作為被統治者的國家和地區帶來益處；不僅促成經濟體系的全球化，更將其法律體系乃至政治體制推廣到全球。

英式殖民主義給殖民地帶來社會變革，其重要特徵是「開明改革與無私管制」：「英國的控制帶來撥亂反正，提供了脫離迷信、掠奪、暴力，邁向秩序、陽光普照之高地的出路。」將此意識形態闡釋得最透徹者，是曾在印度擔任最高階司法官員的史學家湯瑪斯·麥考利，他表示：「英國的統治開啟了一個偉大、令人驚歎的過程，使毀於專制統治之所有弊病和無政府狀態之弊病的腐爛社會得以重建。」哲學家彌爾稱讚英國在印度的統治是「改善該地社會、文化的唯一可靠辦法」。其論點主張，在停滯不前或退化的社會裡，需要有不受當地惰性包袱拖累的外力注入，才得以進步。如果不是經過英國的殖民統治，印度不可能成為統一的聯邦制的、講英語的民主國家，以人口而論，也是世界上最大的民主國家。

英國菁英階層對其統治充滿自信。維多利亞女王在加冕為印度女皇時，代表自己和英國對印度作出承諾：「他們的繁榮就是我們的力量；他們的滿意就是我們的安全；他們的感激就是我們最好的回報。」施木茨將軍宣稱大英帝國是「人類歷史上賦予最大的人類組織化自由的體系」。被譽為印度歷史上最偉大的行政長官的柯曾指出：「縱觀整部世界歷史，沒有什麼東西能比英帝國更偉大的了。對於實現人類福祉來說，它是多麼好的一個工具呀！」加拿大總理麥肯齊說：「英國的霸權地位應該永遠不變，

因為它意味著世界的自由平等，它能使我們擺脫任何有辱人格的事情。」澳大利亞總理威廉‧休謨認為，「離開了帝國，我們會像瓶塞一樣被國際政治的激流拋來拋去。它無疑是我們的利矛和堅盾」。

一九三七年五月，英國殖民大臣戈爾（William Ormsby-Gore）在BBC的廣播節目中指出，他的部門掌管著擁有五千五百萬人口的四十個直轄殖民地和託管地，英國人通過命令和實例運用「文明行政之術」，並幫助各地建立「遵循傳統和當地民主特點的自治政府」。其繼任者麥克唐納（Malcolm Macdonald）則指出，英國致力於教育殖民地人們「始終靠自己的雙腳站立」，「對自由的熱愛，不僅屬於我們也屬於他人，這正啟發了殖民帝國的政策」。

帝國體現了英國人的典型品質。人們常常認為這些品質是男子漢氣概、英勇無畏和紀律性強，還包括自我犧牲精神和對別人無私奉獻。柴契爾夫人曾讓英聯邦國家的首相或總理們好好想想，他們曾受英國人的統治是件多麼幸運的事。如果英國未能統治世界各地，很難相信自由資本主義的架構在全球眾多不同的經濟體內成功地建立起來，畢竟，事實證明在其他模式治理下的帝國（例如俄國和中國），人民都感受到無法估量的痛苦。如果沒有大英帝國的統治，很難相信，議會民主的機制會被世界上大多數國家所採納並延續至今。

英國的統治確有其良性影響，前英國殖民地在實現獨立後得以持續實現民主的機會遠遠超過其他國家的前殖民地。人口在一百萬以上的國家在擺脫殖民地統治後，不屈服於獨裁統治的國家幾乎全是英國殖民地。據一九九三年完成的一份調查報告顯示，在五十三個前英國殖民地中，近二分之一的國家建立了民

主政體，其中的關鍵原因就在於英國的統治方式，特別是在「間接」統治的情況下，鼓勵當地菁英階層合作，訓練出一定的管治能力。當然，有一部分是新教傳教士的功勞，他們傳播的新教信仰激發了非洲和加勒比海地區人民對西方政治自由體制的渴望。

對殖民地問題頗有研究的格雷認為，「此刻英國政府的權力遵從上帝的旨意，成為在世界許多廣大地區維護和平和秩序的最強有力的工具，從而有助在數百萬人中傳播上帝的賜福與文明」。英國在世界上順從天意、實施善舉最突出的表現是，率先廢除奴隸貿易和奴隸制度，並充分運用自己的權力給別人的奴隸貿易製造麻煩。在廢奴運動中，虔誠的基督徒和教會是主要的支持者。其領導人威伯福斯（William Wilberforce）認為，奴隸制極大地傷害了基督教的正義感。

不列顛對其子民負有責任的無私觀點，在相當程度上來自於教會和福音派人士。在十八、十九世紀，英國殖民者走到哪裡，英國傳教士也走到哪裡。長期以來，由於「東方主義」等左派意識形態泛濫，教會不敢聲張那段輝煌的傳教史。若重新梳理殖民主義的正面價值，就會發現殖民主義與傳教事業之間具有互補性。在大英帝國實力趨於頂峰之際，英國的海外傳教事業亦成就斐然。傳教士不僅給殖民地及蠻荒之地帶去福音，也帶去福音的副產品：教育、醫療、媒體和現代的生活方式。沒有英國等國的傳教士的努力，超過兩億中國女性不可能擺脫纏足這種野蠻殘忍的陋習；沒有英國等國傳教士的幫助，若干弱勢民族不會擁有文字並脫離文盲狀態。

英國傳教士的目標是全世界。他們堅信，其責任是給外邦人帶去自由；英國新教徒是上帝選中的、去全世界傳播自由的代理人。很多英國人參加各式各樣的傳教活動，尤其是捐款支持傳

教。一九〇〇年，英國有一百五十四個向海外傳教的宗教團體，它們有共同信念，即「在全世界範圍內使人皈依基督教不僅是可能的，而且也是其責任——這不僅是上帝的允諾，也是上帝的命令」。在前一年，英國人募捐兩百萬英鎊用於海外傳教，占國家財政的百分之二。直至美國傳教會興起前，在海外的新教傳教士大部分是英國人。其中有被譽為「非洲之光」的傳教士和探險家李文斯頓（David Livingstone），由於他的感召，十九世紀末有一萬兩千名英國傳教士深入非洲傳教。其中傳教士和醫生詹姆斯・斯圖亞特，他如此寫道：「我們來到這裡，既是文明的播撒者，又是傳教士。」他帶領一大批手藝人來到中非，向當地民眾傳播福音、傳授新的技藝並且建立起一個新的、自給自足的、有秩序的基督教社會。

若沒有大英帝國，不可能有「普世價值」。在印度出生、在前英國殖民地特立尼達島長大、後來在牛津大學求學並定居倫敦的作家奈波爾（V. S. Naipaul），是英語文明的熱烈擁護者，他稱之為「我們的普世價值」。他「從邊緣走向中心」，與對英國文明中一切事物都已司空見慣的人相比，他看待或感受這些事物的方式更為新鮮與熱切：「我小時候對痛苦和殘忍感到憂慮，後來發現了基督教的規誡：你們願意人怎樣待你們，你們也要怎樣待人。在我從小接觸的印度教裡，沒有這樣的對人的安慰，而且——儘管我從未有過任何宗教信仰——這個簡單的觀念過去和現代都讓我覺得光彩奪目，是人類行為的完美指南。」奈波爾強調說：

　　追求幸福的觀念是這種文明的核心吸引力。……這是一個富有彈性的觀念，它適用於所有人。它隱含了特定的社會形態，特

定的覺醒精神。在其中蘊含了如此之多的東西：個體的概念，責任，選擇，智識生活，志業，自我完善，以及成就的概念。這是一個廣闊的人性概念。

何謂「英國文明」，人們有不計其數的定義，奈波爾的這一定義無疑是切中肯綮的。

◎世界霸權的第一次和平交接：
大英帝國的謝幕與美國的登場

在維多利亞時代的最後十年中，一名當時不為人所知的哈羅公校的中學生如此預言大英帝國在未來一個世紀的命運：

我可以看到，如今和平的世界上空籠罩著巨變的陰霾，激烈的巨變、可怕的掙扎，無法想像的戰亂，倫敦將受到攻擊而陷入空前的危機。我將在倫敦保衛戰中扮演重要角色，我有著比任何人都深的遠見，我能預見未來。這個國家將屈服於一次可怕的侵略；但是，我將指揮倫敦的防守，進而拯救倫敦和大英帝國。

這個十七歲的中學生是溫斯頓‧邱吉爾。邱吉爾後來確實拯救了倫敦和英國。不過，儘管他竭盡全力，卻未能拯救大英帝國。三百年締造的大英帝國，在戰後短短三年間就崩解了。在二戰中「慘勝」的英國無法維持龐大的帝國體系，邱吉爾的繼任者艾德禮（Attlee）承認，「英聯邦和大英帝國不再是一個可以依靠自己的力量進行防禦的整體。……英倫諸島在全球的戰略位置應該是以美國大陸為中心向東的策略延伸，而不是以自己為中心

試圖向東影響地中海及東方各國」。

一九五六年，英國遭遇一次沉重打擊：英國與法國、以色列一起出兵蘇伊士運河，因美國的反對，最終大失顏面地撤離——戰後的世界是美蘇爭霸的舞台，大英帝國已無可奈何花落去。

一九八二年，英國艦隊和遠征軍在福克蘭群島之戰中擊敗阿根廷軍隊，僅僅是大英帝國的最後一抹餘暉。

一九九七年，英國查爾斯王子（Prince Charles）與末代港督彭定康（Christopher Francis Patten）在暴雨中凝視英國國旗在香港緩緩降下，為大英帝國的棺木上釘下最後一根鐵釘。

大英帝國維持了足夠長時間。它建立的基礎不同於此前所有帝國，它具有三大特色：首先，帝國的宗主國和中樞是開放社會，政治上走自由路線。歷來所有帝國均亡於根深蒂固的寡頭統治集團抗拒經濟、社會變革的「峻拒改革症」，反觀大英帝國，沒有這種症狀出現的可能。思想的自由交換、意見的自由表達、獨立自主的代議制機構，構成不可撼動的保障，使政府不致僵化，且不斷因應新壓力、新需求而作出調整。經濟學家大衛‧蘭德斯指出，英國的統治大致符合「致力於成長和發展的理想政府」的標準，比如保障私人財產的安全、保障個人的自由權利、保障合約所規定的權利、建立誠信且廉潔高效的政府等。

其次，英國人有一個恆定的信念，認為英國經濟繁榮拜自由貿易之賜，充滿活力且能適應外在變化。亞當‧史密斯於一七七六年出版的歌頌自由貿易的著作《國富論》，勾勒出自由貿易帝國之雛形。自由貿易關係將使觀念自由流動。維多利亞時代倡導自由貿易的雄辯者理查‧科布登嚴正表示：「從我們的土地出去的每一包貨品，都含有智慧和有益思想的種子……我們的汽船和我們神奇的鐵路，乃是我們開明建制的廣告和證明文

件。」英國是商人之國，是政府為貿易服務，而不是貿易為政府服務。英國與清帝國發生的戰爭，不是鴉片戰爭，而是為實現自由貿易的戰爭。大英帝國在全球範圍內實現了資本、人員和技術的快速流動。

第三，大部分英國領袖認定，只要預防措施施行得當，帝國會繼續享有地緣戰略安全。大英帝國偏重海上的特徵，使得其受到正面攻擊的可能很小。一六八八年的光榮革命之後，再也沒有外國軍隊在英國登陸，就連希特勒在全盛之際也並未認真考慮過占領英國。[9]一四五三年，英國退出歐洲大陸爭霸戰，從此採取「歐洲大陸勢力均衡」政策，此舉意義非常重大──它意味著下一個世紀，英國的目標和野心大幅擴張之際，是向著群島、向著海上，而非向著大陸。英國因而成為最強大的海權國家。英國自由貿易體系的核心是「海洋自由論」，早在十七世紀，英國政府就宣稱：「海洋與貿易，根據自然法和國際法，為公有之物，教宗和西班牙人都不得禁止其他國家傳播、參與這法則。」海洋自由是最高原則，這成為大英帝國最持久不墜的元素之一，其影響持續到今天──美國繼承了英國的使命，堅定地捍衛「海洋自由論」。

英國紳士們存有「大英帝國永不謝幕」的幻想。邱吉爾及此後的英國領導人，極想讓英國位列美蘇之外第三強國。他們認定，英國的繁榮主要源於其全球關聯：與市場、與供應者、與利用英國金融和航運業者的關聯。英國應當是可憑藉大國威望得到

9　希特勒對英國具有某種愛恨交織心態。在打敗法國之後，希特勒盼望與英國達成持久諒解，對入侵英國的「海獅計劃」三心二意，後來將其擱置。軍事分析家李德哈特認為，希特勒在敦刻爾克戰役中命令德軍停止進攻、放任英國遠征軍退回英國，是故意向英國示好。

保護的資本主義帝國。英國必須提升其影響力，在資本主義和自由貿易受到馬克思主義和民族主義兩者反對的時代尤需如此。他們試圖將龐大的殖民帝國改為自治的大英國協，一九五〇年，工黨和保守黨竭力說服自己和說服英國民眾，大英國協應當被珍惜且不容訾病；同時向世界宣告，它是國際合作的典範，是英國世界大國地位的證明。

然而，在美蘇對峙的冷戰格局和各種新興意識形態的衝擊下，大英國協不斷虛化，「寰宇一家」的理想漸行漸遠。它無法在國際政治舞台上發揮關鍵作用，甚至無法解決內部的政治分歧——在其四十九個成員國中，有若干亞非的獨裁國家，大英國協卻無法在人權問題上對它們施壓。英國女王伊麗莎白二世對其成員國的訪問，作為一個受歡迎並被熱情招待的客人回到她父親的殖民地，為英帝國的臣民及其後代帶來一種歷史延續感，但也僅此而已。

兩次世界大戰是大英帝國興衰的轉折點，儘管兩次它都是勝利者。十九世紀末至二十世紀上半葉，大英帝國未能阻遏歐洲列強崛起：法國、德國及俄羅斯都在挑戰其權威。一個多極世界是危險而不穩定的，彼此合縱連橫，卻難以避免擦槍走火。二戰之後，進入美蘇對峙的冷戰時代，兩極化的世界格局相對穩定一些，儘管局部出現熱戰（韓戰、越戰等），但沒有發生世界大戰（古巴導彈事件千鈞一髮）。冷戰之後，美國成為唯一的超級強國和維持國際秩序的世界警察，單極化的世界格局，乃是近代以來最為穩定的狀態。但英國人仍然認為，美國領導人太稚嫩、太衝動，無法獨立管理好西方的利益。在世局陷入全球緊繃狀態的年代，世界和平不能交由華府管理——英國人不放心美國領導階層辦事能力的心態，與華府在日本、西德締造民主體制的顯著成

就並不相稱。這種心態的真正根源，或許可在衰落大國的本能性失落心理中尋得。然而，不管英國是否情願，二戰之後，美國承擔了大英帝國的全球責任，比大英帝國昔日的表現更為優良。

正是英語民族認同和美英特殊關係等因素，二十世紀最重要的大國權力交接——英交美接——才能和平、順利地完成。這是在同一觀念秩序內部的權勢轉移，就像兒子繼承父親的產業，不需要付出血的代價。大英帝國找到了自己的繼承人，在失去掌握兩百年的霸主地位後，心裡不免會有些許哀傷與無奈，但終歸沒有心生怨恨——因為英國的「DNA」在美國身上完美地延續著。基督新教是識別盎格魯圈民族身分的關鍵，是將英格蘭、威爾士和蘇格蘭統一成一個聯合王國的主要黏合劑，新教也把不列顛人和他們隔著大西洋相望的親戚連結在一起。在大西洋彼岸，人們找到了大英帝國傳奇的繼承人：

目前在地球上只有兩個大規模社會組織——美國和大英帝國。大英帝國已不存在，但是美國是聯邦的最佳典範。世界要和平昌盛，就必須結成某種形式的聯邦，聯邦各國即便不都是民主國家，但它們必須接受法治的觀念。從這一觀點來看，美國注定是領導者。

第五節　英國從來不屬於歐洲，英國屬於大西洋

◎柴契爾夫人：治癒「英國病」的「鐵娘子」

一九四五年夏，英國迎來第二次世界大戰的慘勝——不僅被

這場戰爭榨乾國力，還成為一個長期遭受經濟和金融貧血症之苦的國家。之後數年間，英國被迫退出亞洲和非洲的殖民地，失去了龐大的海外消費市場和原料產地。

真正的衰落是內在性的：長期作為最有權勢的宗主國，英國本土形成故步自封、居高臨下的習氣，英國的政治體制也日趨僵化。

英國被美國超越的趨勢，在戰爭期間越來越明顯。戰爭暴露出英國在工業技術上步履蹣跚，創新科學的實際應用非常遲緩。歐威爾指出，英國貴族普遍鄙視應用科學，有很長一段時間，英國被「心胸狹窄、極度缺乏好奇心的人所統治」。邱吉爾哀歎說：「儘管青黴素是英國發現的，但美國人的開發已經遠遠領先我們，不僅在產量上領先，技術上也領先，這實在令人沮喪。」[10]

傳統上來說，英國是一個保守主義的國家，英國率先實現工業化，狄更斯時代工人的生活也曾相當悲慘，但英國工人階級並沒有發生那種週期性席捲歐洲大陸的革命運動。早期的「空想

---

10 英國生產的坦克，其機械故障「主要是因為商業公司不善於設計、開發和製造」，「開發過於草率、粗製濫造，缺乏徹底的初步設計和測試，跟戰後英國推出的新型汽車一樣，呈現多災多難的模式」。這種令人沮喪的型態也出現在其他產品上，如卡車、雷達、收音機。即便是英國擅長的噴氣推進領域，也不得不請美國幫助製造在受壓下不會失靈的渦輪葉片和葉輪。美國人帶著大量人力、裝備、燃料橫渡大西洋。在突出部戰役中，德軍將領發現繳獲的美軍軍用物資中，連聖誕蛋糕都是波士頓生產、橫渡大西洋運到歐洲的，不得不為美國強大的生產和運輸能力歎服，認識到美軍比蘇軍更可怕。英國陸軍元帥蒙哥馬利（Bernard Montgomery）懷疑懷疑美國將軍科林斯（Joseph Lawton collins）的後勤計畫，說一支軍團不能只靠一條路提供補給，科林斯回應：「也許你們英軍不能，但我們可以。」美國人的軍力明顯機械化，使他們比步行的英國士兵更有機動性。

社會主義者」羅伯特・歐文（Robert Owen）的成就僅限於經營一家模範工廠。德國人馬克思工作的大部分時間在英國，但跟德國、法國義大利甚或俄國不同，馬克思的社會主義在英國知音難覓。英國的工黨或更廣義的左翼陣營，不接受馬克思主義的激進革命理論，主張在議會民主制下建立福利國家。其中，最重要的兩個文件是一九四二年的《貝弗里奇報告》和一九四四年的《就業政策》白皮書。

　　戰後，左翼思潮席捲西方，無論菁英或是公眾輿論都出現左傾轉向。英國內在的衰落跟左派意識形態的興起有關——曾任工黨主席的左派政治學家、經濟學家拉斯基（Harold Laski）對英國的觀念秩序的腐蝕，如同政治哲學家羅爾斯（John Rawls）對美國的觀念秩序的腐蝕——儘管他們分別受到海耶克（Friedrich Hayek）和諾齊克（Robert Nozick）的制衡，但他們還是將自己任教的倫敦政經學院和哈佛大學，乃至相當部分英美名校變成左翼大本營。

　　在此背景下，隨著艾德禮領導的工黨當選並上台執政，英國開始了一個持續時間長達三十年的嘗試，無論被稱為社會主義、社會民主主義還是中央經濟統制論，它的主要特徵都是建立一個中央集權的、管理性的、官僚體制和帶有干涉主義者風格的政府。英國政府先後通過充滿福利國家色彩的《家庭津貼法案》、《國民保險法》、《國民衛生服務法案》、《教育法案》、《就業法案》等。用工黨內閣大臣道格拉斯・傑伊的話來說，就如此廣泛的干涉原則而言，「英國政府裡的紳士們比人民自己更清楚什麼東西對人民更有利」。這跟史達林和毛澤東的說法如此相似。到了七〇年代，工黨政府的社會主義和福利國家政策所造成的「英國病」已然病入膏肓，英國變得跟歐陸的「社會民主主

義」國家如此相似。

這時，一位「鐵娘子」走進唐寧街十號，以鐵腕改變日益工黨化的保守黨，更治好了重病纏身的英國。她比內閣中所有男性更有戰鬥勇氣，她為自己堅持的觀點在黨內和政府內獨自奮戰。即便在野的保守黨處於低潮時，柴契爾夫人仍堅持說，她的保守主義不會對工黨提出的國家經濟管理政策做出任何妥協與讓步，「倘若一名托利黨人不認為私有財產是個人自由的核心組成部分，那麼他最好去當社會主義分子，按社會主義行事。事實上，我們選舉失敗的原因之一就是人們認為太多保守黨人已經成為共產主義分子。」她以自己堅信的價值為榮：「我領導下的托利黨會堅持個人自由和個人財產權，維持法律和秩序、私人財產的自由支配權，獎勵勤勞、技術和節儉，確保選擇的多樣性，維持地方政府管理權。」在激烈的選戰中，柴契爾夫人宣布了清晰的政治綱領：

　　同情和關注個人及其自由；反對過度的國家集權，支持努力工作、創業的權利、依靠勤勞和節儉獲得成功並收穫獎賞，支持人們把部分收穫轉給他們的孩子，贊成個人選擇的多樣性是基本的自由，保護廣泛分布的個人財產，反對社會主義國家，支持個人享有在沒有僱主或行業聯盟老闆的任何壓制下工作的權利。

很多年都沒有人如此敢理直氣壯地說出這些話了。柴契爾夫人代表的是問心無愧、精力充沛的個人主義，這是自由市場美德的所在：國家興旺發達需要的是不受束縛的經濟發展，而那些不願工作的人卻剝削和背叛福利國家的好意。她信奉的哲學是：普通人需要的是獨立，不要依靠國家，不要佩服一個總是說「不管

我是否工作，國家都會養活我」這種話的人。

柴契爾夫人堅信，「只有兩種政治哲學，兩種治理國家的方式」，那就是將國家利益放在首位的馬克思主義—社會主義，或是將國民放在首位的自由模式。前者包括其他人稱之為社會民主主義、社團主義、凱因斯主義或混合經濟，後者則是「被社會主義者指稱的資本主義，而我則喜歡稱之為自由經濟」。在她的眼中，英國工黨之類的西方式社會民主主義，僅僅是摻了水的馬克思主義，和蘇聯唯一的不同只是少了莫斯科的那種信念和勇氣。但是，他們形成了一個權勢集團（川普用的說法是「深層政府」），這個專業階層（戰後形成的文官隊伍）充斥著一種淺粉紅的社會主義，其腐蝕性無異於赤裸裸的托洛茨基主義。她的看法不是偏見──整個傳統的統治菁英主要由內奸與綏靖主義者構成。

柴契爾夫人是天生的保守主義者，她的父親經營著小雜貨店。許多左派竭力攻擊的「從頭到腳，每個毛孔都滴著血和骯髒的東西」的資本主義，對她來說，是熟悉的和有創造力的，做生意是一種充滿活力的、有人情味的、社會性的、可以增進友誼的社會活動：事實上，它雖然嚴肅，但是也很有趣。「沒有什麼課程能比在一個街角的店鋪裡做生意更好地瞭解自由市場經濟了。」這一家庭背景成為其經濟哲學的基礎，柴契爾夫人直率地指出，在她讀到那些偉大的自由經濟學家們的著作之前，她就從父親那裡了解到，自由市場制度是一個巨大的、靈敏的神經系統，它對來自全世界的信號做出迅速的反應，以滿足人們不斷變化的需求。「如果政府干涉一個小商店的經營，由於它自己也是在黑暗中摸索的一股『盲力』，必然對市場起到阻礙而不是促進作用。」

由此，柴契爾夫人獲得了對左派思想的免疫力：「無論是我的本性還是成長的家庭環境都決定了我是一個『忠實的』保守黨人。不管我讀過再多的左翼書籍，也不管聽到多少左翼的評論，我對自己的政治信仰從來都沒有產生過懷疑。」這種個人政治理念和政治哲學的形成過程，正是典型的英國式的：「儘管是在許多年之後我才明白我的政治信仰之後的哲學背景，但我對自己的思想一直都有清醒的認識。……從我很小時候起，我就具備了這種精神面貌和分析工具，並最終重建了被國家社會主義破壞的經濟制度。」

　　在柴契爾夫人執政的時候，英國的主流教會和大學都已經被左派思想所腐蝕，這兩大系統將其視為敵人。當時的坎特伯雷大主教給柴契爾夫人發來一份名為《城市的信念》的長篇報告，這份報告提出用凱因斯的方式解決城市貧富懸殊的問題。報告將教會描繪成「國家的良心」，批評政府「對個人主義給予太多的側重，對集體主義卻強調不足」，報告以尊敬的口吻提及馬克思和「解放神學」（屬於準馬克思主義思想）。柴契爾夫人對於教會利用其精神和道德威望對其不理解的經濟事務發表意見感到失望，而教會高層人士對馬克思主義的欣賞，與她從小起建立的信仰南轅北轍。此後，她曾就讀的牛津大學的教職員大會以七百三十八票對三百一十九票拒絕向其頒授榮譽學位，這顯示了知識菁英對她的敵視（就如同今天美國的常春藤名校敵視其畢業生川普一樣）。柴契爾夫人儘管深受傷害，仍發表了一份大度的聲明：「我對遭到拒絕並非不習慣：我的內心寧靜更多地基於自己大學畢業後取得的成功，而不是能否獲頒一個榮譽學位」。

　　在改革遇到挫折時，保守黨高層請求柴契爾夫人改換戰術，在政策上採取迂迴轉彎。她回答說：「你們若要轉變，隨你們的

便，首相不變。」一些人提出，英國應當學習「德國模式」，即社團主義模式，作經濟決策時徵求商業組織和工會領袖意見。她斷然拒絕：「德國人的性格特點和我們不同，他們較少個人主義，更具集體精神。德國模式是不適用於英國的。」

柴契爾夫人對此毫不懷疑：英國必須肅清社會主義的殘餘影響——國有化、工會權力以及一種根深蒂固的反對自由企業的文化。她對改革的陣痛有充分估計——吃藥帶來的痛苦甚至遠大於疾病本身的痛苦，但你卻不能停止吃藥。即便被攻擊為冷酷無情的巫婆，她仍然完成了「解除左翼的武裝」這件比敦克爾克撤退還要艱難的任務。她永久性地取締了工會在英國社會的影響力，她發現工會不是解決問題的機構，而是問題本身：「失業率的高低是與工會權力的大小相關聯的。一方面是生產效率不高，另一方面是工會要求過高的工資，這使得英國的商品缺乏競爭力，從而造成許多工人失業。」這種說法何其「政治不正確」。在其努力下，英國的產品市場、服務市場，還有勞務市場都得到很大程度的擴展，歐洲國家羨慕地看著英國變成外資的投資大堂。[11]

柴契爾夫人執政的十一年，宛如又一場「光榮革命」，「那場革命——私有化、解除管制、降低稅收、讓更多的人擁有財產、恢復依靠自我、建造走出貧困的階梯、加強國防、鞏固大西洋聯盟、恢復整個國家的士氣和地位」。她的目的不是由英國政府來控制經濟，而是教會英國工業行業通過提高競爭力求得生

---

11 持社會民主主義立場的歷史學家托尼·朱特（Tony Judt）指責柴契爾夫人的政策給英國公共生活體制造成嚴重傷害，「市民變成了股東，他們之間的關係，以及他們與國家之間的關係，不再是權利和義務的關係，而變成了資產和所有權的關係」，但他也承認，「作為一個經濟體，柴契爾夫人統治下的英國是一個效率比較高的國家」，「她親自主持實現了英國社會的復甦，成績斐然」。

存，不要指望政府幫助。柴契爾夫人是少數擁有「主義」的政治家——柴契爾主義包含多種概念：削減稅收、自由市場、自由企業、工業和服務業的私有化、「維多利亞時期的價值觀」、愛國主義、個人至上。

　　柴契爾夫人改變了保守黨，也改變了工黨；她摧毀了戰後的共識，造就了一種新的共識。在她上台執政前，英國公共政策中有一種錯誤觀點，認為國家是合法性和立法權的天然源頭。當她退出政治舞台時，這種觀念已變得無足輕重。後來執政的工黨領袖布萊爾（Tony Blair）緊跟柴契爾的路線，其領導層就像柴契爾一派的核心原則一樣，對國家本能地抱著懷疑態度。

　　經濟上的私有化必然帶來公民自由的解放，這是英國最可寶貴的精神遺產，柴契爾夫人指出，私有化是扭轉社會主義造成的腐敗影響的主要手段。通過私有化，特別是那種能夠讓公眾最大可能地擁有所有權的私有化，國家的權力將會被削減，而人民的權力則會得到鞏固。正如國有化是集體主義者的計畫——工黨政府正是尋求以此來重塑英國社會——的核心那樣，私有化則是讓自由重新奪回自己領地的所有計畫的核心。

　　柴契爾夫人對當代英國的影響，不亞於她所尊崇的前輩邱吉爾。她在回憶錄中驕傲地總結其政治遺產，這一政治遺產早已溢出英國的疆界而具有普世價值：在其任職首相期間，英國成為第一個擺脫社會主義道路的歐洲國家（如果英國算是歐洲國家的話）。到她離任時，英國工業中國有部分的比例已經比原來減少大約百分之六十。大約有四分之一的人擁有股分，超過六十萬工作崗位從公共部門轉移到私人部門。用柴契爾夫人自己的說法，那是一種「大眾資本主義」，是一種「擁有資產的民主」。除前共產黨國家外，英國完成了所有權和權力從國家到個人及其家人的最偉大的轉移。事

實上，英國在全世界範圍內引發了一場私有化浪潮。私有化並不是英國唯一最成功的「出口產品」，它還重塑了英國作為一個具有創新精神和企業家精神的國家的聲譽。

◎英美聯盟的黃金時代：柴契爾夫人與雷根的圓舞曲

一九四一年八月九日至十二日，美國重巡洋艦「奧古斯塔」號和英國戰列艦「威爾士親王」號並排錨泊在加拿大紐芬蘭島的普拉森提亞灣，邱吉爾與羅斯福（Franklin D. Roosevelt）在兩艘軍艦上輪流舉行會談。這次會議體現了邱吉爾在一年前的論斷：英國乃至整個英帝國，跟美國「水乳交融，不分彼此」。

這個地點是雙方討論決定的，邱吉爾對加拿大的評價，一如他對自己的評價：「它是統一的盎格魯圈的活化身。」幾個月後，他在渥太華對加拿大首相說：「加拿大在大英帝國中占有獨特的位置，因為它與不列顛有著牢不可破的聯繫，同時又與美國抱持著長期友誼和親密關係。」

這次會談體現了英美共同的理念和信仰。最具象徵性的一幕是：八月十日禮拜日清晨，在「威爾士親王」號後甲板上，兩國水兵共同舉行主日禮拜，在後主砲的巨大砲管下，臨時搭建的布道壇上併列垂掛著兩國國旗，兩國水兵同聲高唱讚美詩。牧師念誦聖經《約書亞記》第一章的經文：「我怎樣與摩西同在，也必照樣與你同在。我必不撇下你，也不丟棄你。你當剛強壯膽。」

此一場景象徵著兩國共同的信仰和紐帶，借用邱吉爾私人祕書的比喻，「就像一場結婚儀式」。邱吉爾本人久久難忘，後來描述說，「美國理論上仍然是中立國，但是和交戰國一起」制定《大西洋憲章》，這個事實本身就令人驚訝。

兩天以後，兩國向全世界公布《大西洋憲章》，闡明英美及其他民主國家的戰爭目標。四個月之後，日本偷襲珍珠港，美國全面參與二戰，並領導以「盎格魯圈」為主體的盟國取得勝利。

　　那一場軍艦上的聯合禮拜儀式決定了二戰的勝敗，也決定了戰後世界的走向。多年以後，邱吉爾回憶說：「大家使用同一種語言，齊唱同一首頌歌，而且擁有幾乎同樣的觀念！……經歷過那場儀式的每一個人將永遠不會忘記那個陽光燦爛的早晨，以及在那個早晨擁擠在後甲板上的景象：講壇上飄揚著英美兩國國旗，每一句話都撞擊著在場人的內心。這是一個偉大的時刻！」邱吉爾是英國歷史上最親美的首相，當然不單單因為他的母親來自美國的富豪之家。早在一九三二年，在野的邱吉爾在美國的巡迴演講中就指出，「英語民族和共產主義」將是「未來兩股對立的勢力」，英美必須攜手合作才能戰勝敵人。而他在一九四六年的「鐵幕」演講中也強調，如果英國和美國所有「道義和物質的力量與信念」在「兄弟般的合作中」聯手，「將不僅為我們、為我們的時代，而且也將為所有人、為未來的世紀帶來廣闊的前程，這是明確無疑的」。[12]

　　這一幕場景在半個世紀之後重演。一九八八年十一月，英國首相柴契爾夫人訪問美國，這是美國總統雷根卸任前接待的最後

12　對於已經卸任的邱吉爾的「鐵幕」演講，英國工黨的反應等於是將另一種綏靖主義對號入座：兩名工黨下院議員要求首相艾德禮「批判」邱吉爾的演講，艾德禮表示拒絕。九十三名工黨議員遞交了一份譴責邱吉爾的動議，他們稱這篇演講「不利於世界和平進程」。他們反對的理由是邱吉爾提議英聯邦和美國建立軍事聯盟，「目的是防止共產主義的傳播」。在動議上簽名的人中包括未來的工黨首相卡拉漢。而與此同時，史達林像希特勒撕毀《凡爾賽和約》一樣撕毀《雅爾達協議》，支持共產黨在波蘭等東歐國家掌權。

一位官方客人。在白宮的國宴上，雷根致辭說：「柴契爾夫人是一位有遠見和勇氣的領導人，一旦認準了方向變堅定不移直至勝利。⋯⋯南希和我為有柴契爾夫人這樣的朋友而自豪，就像美國為有英國這樣的朋友而自豪一樣。」柴契爾夫人在發言中說：「我知道我們的想法有許多不謀而合之處。我們有許多共同的信仰。」

晚宴後，美國海軍陸戰隊軍樂團開始演奏。雷根邀請柴契爾夫人跳了一支舞。白宮中奏響的最後一曲華爾茲是他們親密的政治和私人友誼的象徵。他們視彼此為「靈魂伴侶」，他們共同埋葬了蘇聯和東歐的共產獨裁制度，共同復興了西方民主世界。

共同的基督新教信仰，是柴契爾夫人與雷根友誼，以及英國和美國友誼的根基。柴契爾夫人生長在典型的清教徒家庭：「我們家是一個踏實、嚴謹、篤信宗教的家庭。父親和母親都是虔誠的衛理公會派教徒。我父親在格蘭瑟姆及周邊地區還是一個不擔任神職的傳教士。」在人人都互相認識的小鎮上，「人們的價值觀念是由全鎮人共同塑造形成的，而不是由政府主導的」。

小鎮雖小，卻有三家衛理公會教堂、一家英國聖公會教堂和一家天主教教堂。柴契爾夫人回憶說：「我們的生活都是圍繞衛理公會教展開的。」柴契爾夫人的信仰持守一生，並從中生發出保守主義的政治立場：

雖然我一直否認這樣一種論點，即認為一個基督徒必須是一位保守黨人，但我卻從來都沒有喪失我的堅定信念：幸運的是，我崇尚的政治經濟主張和基督教的教義是極為一致的。

柴契爾夫人在晚年論及國家政策時，認為看似愚拙和天真的

「回歸美德」，比任何政治和經濟政策都更重要。英國及人類的未來在於：強化家庭觀念、抑制對福利的依賴、減少犯罪。如何實現此目標呢？「我發現很難想像除了基督教之外，還有其他什麼東西可以用這些美德來重新充實西方大多數的人們。」經濟和政治政策的正誤，需要站在聖經原則上加以審視。柴契爾夫人說，在其執政後期，越來越意識到基督教與經濟和社會政策之間的關係，並且對這些關係越來越感興趣。她與同為基督徒的兩名幕僚共同完成了一本名為《基督教與保守主義》的論文集。

冷戰必須由英美攜手才能打贏。一九八〇年十一月，雷根當選美國總統，其意義與柴契爾夫人一九七九年五月贏得大選同樣重大，對國際政治則有更大影響，柴契爾夫人當即意識到，這顯示出美國這個世界公認的最偉大的自由力量將在世界事務中重新樹立自信的領導權威。柴契爾夫人說：「我知道他的想法和觀點跟我非常相似：不只是有關政治的觀點，還包括執政的哲學——這是一種人性的觀點，包括隱藏在任何政治家的治國野心之下的所有理念和價值。」

雷根也知道他的精神源頭在英國。一九八二年，雷根應邀在英國下議院發表演講，該演講標誌著「雷根主義」的成形。柴契爾夫人說，兩人都意識到，他們正在打一場「自由聖戰」，而且已取得巨大勝利。雷根在演講中指出：

我們信仰的是一種超法律準則……我們堅信人性是有意義的。不應受到任何強權國家的羞辱，而應按照造物主給我們的形象和外表而活著。

對於柴契爾夫人而言，英美聯盟（大西洋聯盟）比歐盟重要

得多。歐洲一體化會削弱英國的影響力，使英和美之間的關係變得疏遠。後來她解釋說：「按照這樣的邏輯來推論……如果積極支持歐洲防務一體化，如果英國作為歐洲的一員有義務在未來某個時刻加入歐洲貨幣一體化政策，這無疑會削弱英美之間的傳統友誼，而且對各方而言都是悲劇。」

在當代英國領導人中，柴契爾夫人最親美，與其說她親美，不如說她親英國自己──美國就是年輕的英國（就好像亞當斯和漢密爾頓被攻擊說「親英」一樣）。如果拉長歷史的視野就可發現，英美之間存在著一條剪不斷的臍帶，美國的國際體系和美國的實力在許多方面源自英語國家的傳統構造，歷史可以追溯到十七世紀晚期。自一六八八年「光榮革命」奠定英國議會和新教統治，盎格魯─美國人在歷次主要國際衝突中均為勝利者。奧格斯堡同盟戰爭、西班牙王位繼承戰爭、奧地利王位繼承戰爭、七年戰爭、美國革命（英國失敗了，但美國勝利了）、法國大革命和拿破崙戰爭、第一次世界大戰、第二次世界大戰和冷戰：這些戰爭塑造了現代世界，或是英國，或是美國，或是兩國及其他英語國家一起贏得每一場戰爭。三百多年來在與列強的主要戰爭中贏得的勝利從未間斷：這甚至形成一種模式。

邱吉爾之後，沒有任何一位英國首相能像柴契爾夫人這樣毫無疑問地相信，「講英語的人民」負有領導並拯救世界其他地區的任務。一九八一年，她在保守黨大會上提醒人們，「要不是美國的寬宏大量，就沒有歐洲今天的自由。沒有與美國的緊密、有效和熱心的聯盟，我們無法保護自己，不管在這個島上，還是在歐洲大陸」。她希望英國在各方面都能越來越像美國。駐倫敦的一位美國大使準確地指出，柴契爾夫人本人也是一位非常具有美國風格的政治家：愛國、福音派，不用高調抽象的詞彙，相信個

人主義。每次訪問美國，隨行人員幾乎都能感到她所得到的實在感染力。「一踏上美國的土地，她就變成一位新的女人。」羅尼·米勒注意到：「她熱愛美國……美國也反過來熱愛她，這是一種互相欣賞的心靈默契。」她在所有場合下顯示英國對大西洋聯盟的絕對忠誠，如果她本人不能成為自由世界的領袖，那麼最好就是做這位領袖的中尉。

柴契爾夫人認為，美國應當在軍事上和經濟上保持在歐洲占有統治地位的強大力量。她的判斷根植於此一常識：只能借助一個超級大國才能實現集體安全，美國當仁不讓地承擔這一使命。從政治、經濟和文化上講，美國領導下的世界是自由的世界，比一個由亞洲或歐亞集團控制的世界自由得多。儘管很多潛在的強國，如俄國、中國、印度、日本、巴西，以及高度敏感的歐洲人，對這種格局感到憎惡和憤恨，但從和平與穩定來考慮，「這是壞處最少的選擇」。

◎人類所有災難都來自歐洲大陸，
　所有解決方案都來自說英語的國家

二〇二〇年一月三十一日，英國時間晚上二十三時起，英國正式脫離歐盟，結束長達四十七年的歐盟成員國身分。此前領導保守黨在大選中取得自邱吉爾和柴契爾夫人以來最輝煌勝利的英國首相約翰遜（Boris Johnson）稱：「這是破曉時刻，拉開了下一階段的序幕。這是新時代的黎明，從今日起，我們與家人的命運和機會，都不再因為我們在國家的不同地方成長，而受影響。這是我們團結的開始，也是更上層樓的時刻。」

歐盟這個由各國派出的非民選官員組織的超級政府，實際上

是由各主權國家讓渡部分主權與法律自治權組成。力倡成立歐盟的法德兩國，都很清楚歐盟設立的最終目的是消滅主權國家，達到歐洲一體化，為世界大同提供樣板。這個歐洲超級政府當然由法德控制。

英國政治家和歷史學家丹尼爾·漢南在歐洲議會任保守與改革黨團祕書長期間觀察到，對於普通歐洲人來說，錢已經花光了，他們正深陷經濟危機。幾十年勞工權利立法的效果是，歐洲的權利越來越多，工人卻越來越少。然而，對歐盟官員和日益膨脹的靠布魯塞爾經費養著的諮詢顧問、合同制人員、尋租階層來說，完全不存在錢荒的擔憂。當各國政府忙於縮減國內財政開支時，省下的每一分錢都流向歐盟。

盎格魯圈與歐洲關於「公民權利和自由」存在完全不同的理解：在盎格魯圈內，公民權利是先輩們在歷史上某一時刻贏得的、作為一項歷經世代流傳下來的確定不移的權利。而歐洲對於公民權利的觀念，則認為它是政府授予的。盎格魯圈的激進主義是平等派、憲章運動和早期英語國家貿易聯盟的活動家；而歐洲激進主義的哲學靈感來自黑格爾（Hegel）和赫爾德（Herder）的集體主義著作，尤其是盧梭信奉的民眾「共同意志」可剝奪公民私有權利的理念──這樣的哲學相信權利是普遍的，由法律授予並受到政府保障，而非從習慣中繼承。這和普通法中「自由個體凝聚成自由社會」的觀念非常不同。觀念的差異，導致實踐層面的背道而馳：

歐陸模式有一個明顯的缺陷：他們把人權全部規定在憲章裡，這樣一來，相關原則就只能通過國家設立的法庭解釋，最後守護自由的重任就落在少數人手裡。如果這少數人淪陷了，自由

即無從談起。……在盎格魯圈，對自由的爭取是每一個人的事。換言之，歐洲大陸的自由存在於理論中，而盎格魯圈的自由存在於事實中。十九世紀保守黨首相迪斯累利說：「比起他們紙上談兵的自由主義，我更喜歡自己享受到的自由；比起人的權利，我更在乎英國人的權利。」

　　對於歐洲，柴契爾夫人說過一句精彩的話：「人類所有的災難都來自歐洲大陸，而所有的解決方案都來自說英語的國家。」與其他英國保守派政治家一樣，她對歐盟充滿疑慮，反對歐陸國家內部日益增長的「反美主義」——從某種意義上說，反美就是反英，難怪雷根總統會感激柴契爾夫人說：「有時，她還要額外替美國承擔嚴厲的批評。」

　　柴契爾夫人在任期內遭到來自歐盟以及英國國內歐洲派的強大壓力，她苦口婆心地勸告國人，不能倉促而盲目地跟隨「歐洲聯邦主義」。在歐盟框架下，「法—德集團重新現身，並按照他們自己的日程安排主導著歐共體的發展方向」。她將歐洲一體化進程稱為「巴別快車」——跟聖經中的巴別塔並列。在歐洲統一的理想的名義下，浪費、腐敗和濫用權力達到誰都無法接受的水平。

　　與奪命狂奔的「巴別快車」的方向相反，柴契爾夫人堅持英國主權和英國價值：「我不願放棄我們控制移民的權力，抵禦恐怖主義、犯罪、販毒的權力，以及採取措施把危險疾病的載體拒之門外從而保障人、動物和植物的健康的權力——所有這些都需要對邊境進行適當合理的控制。」

　　至於什麼是英國持守的觀念秩序，早在一六七九年，英國政治家亨利‧卡博爾在下議院的演講中就指出，以英國為代表的新

教世界，堅信上帝所賦予人的自由與尊嚴，人享有不被任何力量奴役的權利。基督新教帶來符合聖經的敬拜儀式和教會組織方式，也帶來符合聖經的政府形式。當代人把英國、美國、瑞士和尼德蘭的議會憲制政體與法國、西班牙、俄國、中國以及伊斯蘭世界的專制政體做一番對比，就會清楚地發現宗教信仰對政治制度的決定性影響。

政治哲學家阿克頓指出，在伊麗莎白一世去世之時，英格蘭在政治上就與歐洲大陸分離，並沿著一個不同的方向發展。很久以前，政治觀察家們已經認識到島國制度與眾不同的特點和優勢。英國的制度建設是在古老方法的基礎上，從傳統和先例著手。這些精明方法的聯合或選擇使用，是英國傳統的顯著特徵——聖經、《大憲章》和《權利法案》一脈相承。

邱吉爾更是敏銳地意識到，英美擁有同一個觀念秩序，英國在反對納粹戰爭中所捍衛的原則，也正是美國自開國以來堅守的信條。「獨立宣言很大程度上是輝格黨人反對後期斯圖亞特王朝和一六八八年革命的重新中明。」英國革命和美國革命所捍衛的是同樣的觀念：絕對產權、請願權、代議制政府、普通法與陪審團制度的司法保護、持有武器的權利……這些觀念，一開始是被英美所獨享的，然後突破了種族和文化的限制，被更廣泛區域的國族所吸收。

柴契爾夫人尊重英國的新教傳統，在所有英國當代的首相中，她公開強調自己是虔誠信徒超過其他任何人。她的政治及宗教都建立在個人選擇及個人責任優先的基礎上，「基督教啟迪的核心，就是每個人都有選擇的權利」。對歐盟背後大一統、集權主義的幽靈加倍警惕，「作為一個島國，我們很不習慣身分證加警察這樣專制的大陸型控制體系」。她反問道：「難道英國的民

主、議會主權、習慣法、我們傳統的公正感、我們以自己的方式處理國內事務的能力,都要受到與我們的傳統有巨大差異的歐洲官僚機構的遙控嗎?」她不信任「在布魯塞爾發號施令的超級歐洲國家」。她像大衛挑戰歌利亞一樣挑戰歐盟:

我最終還是別無選擇,只能與歐共體大多數國家背道而馳,高舉國家主權、自由貿易和自由企業制度的大旗勇敢戰鬥。我在歐共體內或許受到孤立,但從更寬廣的角度來看,歐洲統一主義者才是真正的孤立主義者。……當蘇聯這個最大的中央集權國家處在崩潰的邊緣時,他們卻著迷於各種中央集權式的計畫。

四十多年後,終於到了夢醒時分。歐洲的歸歐洲,英國的歸英國,英國「脫歐盟,以自由」。而歐盟的未來越發暗淡。

又哪一大國有這樣公義的律例典章、

像我今日在你們面前所陳明的這一切律法呢？

——《舊約·申命記》，4：8

第五章

美國：
如鷹展翅上騰

美國秩序的根基可蜿蜒曲折地追溯到希伯來人對上帝之下的有目的的道德生活的認知……它們緊緊地抓住十六世醞釀的宗教情緒；它們源自英格蘭千辛萬苦爭來的法律之下的自由；殖民時期美國一百五十年的共同體經驗強化了這些根基。

——拉塞爾·柯克（Russell Kirk），《美國秩序的根基》

美國國徽正面的圖案為白頭鷹（白頭海鵰），它是力量、勇氣、自由和不朽的象徵。白頭鷹的雙翅展開，左右爪分別抓著象徵和平和武力的橄欖枝和箭。鷹頭目視右方，象徵著期望和平。鷹嘴叼著的綏帶上寫著拉丁文的格言「合眾為一」（E Pluribus Unum）。鷹頭上方的藍色背景裡鑲著象徵最初十三個殖民地的十三顆五角星。美國以白頭鷹為國鳥，應和了聖經《以賽亞書》的經文：「如鷹展翅上騰。」美國建國兩百多年以來歷史，就是一部如鷹展翅上騰的歷史。[1]

誰也不會想到，十八世紀最後二十五年裡，大不列顛的一個外省殖民地建立了一套觀念和制度，並逐漸使之成為現代民族國家政治經濟發展的藍圖。這個地方原本只是西方文明的邊緣哨

---

[1] 一七七六年七月四日，大陸會議任命了一個委員會設計國家紋章封印。委員會運作六年、輪換三次，仍未達成一致意見。大陸會議祕書查爾斯‧湯瑪斯（Charles Thomson）把先前的三個設計合併成一個初稿。一七八二年六月二十日，國會通過整合方案。九月十六日，湯瑪斯第一次使用該印章，授權給大陸軍統帥華盛頓與英國進行交換戰俘的談判。湯瑪斯一直使用該印章，直到一七八九年依據憲法建立新政府，他把印章交給第一任國務卿傑佛遜。從那時起，美國國務卿就使用該印章簽署外交文件，直至今日。

所，一百多年後卻成為西方的中心乃至最堅固的堡壘——如果沒有美國，西方不可能熬過兩次世界大戰和冷戰。基於主權在民原則的代議制政府、由自由公民推動的市場經濟、獨立於任何官方宗教的世俗國家、宗教自由帶來的市場競爭型的宗教，以及認定公民平等的法治，這些當時看起來有悖常理而又無法實現的事，逐漸成為全世界認可的成功國家方案。

美國為何成功？國父喬治・華盛頓解釋說，美國擁有時間優勢——「我們建國的時代比以往任何時候都更好，更清楚地理解和定義人類權利」，美國繼承、甄別和選擇了宗教改革和啟蒙運動的思想成果；美國也擁有空間優勢——「美國公民，置身於令人艷羨的條件中，作為一整片廣袤大陸的唯一的地主和所有者，擁有世上各種土壤和氣候條件，豐富的生活必須品和便利條件」；當然，美國還擁有當代左派歷史學家不願意承認的上帝的祝福——「從這時起，他們就是最引人注目的劇場上的演員，似乎為上天所有意指派，以展示上帝的偉大和幸福。」

毫無疑問，美國秩序、美國信念、美國價值的根基就是基督教文明，尤其是宗教改革之後的清教徒傳統。宗教哲學家恩斯特・特洛爾馳（Ernst Troeltsch）指出，在美國，「宗教改革的繼子們最終經歷了他們的世界史時刻」。英國歷史學家詹姆斯・布萊斯（James Bryce）指出，美國憲法中貫穿著清教徒對人的自然本性的理解，制定憲法的那些人相信原罪。美國思想家艾倫・布魯姆聲稱，在人類依據天性而展開的對美好生活的理性追求過程中，美國所取得的成就是最高的，幾乎無人能及。在竭力使自己遠離歐洲思想傳統的過程中，布魯姆反覆強調美國一直以來追尋身分的傳統，這種傳統在第一批清教徒踏上麻薩諸塞時一直延續至今。美國神學家萊茵霍爾德・尼布爾（Reinhold Niebuhr）認

為，基督教的宗教倫理深刻影響了早期的美國生活：

不管我們從麻薩諸塞視角還是維吉尼亞視角來理解本國的思想傳統，我們自認為是一個獨特的民族——用上帝來開啟人類的新篇章。這種意識也是我們存在之本。

第一節　從「五月花號」到「小小共和國」

這是一艘那個時代極為普通的商船：橫帆，嘴船頭，前部是高大的、城堡狀的上層船體，後部是用來在惡劣天氣保護貨物和船員的，不過要對抗強風，它的作用是微乎其微的。在過去十多年裡，這艘船常年往返於英吉利海峽間，把英國的羊毛織品運到法國，再帶著法國葡萄酒回倫敦。這一次，它卻要駛向美洲新大陸。除了船長和水手之外，船上有一百〇二名乘客。

在大西洋的航程中，一個巨浪沖上這艘老舊船隻的甲板，使木質船體結構像雞骨似的斷裂。風平浪靜之後，船長瓊斯發現船體損毀嚴重，決定掉頭回英格蘭。但是，乘客們堅持駛往預定的目的地，儘管他們對那片大陸一無所知。乘客們竭盡全力幫助木匠修復斷裂的船梁。他們帶了一個千斤頂，那是一個用來抬升重物的機械裝置，他們在新大陸建設家園時會用得上它。他們靠著千斤頂的幫助修復了船梁，這艘商船又可以前行了。

這艘船名叫「五月花號」。一六二〇年十二月十一日，來自「五月花號」的第一批殖民者在普利茅斯登陸。這是美國早期歷史中一件影響未來的事件，將對美國共和政體的建立有著至關重要的意義，正如托克維爾所說，新教倫理決定了北美殖民地的未

284　清教秩序五百年

來：「所有這些我所觀察到的現象都源於最初的起點。由此，我可以從第一批登陸北美大陸的清教徒身上看到整個國家的命運。」

◎關於信心和勇氣的故事：「逆向移民」的「天路客」

> 不會倒下，可憐的靈魂，仍然相信上帝
> 無所畏懼，儘管你要遭受一切；
> 祂懲罰了祂愛的人，
> 而將所有淚從他們眼中輕輕拭去。

多年以後，生命將到盡頭時的布拉福德，寫下唯一一首流露出他個人情感的詩歌。關於那趟驚濤駭浪中的天路歷程，他失去了太多寶貴的東西，包括他心愛的妻子多蘿茜在五月花號靠岸的地方意外落水身亡。他也獲得了很多寶貴的東西，包括上帝賜予的普利茅斯這塊土地──雖然它並非先前預定的目的地，沒有流淌著奶與蜜，卻是上帝的應許之地。

一六二○年十二月二十五日這天，是這群人在美洲新大陸度過的第一個聖誕節，他們搭起了第一座房屋的框架，使這個日子變得更有意義。

租用「五月花號」到新大陸的，是一幫喀爾文派教徒，他們全都是英國人，大部分來自倫敦，也包括一些流亡尼德蘭的人。其中，有三十五人是不信奉英國國教的清教徒，即「不從國教者」。他們不是彼此陌生的個體，而是一個關係密切的共同體。他們舉家同行，這是最早一批以家庭為基礎的殖民航行。另一些乘客被布拉福德稱為「陌生人」，未必有虔誠的信仰，卻願意與

清教徒們一起開創新的人生。

　　他們是織布工、羊毛梳理工、裁縫、鞋匠和印刷工人，後來證明所有這些工作經驗對於在美洲荒野裡開闢一片居住地毫無用處。不過，他們作為流亡者已經在尼德蘭的萊頓，甚至在更早之前，發展起了非凡的精神聯繫，使他們為即將到來的一切做好了充分準備。他們有著堅定的意志，不會遇到一點困難就想回家。他們的首領、三十歲的燈芯絨織工布拉福德，後來寫道：「我們知道自己是天路客（Pilgrims，原意指朝聖者）。」[2]

　　英國和歐洲大陸被這群天路客拋到身後，他們對沒有宗教信仰自由的故鄉沒有鄉愁。一六〇三年，深受喀爾文宗影響的蘇格蘭國王登基為英國國王，即詹姆斯一世。英國的清教徒們認為可以免受逼迫了。然而，詹姆斯一世為了鞏固王位，迅速皈依英國國教會（聖公會）。一六〇四年，詹姆斯一世無情地拒絕了清教徒的請願，強迫他們服從國教會。

　　一六〇七年，為了躲避英國國王和英國國教會的迫害，一批清教徒移居到喀爾文宗教徒占主流地位的尼德蘭地區。他們掌握了先進的生產技術，再加上勤勞肯幹，很快就在尼德蘭安居樂業。當時，尼德蘭是世界上生活水準最高、人均壽命最長的地區，而具備勤勞和節儉品格的清教徒移民群體的生活品質普遍高於尼德蘭的平均水準。

　　然而，漫長的尼德蘭獨立戰爭看不到盡頭，天主教勢力隨時可能捲土重來。富裕的尼德蘭的享樂主義、世俗主義氛圍已然威

2　儘管新大陸環境之惡劣超過他們此前的設想，當次年四月五日「五月花號」返程時，沒有一個天路客搭船返回歐洲。新大陸尚未產出可以運回歐洲的貨物，瓊斯船長的團隊失去了十多名船員，卸下全部乘客後，不得不用石頭壓艙。

脅到下一代子女信仰的純正。於是，這些清教徒產生了移居北美新大陸的想法，並全力付諸行動。

　　清教徒們選擇「逆向移民」，從已進入近代文明的英國和歐洲大陸移居還是蠻荒之地的美洲新大陸。「五月花號」上的乘客們奔赴新大陸，並不是為了追求更好的物質生活條件，不是為了發財，也不是為了謀生，而是為了在人間建立信仰自由的國度，即聖經中說的「山巔之城」。多年來，他們深受信仰不自由之苦，反抗羅馬天主教，反抗英國國教會，爭取按照自己的方式敬拜上帝，為此顛沛流離，乃至家破人亡。約翰‧布羅克回憶他的青年時期──一六三〇年代的英格蘭，「半夜出去繞遠道（避開當局迫害）只是為了聽優秀牧師的布道」，他離開英格蘭是因為「迫害者」變得「面目可憎」。正是此種經歷，他們無比珍惜新大陸的「自由權利」。

　　若以沒有信仰的人的眼光來看，清教徒的「逆向移民」是自討苦吃。北美新大陸是　片不毛之地，跨越大西洋的旅途充滿危險與威脅。但清教徒們決定啟程，並願意為之付出可怕的代價。他們在海上航行了整整六十五天才看到美洲大陸，為了尋找安全的避風港又花費了兩個星期。長途遠航和狹窄的船艙空間，導致很多人患上致命的壞血病。前途茫茫，他們一無所有，惟有對上帝的信靠和彼此的扶持。

　　天路客們為什麼不畏千辛萬苦奔赴新大陸？原因只有一個。幫助組織清教徒遠征新大陸的英國牧師約翰‧懷特指出，宗教信仰是讓人們甘冒一切風險的最大單一動力：

　　　開拓殖民地的最卓越、最值得去實現的目的，就是傳播宗教。……有些人可能是迫於窮困，另一些人或許是出於好奇，還

有一種人大概懷著一夜致富的希望，但我確信，最真摯、最虔誠的那一部分人，必定是以傳播福音作為他們工作的範圍。

◎在新大陸如何生活：《五月花號公約》的誕生

「五月花號」上的乘客大部分都是分離派清教徒（「聖徒」），也有秉持不同信仰和不同生活方式的人（「陌生人」），他們在登陸地點及登陸後如何生活等問題上存在著一定分歧。原先在英國和尼德蘭時，他們按照教會章程和當地法律來生活，到了新世界之後該怎麼辦呢？

十一月二十一日，殖民者的首領們在「五月花號」主艙開會，起草一份契約，旨在確保「聖徒」之間以及「聖徒」與「陌生人」之間的團結，並為未來的自治政府作準備。這是一份令人驚異的文獻，在大西洋中那艘小船上，嚴肅認真的人們同意並擬定這份契約，由全部四十一個家庭的頭兒共同簽署，它證明了他們在對待自己的冒險時有多麼深謀遠慮、目標高遠。

這份名叫《五月花號公約》的文件簡明扼要，是典型的清教徒的文風和思維方式：

在本公約上署名的眾人，蒙上帝的恩典，為了上帝的榮耀並促進基督信仰及國王與國家的榮譽，遠航至維吉尼亞北部地方開闢首個殖民地。根據本公約一同在上帝面前莊嚴盟誓，彼此聯合，共同組成公民政治體，為了保持良好秩序及推動實現前述的目標，需不時制定、頒布法案或擬定公正、公平的法律、法規、法令、憲法框架及設立管理機構，並對殖民地普遍適用，我們承諾完全服從並遵守。（十一月十一日，鱈魚角，簽名為證。主後

一六二〇年。）

　　《五月花號公約》體現了一種冷靜、務實的解決問題方式。這份看似不起眼的文件創造了一個政治上的公民團體，以訂立建立在教會、教義基礎上的公正與平等的法律。這份契約，以上帝和以色列人之間所訂立的聖經契約為藍本，也反映了十七世紀早期的契約理論。由此，這群人組成一個政治團體，同意服從即將制定的法律和即將選出的總督。「天路客」中最優秀的那些人，著眼於英格蘭的公正和自由的經驗主義傳統，試圖應用習慣法，按照公共利益來管理殖民地，根據全體公民的普遍需要來立法。

　　這份文件中雖未正式出現自由或宗教信仰自由的字眼，但「生而自由的英國人」和「生而自由的上帝的子民」的觀念是其前提存在。「不列顛式的自由思想」推崇法治，堅持一個人擁有在其所居住社區認可的立法下生活的權利，主張對政治權威的專斷行為進行限制，力主實施受普通法保護的類似陪審團制度的權利。這種自由的定義與新教傳統相互認同。

　　在這份文件開啟了「美國人」的身分認同──無論作為個人還是一個民族，在美國人的自我感覺和意識中，沒有任何其他概念比自由更為至關重要。近期一次民意測驗顯示，如果要美國人在自由與平等兩者之間作一選擇，四分之三的人會將自由排在平等之前，「當一個美國人的意義就在於擁有自由」，這個比例遠遠超過西歐人和日本人對同一問題的答案。

　　此前，這個世界上還從未見過這樣的一份文件：它是由人民起草的章程，是現在通行的政府管理模式的開端。《五月花號公約》創建了一個先例，即政府是基於被管理者的同意而成立的，而且將以法治國。這是創立美國的主要思想之一，即在同一個社

會裡的所有公民自由結合的權利，並可以通過制定對大家都有利的法律來管理自己。

今天人們在普利茅斯港口看到的「五月花號」是一艘仿製品。真正的那艘「五月花號」商船返回歐洲之後，其生命沒有持續太久。[3]然而，誕生於「五月花號」並以「五月花號」命名的這份文件卻預告了一個新時代的來臨。這份文件、這群乘客，讓這艘已不復存在的普通商船獲得不朽名聲。沒有《五月花號公約》，就沒有《獨立宣言》和美國憲法。《五月花號公約》是美國憲政共和理念的源頭。這一公約構成美國憲政的雛形，它在美國政治與法律制度演進中具有重要的意義與影響。

◎「小小共和國」與「新英格蘭體制」

就這樣抵達一座良港，安全上岸之後，他們跪了下來，感謝上帝的保佑，祂引領他們一路橫渡凶險的怒海，帶他們遠離一切的艱困與悲苦，再次讓他們在堅實的土地上落腳，他們的歸屬之地。

此後三十年一直被人們選舉為殖民地總督的布拉福德如此記載在普利茅斯登陸的場景，之後發生的一切成為美國歷史上家喻戶曉的傳奇。

登陸並不意味著安全了。那是一個嚴酷的冬天，缺衣少食、

3　一六二四年，距歷史性的美洲之行僅四年後，這艘船在倫敦的港口成了一艘腐朽的廢船。瓊斯船長因為這趟美洲之旅健康嚴重受損，於一六二一年病逝。「五月花號」的所有者包括其遺孀在內，對它進行價值評估──它只值一百二十八英鎊，不到一六〇九年時價格的六分之一。它最終的命運無人知曉，或許在大海中解體了。

疾病肆虐，兩三個月時間裡，有一半同伴死去，總共一百〇二人只剩下五十人，有時一天之內有兩三個人去世。剩下的人堅韌地生存下來，他們得到土著印第安人的協助，種植玉米等作物，有了好的收穫。為感謝上帝及印第安人朋友，清教徒們舉行歡慶儀式，在黎明時鳴放禮砲，列隊走進教堂，點起火炬舉行盛宴，這就是感恩節的由來。天路客為新世界帶去基督教文明，他們的後代在新大陸開花結果、繁衍生息。

普利茅斯移民點的成功，讓此前維吉尼亞詹姆斯敦移民點失敗的陰霾一掃而光。隨著英國國內對清教徒的逼迫愈演愈烈，更多清教徒追隨「五月花號」的移民，奔赴新大陸。一六二九年，擁有土地的貴族、畢業於劍橋大學的律師溫斯羅普（John Winthrop）與麻薩諸塞公司達成協議，率眾移居北美麻薩諸塞殖民地，並當選殖民地總督。溫斯羅普在移民們登陸之前就告訴他們，這個社會將與上帝有著特殊的契約。在「阿爾貝拉號」橫渡大西洋的途中，他舉行布道會，向「天路客」們宣布：「我們將成為整個世界的山巔之城，全世界人民的眼睛都將看著我們。」他們的目標很明確，就是要建立一個「聖經共和國」。同年夏天，麻薩諸塞公司派遣六艘船，搭載三百多名移民前往新英格蘭。第二年春天，溫特羅普又動員了一千多名移民前往麻薩諸塞。

一六四一年，在溫斯羅普與渥德爾（Nathaniel Ward）的籌畫之下，制訂出一部公認為北美洲最早的清教社群基本法——「權利彙編」，亦可視為麻薩諸塞的「大憲章」。「權利彙編」是全套清教試驗的藍本，成為在地「新英格蘭體制」的核心方案。新英格蘭的律法以上帝之言為準則，「新英格蘭體制」即是上帝在世上之國的經營之道——他們以上帝之選民自居，有意識地要建立上帝之「選國」。社會上每個人、事、物均有上帝安排

的職責與角色，井然有序。

　　一個個殖民點在普利茅斯附近建立起來。家庭是最基本的單位，是事業體，由此發展出學校、教會、醫院、孤兒院、救濟院和老人之家，然後形成自我管理的「小小共和國」。家家戶戶都珍藏著一本聖經，聚會的地方策略性地安排在主導整個村落的位置，週末必定是所有人都參加的禮拜時間。宗教架構了基本的行為準則，教會與政府形式上是分開的，實際上處處有著密不可分的聯繫。在溫特羅普的指導下，人們在波士頓建立起殖民地的首都。十年內，英國有兩萬名清教徒加入移民大潮。自此之後，英國和歐洲奔赴美洲大陸的移民的數量急劇增加。

　　十三個「小小共和國」在美洲東岸漸次發展起來。這些「小小共和國」，歷史上並非沒有先例：古希臘的城邦共和國，聖經《士師記》時代的猶太國家，都是「小小共和國」。這些「小小共和國」以民主的方式選舉領袖，教會則在精神生活上擁有最高權威。它們不是完美無缺的，大都以新教某一宗派為國教或準國教，非信徒不享有政治權利，女性的權利受到限制，它們與印第安部落不斷發生武裝衝突。但無論如何，它們畢竟擺脫了歐洲的暴君和天主教的陰影。新英格蘭成了英國清教徒的新天新地，斯考托（Scottow）寫道：「新英格蘭的來信會被看做聖書一樣，或是某個神聖先知的手筆。」

　　新英格蘭的四種自由觀——集體自由、個人自由、靈魂自由（基督徒的自由、良心的自由）、不被環境奴役的自由——有一個共同的根基，它們實際是更大的「有序自由」的不同方面，這個原則扎根於清教徒的信仰中。新移民在新大陸小心翼翼地呵護著「不列顛的自由」——「不列顛的自由」可以劃分成一些具體的組成部分：政治自由指參與公共事務的權利；公民自由指保

護個人人身和財產不受政府的侵犯；個人自由指憑良心行事的自由；宗教自由指新教徒有權按照自己選擇的方式來敬拜上帝。「不列顛的自由」既是一套具體的權利，同時也是一種民族特性、一種精神狀態。「不列顛自由」在不列顛未必全部實現，在新大陸卻成為新移民理所當然的生活方式和價值追求。

　　早在一六三〇年至一六五〇年間，新英格蘭的居民就開啟了政治改革，這個改革進程的動力是殖民地人對英國國教會、君主制以及英國社會其他方面的不滿。另一個動力來自人們對聖經及基督教會史的特定解讀。在英國長期議會嘗試用憲法手段限制國王的權力之前很久，殖民地人就已著手設計一種政府形式，這種形式不僅領先，而且在很大程度上遠遠超出他們的英國同胞所能成就的。這一事實說明，就政治制度和公共生活的塑造而言，殖民地並不僅僅是單向度地沿襲舊大陸傳統的一方。

　　在早期的新英格蘭，沒有現代意義上的「民主」，卻有廣泛的「公共參與」。公共參與的途徑是多方面的，最活躍的是教區集會、鎮民大會、法庭及常設法院的會議。人們常常發起請願，利用請願來表達不滿，在爭論中表達立場，尋求個人利益。一六六五年麻薩諸塞哈德利鎮的九十一位鎮民向常設法院提出請願，要求保有他們的權利。其中第一條就是「以上帝賜予我們的權利選舉我們自己的總督，創建並遵守我們的法律。」在此聲明上，他們還加了另一條理由：「我們在此作為基督徒的權利，事關我主上帝的國度、聲名和榮耀，這比我們的生命更加珍貴。」

　　人們更尋求實現某種「聖徒之治」──這種「聖徒之治」是關於自由和解放的，也是關於義務和服從的，真正的自由意味著個人利益要臣服於基督的意志。後世很多左派歷史學家輕率地使用「寡頭政治」、「專制主義」和「僵化的正統」等詞彙形容新

英格蘭早期的政治和政教文化，實際上，無論是地方政府還是教會都從未把聖徒變成專制的、自我維持的菁英團體，從而壟斷諸如土地這樣的資源。新英格蘭的清教徒將神聖的律法、蒙恩的方式以及聖靈置於世俗和宗教社會的中心，同時堅持各種共同的、綜合性的新教教義。

此一階段，北美殖民地與英國的政治和宗教狀況形成明顯對照：在英格蘭，社會和宗教狀況見證了一種不穩定的綜合體的崩解；創建「自由共同體」的希望破滅了，正如彌爾頓在王政復辟時代所哀悼的那樣。反之，只有在殖民地才有可能以如此有限的行政權來維持一個公民國家，殖民地的清教徒運動把牧師工作的積極角色與授權給平信徒，以抗衡國家教會和世俗社會的等級制度。他們一步步地通過追求「公正」而在殖民地創立一種新的生活方式。北美的清教徒成功地避免了英國的清教徒在政教兩個方面的失敗——未能建立共和制的國家、未能建立長老制或公理制的教會。他們竭盡全力將這片「新天新地」打造成「聖徒之治」，從而為未來共和制的美國政府和民主且富於競爭性的美國教會指明方向。

最初的建國設想來自於清教徒。早在一六五九年，麻薩諸塞的約翰·埃利奧特牧師草擬了一份基督教共和國的計畫，並發送到英國——他似乎並不擔心被控以叛國罪。在該計畫中，他設想按照聖經《出埃及記》的經文「上帝已命令每十人要在他們中選出一位十夫長」建立一種新的政制，在十人團體的基礎上建立新國家。領導人由選舉產生，領導者本人要像教會長老一樣，必須敬虔、學士淵博和富有見識，必須「精於聖經……他們據此才能忠心履職」。換言之，敬畏上帝的行為和關於聖經的專門知識是領導者必備的關鍵要素。

新英格蘭的清教徒秉承喀爾文的基本精神：強調新教信仰、辛勤工作、個人成功，重視家庭、法律以及文字契約等，在塑造美國社會文化的核心價值上，扮演了重要角色。他們為了追求理想中的神聖王國，精心規畫政教制度，並且認真執行。此前，英格蘭的清教徒社群表現出強烈的宗教性與生活文化，使得新英格蘭獨樹一幟，超越其他地區，成為仿效的模範。美國政治與文化發展的主要脈絡，以普利茅斯和麻薩諸塞為核心，逐漸向南、向西擴散。由此，「新英格蘭體制」從地方性的發展模式上升為北美新大陸的「新英格蘭之道」。

◎「阿爾比昂的種子」

與「黑命貴」運動齊頭並進的「一六一九項目」企圖改寫美國歷史的起源，這種企圖當然不可能成功。因為美國歷史學家大衛‧哈克特‧費舍爾（David Hackett Fischer）早就以厚重扎實的巨著《阿爾比昂的種子：美國文化的源與流》，回答了「美國是誰？」這一大哉問。

費舍爾指出：「我們生活在一個以自願原則組織起來的開放社會，但這個體系的決定性力量又極大地限制了人們。我們的社會變動不居，在美國歷史的每個時期都發生著深刻的變革；但它又很穩定。對這一體系起源的探索是美國歷史的中心問題。」他的答案是：英國，即阿爾比昂[4]，是美國文化根源。

費舍爾通過對浩如煙海的考古實物和民俗資料的研究，發現

4　阿爾比昂（Albion）是大不列顛島的古稱，也是該島已知最古老的名稱。今天，阿爾比昂仍然作為該島的一個雅稱使用。

從一六二九年至一七七五年的漫長時期，先後有四波說英語的移民遷徙到現今美國的領土居住。

第一波是一六二九年至一六四〇年期間，從英格蘭東部逃到麻薩諸塞州的清教徒。

第二波是一六四二年至一六七五年期間，從英格蘭南部移民到維吉尼亞州的一小群忠於王室的菁英分子和他們的契約僕役。

第三波是一六七五年至一七二五年期間，從英格蘭中北部和威爾士遷徙到特拉華河谷的移民。

第四波是一七一八年至一七七五年大約半個世紀的時間裡，從北不列顛和北愛爾蘭的邊境遷徙到阿巴拉契亞邊區的移民。

這四波移民有很多差異，但有更重要的共同特質：都說英語；幾乎都是英國新教徒；大多數人遵循英國法律，並崇尚英式自由。他們橫穿大西洋，帶來四種不同的不列顛民俗，並奠定了新世界不同地域文化的基礎，這四種傳統是當今美國自願社會最有力的決定因素。

費舍爾接著從英國新教的六個不同教派的脈絡，分析美國不同區域的新移民的信仰與生活方式。

英國聖公會是一個包容性很強的國家教會，它也吸收了部分的喀爾文神學，這個派別在英格蘭南部和西部勢力龐大，而在美洲新大陸，它影響維吉尼亞上百年。

英國長老教會的神學是喀爾文教派的，它在北不列顛人數眾多，在美洲新大陸，其主要影響力在美國邊區。

公理會的教義由多特會議正式確定，包括喀爾文教義五要點，這個群體在英格蘭東部郡影響較大，在美洲新大陸，它建立了麻薩諸塞和康乃狄克殖民地。

分離主義派主張團契自治，其神學在廣義上屬於喀爾文教

派，這個教派包括「五月花號」上的新教徒，他們建立了普利茅斯殖民地。

更激進的再洗禮派信守喀爾文教義的五要點，但增加了第六點——洗禮僅限於重生的基督徒，他們在美洲建立了羅德島殖民地。

貴格會持普救主義立場，他們反對既定教會和全職牧師，最早在英格蘭中北部出現，在美洲則建立了西紐澤西、賓夕法尼亞和特拉華等殖民地。

這四波移民和這六個教派，建構了「美國心靈的基本觀念」，在某種程度上主宰了美國未來的走向。以美國總統為案例，從一七八九年到一九八九年兩百年間，美國這個最高領袖的位置先後由四十個男性基督徒擔任，其中三十八人是這四波來自不同地域且居住在不同地域的移民和六個教派的移民的後代子孫——唯二的例外是馬丁・范・布倫（Martin Van Buren，從紐約來的尼德蘭喀爾文教派信徒）和約翰・甘迺迪（John F. Kennedy，來自新英格蘭的愛爾蘭天主教徒）。

地域及教派的差異，從一開始起就出現在美洲大陸，進而形成某種互相競爭的宗教自由市場，這是美國的基督教最具活力的重要原因所在。

不同地域文化和宗教信仰的共存，也促使產生了一七八九年通過的美國憲法第一修正案：「國會不得制定關於下列事項的法律：確立國教或禁止信教自由。」這項法案被後世錯誤地理解為美國不是一個基督教國家或美國不是以基督教立國。其實，這句表面簡單、內有乾坤的陳述，是不同地域和不同教派之間達成的複雜妥協之一，也是「一元之下的多元」之完美呈現：「一元」就是基督新教（後來才擴展到包括天主教和東正教等少數派），

「多元」就是新教諸教派。這一修正案的目的是保護各自治共和國都有自己的主流教派（準國教），各自治共和國的主流教派在聯邦層面享有平等地位，同時也要保護美國整體性的宗教信仰自由不受任何外來的干涉。

三百多年來，「阿爾比昂的種子」在美洲大陸長成了一棵參天大樹，兒子比母親更高、更強、更壯。在美國，「一元」與「多元」實現了完美的對立統一，正如費舍爾所論：

　　美國自由最重要的事實是，它從來不是單一的觀念，而是一系列有區別，有時甚至是衝突的傳統，彼此之間維持著張力。自由觀念的這種多元性締造出一種自由文化，在開放性及擴展性方面遠勝任何單一的自由傳統。它也成為美國自願社會最重要的決定因素。時間或許終將證明，自由方式的多元化是美國向世界貢獻的最經久不息的傳統。

第二節　建造「山巔之城」：
　　　　《獨立宣言》與美國憲法

◎美國自有其「天定命運」

　　美國人對自由的論述通常是以歷史而不是以理論的方式展開的，美國的歷史就是一部追求自由尤其是敬拜上帝的自由的歷史。

　　在二十一世紀，美國很多政治領袖和普通公民羞於或恥於提及美國與上帝同行、「因真理，得自由」的歷史。左派以將上帝從美國的歷史與現實中移除為其目標，寧願膜拜自由女神也不願

信靠上帝，他們連「聖誕節」這個詞語都要刻意迴避。然而，美國在多大程度上背離了她真實的歷史，尤其是基督教信仰的根源，便會在多大程度上迷失於當今的世界——

美國的建立完全是因著上帝的護佑，只有通過回顧歷史，才能真正明白上帝為著福音的緣故，在建立美利堅合眾國的過程中所展示出來的美善。

聖經以及最精準地闡釋聖經的清教徒神學、保守主義的政治哲學所形成的觀念秩序，締造了作為「上帝之城」的美國。

從《獨立宣言》到美國憲法，美國人走上了在上帝引導下創建「山巔之城」的光榮荊棘路。

在建國者當中，大多數簽署《獨立宣言》的人、參加制憲會議並討論美國憲法的人、擬定第一修正案的人，都是虔誠的基督徒，且以新教徒為主。[5]

在獨立革命期間的輿論場中，來自法國的激進思想的鼓動者潘恩百般詆毀基督教和基督徒，富蘭克林反駁說：「衝著大風吐口水的人，總是把口水吐到自己的臉上。……如果有宗教信仰的人都邪惡，那麼沒有宗教信仰的人又會怎樣呢？」

華盛頓、傑佛遜和麥迪遜在美國立國過程中貢獻卓越。三人的家庭環境、文化背景和宗教信仰有相當的差異，特別是傑佛遜

---

5 據歷史學家斯威特的調查，在擬定第一修正案的人當中，有八個聖公會教徒、八個公理會教友、兩個羅馬天主教徒、一個衛理公會派教徒、兩個貴格會教徒、一個尼德蘭改革宗成員，只有一個自然神論者（毋庸諱言，很多人的信仰或多或少摻雜了自然神論）。歷史學家丹尼爾‧布爾斯廷發現，組成維吉尼亞制憲會議的一百多人中，只有三人不是教區委員。

算不上是一名傳統基督徒。但是,在對新共和國的宗教和道德基礎的論述上,他們都與喀爾文主義者非常接近。

首先,他們與喀爾文主義者都相信至高無上的上帝正在造就美國的命運,美國人「受了上帝召喚而去創立的一個新的人類社會」,這個新國家是「美國版的以色列」。正是這位救世主,賦予這個新國家的公民以「某種不可剝奪的權利」,其中包括「生活、自由和對幸福的追求權利」。

其次,他們都相信人的罪性,即喀爾文神學中再三強調的「人的全然敗壞」,他們要求建立一個能嚴密地制約和平衡的政府。就麥迪遜而言,權力的分隔和制衡是對喀爾文原罪教義的一種直接反應。就傑佛遜這位維吉尼亞自然神論者而言,他深受啟蒙主義運動和宗教改革時代偉人約翰‧洛克影響,洛克本人又受到喀爾文主義的影響。

最後,他們都相信只有宗教興旺發達,美國這一共和國才會興旺發達。法律制度本身的生命力取決於宗教信仰的生命力,更具體地說,取決於新生的美利堅合眾國所盛行的基督新教信仰的生命力,就連傑佛遜也在其首篇國情諮文中說:「人民的自由乃上帝的恩賜,這個深入人心的信念是自由唯一堅實的根基。」

艱苦卓絕的美國獨立戰爭剛剛取得勝利,十三個共和國就陷入激烈的猜忌與紛爭之中,鬆散的邦聯難以應對國內國際的挑戰。華盛頓給十三個共和國的領袖寫信,勸誡大家努力建立一個永久的聯盟,否則美洲無法抵抗來自歐洲強權的侵犯。

華盛頓是當時最富有的美國人之一。[6]在其聲望臻於巔峰之際,他斷然阻止手下軍官發動政變擁立他當國王的陰謀;他不必面對反對黨,是「帝王般的總統」,卻視總統為「象徵性地代表最高行政權力」的「委託人」,任期一結束就回到自己的

農莊。[7]

　　華盛頓希望有一個強大的美利堅合眾國，不是為了個人權力，而是為了榮耀上帝。他在總統就職演講中說：「上帝將高興且慈祥地安置我們所有人公正做事，寬容慈愛，具備謙卑平和的脾氣，這就是我們神聖宗教的神聖創立者的特性。沒有對這些事例的謙卑模仿，我們就不要期待成為一個幸福的國家。」他還引用聖經《彌迦書》中的經文「行公義，好憐憫，存謙卑的心，與你的神同行。」為國家和人民禱告。

　　無論是美國獨立還是美國建國，華盛頓既不歸功與自己和同僚們，也不把這一前所未有的成就獻給人民，他相信這是「赫然的神跡」，是「天定命運」。在戰爭期間，他將一系列事件歸結為上帝的旨意。他親身感受到，被他稱為「偉大事業」的美國獨立經歷了多次危急時刻，在一切似乎將一敗塗地之時，神意降臨，挽救這一事業於萬一。當憲法獲得批准時，他又用「神意」這個詞語來解釋。在他看來，這兩件事當中，美國似乎特別受到

6　華盛頓作為美國最傑出的戰士和政治家獲得的經濟回報，遠遠無法和年輕時代為英王效忠所得的報償相提並論。他最後的美名依賴於打敗一位敵人——昔日的維吉尼亞皇家總督，也是曾將永久財產授予他的那個人。老年華盛頓的富有主要是由於青年時代華盛頓對英帝國的效忠。在長達八年的獨立戰爭中，華盛頓反而損失了大量個人財富。在這一點上，川普跟華盛頓非常相似——當總統之後，其億萬富豪的身家大大縮水。這才是為公眾服務之典範。與之相反，柯林頓和歐巴馬等人當總統之後個人財富狂增數千倍、數萬倍。

7　對於一個前所未有的新興共和國，基督徒公民的美德比《獨立宣言》和憲法等紙上文本更重要，華盛頓本人就是此美德的典範。獨立戰爭剛結束，他立即辭去總司令職務，在馬里蘭安納波利斯將指揮權交還國會。這種自我釋權之舉在歷史上是罕見的。在倫敦的英王喬治三世向出生於美國的畫家威斯特提出疑問：「華盛頓在打贏戰爭之後會怎麼做？」威斯特答：「喔……聽說他將返回他的農莊。」國王表示：「如果他這麼做……他將是世界上最偉大之人。」

神意的眷顧。[8]

　　一七八七年六月二十八日，參加制憲會議的代表們針鋒相對、相持不下，年邁的富蘭克林（Benjamin Franklin）作了會議期間最長的演講，對眾人發出誠摯的呼籲：

　　先生們，我已經有一把年紀了，我的歲數越大，越明白一個真理──上帝主宰著人類的一切。……我們確定，如聖經所言，「若非耶和華建造房屋，建造的人就枉然勞力」。我堅信這一點，我也相信沒有祂從中幫助，我們在這一政治建設中所能取得的成就不會好於巴比塔的建設者。……因此請允許我提議，從今以後我們要祈禱懇求上帝的幫助和祝福，每天早晨，我們的會議開始之前，先進行祈禱，祈禱儀式可以請這座城市的一名或多名牧師來主持。

　　大家一致贊同該提議。祈禱之後，人們心平氣和地討論，制憲會議順利推進。此後，美國國會每屆會議都以祈禱開幕。

　　在《獨立宣言》寫成之前，約翰・亞當斯感嘆說：「每次想起美國的建立，我總是帶著很深的敬意和驚奇，將其看作一個偉大場景和創造的開端：上帝的護佑照亮那些愚昧的人，並且在全地釋放那些遭受奴役囚禁的人。」一八〇〇年十一月二十二日，國會成員第一次在尚未完工的國會大廈召集會議，作為第二任總統的亞當斯發表了熱情洋溢的祝福演說：「這是國家的代表們

─────────────

8　美國歷史學家約瑟夫・埃利斯不認同美國革命「有某種超自然力量（他甚至不願意說出上帝這個稱呼）的介入」，他認為，「法國人比神更重要，帶來勝利的是戰略決策，奇蹟則是不必要的」。這是當代理性至上的知識分子的世界觀。

第一次在這個莊嚴的地方集會。如果不向宇宙的最高主宰表示敬意、祈求和祝福的話，就太不合適了。……願簡樸的作風、純潔的道德和真正的信仰能永遠在這個城市和整個國家中盛行！」

之後的美國歷史清楚地證明：什麼時候美國持守簡樸的作風、純潔的道德和真正的信仰，美國就平安且強大；什麼時候美國背棄了這一切，美國就有禍了。

◎人因被上帝所造而平等：湯瑪斯・傑佛遜與《獨立宣言》

一七七六年七月四日，北美十三個殖民地的代表在大陸會議上正式採納《獨立宣言》，其正式名稱是《美利堅十三個聯合共和國宣言》，這一天成為美國的獨立日。

八月二日，這份文件被用大寫字體書寫在羊皮紙上，大會主席漢考克（John Hancock）率先在上面簽名，並敦促代表們簽名。他一邊簽名一邊說：「我們可能全部被絞死，不可能有其他的拉吊方法。」富蘭克林以其慣有的幽默回應說：「好了，先生們，如今我們必須擰成一股繩，否則的話，肯定要被人用繩子分別吊死。」巧合的是，一百三十六年前，當英國內戰開始時，國會軍領袖克倫威爾也說過類似的話。

《獨立宣言》的簽字者沒有一個人被絞死，殖民地人民奇蹟般地打贏了獨立戰爭。不過，簽名者中有十七人服兵役，其中有五人在戰爭中被英軍俘虜。理查德・斯托克頓（Richard Stockton），紐澤西簽字人，沒有從被俘期間的慢性折磨中恢復過來，死於一七八一年，他是唯一為反抗大英帝國並在《獨立宣言》上簽名而獻出生命的人。

七月四日這天，在遙遠的英國，支持殖民地人們的訴求的國

會議員埃德蒙・伯克記下一段話：「來自美洲的消息如此令人不安，以至於讓我輾轉難眠。」他所得到的消息已經是好幾個星期之前的了，他並不知道大陸會議的代表們在這天簽署了《獨立宣言》，他卻有一種奇妙的心電感應——英國永遠失去了北美殖民地。

此前，伯克嚴厲批評英國政府迷信武力，「你們把他們趕向了獨立」，因為權力的濫用「超出了他們能夠承受的限度」。伯克看到美洲獨立的浪潮不可遏止地翻湧，而他發出的善待殖民地民眾的呼籲在英國如同空谷回音。

在此前的六月十一日，大陸會議指定由傑佛遜、亞當斯、富蘭克林、舍曼（Roger Sherman）和利文斯頓（Robert R. Livingston）等五人組成一個委員會起草《獨立宣言》。委員會又將這一神聖使命賦予最具文學才華和雄辯力量的傑佛遜。[9]

傑佛遜將成為第三任總統，他是國父之中偏離正統基督教信仰最遠的人，其個人品德亦備受爭議。[10]但他才華橫溢，寫作神速，只用五天時間就完成初稿。大陸會議對原文作了刪節和潤色，基本保持其原貌。[11]傑佛遜的文字有一股神奇的力量，他的神來之筆將文章寫得抑揚頓挫、樂感十足，就像一位學者所說「節奏堪比一節節的音樂」。這篇歷史性文件很快膾炙人口，人

9　傑佛遜被選中來起草《獨立宣言》的原因，如亞當斯所說：「他在文學和科學上享有盛名，在寫作上獨具稟賦。他的作品因其在遣詞造句方面的獨具匠心而廣為流傳，為人矚目。」

10　傑佛遜的信仰傾向泛神論，深信聖經中包含偽造的章節，自己動手用剪刀對新約刪減，剔除他認為無用的糟粕，從中選出純正的教義。他宣稱，他的福音書只包括真實記載基督生平和教訓的章節，它們就像「糞堆裡的鑽石那樣閃閃發光」。他不承認自己是基督徒，卻在餐桌上作感恩禱告，也到教堂參加禮拜。

們對傑佛遜「極具感染力」的創作所傳遞出來的痛苦、失望、責備和憤怒之情感同身受。

《獨立宣言》堪稱關於代議制和個人自由的範例式傑作和不朽經典。傑佛遜天衣無縫地從一個思想過渡到另一個思想，平滑得如同一艘小船在光滑的水面上行駛。他毫不費力地從人類權利談到革命權利，簡潔有力地闡述了與宗主國斷開「政治臍帶」的原因。宣言是這樣開始的：

> 北美殖民地的居民們，根據永恆不變的自然法，與英國憲法的原則，以及諸項特許狀和條約，具有如下的權利。

傑佛遜有意把《獨立宣言》寫成一份宣戰書。這可能是他用「生命、自由和追求幸福」取代更為傳統的「生命、自由和財產」三聯項的原因之一。

從《獨立宣言》中可以看到，儘管傑佛遜是法國文化的熱愛者，卻承認美洲殖民地的主要政治遺產傳承自英國。他反對英國國王和英國政府，卻並不全盤推翻英國精神和英國傳統。在名為《英屬美洲的權利簡論》一文中，傑佛遜指出：「我們的祖先在移居美洲之前，乃是位於歐洲的英國領地的居民，擁有自然賦予所有人的權利……既已定居於美洲的荒野，移民們認為採納此前生活於母國時的法律體系，並通過讓自己臣服於同一位君主而與

---

11 大陸會議刪去傑佛遜原稿將近三分之一篇幅，使之更為簡潔精煉。討論期間，傑佛遜坐在那裡一言不發，面色凝重，在他看來任何一處改動都是對他文字的褻瀆。富蘭克林坐在他旁邊，想盡力平復他明顯的不悅，給他講了一個故事。一位帽子商人委託畫匠繪製廣告牌，畫匠一直要求商人用精確的語言來描述，結果廣告牌上只留下帽子的圖形。

母國聯合在一起乃是適宜的。」也就是說，殖民地居民和英國國王之間有協議，只要國王保護殖民地居民的生命權、自由權利和追求幸福的權利，殖民地居民就同意接受國王的統治。如果英國國王和國會單方面剝奪殖民地人民的自由和權利，就表明「不適合做自由民眾的統治者」的「暴君」建立了一種凌駕於殖民地居民之上的「絕對暴政」。殖民地人民就有權宣布與之斷絕「一切隸屬關係」。

《獨立宣言》具有兩大歷史前提，即自然法和自然權利觀念。以自然法而論，傑佛遜相信，世間事物有一種「自然的秩序」，是由上帝智慧而巧妙的設計來指導人類的。自然秩序的「法則」是人類理性可以發現的。自然法高於人為法，並從屬於上帝在聖經中或通過教會所啟示的永恆法。自然法乃是人通過運用理性所能發現的上帝的心靈。自然法是不言自明的，在堅定人類對上帝的信仰的同時，摧毀了他們對於國王權威的膜拜。以自然權利而論，傑佛遜明顯受洛克影響，也受蘇格蘭啟蒙運動中的道德哲學影響。《獨立宣言》論及自然權利部分，傑佛遜提出的願景顯示了其想像力，「願景的具體形式無疑是借鑑了洛克的語言，洛克曾描述了政府建立前的淳樸的社會形態是什麼樣的，而對理想社會的渴望則來自傑佛遜自己的內心深處」。

毫無疑問，《獨立宣言》描述了此後兩百多年美國夢的美好願景，《獨立宣言》的創作是美國歷史上一件有近乎宗教意義的事件。傑佛遜晚年將其公共成就縮減為三項，並不包括擔任過美國總統——第一，起草《獨立宣言》；第二，起草維吉尼亞《宗教自由法案》；第三，創建維吉尼亞大學。《獨立宣言》標誌一個新國家的誕生，《獨立宣言》的書寫者和簽名者們是在「創造歷史」而不是在「書寫歷史」。它代表著很多美國人世世代代解

讀、宣揚的美國理想——天賦人權、個人自由、最小政府、古典自由主義，乃至美國的民主文化和美國夢。

◎憲法必須被信仰：詹姆斯‧麥迪遜與美國憲法

獨立戰爭的勝利使得《獨立宣言》由願景成為事實。然而，美洲十三個共和國如何聯合成為一個強大而自由的國家？

建國者們首先想到的是制憲。憲法是創建一個新政府並使之正常運作的綱領，闡述美國政府的組建方式、權力和權限。沒有憲法就沒有政府。

一七八七年五月二十五日，五十五名代表在費城召開制憲會議。這項重要使命被交到矮小單薄、面色蒼白的麥迪遜身上。麥迪遜能承擔這一重大使命嗎？[12]

制憲會議經過討論決定，以《維吉尼亞憲章》為藍本創制新憲法，而《維吉尼亞憲章》的起草者正是麥迪遜。麥迪遜的立法風格是，盡力幫助人民把支離破碎的國家在一種新模式下組合在一起，而不是把他想要的模式強加於他人和國家。

作為建立憲法框架的人和憲法保衛者，麥迪遜是獨一無二的。正如約翰‧昆西‧亞當斯在幾年後所寫的那樣，麥迪遜的幸運在於他加入這個菁英群體，「在一個最偉大的古代立法者也

---

12 麥迪遜出生時，其家族已在維吉尼亞生活了一個世紀，是當地望族，也是虔誠的基督徒家庭。麥迪遜在普林斯頓大學接受了美洲殖民地最好的教育。在信仰上，他不滿維吉尼亞聖公會教士的傲慢、無知，喜歡普林斯頓真誠、積極的長老教會。一七七五年，革命剛開始時，二十四歲的麥迪遜成為奧蘭治縣民兵團長，參與軍事演習，也參與實彈射擊訓練。一七七六年，在其二十五歲生日時，被選入維吉尼亞議會。麥迪遜在制憲會議的靈魂人物。

希望生活其中的時代，開始了他的人生。有多少人享有過這樣的機會呢？為他們自己和他們的兒孫創立一個選舉政府——這比空氣、土壤和氣候更重要。在當今這個時代之前，什麼時候有過三百萬人以充分的權力和公平的機會組成並建立一個人類智慧所能設計出的最賢明、最恰當的政府呢？」麥迪遜深感慶幸，「對我們國家來說，這是一個光榮的時期，比此前任何時期都更加光榮，它很可能會改變人類的境遇」，他把制憲當作「不朽的機會」。

在制憲會議上，作為會議主席的華盛頓發揮了巨大影響力——並非因為他的聲音大，而是由於他沉默寡言，擁有個人風采與歷來推廣合眾國體制的美德以及行動很有魄力等，這些特質強過任何言辭。正如奧古斯丁所說，你若沉默，是出於愛而沉默；你若發聲，是出於愛而發聲。華盛頓注意到，麥迪遜掌握著從憲法最初概念到最終草案完成的全部過程。他打量著麥迪遜，意識到這個其貌不揚的小個子男人最能理解這項事業的精髓所在。

麥迪遜或許不能如傑佛遜那樣飛快地寫作，卻以極具說服力的措辭為新政府做出規劃。他深知人性的幽暗，所以設計了一種制衡制度的最好模式：「野心必須使用野心來制約。」新憲法必須使各部門——行政、司法和立法——按其指定的功能運轉，同時抵制其他部門侵權。國家越大，競爭性集團就越多，自由就越有可能成功。

建國者們相信，憲法為接近「完美」的政府提供了框架。華盛頓在一七九〇年寫道：「美國政府雖然不是完美無缺的，但肯定是世界上最好的。」麥迪遜認為，憲法的原則要長久傳承，必須樹立憲法以及領導者的權威，只有國民皆敬畏其憲法，憲法才

能成為國家的基石。

　　制憲會議上，經過漫長的爭論，代表們通過了憲法。如果說傑佛遜是《獨立宣言》之父，麥迪遜就是美國憲法之父。「獨立」與「建國」是兩個階段的任務，一七七六年的首要議題是「獨立」，一七八七年的首要議題則是「建國」。麥迪遜的歷史貢獻是，用「一七八七年精神」取代或超越「一七七六年精神」，「建立一個有能力在更大範圍內發揮作用的全國性政治框架，並將其制度化，同時又不會威脅到來之不易的自由」。麥迪遜說服了大多數美國人，視聯邦政府為「我們」而不是「他們」，這種轉變可以稱之為「第二次美國革命」。如此一來，麥迪遜扭轉了傳統的邏輯：迄今為止，共和國都是小型的，人類歷史上沒有任何一個大國建立起穩固的共和制度。麥迪遜認為，一個擴展的美利堅共和國使空間變成資產，而非缺陷，而積廣闊的共和國能改善小型共和國的管理。在清教徒的世界裡，美國繼日內瓦和尼德蘭兩個小型共和國之後成了體量空前的共和國，也將在一百多年之後成為全球最強大的共和國。清教徒國家崛起過程中的三大效應——磁鐵效應、酵母效應和馬太效應，也將因美國的龐大而被放大到前所未有的地步。

　　麥迪遜的成就是美國的成就，也是國父們共同的成就——他們是那個時代受過良好教育、擁有淵博學識和崇高品格的傑出之士。[13]法學家約翰‧努南（John Noonan）如此評論麥迪遜身上

---

13 傑佛遜在給亞當斯的信中將制憲者們形容為「半神半人」，這種說法太過誇張。不過，就公民品格、教育程度和知識背景來看，正如一位駐美法國外交官所評論的那樣：「即使在歐洲，也沒有一個議會擁有這麼多受人尊敬的天才、博學者、毫無私利的人和愛國者。」華盛頓和富蘭克林是建國者中沒有受過正規教育而自學成才的兩個人。在五十五位奠定憲法的人當中，絕大多數都受過系統的教育：

基督徒的謙虛和寬容：「在所有事情上節制，包括他的基督教信仰。就我所知，麥迪遜是第一位這樣的政治家，本人是信徒，自己沒有感知任何迫害，卻對被迫害的受害者有足夠的同情，厭惡強制信奉國教的觀念，並且為永遠終結這種迫害的立法而努力。如果沒有信仰，寬容是很容易的。既有信仰又倡導自由——這就是麥迪遜的成就。」

華盛頓確信，麥迪遜是憲法最權威的解釋者，當他初任總統時，行動之前的所有事情都要向這個年輕人請教。作為最高法院的首席法官的馬歇爾，也經常聽從麥迪遜的意見。

麥迪遜和美國的國父們的想法並非空穴來風，他們在舊世界有其精神導師。伯克是首要的導師，儘管《聯邦黨人文集》對其觀點直接引用並不多，但伯克的思想以「隨風潛入夜，潤物細無聲」的方式進入制憲會議。在費城制定美國憲法的紳士們把英國憲法作為他們的一般模式，而伯克又曾是英國憲法的主要闡釋者。伯克聲稱，如果雅各賓派的法國或者英國國內的雅各賓派得勢，冷酷無情的狂熱分子摧毀英國國內的社會秩序，其結果將十分可怕。在冷戰的巔峰時刻，拉塞爾·柯克如此引申說：「假如我們美國人在與蘇聯政權這種甚至比雅各賓派政權更可怕的政權的極其嚴酷的鬥爭中輸掉了，對於美國憲法來說，也同樣不會存在什麼安樂的結局。」[14]美國必然勝利，因為美國有憲法護航，而憲法的背後站著上帝。

宗教自由在美國憲法中具有重要位置。麥迪遜關於宗教自由

普林斯頓大學九人，耶魯大學四人，威廉與瑪麗學院四人，哈佛大學三人，哥倫比亞大學兩人，賓夕法尼亞大學兩人以及英國的劍橋大學兩人和聖安德魯斯大學一人。

的觀點是他後來所有優秀政治思想的靈感來源。這是他投入其超常的研究和思考能力的第一個主題。他領導維吉尼亞制定宗教自由法令，這讓他得以了解美國殖民地獨特的宗教史，不同教派和宗派的繁盛本身最終引向宗教寬容的原則，因為沒有哪個教派或宗派能一家獨大。這是他從亞當·史密斯的《國富論》中獲得的啟發──自由競爭的市場是國家富強的祕訣，各宗派形成彼此競爭的宗教市場則是國家精神充滿活力的前提。麥迪遜的觀點在美國歷史上一直被維護著，此後兩百多年，在教會和政治分立的制度下，美國的宗教比任何其他現代工業的社會更為繁榮興旺。

麥迪遜起草和堅持通過了關於宗教自由的《第一修正案》。「不確立國教」的原則深深紮根於殖民地過去的環境之中，他們的先輩從過去的苦難以及英國的先例中汲取教訓，拒絕在信仰上強制推行「一致性」。由此，如歷史學家伯納德·貝林（Bernard Bailyn）所說，形成了美國精神中一個重要方面：「我們中的不同教派都會生存下去，而且會形成一個更龐大又受人尊敬的團體。所有人之間的相互利益以及智慧肯定會促使已經得到普遍推行並且擁有良好開端的信條──普遍寬容和良心自由變得更加完美。」

麥迪遜的文風與他的性格一樣：低調而內斂。比起汪洋恣肆的《獨立宣言》來，美國憲法的行文樸素而節制。其序言寫道：

---

14 拉塞爾·柯克說，為什麼斷言伯克這位從未走訪過十三個殖民地的政治家與美國憲法這一高度成功的政治設計有關係呢？一七八七年憲法的總體構架和宗旨符合英國輝格黨集團的政治原則，該集團的管理人和精神首腦正是伯克。美國憲法制定者們以在一七六○年和一七八七年間存在的英國憲法作為樣板，那些年間，伯克在下院極其顯赫，並大量論及憲法的理論和實踐。本質上，美國憲法是伯克稱之為「英國人的特許權利」的一個修正本。

我們合眾國的人民，為了建設更完善的聯邦，樹立正義，保障國內安寧，設立公共國防，增進全民福祉，並謀今後使我國人民及後世得以永享自由帶來的幸福，特為美利堅合眾國制定和確立這一部憲法。

在憲法成形過程中，作出首要貢獻的並非麥迪遜等國父們及伯克、孟德斯鳩等外國思想家，而是上帝。美國歷史學家班克羅夫特（George Bancroft）指出，代表們都受到「神聖的指引」，憲法自身則是「使宇宙統一並賦予事件以秩序和關聯的神聖力量」的產物。[15]

美國憲法源自聖經，它與聖經一起被尊崇。聖經又高於美國憲法，美國總統在就職典禮上宣誓時，不是手按憲法，而是手按聖經，這個細節發人深省。

對於所有試圖建立聯邦體制、或改變政體、或從無到有開邦立國的國家來說，美國憲法的制訂都是一個典範。然而，在美國憲法制訂以後兩百多年裡，憲法文本本身被人們廣泛卻很膚淺地加以研究，但做這件事的方式，卻被人們忽略。

在美國憲法通過之後下一個十年裡，法國的革命家很少關注美國人如何制憲——這個被歐洲人輕蔑地稱之為「半開化的民族」能教給古老歐洲以及其他地方的人們的經驗是什麼呢？是態

---

15 美國歷史學家埃利斯只相信理性。他認為，「考慮到大多數國家都將自己的起源置於天上的全知全能則的神聖面紗之下，做出這種強調超自然力（上帝）的解釋可能也是必然的」。但他也不同意左派對基督教的恨意，以及一種帶有弒父情結的仇恨史觀——「二十世紀上半葉的進步主義解釋傳統輕而易舉地揭露出，這種神祕主義和使徒傳式的描寫，不過是愛國主義的謬論而已。」

度——三十年後，拉丁美洲人要建立新國家，於是臨時照搬美國模式，卻因為沒有美國的民情和信仰傳統而慘遭失敗。一九一九年南斯拉夫聯盟憲法和一九二一年蘇聯聯盟憲法，在制訂時並未參考美國經驗，兩者都被證明是慘痛而血腥的失敗。中部非洲聯邦、馬來西亞聯邦和西印度群島聯邦也一樣，所有這些聯邦最後都被放棄了。歐盟聯邦結構的建立，同樣沒有努力細察並消化高度成功的美國案例，有人試圖勸說歐洲的制憲者們不妨看看一七八〇年代的一系列事件，但這樣的努力被冷漠地置之腦後——其結果是導致歐盟成為一個利維坦式的怪獸，一個龐大低效的官僚機構，一個價值混亂且認同模糊的烏托邦，即便被授予諾貝爾和平獎，它也必然走向衰敗。

第三節 約翰・亞當斯與亞歷山大・漢密爾頓：兩位被遺忘的國父

在左翼進步主義、平等主義、民粹主義盛行的時代，湯瑪斯・傑佛遜在國父們中享有僅次於華盛頓的崇高地位；而約翰・亞當斯與亞歷山大・漢密爾頓必然是「政治不正確」的代表，必然成為被刻意遺忘的國父。

在華盛頓任期的末期，地位僅次於華盛頓的三位國父的政爭到了水火不容的地步。亞當斯、漢密爾頓與傑佛遜的對立，是觀念秩序的對立，觀念秩序的對立必然產生華盛頓最不願看到的黨派政治。亞當斯、漢密爾頓彼此間的對立，則是聯邦黨人內部令人遺憾的權力鬥爭——個性強悍的亞當斯和同樣個性強悍的漢密爾頓的交惡，使亞當斯在總統大選中被傑佛遜擊敗而未能未能連

任，聯邦黨分崩離析。

英國人類學家和外交家約翰‧高樂（John Goren）認為，美國開國的諸位元勛在教育和品格上都帶有英國特色。這個說法大致是成立的。但如果更細緻地研究美國國父們的政治哲學就能發現差異所在：亞當斯和漢密爾頓秉承希臘—羅馬的古典共和政治以及宗教改革以來的清教徒政治哲學，傑佛遜則汲取近代文藝復興、啟蒙主義的思想文化；亞當斯和漢密爾頓鍾情於盎格魯圈的英國憲制，傑佛遜鍾情於法國大革命的激進主義。亞當斯、漢密爾頓與傑佛遜的分歧，為之後「右翼的美國」和「左翼的美國」、「英國的美國」和「法國的美國」的分裂與競爭埋下伏筆。今天，美國幾乎所有政治、經濟、文化與社會倫理議題的分歧，都可以從這三位國父的論戰中找到根源。

對亞當斯與漢密爾頓的遺忘，就是對美國的清教徒傳統和保守主義價值的背叛。這是美國歷史學和政治學中被熟視無睹的「黑洞」，這是左派幾乎得逞的顛覆國家的陰謀。反之，對亞當斯、漢密爾頓的重新發現，就是在左翼自由主義的解釋範式之外，重新恢復清教徒的、保守主義的解釋範式，即一種基於喀爾文主義的觀念秩序；也是在將美國革命看成是啟蒙主義和法國思想的產物的觀點之外，重新仔細梳理建國者們的思維方式及核心範疇與英國傳統及輝格黨人思想的聯繫，由此確信「我們關於自己是自由世界領袖的觀念，始於一七七六年」。[16]

---

16 貝林和伍德（Gordon S. Wood）兩位歷史學家「重新界定」了美國革命的內涵和意義：美國革命是漢娜‧鄂蘭式的「開端」，它不僅構成美利堅人國民意識的來源，而且是進行國家身分界定和重新界定的指路明燈。作為一場思想革命的美國革命，最大成就乃是「共和主義的革命意識形態」。有了它，美國革命才超越一般的殖民地反叛；有了它，美國革命才創立了以追求自由為精髓的「美利堅理念」。

◎約翰‧亞當斯：「我一直生活在一個敵對的國家」

　　傑佛遜說，五十五名參與制憲會議的代表是「哲人的集合」。然而，傑佛遜和亞當斯並未參與此次盛會：作為駐法大使的傑佛遜正在巴黎，作為駐英大使的亞當斯在倫敦。

　　儘管亞當斯缺席制憲會議，但在制訂美國憲法上所作的貢獻絲毫不亞於麥迪遜。亞當斯曾是農民之子、教師、律師、立法者、大使；他了解民眾和務實；有關「自然狀態」或「自然平等」或普世仁愛的說辭非常有悖於他的常識和他的新英格蘭道德觀。他看到法國人的自由理念正在北美各地廣泛流傳，為反駁這些觀念，他寫下《美利堅合眾國諸政府憲法之辯護》這部煌煌學術巨著，該書在美國出版的正是時候，影響了參加制憲會議的代表們。

　　麥迪遜在制憲會議前夕曾研讀過亞當斯的著作，被稱為「美國權利法案之父」的喬治‧梅森（George Mason）更深受其影響。當亞當斯的《美利堅合眾國諸政府憲法之辯護》第一卷在制憲會議期間寄到費城後，受到制憲者們的歡迎。班傑明‧拉什（Benjamin Rush）指出，亞當斯通過《美利堅合眾國諸政府憲法之辯護》獻給祖國的禮物所作出的貢獻，勝過他為美國贏得所有歐洲國家的聯盟。

　　亞當斯的政治哲學在後世並未受到應有的重視，作為第二任總統的歷史地位至今沒有定評，這與其他建國者形成鮮明對比。[17]實際上，亞當斯留給美國無比豐富的思想遺產，他是美國

---

17 就政績而言，亞當斯不算是一位相當成功的總統——他缺乏自己的施政班底，身邊被敵對者環繞：按照當時的選舉制度，其政敵、獲得第二高票的傑佛遜成為副

保守主義的奠基者。[18]拉塞爾‧柯克指出：「亞當斯超脫於當時的激憤的氛圍，比所有其他人都更積極地教導良善、切實可行的法律的價值。在保持美國政府的法治而非人治特性方面，他的貢獻超過了所有其他人。」而亞當斯本人用亞當斯式的謙虛如此表述說：

摩西不是說過：「我是什麼人，竟能在這偉大的民族中進出？」當我想到已經發生的偉大事件，以及正在進行的更偉大的事件，而我竟有可能碰到幾根命運之弦、轉動幾個小小的命運之輪，我在其中起到重要的作用，已經或者將會改變歷史的命運，我就感到一陣溢於言表的敬畏。

一六三八年，亞當斯家族遠渡重洋來到麻薩諸塞的布倫特

總統，傑佛遜無時不刻都在干擾亞當斯。亞當斯名義上是聯邦黨人的首領，漢密爾頓卻是隱形的黨魁，漢密爾頓控制內閣，企圖充當「幕後總統」，讓亞當斯感歎自己是「內閣中最無足輕重的那個人」。亞當斯在給妻子的信中抱怨說：「我有一顆敏感的心，這個國家不知道，永遠都不知道，我為它承受的痛苦。我寧可在彭斯山砌牆，也不願出任政府最高職位。」

18 歷史學家伍德在《美利堅共和國的締造》一書中，為亞當斯設置獨立章節——這是歷史教科書中更受推崇的其他國父們不曾享受的待遇。伍德指出：「亞當斯拒絕牽強附會，從不說違心話，不會否認或掩飾美利堅政治的寡頭性質，他正確地看到，沒有任何一個社會（包括美利堅社會）能夠實現真正的平等正義，沒有任何其他一位革命者像他一樣試圖接受這種政治及社會生活的現實。他卻為他的誠實支付了昂貴代價。」政治學家拉塞爾‧柯克將亞當斯視為伯克之後第二位保守主義思想家，在《保守主義思想：從伯克到艾略特》一書中以專章「約翰‧亞當斯與法律之下的自由」論述其思想遺產。柯克認為，亞當斯堅信，「聯邦制是對美國最有利可行的原則。與世界上任何其他國家相比，美國都更熱切地持守政治制衡的信念；從很大程度上說，這是亞當斯講求實際的保守主義的成果。」

里，他們是移民北美的清教徒。亞當斯在給朋友的一封信中說：「究竟是什麼使人數眾多的亞當斯家族的各個支系始終保持健康、和睦、舒適和平凡？我相信是宗教。沒有它，他們可能成為浪子、紈絝子弟、酒鬼、賭徒，為饑餓折磨、嚴寒所凍，也可能被印第安人剝去頭皮，等等，逐漸分散並最終消失……」[19]

亞當斯本人在哈佛大學唸書時形成敬虔的生活習慣：「我決心日出時就起床，在星期四到星期日的上午學習聖經。」亞當斯思想活動的廣度和深度不亞於傑佛遜和麥迪遜：「每天至少閱讀六個小時的法律書籍，或者思考法律觀點……旨在準確理解政府的本質、宗旨及手段。比較政府的不同模式，分析每一種模式對公共及私人福祉的影響。研究塞涅卡、西塞羅和所有其他優秀的道德作家。研究孟德斯鳩、博林布魯克……和其他所有優秀的社會及政治作家，等等。」[20]

青年時代，亞當斯即雄心萬丈，將出任政府公職、包括擔任總統視為上帝的呼召：

但願上天賜予我們勝利，如果這是我們應得的；如果不是，那就賜予我們忍耐失敗的耐心、謙卑和執著。

---

19 亞當斯的祖輩是農夫。第一個到達美洲的亨利·亞當斯及其後代以製造麥芽為生。亞當斯的父親是農夫和鞋匠，「性格堅強、舉止樸素」，是「體面的公民」，當過市政管理委員。讓他最榮耀的是成為教會執事。基督信仰在這個家族中具有至高地位。亞當斯幼年生活窮苦，卻很幸福。老亞當斯經常帶著小亞當斯去教堂參加禮拜。

20 對於各門科學在建立國家進程中的時序性及其重要性，亞當斯指出：「國家政治學，相較於其他科學，是我應該潛心修習的；立法學、行政學與談判學，應被置於眾學門之上。我必須修習政治學與戰爭學，我們的後代才有修習數學、哲學的自由。」

在華盛頓的兩屆總統任期，亞當斯是忠心耿耿的副總統，然後成為第二位美國總統。在擔任最高公職期間，亞當斯從來不回避在公共生活中倡導信仰──在今天，這樣的舉動顯然不符合「政治正確」的要求。一七九八年，美國與法國發生衝突，兩國進入準戰爭狀態。作為總統的亞當斯號召禁食一天進行祈禱，遭到報界的一致嘲笑。可到了那一天，各教堂擠得水泄不通。而對副總統傑佛遜來說，那麼多人去教堂禱告，意味著這個城市彷彿被施了「罪惡的魔咒」，他把這看作「巫術統治」。

儘管在現實政治中屢屢受挫，亞當斯對美國的未來充滿樂觀期待。他認為，專制主義起源於天主教會和封建制度，美國是一片沒有被汙染的純淨聖土，自由是美國人的天然權利。他的政體理論包括：混合政體、經人民同意的統治、法治、人民主權、民兵武裝、菁英統治、有限政府、分權制衡、社會福祉、公民教育、節儉樸素等。他的理想憲法即建立在上述原則之上，這種憲法制度使普通民眾成為勇敢和有進取心的人，讓人民保有和提升公民美德。由這種共和主義原則組成的美利堅合眾國可應對任何歐洲君主國的入侵。「美國人民現在有最好的機會和最大的信任在手中」，有條件和機會創建三權分立的共和政府。一個政府必須有三個部分──行政、立法和司法，而且為了事先制衡的目的。

在政治哲學上，亞當斯是守舊的，在英國憲制的宏偉殿堂中，守舊不是一種負面的價值。當十八世紀傳統政治概念瓦解之際，亞當斯比任何人都更徹底、更咄咄逼人地為其辯護，他執著地、倔強地往前行進，那一方向最終使他脫離美利堅思想發展的主幹道。他因此成為悲劇式人物：

亞當斯似乎對他周圍的新思想具有免疫力，他甚至回到過去，更緊緊地抓住古典混合政體的理論⋯⋯他把自己看成普羅米修斯式的人物，被排擠到一旁，因知識而受到懲罰。

亞當斯致力於在共和主義和君主制的穩定間尋求平衡，以創造「有序的自由」，他屢屢警告缺乏制約的民主制的危險。民主派攻擊亞當斯曾計劃「讓自己戴上王冠」並且「把約翰・昆西・亞當斯作為諸君那樣來打扮」——有趣的是，亞當斯的兒子約翰・昆西・亞當斯（John Quincy Adams）日後果然成了第六任總統，開創了「父子總統」的先例。

說出真理的人往往是孤獨的，因為真理讓人扎心。亞當斯與同胞之間存在著深深的鴻溝，他感到被誤解、受迫害，而且，似乎從一開始起就是如此。「從一七六一年到現在已經五十多年，」一八一二年，長壽的亞當斯傷感地對友人班傑明・拉什說，「我一直生活在一個敵對的國家」。作為建國者之一，作為真誠的愛國者，此一體驗，讓人情何以堪。亞當斯用了太長時間，以過於坦誠的方式，一直試圖告訴美利堅同胞有關他們自己的一些真理，卻無人傾聽。

一八〇〇年，亞當斯與傑佛遜之間那場總統競選，是美國第一次競爭激烈且不乏陰謀和人身攻擊的總統大選。亞當斯被傑佛遜擊敗，這成為他一生中難以癒合的傷痛，也顯示了美國歷史將走向某種令人不安的方向。

亞當斯未被邀請參加傑佛遜的就職典禮，一大早他就離開白宮，返回麻薩諸塞的私宅。儘管心情低落，他仍誠懇地留下對這座房子的祝福：「我祈禱上帝將最好的祝福賜予這座房子，賜予所有今後將在此居住的人，只讓那些正直和智慧的人在這座房子

裡永遠統治下去。」

亞當斯晚年放棄了喀爾文神學的原則，偏離了正統基督教教義，但他始終相信上帝對世界的護理，也稱讚「喀爾文主義者是我所見過的最好的人」，他將自己的一生總結為一句話：「一個熱愛上帝及其作品、並盡己所能去保護和改善它們的人，應該會為上帝所接受。」

亞當斯晚年的信仰狀態是「有神論的理性主義，如同其他的美國國父一樣，居於某種清教主義和自然神論的中間地帶」。亞當斯對上帝充滿敬畏；與之相比，傑佛遜「對傳統有神論宗教真理持懷疑態度」。歷史學家戈登·伍德指出：「雖然傑佛遜和亞當斯都否認聖經的神蹟和耶穌的神性，亞當斯總是有一種傑佛遜卻從來沒有過的對宗教徒的尊重；事實上，傑佛遜在私人社交中更傾向於嘲諷宗教體驗。而亞當斯直到生命的最後一刻都敬畏上帝。」[21]

◎亞歷山大·漢密爾頓：「美國特質」與「美國傳奇」

二○○四年，一部美國公共廣播電視台的紀錄片賦予亞歷山大·漢密爾頓新的名號──美國「被遺忘的國父」。保守派專欄作家喬治·威爾（George Will）說：

在華盛頓，傑佛遜有一座體面高雅的紀念堂，而漢密爾頓卻一無所有。但是，如果你想尋找漢密爾頓紀念碑，不妨四處看

---

21 亞當斯去世時，他的長子、正擔任總統的約翰·昆西·亞當斯在回家的馬車上得知父親的死訊。昆西在日記中寫道，父親和傑佛遜在同一天逝世，這一天正是七月四日獨立日，這不能僅僅被視為一種巧合：這是一種「看得見摸得著」的「上帝的恩寵」。

看。你就生活在其中。不識廬山真面目，只緣身在此山中。我們紀念傑佛遜，但我們生活在漢密爾頓的國度裡。

一八○二年，漢密爾頓死於與傑佛遜的副總統伯爾（Aaron Burr, Jr.）的一場決鬥。由於在四十九歲英年早逝，漢密爾頓在歷史記憶中保留著英氣逼人的風采。但是，也正是因為英年早逝，後世對漢密爾頓的評價遠遠不及他對美國的巨大貢獻。漢密爾頓相對短暫的一生剝奪了他塑造自己歷史形象的機會。傑佛遜和亞當斯利用隨後的二十年中傷無法反駁的漢密爾頓，對其顯然是不公平的。實際上，除了華盛頓之外，大概沒有哪個人像漢密爾頓一樣，從一七七六年到一八○○年，一直處於美國政治的中心地位；也沒有哪個人像他那樣，跟那個時代所有的重大歷史事件都有瓜葛。

美國的國父們大都出生於富裕或小康家庭，家庭和睦，從小受到良好的教育，養成健康明朗的性格。在國父們當中，漢密爾頓是唯一一位第一代移民。一個灰頭土臉的西印度群島卑微的私生子，在美國改頭換面，沒有正當的出身和良好的教育，卻取得輝煌的成功——漢密爾頓從聖克羅伊島一個鬱悶的小職員，變成華盛頓內閣裡手握大權的要員的經歷，既是一篇有關個人成長的傳奇，更勾勒出美利堅合眾國這個年輕的共和國從她出生到蹣跚學步的一幅全景圖。一般出身卑微而貧寒的人，都會受到幼年苦難生活的傷害和影響，成年後難以擺脫此種精神創傷而有嚴重的人格缺陷。漢密爾頓則成功克服了這一切，而用一種開闊昂揚的態度面對人生。一位有蘇格蘭血統的旅美長老教會牧師休·諾克斯（Hugh Knox）最先在這個「神奇小子」身上發現「美國特質」，這個年輕人和這片土地真是太般配了。「漢密爾頓沒有任

何資源，他自己就是一座巨大的寶藏，是那種只有在美國才有可能存在的以能力為基礎的天然貴族的典型代表。相比於革命一代中的任何一個著名人物，漢密爾頓都顯然是一個後來居上者。」他的「美國特質」讓他締造了「美國傳奇」。

漢密爾頓是美國獨立戰爭的英雄，莫里斯在為之撰寫的悼詞中談到華盛頓選擇漢密爾頓作為其副官時表示，「就好像上帝之手選中了漢密爾頓，因為上帝相信他能拯救世界」。漢密爾頓沒有受過正規的軍事教育，卻對戰爭有一種天生直覺，他幫助華盛頓在戰場上運籌帷幄，也多次奔赴戰鬥第一線。與此同時，作為維吉尼亞州長的傑佛遜在英軍來襲時狼狽逃走，後來傑佛遜居然嘲諷漢密爾頓是「膽小鬼」。

有趣的是，漢密爾頓和亞當斯在政治哲學上肯定貴族制和君主制的某些方面，並因此遭到民粹派和民主派的猛烈抨擊；其實，他們都過著平民簡樸的生活，也心口如一地反對奴隸制。而號稱擁抱大眾民眾、倡導眾生平等的傑佛遜，卻過著堪比歐洲貴族的奢華生活。[22]

在漢密爾頓早期的政治生涯中，他領導了一七八六年的安納波利斯會議，此次會議促使邦聯會議召集費城的制憲會議。為幫助批准憲法，他撰寫了《聯邦黨人文集》八十五篇中的五十一篇，這本書至今仍被用作憲法解釋的最重要參考之一。他也是推動美國政府的架構從邦聯向聯邦演變的關鍵人物。

漢密爾頓從苦難困頓中崛起，卻又具有某種貴族精神——他

---

22 傑佛遜的蒙蒂塞洛莊園的運作「建立在仔細調整的暴力之上」，傑佛遜曾勤奮地抓捕逃跑的奴隸，容許甚至下令鞭打他們，他還買賣奴隸，儘管他完全清楚這種做法會拆散奴隸家庭。

跨坐在一個瀕死的貴族世界和一個新興的民主世界之間，希望將兩者整合成一個優雅的共和國。他相信，任何合法的政府都必須以民意為基礎，但他不相信大多數民眾都能做出負責任的行動，這是一個極為古老的悖論。對任何假定大多數美國公民都能合乎道德地行事或將個人利益置於更大範圍的公共利益之下的民主視角，漢密爾頓提出最直白的批評。他在軍中服役的經歷和他的政治生涯，讓他意識到，任何建立在純粹的民主假定之上的政府其實是建立在誘惑性的幻覺之上。

漢密爾頓討厭「民主」這個詞，原因之一是他的底層生活的經歷讓他意識到大多數美國公民不能理解他在說什麼。不僅漢密爾頓，革命一代常用的一個詞是「共和」，而非「民主」。在那個時代，「民主」這個術語帶有貶義，它意味著暴民統治，意味著煽動對多數意見的操縱，意味著與公眾的長期利益相抵觸的、短視的政治舉措。漢密爾頓所參與的憲法討論和政府機構的設置，從頭到尾都致力於如何避免暴君和「多數人暴政」，這一切都基於喀爾文主義中人性全然敗壞的神學立場。

在華盛頓和亞當斯執政時期連續四屆總統選舉中，漢密爾頓都發揮了關鍵作用。他是深受華盛頓信任的副手，是華盛頓內閣中「最偉大」的成員，華盛頓垂拱而治，放任被其視為兒子的漢密爾頓大展手腳。漢密爾頓的政敵攻擊說，華盛頓不幸淪為漢密爾頓的傀儡。然而，正是漢密爾頓推行的政治、經濟和外交政策，讓初生的美國「迅速發展、國力增強以及繁榮昌盛」，美國的政治架構經他之手得以確立。

漢密爾頓的死是一個悲劇，如果他成為美國總統，他可以為新生的共和國做出更大貢獻。他與伯爾決鬥，並不符合基督教的教導。但他寧願付出生命代價也要捍衛尊嚴，且絕不傷害對

方——他決定不會朝對方開槍,而是朝天開槍,等於置生死於度外。友人勸告他不要如此,他表示決心已定:「我的朋友,這是宗教的力量,無需任何理性。」這是那個時代的紳士美德。相比之下,殺死他的對手卑劣而殘忍。

漢密爾頓死於決鬥之前,已成為權力圈的局外人。傑佛遜等共和黨領袖得到民眾擁戴,因為他們訴諸於情感;而聯邦黨人更倚重理智,支持者越來越少。面對此種困境,漢密爾頓希望成立一個名為「基督教憲法協會」的組織,通過出版宣傳冊、促進慈善事業、建立移民互助團體和職業學校,這個協會將推廣基督教、憲法和聯邦黨。此時,駁斥無神論已成為漢密爾頓批判傑佛遜以及法國大革命的主調,但這場反對無神論的屬靈的戰爭需要求助上帝才能獲勝。[23]

在更早的獨立戰爭期間,漢密爾頓的基督信仰一度衰退,他對有組織的教會抱有懷疑態度,對於宗教的狂熱、「虔誠但錯誤的熱情」深深警惕。然而,很明顯,漢密爾頓在生命的最後幾年再次專注於基督信仰。法國大革命的無神論和傑佛遜對法國大革命的支持,促使漢密爾頓恢復了對基督教的興趣。漢密爾頓一度沉睡的基督信仰的覺醒或復甦,是受法國大革命的刺激——他清楚地看到一場敵基督的革命是何其可怕。對漢密爾頓來說,基督教是一切法律和道德的基礎,這個世界如果沒有宗教就將是地獄

---

23 即便尊崇漢密爾頓的、生活在二十世紀的其傳記的作者,亦認為漢密爾頓未能完成的組建「基督教憲法協會」的設想是「極其糟糕的主張」,「因為它會破壞政教分離的原則」,「漢密爾頓不知不覺陷入了退步的思維模式,似乎獨自在曠野中怒吼」——可見,今天的美國知識界枉顧作為美國立國根基的清教徒的觀念秩序,將憲法原則中的「政教分立」用「政教分離」替換掉,失去了向上帝尋求幫助的謙卑之心。

般的場所。[24]

　　彌留之際的漢密爾頓執著於靈魂歸屬方面的問題。他對牧師說：「我希望能通過臨終祈禱和聖餐禮這個神聖的儀式融入教會。我對伯爾上校全無惡意。我帶著絕不傷害他的決心與他會面。對他對我所做的一切，我已經釋懷了。」[25]他的高尚人格在此展露無遺。

　　漢密爾頓為國家服務的時間並不長，但他留給美國的遺產卻如此豐盛。雷根總統說起「漢密爾頓的遠見卓識」和「明察秋毫」時往往讚不絕口，川普總統的競選列車上也用最大的字體寫上漢密爾頓的名字。作為美國歷史上的第一任財政部長和聯邦政府架構的主要設計師，漢密爾頓將憲法原則帶進日常生活，將抽象的憲政理論融入現實的制度。他設計了可以平穩運轉的聯邦與各共和國權分治架構及其預算體系、國債制度、稅收體系、中央銀行、海關和海岸警衛隊，並且做了大量工作來證明這些制度的合理性。他的這些成就為行政權界定了一個極高的標準，以至於

---

24 在漢密爾頓統領新軍時，曾要求國會向每個旅派遣一位專職牧師，以方便士兵做禮拜。其妻艾麗莎是虔誠的基督徒，儘管他沒有與妻子一起參加禮拜，也不正式隸屬於任何教派，但他樂於跟妻子分享信仰。他每天禱告，在家庭聖經旁白處密密麻麻寫下很多注釋。

25 臨終之際，漢密爾頓急切地想要接受臨終祈禱及聖餐禮。三一教堂主教本傑明‧莫爾提出兩點疑慮：決鬥是不虔誠的行為，漢密爾頓沒有定期做禮拜，他無法遵從其意願。漢密爾頓轉而求助好友、蘇格蘭長老會約翰‧梅森牧師。梅森說，「我們教堂規定，不得在任何情況下為非會友舉行聖餐禮」。但梅森安慰他說：「人生而有罪，在上帝面前平等。」漢密爾頓說：「我是個罪人，我祈求主的憐憫。」梅森告訴他，基督的鮮血能夠洗清他的罪孽。漢密爾頓緊緊抓住梅森的手，嘶啞高呼：「請求主耶穌基督裁定，我卑微地依靠萬能上帝的恩慈。」後來，莫爾主教改變立場，為之舉行聖餐禮。之後，漢密爾頓在上帝的眷顧下悄然步入另一個世界。

無人能望其項背。再沒有哪個開國元勛像他那樣對未來的政治、軍事和經濟有如此清晰的洞察力，也沒有哪個開國元勛像他那樣，將這些機制整合在一起，使這片土地凝聚成一個國家。

◎一七七六年和一七八九年是對立的：
   美國是「新英格蘭」，不是「新法蘭西」

一切的分歧，歸根到底都是觀念秩序的分歧、神學和信仰的分歧。亞當斯與漢密爾頓都篤信喀爾文神學的精髓——喀爾文主義包含對上帝、世界和人性的看法，而一個人的觀念秩序決定了現實中對政府架構和政治模式的選擇。

法國大革命爆發後，它很快成為美國革命的一面鏡子。美國從中照出自己，還是照出自己的反面？美國憲制剛具雛形，即要面對法國路徑的誘惑。英國路徑如溫水，法國路徑如烙鐵；英國路徑承認自己只是「最不壞」的選項，法國路徑則宣稱自己將實現最美好的願景；英國路徑如英國的園林般樸實無華，法國路徑則如法國的園林般巧奪天工。向左，還是向右，美國面臨著兩種觀念秩序的抉擇。

首先，這是外交路線的差異——是繼續跟獨立戰爭中並肩作戰的法國做朋友，還是跟兵戎相見的前宗主國英國恢復關係；這更是美國剛出現的黨派分歧引申出的外交政策的對立——善於煽動民眾情緒的傑佛遜將亞當斯和漢密爾頓描述成有賣國嫌疑的「親英派」，這在剛剛跟英國打過仗、從英國殖民統治下獲得獨立、民眾對英國尚存恨意的美國，是一套有效的敘事策略。最缺乏道德的左派，往往首先占據一個道德高度並用道德來攻擊對手。

亞當斯和漢密爾頓確實「親英」，但他們不是出賣美國國家

利益以討好英國政府，而是尊重英國傳統和英國憲制。獨立戰爭期間，亞當斯曾作為大陸會議代表與英國談判。英國將軍威廉‧豪（William Howe）在取得戰略性優勢的局面下，提出的條件是北美必須臣服。雙方毫無交集。當豪說到他只能將美利堅代表們看作大不列顛臣民時，亞當斯反駁說：「你可以把我視作你看到的任何事物，除了不列顛臣民。」多年後，亞當斯才知道他的名字被豪排除在「可赦免人物」列表之外。漢密爾頓在整個獨立戰爭期間從未退卻，在決定性的約克鎮戰役中自告奮勇指揮三個營攻占英軍砲樓，「他和士兵們從戰壕中躍起，勇敢地跑過大約四百米長的敵人砲火可覆蓋的空地。為了達到突襲目的以及士兵榮譽的考慮，他沒有給步槍上子彈，而是打算用刺刀結束這場戰鬥」。這兩位國父怎麼可能背棄美國的國家利益而「親英」呢？

　　一七八九年，漢密爾頓起草並促使美國政府通過《傑伊條約》，與英國建立友好的貿易關係，令法國和法國大革命支持者們惱怒不已，認為是對昔日盟友的背叛。親法派的傑佛遜、麥迪遜們聲稱「親法」是回報法國在美國獨立戰爭期間對美國的支援，這個理由是站不住腳的。由暴徒們組成的、自稱共和國的法國新政權，並非美國的盟友，那些真正幫助過美國的法國人——包括國王路易十六——都被這個政權除掉了。[26]

---

26 路易十六幫助美國對抗英國，軍費開支浩大，導致財政危機，成為法國大革命爆發的導火線之一。時任美國駐法公使的莫里斯在國王被處決之後寫信告訴漢密爾頓：「真是巧了，相當比例的在美國服役過的法國軍官，要麼在初期被推向革命的對立面，要麼後期自發地感到不得不放棄革命，他們中的一部分人現在處在被監禁的狀態，財產也被充公。」與華盛頓和漢密爾頓並肩作戰的拉法葉侯爵被指控為賣國賊，在隨後的五年間輾轉於不同的監獄之間，長期的監禁讓他的頭髮掉光，他妻子的姐姐、母親和祖母都被處死。

美國國父們對法國大革命的看法迥異，分歧從三個層面展開。

首先，目的與手段之間是什麼關係？社會的發展是以英國式的改良來實現，還是以法國大革命式的暴力、殺戮、全盤推翻傳統來實現？為了所謂的自由，可以付出「一些無辜之血」嗎？為了達到意識形態的目的，可以謀殺嗎？

其次，這種分歧背後是對人性的不同看法。人是如聖經和喀爾文神學所說的「全然敗壞」的罪人，還是可以不斷進化達到「至善」和「完美」境界的聖人？如果答案是前者，權力必須分割和制衡，民主不是最好的制度，只是最不壞的制度，還必須設計一套精密的共和架構來讓少數人的權益不受「多數暴政」侵犯；如果答案是後者，既然「人民」可以掌握絕對真理和正義，那麼由「人民」產生的「絕對民主」就是最佳的社會制度。

第三，在不同的人性論背後，最深層次的對立，是基督信仰與無神論、唯物論、絕對理性主義的對立——在十九、二十世紀，後者衍生出法西斯主義、共產主義等怪胎，給人類帶來空前災難和浩劫。

一七七六年精神與一七八九年原則，是一脈相承，還是截然對立？且看國父們的答案。

華盛頓把巴士底獄的鑰匙掛在宅邸的門廳，但他從一開始就擔心法國大革命會引發翻天覆地的變革。當革命真的發生，華盛頓對發生在法國的暴力事件感到無話可說。對此，傑佛遜抱怨說，「（華盛頓）對法國大革命缺乏信心……我記得，在我得到國王逃跑又被抓住的消息後，我首先在會議上告訴他。我這輩子從未見過他在某件事上如此沮喪不安」。

華盛頓當然會「如此沮喪不安」，以他的貴族氣派、農場主

身分和沉靜內斂的個性，以及「漸進革命」的觀念秩序，他預見到「法國大革命那些自編自導的所謂理想將會導致獨裁和悲劇」。華盛頓在不自覺間接受了喀爾文的觀念，對人性沒有抱過任何幻想，對世道險惡有清醒的認識。他不太相信人們會按照美德來行事，就好像他自己無法完全從本能上利他一樣。他之所以發現傑佛遜不道德，是因為傑佛遜從未像漢密爾頓那樣承認過其政治野心有多大。儘管那個時代瀰漫著一種誇大不實的幻想，即人類事務中存在某種自然秩序，只要——用狄德羅（Denis Diderot）的話來說——「最後一個國王被人用最後一個神父的腸子絞死」，最終的完美和諧就會到來。華盛頓的觀念與之相反——美國革命不是像傑佛遜想像的那樣是要破壞政治權力，而是要奪取權力，並明智地使用它。華盛頓的生活都是與權力有關的：面對權力，馴服權力，引導權力，使用權力。他那超乎常人的可靠判斷力，就是基於對權力運作方式的深刻理解之上的。

當過美國駐法大使的傑佛遜，對法國的事態極其樂觀。此前，他已然意識到法國正面臨嚴重的政治危機，他期待的解決方案是，法國走美國道路，美國革命爆發出來的「自由的風潮」正吹向歐洲，法國將是歐洲第一個經歷自由洗禮的國家。作為創造美國革命運動的當事人之一，他感到非常幸運和自豪，能夠見證自由的思想來到法國，他希望這股自由之風最終席捲整個歐洲。[27]

---

27 傑佛遜在法國大革命前一年寫信給好友門羅（James Monroe）說，法國將在未來兩到三年內通過一部自由的憲法，「無須為此流一滴血」。當亞當斯對三級會議的前景感到悲觀時，傑佛遜向他保證：「法國的內部事務無須流血便可安排妥當」。傑佛遜告訴華盛頓，法國人民「已經被我們的革命喚醒了，他們感受到了自己的力量，他們擺脫了偏見，他們的革命火焰正在蔓延，他們不會繼續墮落」。

在傑佛遜的想像中，美國革命僅僅是全世界範圍內鬥爭的第一槍，正如潘恩所說，「一七七六年精神」與「一七八九年精神」同樣表達了對自由的渴望。傑佛遜將全世界革命的勝利視為一個宏大的故事，法國大革命中的濫用暴力和失控局面只是令人扼腕、轉瞬即逝的一個章節。激進派在《國家公報》上高度讚揚雅各賓派，說他們是「街道上的傑佛遜主義者」。

與之相似，性格謹慎的麥迪遜儘管對法國的暴力有所憂慮，但仍將法國大革命描述成「過程是完美的，結果是了不起的」。

與對法國的迷戀相反，傑佛遜對所有英國的東西都表現出顯而易見的憎惡，這影響了他作為國務卿的成就，有好幾次差點將英美兩國的關係推向危險的邊緣。傑佛遜認為，美國外交政策所有的具體決定都需要參照這一廣闊的、世界性的樣式。他採用慣常的做法，將錯綜複雜的外交政策用簡單的道德二分法來處理：英國扮演反革命的惡棍角色，法國則是革命者的英雄形象。更嚴重的是，這種思想觀念後來深深嵌入美國的政治哲學中，成為美國思想中最為幽暗的一個面向。

幸運的是，新生的美國並未被法國大革命的激情所裹挾。身為副總統的亞當斯力圖讓公眾相信法國革命與美國革命並無類似之處。既然美國的革命是「智慧」戰勝「偏見、獨斷與迷信」的勝利，那麼，為什麼亞當斯拒絕把一七八九年法國革命看作是美國「一七七六年精神」的繼續呢？亞當斯的答案是，法國革命正在力圖實現美國革命竭力阻止的東西。

亞當斯力求讓美國人民記起「一七七六年精神」的本質：保持舊的自由傳統，而不是宣傳新的、不相關的東西。世界上存在著兩種政治秩序的模式：一種是英國的莊嚴體制，它認為有序的制憲政府負有保護個人自由和人類易犯錯天性的責任，它尊重國

民自由、不成文憲法和社會等級制度；另一種是法國的政治模式，它認為社會和諧來自於熱愛自由的人所具有的合作能力，所以民主是至高的價值，只要清除敵人、否定傳統，一個美麗新世界就能降臨。

亞當斯一直都是保守派人士。一八一一年，他寫信給兒子昆西說：「如果我縱情地想像未來的樣子，我能想像到的是，我預見了前所未見和前所未聞的變化與革命……當下，我能領會的最佳原則莫過於盡可能少地玩新花樣；盡我們所能地讓事情按照目前的軌跡運行吧。」美國的變化不管如何巨大，卻一直在按部就班地進行——這是亞當斯與其副手們的遺產。

在幾乎沒有奧援的情況下，亞當斯的學識與率直阻止了美國思想界一窩蜂地認同法國人的有關田園牧歌式的仁愛、全能式的單一代表機構以及單一制國家的理論。為了反對這些革命性的觀念，他犧牲掉自己的名望，但長期來看，他獲得了勝利。在讓美國成為世界上僅存的最為保守的政治大國方面，亞當斯起到關鍵作用。一直到二十世紀中葉，亞當斯的保守主義所發揮的強大影響力完全媲美於其法國對手所散布的激進的社會原則。

保守派陣營中的另外一個巨人是漢密爾頓。除了亞當斯，沒有人比漢密爾頓在法國革命上發表更多具有前瞻性的觀點了。「漢密爾頓就是上帝創造出來專門反對傑佛遜所有價值觀的人。」漢密爾頓不是傑佛遜誹謗的「膽小鬼」——漢密爾頓在戰場上的犧牲精神是傑佛遜所缺乏的。但是，這位戰爭英雄卻珍惜人的生命。漢密爾頓聽到從法國傳來的殺戮的消息時，他譴責說，法國「殺手們」那些「可怕的，令人厭惡的行為」以及「極度腐敗的行為」會使每個「擁有理性和人性的人畏縮」。

漢密爾頓反對「為了達到革命目的可以不擇手段」的想法。

他認為，革命不應該一夜之間斬斷與過去的關係，或者徹底廢棄原有的法律、秩序和傳統。美國獨立戰爭之所以成功，是因為它是「這個國家自由、自然、深思熟慮後的行為」，並且本著「正義和人道的精神」。事實上，美國獨立戰爭是寫在羊皮紙上的革命，是通過文件、請願以及其他法律形式定義的。

漢密爾頓將法國的混亂局面看作是美國的凶兆，如果人們因為對自由的熱愛而置秩序保障於不顧的話，悲劇也會在美國發生。他最大的夢魘就是法國大革命橫跨大西洋，而美國尚未擁有健全的體魄抗拒這場瘟疫。抵抗法國悲劇的疫苗是基督信仰和公民美德，漢密爾頓的結論非常明確：

如果道德中仍有某種東西是永恆的，那麼，對大革命的鼓吹意味著令人蒙羞的時刻必將到來。

讓漢密爾頓念茲在茲的是，如何讓美國遠離這場血腥的革命風暴。漢密爾頓熱愛英國社會和英國憲制，堪比英國殖民者自身對它的尊崇。漢密爾頓為未來美國設計的願景是另一個更強大、更富有的十八世紀的英格蘭——正如當時美國人將東北部最菁華地區稱之為「新英格蘭」。他已預見到，如果美國走英國道路，美國的成就將是英國的若干倍。

◎民主是靠不住的：美國的立國之本是共和制而非民主制

美國不是一個民主國家（歐陸尤其是法國意義上的民主），這個事實似乎挑戰人們根深蒂固的觀念，但它卻是無可置疑的常識。美國是一個共和國家，美國政治制度的設計中有若干對民主

的缺陷的修補和對民主的危害的防範——總統選舉雖然是全民普選，卻並非一人一票的直接選舉，而又設計了複雜的選舉人票制度，選舉人票在每個共和國是贏者通吃、輸則全輸；國會採用兩院制，參議院權力高於眾議院，每個共和國平均產生兩名參議員，參議員各自代表的選票數量差別巨大，顯然不符合一人一票、每票等值的民主原則；而最高法院的大法官由總統任命、參議院多數通過，非由民選產生，且為終身制，不受民意之影響。這些設計顯然符合喀爾文的政治哲學理念，即民主制和貴族制的結合較為接近聖經的原則。

支持共和制，還是支持民主制，背後是不同的人性論。當法國大革命的消息傳來，傑佛遜認為，富有革命精神的法國人在所有的事件中都充滿革新精神，包括在所謂的「斷頭台革命」中。革命意味著國王和王后被處死刑與血腥恐怖，革命以理性、美德和人民的民意高歌猛進。傑佛遜與潘恩都自認為是革命主義者，他們堅信，人民有權力做他們想做的事情。

然而，基於基督信仰和清教徒神學，亞當斯對人性的敗壞有著清醒認識。他反對任何形式的造神運動，國王和總統靠不住，「人民」也靠不住。與一廂情願地信任乃至討好「人民」的傑佛遜相反，亞當斯選擇站在「人民」的對立面。亞當斯晚年對妻子阿爾蓋說：「我越來越相信，人是危險的生物，無論權力屬於多數人還是少數人，人們對其總是非常貪婪。」

亞當斯認為，美國的立國之本是共和制而非民主制。共和是大眾民主與菁英制的結合。亞當斯對多數人暴政心懷警惕，堅信良好的社會秩序必須做到使權力分屬到不同的代表機構，並保證它們之間互相制約。「當民主制試圖以其數量上的優勢壓倒富人與菁英時，封建制也在利用它特有的狡猾優勢來壓倒普通群

眾。」在其漫長的政治生涯中，他一面忙於應對傲慢的封建主義的攻擊，一面忙於應付民主傾向引起的暴怒與無序狀態。

　　亞當斯的反對者「用法國口音」說，人民是可以信任的，人民對自由的熱愛是如此強烈。他們有如下的假設：一旦國王不再是主權來源，就需要有另外一個同樣的主權權威來替代他，「人民」就成了代替神啟君主的存在，和君主一樣無所不知。從上述假設中又得出一個設想：共和制政府的要義是一個單一的立法機構或代表大會，民選的代表者們將替「人民」說話。這是潘恩的計畫。

　　對此，亞當斯回答說，說人民熱愛自由毫無意義，獅子也熱愛自由，獅子卻不想被束縛。他對「大眾民主」相當警惕。一旦從君主政體過渡到共和政體，就進入一個全新的、完全現代的世界，沒有絕對權力，主權有著多元而非單一的來源。若把「人民」當著無所不知的實體，就像對神啟君主的信仰一樣，都是虛妄。他贊同代議制中要有菁英政治甚至貴族政治。建立兩院制立法機構是亞當斯政治思想的核心，終其一生不斷重申這一觀點，因為這一制度為不同群體的「人民」創造了兩個競爭舞台。他同意共和政體的基礎是主權在民原則，但在任何政府中這一主權的政治表達都必須是複數而不是單一的，「人民」有多樣化的利益，且時常互相衝突：

　　人民有權表達民意，政府有義務聽取民意，但政府的義務到此為止。政治領袖不能事事依民意制定政策，因為民意時時在變、不可捉摸。……故政治領袖應領導民意，而非事事順從民意。

亞當斯在舊式傳授英國憲制的政治學校接受教育，其原則建立在多年經驗之上。他蔑視法國式的輕浮和現代那些缺乏精緻優雅的東西。他批評說，法國人認為同過去徹底決裂了，但另一方面他們是在一種感覺不到的咒語——君權概念（後來演變成主權在民、主權在國家）——的引導下前進。在美國的政府體系中，找不到不容置疑的、無可爭辯的與不可阻擋的權力中心。他提醒法國人，沒有「人民」這樣的實體，公民大眾不會一起到達終點，不會有相同的思想、理智，不會得出相同的結論。法國人力圖實現主權集中，美國人盡力使之分散。

　　亞當斯警告人們，在民主政體中無限制地濫用權力，就像在君主專制統治下一樣暴虐、殘忍，也像是一個專斷的國王壓制公眾意見一樣武斷專橫。暴民並不比暴君更良善和更仁慈。亞當斯被視為保守派，他信奉一種喀爾文主義的人性論：那是來自於古典自由主義和聖經智慧的混合物，認為男人和女人天生都有犯罪傾向，國家很容易被退化的疾病感染。

　　漢密爾頓對法國大革命的否定和對美國政治模式的設計，基於同樣的人性論。作為非婚生子、地位卑微而且又是「外國人」，他性情敏感，成長經歷多樣，世事洞明，人情練達，對「治人者」容易沾上的惡，有透闢的觀察和體驗。

　　對於人性，漢密爾頓是悲觀主義者，認為「人類根本上不可信」、「人類總體而言是邪惡的」，這顯然受喀爾文神學影響。他將人類看作激情的奴隸，曾在無數文章中提到「大多數個體都被無拘無束的貪婪、野心和利益左右」。人類熱衷於權力、追求卓越和統治權，為了謀取權力會不可抗拒地使用卑下的陰謀；還必須考慮到人類一旦掌權後的欺騙性傾向——為了謀求更多的權力而將弱小的人視為可任意擺布的棋子——這種傾向永遠存在。

鑑於此，漢密爾頓對人類的自我管理能力持懷疑態度。

漢密爾頓對於自然法、自然權利和人性的基本觀點，導致他對群眾和「大眾民主」的疑懼。他認為，不受制衡的民主將導致暴民統治，從而導致暴政。無論將權力給予統治者還是群眾，都是危險的。他在制憲會議上發言說：

> 將所有權力給多數人，他們將壓迫少數人；而將所有權力給少數人，他們將壓迫多數人。因此，雙方都應當擁有足以保衛自己免受對方侵害的權力。

漢密爾頓認為，解決方案是建立一個界於民主制和君主制之間的混合政體。美國的三權分立模式正是人類歷史上一次嶄新的嘗試，唯有如此才能避免重蹈法國之覆轍。

在乘船抵達威霍肯高地決鬥的前一天晚上，漢密爾頓給友人塞奇威克寫了一封信，信中說：「我們真正的弊病是民主。」儘管漢密爾頓不知道這是其政治遺言，但這句話是對於未來美國的發展是何其精準的警告！在其心目中，不加約束的、破壞性的平民統治宛如毒藥，他甚至預言一意奉行民主只會使社會更加動盪不安乃至讓美國走向分裂。

第四節　喬治‧凱南、拉塞爾‧柯克與薩謬爾‧杭亭頓：美國文明的捍衛者

美國超越英國，首先是在觀念秩序層面，清教徒的觀念秩序在美國比在英國得到更成功的實現：共和制和聯邦制的政府模

式，更有活力的以新教為主的教會，美國教會對社會的影響力也遠超過英國教會。清教徒的觀念秩序就像是火車頭，在磁鐵效應、酵母效應和馬太效應的共同作用下，美國的疆域和人口迅猛增加，國力突飛猛進，早在兩次世界大戰前，美國的國家資源、國民生產總值和工業化程度就已超過英國和歐洲列強而成為世界第一。

以人口而論，美國剛獨立時人口不足三百萬，一八〇〇年已增長到五百多萬，一八五〇年增長到兩千三百萬，一九〇〇年增長到七千六百萬，一九二〇年代超過一億，一九六〇年代超過兩億，二十世紀末、二十一世紀初超過三億。學者預測，美國人口將在二十一世紀四〇年代超過四億，七〇年代將超過五億。這個人口增長速度，以最初的人口基數來對照，是極為驚人的（兩百多年間人口增長一百倍）。而且，經過十九世紀中葉的南北戰爭和二十世紀中葉的民權運動，美國的奴隸制和種族歧視問題大致得以解決，因為清教徒的觀念秩序強大的整合作用，在多種族的移民國家中，美國的種族矛盾相對緩和、國家認同相對清晰。

以疆域而論，美國建國之初只擁有美東十三個殖民地，之後通過一七八三年的《巴黎和約》取得五大湖區等中部地區，一八〇三年從法國購買路易斯安那地區，之後又通過與西班牙和墨西哥的戰爭獲得南部和西部的大片區域。如此廣袤的疆域、如此豐富的資源，是小小的英倫三島無法企及的。英國雖擁有廣大的海外殖民地和生產及消費市場，卻是分散的，將其整合起來本身就要耗費巨大的資源；而美國的各種資源和優勢都集中在同一片大陸上，可以如臂使指地運用自如。

與不得不在狹窄的大陸內競爭的歐洲列強相比（大英帝國在其最強盛的時期，也無法完全主導歐洲大陸的事務，只能以協調

人的身分促使歐陸列強達致某種勢力均衡狀態），身處空曠的美洲的美國一開始就享受單極世界的好處，心無旁騖地專注於自身的發展。後來，美國放棄了門羅主義，越來越深入地捲入歐洲及世界事務，迎接來自其他觀念秩序和強權的挑戰。冷戰結束後，美國獲得了連羅馬帝國都不曾有過的「世界警察」的地位。

美國文明的捍衛者有兩種，一種是戰場上的將軍和士兵——鐵馬冰河的巴頓，老兵不死的麥克阿瑟，血戰鋼鋸嶺的戴斯蒙德・道斯，被拯救的大兵雷恩……另一種則是觀念秩序的捍衛者，他們從事的是書齋中的戰鬥，沒有鮮血和硝煙，卻同樣短兵相接、生死攸關。

另一種戰鬥在觀念秩序、思想文化領域打響。美國建國兩百多年來，美國的憲制和觀念秩序承受的最大的內部衝擊是南北戰爭（導致奴隸制廢除，超越種族的美國身分認同逐漸形成），最大的外部挑戰是與蘇俄共產極權主義對峙半個世紀的冷戰——以及正在與新極權主義的中國展開的「新冷戰」（相比之下，兩次世界大戰很快分出勝負，德國和日本也都乖乖接受美國之馴化）。觀念秩序不是誕生之後就任其自生自滅，觀念秩序需要「觀念人」來呵護、捍衛和活化。二十世紀中後期，美國出現了三位具備「雖千萬人，吾往矣」般勇氣和智慧的「觀念人」，他們是喬治・凱南、拉塞爾・柯克和薩謬爾・杭亭頓（Samuel Phillips Huntington）。

◎「冷戰之父」喬治・凱南：一切保守主義均始於感物傷懷

回顧冷戰的歷史，不能忘記一個名字——喬治・凱南（George F. Kennan，又譯喬治・肯楠）。最早認識到蘇俄政權本質的是凱

南，為美國制定冷戰戰略的也是凱南。引導美國打贏冷戰的，與其說是雷根或老布希（George H. W. Bush），不如說是凱南。

凱南是一位如此矛盾的人，他最早主張遏制蘇聯，美國應當保持強大的軍力，卻又對使用軍力極為謹慎，認為只要能用言辭解決的問題最好不要用武力，從而被歸入鴿派。[28]他不喜歡現代時尚的東西，他本人就像是一件老古董，儘管常常乘坐飛機，卻最厭惡飛機和飛機場，他憧憬的是托爾斯泰和契訶夫的時代。[29]「一切保守主義均始於感物傷懷。」作家安德魯·蘇利文（Andrew Sullivan）寫道，「若無感物傷懷之情，『保守』之意從何談起？」這正是伯克長盛不衰的經典著作《法國革命論》哀歎舊世界一去不復返的原因。而凱南的思想資源大都來源於舊世界和舊時代，他在日記中說：「與本世紀的現代思想相比，伯克、吉本、托克維爾和《聯邦黨人文集》所代表的十八世紀思想，以及十九世紀俄國文學對我的影響更加深刻。」

凱南比大部分英國人更像是英國人，他在歐洲任職期間曾提到，自己遵守清規戒律的「清教徒血統」正在與那些歐洲「非清教徒的誘惑作鬥爭」。凱南曾與奧地利心理學家、納粹

---

28 就凱南的投票記錄來看，他不算保守派；在美國的政治光譜中，凱南晚年的很多觀點不符合保守派的定義。我將凱南作為保守派看待，因為保守派不單是政治觀點，更是思維方式、人格形態乃至穿衣打扮——凱南永遠是一副老紳士派頭；九十歲還在賓夕法尼亞農場像農夫一樣勞動。他從未有過「左傾」歷史。

29 凱南不是老練的政客，更像憂鬱的詩人和哲學家。他享受孤獨，又不乏憤世嫉俗的感嘆。他晚年在普林斯頓退出所有社團，包括跟政治和學術毫無關係的美食協會，過著隱士的生活。他離選舉最近的一次是一九五四年，有一名農夫前來敲門，勸他出馬競選國會議員。他頗受感動，答應了，卻發現如果要參選，普林斯頓高等研究院無法繼續支付薪水給他。凱南沒有財力，又不願求助於富豪，便退出了競選。

集中營倖存者佛洛姆（Erich Fromm）交談。他表示「中歐人對人性的熱愛讓我深受感動」，但不同意佛洛姆經歷了納粹暴政之後仍堅信人性本善以及對平等價值的癡迷，「我的蘇格蘭新教徒祖先曾經奮起反抗過這樣的平均主義、反抗這種對人性本善的狂信，對人類原罪的忽略，以及馬克思主義對群體和個人的侵略性和惡習之根源粗暴的簡單化。」

一九四七年，美國國務卿馬歇爾（George Marshall）任命四十三歲的凱南為國務院新設立的政策規劃室主任。凱南在此職位上參與起草馬歇爾計畫，重建西歐和日本的工業區，挫敗蘇聯對外擴張的野心，達到其政治影響力的巔峰。一名同事說：「凱南這樣的人非常適合這項工作。」副國務卿艾奇遜（Dean Acheson）立即反駁說：「凱南這樣的人？你再也找不出第二個凱南。」凱南的出現，如同詩人馮至的詩句——「在漫長的歲月裡忽然有，彗星的出現，狂風乍起」。

凱南終其一生都有一種「救世主傾向」，認為自己的才華「足以擔任國務卿的職位」，也認為自己是「世界級的政治家」，卻未能在政治第一線發揮更大作用。他在思想上「比一般人超前二、三十年」，被譽為「美國全球政策規劃者」。他曾用第二人稱驕傲地寫道：「多少年過去了，你不光把思考國家利益和人類整體利益當成自己的責任，還將其當成自己畢生的願望。或許，除了尼布爾以外，你比同時代的其他美國人都要更好，或者說至少更深刻，更有遠見。」凱南與自稱為「一個充滿現實主義思想的基督徒」的神學家和政治學家尼布爾意氣相投。[30]他們

---

30 尼布爾有言：「人秉持公義的能力使民主成為可能，而人罪性中不公義的傾向使民主成為必須。」

都相信原罪說，相信如果人類行為不受任何約束將會導致罪惡的發生。他們也強烈反對共產主義極權統治的趨勢，警告民主國家不要被驕傲自大所蒙蔽。凱南從尼布爾的著作中發現，基督教應對的是一種孤獨的窘境，只能由個體來面對。那種僅存於個體之間的基督教之愛，或許能夠緩解和弱化這種孤獨，而集體與個體之間並不存在這種關係。凱南的職業生涯大部分時間都是獨行俠，且似乎偏向支持與眾人對立且不受歡迎的目標。

凱南在莫斯科大使館發回國務院的「長電文」，奠定了冷戰思想的根基。凱南對自己的歷史貢獻當仁不讓：「我非常確信自己在許多方面上的看法都是正確的。一九四五年，幾乎只有我一個人預見到蘇聯在其衛星國的恐怖統治，以及這種統治最終必將解體的命運。事實已經證明，我對蘇聯極權社會弱點的分析是絕對正確的。馬歇爾計畫的思路是我提出來的，我正確地估計了馬歇爾計畫取得政治成功所需要的必要條件。」

凱南足夠長壽，於二〇〇五年去世，活了一百零一歲，守護美國和美國價值達一個世紀。同時，他對美國和美國人的弱點有著最嚴厲的批評。當他被迫離開國務院的公務生涯時，他感歎說：「這個國家已經激不起我的興趣了。這是一個極其讓人厭煩的國家，雖然她自己絲毫沒有意識到，卻已經注定了悲哀和可憐的命運。」

凱南研究俄國乃是為了保護美國。沒有任何一個美國人比凱南更瞭解俄國，「充滿矛盾的俄國對美國人來說是一個謎，將會有很多人大談有必要『瞭解俄國』」，但凱南歎息說，「不會有空間容得下真正願意承擔這個棘手任務的美國人。那個人他能期待的頂多就是一種孤寂的喜悅，他一個人終於站上寒冷又荒涼的山巔，那裡少有人去過、少有人能跟隨，也極少有人會願意相信

他去過」。他樂於參與公共生活，接受媒體訪問和演講，但他又對人們無法理解他的思想而深深沮喪。

凱南並非傳統意義上、比賽誰更「純正」的保守主義者。他屢次投票給民主黨人，但後來他尖銳地指出：「民主黨毫無原則可言，只要給他們提供金錢或者選票，他們就會做好準備為任何集團服務。」

凱南也是一位非傳統意義上的基督徒，他對一切建制形態的教會都存有疑慮，「如果布道講壇被一個俗人占據（或強占），不知它還是不是一個可以進行探討的地方」。他不認為聖經是絕對真理，並對三位一體的核心教義有所保留。但他漫長的一生都在真心誠意地追尋耶穌的道路上，他比那些終身都在封閉的教會中讀經禱告的、形式上的基督徒更加與主接近。

凱南相信：「不受道德的約束和缺乏謙遜精神的人，比邪惡殘忍的猛獸更可怕。」這是典型的喀爾文式的人性論。而人的價值和尊嚴來自於人是上帝的受造物，「上帝不會輕易寬恕我們所做的那些自我貶損的事情、有損尊嚴的事情」。[31]他非常警惕「人性本善」的哲學，「要想接近或者實現理想中的完美，往往會招致巨大的恐怖、騷亂和殺戮。」他們這一代人，大多是在普遍相信人類可能或肯定會不斷進步的環境下長大。學校裡教授這樣的觀點，新教教會裡宣揚這樣的觀點。但是，「聖經在這方面沒有給出任何暗示，尤其是新約。如果你認為人類的困境極有可能通過自己的作為得以改善，並在其中尋找這樣的說法，尤其是

---

31 凱南承認包括自己在內的人的有限性和不完美性——他在日記中坦承，在長達七十三年的婚姻中，曾經犯過出軌的錯誤，即便晚年也情不自禁地矚目美女，改不掉這個「惡習」。

通過操控人類社會生活或政治生活來實現進步的說法，那你會一無所獲。」這就是基於聖經的觀念秩序與馬克思主義之間的對立和衝突。

一九五二年一月十八日，凱南給紐澤西普林斯頓第一長老會的約翰・博多牧師（John Bodo）寫信，告訴對方，他願意去參加教會的會議，希望被接納為教會會員。一方面，他謙卑地承認，「我仍然是一名非常不合格的基督徒」；另一方面，他比那些行禮如儀的基督徒更明白基督信仰的真諦：「我要做的事情，只有以一種發自內心的謙卑、自信和自我犧牲的姿態去做，才有可能成功。這是需要積極準備和自我節制才能建負起來的責任，因此我需要教會的幫助；如果不接受邀請，我相信我會對自己的這種傲慢感到羞愧。」[32]晚年的凱南對「謙卑」這一品質的理解達到了罕見的深度，他甚至從奧古斯丁的《懺悔錄》中讀出「不謙卑」的跡象，並小心翼翼地指出來。

凱南後半生最大的成就在歷史領域，在深入研究人類歷史之後，他得出結論：「人類歷史上發生的重大事件大多數都經不起時間的磨礪，就算這些事件能夠被記住，也只是模糊的歪曲訛傳。唯一逃出此規律的，最偉大、最不可思議的事件發生在兩千年前的這一天，地點在各各他（Golgotha，耶穌被釘在十字架上

---

32 那時，凱南需要常駐蘇聯，他告訴牧師那是一個與基督信仰為敵的環境：「我必須生活在一種特殊的環境裡，那裡的人們以最無情和最輕蔑的態度向教會所代表的一切提出挑戰，他們更多地通過展現外在的成功和權力來支持自己的觀點：人對自身的恐懼、嫉妒和怨恨最容易做出回應，而對基督教所提倡的諸多人類本性則最不容易做出回應。不需要一絲誇張或渲染，就可以說，那個地方是我們這個時代眾所周知的人間地獄，也是我們這個世界的最主要代表和典型，今天的大多數基督教信徒都清楚一點——對任何一個基督徒來說，在那裡秉持信仰都是一項非同尋常的艱巨任務。」

的地方）。這個男人的教義中有兩點比較新穎，擁有巨大的力量：第一，寬容，無私，理解他們的困境和掙扎；第二，通過自省和懺悔得到救贖，與自身根深蒂固、無法完全消除的不完美妥協，與自己的動物本性和衝動妥協，與人類的原罪妥協。寬容和救贖這兩點結合在一起，第一次喚起了飽含同情之心的神的形象，救世主生與死的宏偉象徵力量即在於此，這種力量激發了整個浩瀚的文明，創造了偉大的藝術，建起了成千上萬座宏偉的教堂，無數人戴著象徵慰藉和希望的十字架，它塑造了多少代人的思想。」凱南指出，基督信仰不單單是一種宗教、一種禮儀、一種生活方式，更是一套價值觀、文明論、觀念秩序及精神、心靈秩序。

在一九八〇年的耶穌受難日，凱南為眾生和耶穌寫了一首措辭優美的讚歌：

造物易朽。最偉大、最神奇之奇蹟乃是各各他之山的一個人，一個猶太人，持有異見的先知，在兩個盜賊的陪伴下釘上十字架。此人教誨有二：一是博愛，二是以自悟、自省之心獲得救贖之可能。合二為一：博愛與救贖建立起整個偉大文明，塑造並規範一代又一代人的心靈與價值觀——在人類文明的菁華上烙下獨特的印跡。

凱南的結論是：如果美國文明建立在人的狂妄和自戀之上，這種文明無法鞏固和持久；如果美國文明建立在耶穌基督打好的地基上，由博愛和自省的德性來悉心維持，其文明必將生生不息。

◎「美國保守主義之父」拉塞爾・柯克：
　美國秩序的根基是基督教

　　被譽為「美國保守主義之父」的拉塞爾・柯克，兼有政治理論家、歷史學家、社會評論家和文學評論家多種身分。二戰期間，柯克曾在美軍服役，戰後進入蘇格蘭聖安德魯斯大學學習，於一九五三年成為該校唯一一位獲得文學博士學位的美國人。[33]

　　柯克是戰後美國主要的伯克信徒之一，他與伯克心心相印。柯克認為，伯克是「真正的保守主義學派的奠基人」，伯克所開始而迄今仍有活力的傳統，不是在英國，而是在美國。在伯克所堅守的觀念之中，敬虔、文明與誠摯的宗教，遠超世俗之上的貴族、騎士精神。在自然正義的土壤中，上帝創制、闡發出自然法的精神底蘊，在盎格魯—撒克遜的自由傳統、先例、普通法以及財產權的基石上，不可輕移的法律觀念、混合政體的優越性，已然超越了激進主義盛行的法國大革命對後世財產權觀念的摧折、變異與輕視。柯克指出，十八世紀最後二十五年裡那些思考著的美國國父們，並不是在哪一個政治哲學家那裡找到其秩序原則，相反，他們是在宗教信仰中，在《欽譯聖經》、《共同禱告書》以及《清教徒前輩移民的進步》中，找到其秩序原則。對於高呼「不自由，毋寧死」的派屈克・亨利來說，指引他們的是經驗的燈光，是英國統治下的殖民地的習慣和先例。如果那個時代受過

---

33 聖安德魯斯大學乃蘇格蘭最古老的大學，英語世界中繼牛津大學與劍橋大學後第三古老的大學，雖為天主教會所創辦，但在蘇格蘭的宗教改革和啟蒙運動中成為學術重鎮。聖安德魯斯大學與美國頗有歷史淵源，《獨立宣言》簽署人詹姆斯・威爾遜（James Wilson）曾在此求學。柯克選擇在此求學，別有深意在，他要將諾克斯、伯克的英國保守主義重新在美國發揚光大。

教育的美國人贊同像伯克這樣的作者，是因為他的書確認了他們的美國經驗，並且證明暸他們已持有的信念的正當性。

柯克曾在密歇根州立學院任歷史系講師，不久即辭職，回到密歇根北部的小鎮，多年居住在祖父留下的老房子中。他實踐了保守主義者的生活方式——過簡樸生活，與先輩的土地保持聯繫。他從未處於學術界的中心，卻寫下兩本經典名著《保守主義思想：從伯克到艾略特》和《美國秩序的根基》。這兩本書並不是基於純粹「考古學」意義上的理論著作，而是基於美國思想界的嚴峻形勢，試圖從精神層面理解美國秩序乃至英美體制的思想基礎，並為業已衰敗的西方社會注入一股其來有自的思想動力，激發美國人尋找丟失的精神遺產，促進美國秩序的重新鑄造。[34]

《保守主義思想》著力梳理保守主義思想譜系，為保守主義繪製一幅由史及論的完整圖景。它不是黨派行動指南，而是試圖界定「保守」和「保守主義」，梳理保守主義者們關於道德和社會秩序的原則。柯克是要探討英國和美國保守主義的精神何在；英格蘭和美國具有什麼樣的共同觀念體系，鼓勵有著保守天性之人抵制法國大革命肇始的激進理論和社會變革。美國思想史家G‧H‧納什說，這部書「對一個自我意識的、鎮定自若的保守運動起到了決定性的催化作用」。用雷格內利的話來說，柯克已使一個「無定形的、分散的、對自由主義的反對派」有了「共同的思想」。

---

34 柯克相信美國擁有「天命」：我們「受上帝謀劃的指引」，聯合成一個認可真正的正義理念的國家。借著持守公正秩序的原則，人得以免於無政府狀態。他們因敬畏上帝和人的習俗性做法而得到拯救。他們因成見與等級差異而得到拯救。

柯克在書中闡明了保守主義所包含的六個基本信條：第一，確信上帝的神聖旨意支配著社會和道德心，它在權利和義務之間建立起永恆的聯繫，政治問題實質上是宗教和道德問題；第二，珍愛多姿多彩並且帶有神祕性的傳統生活，以及帶有「愉快的趣味」的鮮活有力的人生觀；第三，文明社會要有多種秩序和等級，唯一的真正平等是道德上的平等，立法強制推行平等會將人類引入絕望之境；第四，私有財產與自由不可分割，如果消滅私有財產，自由將不復存在；第五，相信舊習慣，人必須抑制自己的意願和欲望，因為人被情緒而非理性所支配；第六，變化與改革不是完全相同的，緩慢的變化是自我保存的途徑，一味求新會引發毀滅的火災。

由此，柯克身處一個巨大的思想背景的理論爭辯之中，那就是西方持續兩個世紀之久的三種思想理論或隱或顯的論戰——即保守主義、社會主義和自由主義的論辯。相比於社會主義和自由主義，保守主義是最缺乏系統性的一種學說。柯克意識到，保守主義很少有自己的歷史學家，他自告奮勇地承擔這個吃重角色。柯克所勉力進行的，是通過提供一個思想史的敘事和制度基礎的奠基，為保守主義正名，為保守主義提供一套強有力的思想理論依據。

在《美國秩序的根基》一書中，柯克將重心轉移到西方文明的最後防線——美國。如果說托克維爾的核心概念是「民主」，那麼柯克的核心概念就是「秩序」。柯克認為：

良善社會的特徵是保有相當程度的秩序、正義和自由。在這三者之間，秩序居首：因為只有在合理的公民社會秩序之中，正義才能實現；而且除非秩序能賦予我們法律，否則自由無非就等

於暴力。……在美國，秩序、正義和自由是協同並進的。

柯克引導讀者進行的這場美國秩序尋根之旅，走過了四個城市：耶路撒冷、雅典、羅馬和倫敦，因為「今天的美國人所體驗到的那種秩序源自這四個古老城市的經驗」。

雅典是古代共和制城邦的典範，柏拉圖和亞里斯多德的思想豐富了美國的政治哲學。但是，希臘人無法為他們的文明秩序找到某種持久的大眾化的宗教支撐，這是城邦世界崩潰的一個主要原因。而基督教教義對個人良心的影響成就了領土和人口比古希臘大很多的美國的民主社會。另一方面，美國的國父們意識到，他們的新政體必須是梭倫的「混合政府」的放大版，「美國憲制在細密的制衡體系方面超過了梭倫憲法；他們將按照英國模式在美國以及各共和國建立代議制政府體系，而不是連在小小的阿提拉都會崩潰的直接民主體制」。

親身參與二戰的柯克親眼目睹了美國在二十世紀成了名副其實的「新羅馬」。那麼，美國能避免羅馬帝國崩潰的噩運嗎？柯克指出，羅馬為世界立法，卻無法維繫自己的文明，問題既出在共同體秩序的不足上，也出在內在靈魂秩序的缺陷上。同樣的道理，挽救美國的唯一方法就是恢復基督教美德。

另外兩個城市耶路撒冷和倫敦，是兩個時代基督教文明的標誌。耶路撒冷是基督教誕生的地方，是舊約的中心，柯克相信「美國秩序的根系深植於地中海東部的沙漠之中」。倫敦則綜合了英格蘭和蘇格蘭的基督新教文明和憲制，美國的思想和政府模式來自於清教徒帶來的英國新教傳統，伯克早就說過，美國人代表了「新教中的新教精神，異議中的異議立場」。

不過，柯克在探尋美國秩序的源流時有一個重大疏漏：在以

上四個城市之外，還應增加一個更重要的城市，即日內瓦——喀爾文的日內瓦。柯克引述了柯林頓・羅西特的看法——美國民主社會端賴於清教徒和其他喀爾文主義信念；他卻未能對日內瓦與美國的關係、喀爾文神學與美國秩序的關係作出進一步闡發。柯克對喀爾文主義在美國秩序中「酵母」般的關鍵作用重視不足。美國法學家小約翰・維特（John Witte Jr.）指出：「在新英格蘭地區，特別是在一六三〇年到一七三〇年期間，清教徒們有機會將喀爾文宗神學原則澆築成憲政實踐。」即便是對清教徒傳統深懷質疑的美國學者邁克爾・沃爾澤亦指出：「整個現代世界幾乎都可以從喀爾文主義中推斷出來：自由主義政治和自願結社，資本主義和它立基其上的社會戒律，有著系統性程序和一般推定為由勤勉盡職、忠誠專心的官員構成的行政系統。……就十六世紀和十七世紀喀爾文主義存在形式而言，與其說它是這種或那種現代經濟、政治或行政制度的目標，不如說它是現代化的一種使然力量，是變革時期的一種意識形態。」日內瓦是第一個成功實踐喀爾文神學的地方，日內瓦是耶路撒冷與倫敦之間的橋樑，如果沒有日內瓦，美國人無法從耶路撒冷跳躍到倫敦，然後再邁向更遙遠的地方。

　　柯克是著述家，也是行動家。一九五七年，柯克為聯合保守主義思想運動分散的力量，並加強其在知識界中的影響，創辦《現代保守評論》季刊。該刊主要面向傳統主義或新保守主義，它立即成為知識界保守主義者的主要論壇。隨著柯克的登場，復興的美國保守主義思想流派達到鼎盛。到一九五〇年代中期，新保守主義已成為一支公認的文化力量。用菲倫的話來說，它已成為「今天有生氣的知識分子運動」。

　　保守主義運動的另一位健將小巴克利在其所編的《二十世紀

美國的保守主義思想》一書中，對何謂保守主義作出比柯克的六大要點更為精煉的概括：第一，反對「極權主義」和「集體主義」，主張限制政府的權力和政治權力分散，以維護傳統的民主制度和個人自由。

第二，反對政府干預私人企業，維護自由經濟制度和私有財產權。資本主義與社會主義的鬥爭的焦點就是私有制和公有制、市場經濟和計劃經濟的鬥爭。

第三，維護西方世界的道德、宗教和價值觀。保守主義必須致力於恢復西方世界的「偉大傳統」。小巴克利寫道：「我相信基督教與無神論的決鬥是世界上最重大的事件。」

就第三點而言，小巴克利和柯克的保守主義都特別強調宗教尤其是基督教信仰的價值。柯克強調宗教信仰是保守主義最重要的思想依託，這是他與其他保守主義（比如安‧蘭德的反宗教、絕對的個人主義）最大的差異。如尼采所說，「上帝死了」，現代社會似乎是一個沒有上帝的社會，就像艾略特筆下的「荒原」一般讓人絕望。但柯克認為，現代社會仍有一個基督教信仰的基礎，這個信仰基礎在歐洲衰敗沒落，在北美新大陸生生不息。

一七九〇年以來，在所有大國中，只有英國和美國沒有發生革命，這足以讓這兩個國家感到自豪。但保守主義並非抱殘守缺、一成不變，保守主義深知「十年樹木，百年樹人，千年樹文明」，在成功醞釀出《獨立宣言》與美國憲法之後兩個半世紀，美國秩序還在持續發酵之中──這是復興的躁動，因為變革是自我存續的手段。「在上帝自己的良辰吉日，另有人可能會以審慎與愛心更新和改善這一秩序結構。」

◎「文明衝突論」的發明者薩謬爾・杭亭頓：
以「美國信念」定義「誰是美國人」

　　任教於哈佛大學的杭亭頓似乎比大多數保守主義思想家擁有更佳的地位，他曾出任美國政治科學學會主席，又是著名的《外交政策》雜誌的創辦人之一，卻一直將自己視為學術圈的局外人。[35]他的觀點常常不合時宜，比如提出看似聳人聽聞的「文明衝突論」而飽受攻擊。正如人口學之父馬爾薩斯（Malthus）所言：凡預言人類悲劇性結局的人，注定不受歡迎。杭亭頓在二〇〇八年聖誕夜辭世，他辭世前的境況像埃里克・考夫曼描述的那樣，「杭亭頓是作為美國思想界菁英中的賤民而去世的，這是因為他是正常人」。在左派當道、常識被扭曲的學界，一個正常人的正常觀點必然引起持續不斷地指責——從軍國主義到本土主義無所不包，《文明的衝突》被描述為美國菁英控制人民的工具。[36]

　　杭亭頓不是共和黨人，他個人的政治定位是「民主黨右翼」，在上世紀七〇年代末，他曾為民主黨總統卡特服務，擔任國家安全委員會安全計畫顧問。但杭亭頓支持的是尚未在觀念秩序上全然潰敗的民主黨，若他活到民主黨日漸社會主義化的二〇二〇年，看到民主黨墮落成桑德斯（Bernie Sanders）的民主黨和宛如狄更斯《雙城記》中苦大仇深的女革命者德法奇夫人的眾議

---

35 與杭亭頓相比，米塞斯一輩子在紐約大學擔任一個不支薪的教職，沃格林主動離開新英格蘭地區到中部不知名的學校任教，柯克則乾脆從大學辭職當農夫。

36 何清漣：《重溫杭亭頓「文明的衝突」正當其時》，《上報》（台灣），2019年3月22日，https://www.upmedia.mg/news_info.php?SerialNo=59651。

院「進步派四人幫」的民主黨，一定不屑與之為伍。[37]

杭亭頓在《文明的衝突》中建立的「文明的研究範式」有助於理解二十世紀末和二十一世紀初全球政治演變，他認為未來的衝突必將發生在西方的傲慢、伊斯蘭的不寬容、中華文明的獨斷之間，三者之間是結構性衝突，不可以調和。所謂西方的傲慢，主要是西方將民主當做包治百病的解藥兜售給非民主國家，甚至以武力推廣民主。殊不知，正如杭亭頓在《變化社會中的政治秩序》一書中所說，一個合法的公共秩序的建立比以選舉為特徵的民主更重要，人可以有秩序而無自由，卻不能有自由而無秩序。而公共秩序和權威是該社會或該國家自生的，不可能強行移植。美國在伊拉克和阿富汗的失敗證明了杭亭頓的遠見卓識。杭亭頓的文明衝突論構建了一個分析冷戰後全球政治的理論框架，其中那句「伊斯蘭世界到處是流血的邊界」的論斷，成為最富爭議，又最準確的政治預言。

杭亭頓認為，文明是「一種文化實體」，「由語言、歷史、宗教、習俗和制度等客觀因素以及人們主觀上的自我認同這兩方面的因素共同界定」。在他心目中，界定文明最重要的尺規是宗教。他憂心忡忡地發出警告：宗教信仰、宗教體制以及宗教對人類個人和集體行為所起的道德指導作用的消失將導致可怕後果，最終結果將是無政府狀態、墮落及文明生活的破壞，如艾略特所說——「如果你不信上帝，你就應當尊敬希特勒或史達林」。

杭亭頓認為，中國儒家文明和伊斯蘭文明將成為對美國威脅

---

37 桑德斯為聯邦參議員，自認是民主社會主義者，杭士基認為他「簡言之是羅斯福新政主義者」。川普抨擊的「四人幫」是四名合稱「The Squad」的眾議院新科議員：四人亦皆為女性，或為無神論者，或為穆斯林，是民主黨左翼激進派代表，她們進入眾議院顯示部分選民的公民德性、觀念秩序及精神、心靈秩序的敗壞。

最大的兩個文明。他為西方文明賦予政治理念上的獨特性。「西方是唯一一個根據羅盤方向,而不是根據一個特殊民族、宗教或地理區域的名稱來確認的文明」,所謂羅盤方向,即自由民主,「西方文明的本質是《大憲章》,而不是巨無霸」。西方文明面臨的最嚴峻的危機是其主要組成部分基督教的衰弱,尤其是在歐洲,這一趨勢反映出的不是對宗教的敵視,而是對宗教的漠視。

「九一一」之後,杭亭頓的「文明衝突論」成為一代顯學,標榜眾生平等、諸文明亦平等的西方左派以及西方之外的世界對其口誅筆伐。與之相比,在觀念秩序上與之分道揚鑣的弟子、從新保守主義轉向自由主義並提出「歷史終結論」的弗朗西斯‧福山似乎更受歡迎。然而,二十一世紀以來國際格局所發生的種種變局,無不驗證杭亭頓悲觀論調的正確和福山的樂觀論調的錯誤。

杭亭頓最大的思想貢獻並非「文明衝突論」,而是以「美國信念」定義「誰是美國人」。二〇〇四年,在其去世之前四年,杭亭頓出版了人生中最後一本書──《我們是誰》。[38]人之將老,其言也誠,他在書中直抒胸臆:「我是一個愛國者……雖然我意識到愛國心和治學心有時是衝突的……但我的研究和寫作

38 此書台灣譯本名為《誰是美國人》。華語思想界缺乏保守主義的觀念秩序,無法理解杭亭頓的思想脈絡。出版社邀不到一位杭亭頓的「知己」作序,為該書作序的台灣學者吳叡人從左派立場出發,批評杭亭頓對盎格魯─新教主義的堅持是「激進的同化主義路線」,「非洲族裔的歐巴馬在總統大選脫穎而出,更說明了所謂盎格魯─新教主義的『核心文化』的霸權,將更進一步式微。杭亭頓的提案,顯然是一種時代錯誤的思考。」然而,歐巴馬的當選並非美國歷史正確發展的方向,而是一次嚴重危害美國的觀念秩序及精神、心靈秩序的脫軌。八年後,川普當選,驗證了杭亭頓驚人的預見性,美國強大的盎格魯─新教主義傳統再次發力,將美國導向正軌。

還是受到愛國心的影響。」在國家認同上，他無疑忠心於美國，在文化認同上，他則是典型的盎格魯—新教徒，這兩重認同的結合，不僅確認了他的自我，也確立了他對美國人的定義。在杭亭頓看來，文化上，美國人是盎格魯—新教價值的傳承者；政治理念上，美國人的價值認同表現為自由、平等、民主、法治。後者來源於前者，被杭亭頓稱為「美國信念」——跟柯克的概念「美國秩序」交相輝映。

何為「美國信念」？杭亭頓認為，「美國信念」是獨特的盎格魯—新教文化的產物。雖然別國的人也採納這一信念的某些成分，但「美國信念」本身，是十八世紀定居者的英國傳統、持異議的新教及啟蒙運動思想形成的結果。美國國家認同核心就是墾殖者所建立的文化，是世世代代的移民所吸收的文化，也是孕育出所謂「美國信念」的文化——其核心就是新教主義以及英國長久以來對自然法與普通法的觀念、政府有限權威、重返《大憲章》的權力。清教徒又增加了平等與政府對人民的響應。

杭亭頓所說的「美國信念」包括彼此融合的兩部分：「盎格魯」（英國）和「新教」。宗教是歐洲人早期移居美國最重要的因素之一，新教精神賦予美國強烈的異議精神。新英格蘭的清教徒是美國早期最具宗教熱情的移民，在塑造美國主流文化上扮演關鍵角色。清教徒在普利茅斯與麻塞諸塞殖民地建立「山巔之城」，亦即「新以色列」，漸漸傳布至殖民地各個角落。清教徒的思想、信仰與價值觀對於新興的美國的生活方式及政治發展有重大影響。

美國的盎格魯—新教文化結合了繼承自英國的政治、社會制度以及各種習慣常規，其中最明顯的就是英語以及新教教義的思

想與價值觀。這個新教文化同時包括英國文化中的普遍要素，如艾爾登・佛漢所言：一開始，「不管是土地所有權制度、耕種方式、政府體制、基本的法律規範與立法程序、娛樂與休閒方式，以及諸多殖民生活的面相，幾乎都是英國式的。」歷史學者史萊辛格（Arthur M. Schlesinger）也表示同意：「這個新國家的語言、法律、制度、政治思想、文學、習慣、認知、禱詞等，主要源自英國。」

　　托克維爾曾說過一句名言：美國「原就生而平等，因此不需要尋求平等。」杭亭頓繼而指出，美國原本就是一個新教國家，因此不需要尋求讓自己變成一個新教國家。新教改革在美國創造了一個新的社會。杭亭頓不無誇張地指出：「在所有的國家當中，只有美國是新教改革創造出來的，沒有新教改革，就沒有我們熟知的美國。」美國的起源，可以從英國清教徒革命中找到，事實上，這個革命就是美國政治史上最重要的構成事件。林肯說過，「我們是一個基督教民族」；美國最高法院也一而再再而三地宣稱，「美國是一個基督教國家」。

　　「美國是一個基督教國家」的定義，跟憲法裡國會不得設立國教的條款並不矛盾。杭亭頓指出，基督教不是美國的國教，而是「公民宗教」。美國人的國家認同與團結，均奠基於盎格魯—新教文化與政治理念，美國是「一個有著教會靈魂的國家」。公民宗教的概念由四個要素組成：第一，美國的政府體系建立在宗教基礎上，如艾森豪所說：「美國主義最高也是最基本的表現，就是承認最高的存在。若非上帝，就不會有美國式的政府和美國式的生活。」第二，相信美國人是上帝的「選民」，「感受上帝所賦予美國的特殊使命」。第三，在美國的公共演講、儀式和典禮中普見宗教指涉和象徵。第四，國家的典禮和活動本身就有宗

教的氛圍、擔負宗教的功能。[39]

托克維爾早就發現，美國的基督教興旺的原因在於，以基督教為主流宗教信仰，在此「一元」之下又形成「多元」狀態：國家不設立國教，讓各個教派在「宗教自由市場」蓬勃發展。猶太哲學家威爾・赫伯格在《新教—天主教—猶太教》一書中強調說，美國生活方式是一種共同信仰，它為美國社會提供一種「統一的中心意識」，在此之下，美國又具有其豐富的「教派主義」。有趣的是，「教派主義」是美國私人企業經濟制度在宗教上的對應物。每一個宗教團體都按照自己的看法行事，加上在傳教、集資和影響上的競爭，形成信仰領域的「自由企業」。在更深層次上，經濟、政治以及美國社會其他地方反映出的自由和機會均等的信念都是根植於宗教的，這些神聖信念造成了最初「美國之夢」的目的性。

二十世紀末，杭亭頓強烈感受到「美國信念」所面對的危機，即多元文化、多元價值的挑戰，「全球化、多元文化主義、世界主義、移民、次民族主義，以及反民族主義在過去狠狠地打擊著美國意識」。若多文化成為美國的主流價值，就會出現多信念的美國，不同文化的群體會宣揚他們植根於自己特有文化和信仰的獨特政治價值觀和原則。那麼，美國將不再是美國。

杭亭頓的觀點在學界亦有少數正面的回音。史萊辛格在《美國的分裂：多元文化的省思》一書中，通盤反省了甚囂塵上的

---

39 杭亭頓認為，美國雖奉行政教分立之原則，但教會的靈魂也是國家的靈魂——教會的靈魂不僅是，甚至不主要是教會的教義，而是教會的儀式、讚美詩、習俗、戒律、祈禱書、先知和聖人，以及善與惡。所以一個國家，恰如美國，可以有一套信念，其靈魂則界定於共同的歷史、傳統、文化、英雄與惡人以及勝敗榮辱，這一切都珍藏於「神祕的記憶心弦」。

「文化多元主義」，肯定了英國傳統和新教傳統對塑造美國文化的重要性以及兩者間的延續性。他認為，美國是以盎格魯—新教為主軸的文化和秩序，十三個殖民地大多數人口及其文化重心都來自英國，盎格魯—新教傳統至今仍是美國文化和社會的主導力量，是標準和同化的基質。

杭亭頓尤其擔憂拉丁族裔湧入美國——雖然拉丁族裔亦屬於泛基督教文明圈，但杭亭頓清晰地區分了天主教與新教在觀念秩序上的差異。或許，美國接納移民的標準應當考量其與「美國信念」的契合度（雖然這是一個相當「政治不正確」的看法）：比起同為白人卻信奉天主教的拉丁族移民來，信奉新教的、非白人的韓裔、華裔移民跟「美國信念」更近；而穆斯林及信奉無神論的移民比拉丁裔移民離「美國信念」更遠。[40]

第五節　羅納德‧雷根的保守主義革命

一九八一年四月十八日，羅納德‧雷根在華盛頓遇刺，刺客是一名精神病患者。在被送進醫院時，雷根對妻子南茜說：「親愛的，我忘記躲閃了。」他又以慣有的幽默對醫生們說：「請告訴我，你們是共和黨人。」醫生幽默地回答說：「總統先生，我

---

40 大量非新教徒的移民湧入美國，必然損害美國價值、美國信念。美國某些穆斯林聚居地區選出穆斯林的國會議員，就任時拒絕手按聖經宣誓。某些穆斯林社區拒絕遵守美國憲法，堅持按照《古蘭經》執法。羅馬帝國末年，因為將公民權授予大量缺乏公民美德的蠻族，讓國家走向滅亡。吉朋在《羅馬帝國衰亡史》中指出，民主政體的公民行使國家主權，但若把主權交給人數眾多而無法掌控的群眾，一開始會是暴民政治的濫權辱國，最後下場則是民主和法治被剝奪一空。

們今天都是共和黨人。」

　　十三天後，雷根奇蹟般地恢復過來，他在日記中寫道：「我凝視著貼瓷片的天花板，心裡在祈禱，但我明白當我對那個射中我的年輕人心懷仇恨時，我不能不祈求上帝的幫助，這難道不就是迷途羔羊的含義嗎？我們都是上帝的孩子，個個都受到祂的鍾愛。於是我開始為兇手的靈魂祈禱，願他迷途知返。」雷根在返回白宮的第一個晚上寫道：「我知道恢復需要很長時間，無論如何，是上帝給了我新的生命，我將盡一切所能侍奉祂。」雷根在接受媒體訪問時說，此次暗殺事件改變了他的人生，「那天上帝肯定在看顧著我，從今以後，我的時間就是祂的時間。」

　　雷根的母親是一名堅忍的基督徒，他七歲便從母親那裡聽到福音，從此再也沒有產生過疑問，「聖經是我日常生活中至關重要的一個部分」。他十二歲時受洗成為有「重生得救」經歷的基督徒。

　　在第二屆任期就職典禮上，雷根手按聖經宣誓，那本古老的聖經還黏著蘇格蘭膠帶。他選擇最喜歡的《歷代志下》第七章第十四節，與伯格法官一起高聲誦讀：「這稱為我名下的子民，若是自卑、禱告，尋求我的面，轉離他們的惡行，我必從天上垂聽，赦免他們的罪，醫治他們的地。」

　　雷根並不按時上教堂，對上帝的信仰在某些方面並不明確且過於寬泛，這種信仰缺乏可以辯論的神學理論，他的父親是愛爾蘭天主教徒，讓他的信仰中有天主教的殘留因素。但其信仰本身是真實的，是個人性質的。雷根在私下和公開場合都表達過對基督教教義的看法，它們都與正統基督教的教導一致。他的宗教信仰對總統職位——以及整個國家——所造成的積極影響也許超過

現代史上的其他任何總統。

◎讓「保守主義」成為褒義詞，讓「自由主義」成為貶義詞

雷根擔任總統時的美國跟亞當斯擔任總統時的美國相比，人口增長一百倍，面積增長十多倍，經過西部開拓、工業革命、南北戰爭、兩次世界大戰、冷戰，美國成為成為自由世界的領頭羊，成為在全球抵抗共產主義的堅強堡壘。

在充滿自我質疑的六〇、七〇年代，民權運動、反越戰、性解放、毒品泛濫、垮掉的一代，此起彼伏，美國社會千瘡百孔，美國精神七零八落。雷根上台之前，美國正飽受能源危機之苦，通膨高漲、失業率竄升、民心士氣低落。人們呼喚一名先知式的政治人物，領導美國走上正軌。

雷根的出現絕非偶然。在背後支持雷根的是在數量和影響力上不斷上升的福音派基督徒群體。其中，最具代表性的是傑瑞‧法爾韋爾（Jerry L. Falwell）建立的「道德多數團體」，他們開始關懷社會政治議題，將勢力拓展到核心受眾之外，並朝公共議題和政治選舉發展。小巴克利則以《黨派評論》雜誌為基地，形成保守主義長期缺乏的論述能力，吸引知識分子和中產階級支持雷根。

卡特政府內政外交的一連串失敗，讓民眾忍無可忍、窮則思變。在歷史轉折時刻，保守主義成了變革的代名詞。雷根擊敗軟弱無能的卡特，脫穎而出。學者懷特和吉爾在《雷根為什麼獲勝》一文中指出：

使保守主義由少數派的地位轉變到在美國占有壓倒多數的地

位的，主要是三個根本觀點：一，信仰上帝是自由和恰當尊重同
胞的必要前提。二，對集權主義必須加以抵制。三，聯邦政府過
多地干涉了我們的生活。

黑梅斯坦因在《新右翼》一文中指出，雷根的政綱中對選民
最有吸引力的部分是：

一，經濟自由化：自由與個體主義；二，社會傳統主義：對
家庭、社區、宗教和傳統道德崩潰的擔憂；三，好鬥的反共產主
義態度。

詹姆斯‧伯恩斯用「道德右翼」來稱呼雷根領導的這一運
動，該運動有四條道德原則：

「親生命」，「親傳統家庭」，「親道德」（在色情與吸毒
等問題上），「親美國」（主張加強國防）。

詹姆斯‧伯恩斯讚賞雷根以傳統的自由企業保守主義同這些
觀念結合起來，形成強大的「市場右翼」思潮。

雷根的「新政」與羅斯福的「新政」背道而馳，他掀起的這
場政策乃至觀念秩序的革命，讓羅斯福新政之後半個世紀以來居
於政治主流地位的「自由主義」在一九八〇年代後期變成貶義
詞，以至於在一九八八年的總統大選中，民主黨人惟恐被對手扣
上「自由主義」的帽子。保守主義取代自由主義成為正面、積
極、昂揚、受正派人接納和尊重的政治觀念。

深具個人魅力的雷根大刀闊斧、刪繁就簡，改變了美國的政

治潮流，重塑了美國，也重塑了共和黨。此前，共和黨與民主黨對峙，但其領導權也和民主黨一樣，長期被東部自由派權勢集團把持，直到一九六四年戈德華特（Barry Goldwater）贏得黨內總統候選人提名，保守派才首次暫時奪得領導權。此後，尼克森以共和黨人身分贏得總統大選、入主白宮。但尼克森受其首席智囊、馬基維利主義者季辛格之擺布，對外推行「緩和外交」，出訪中國，開啟美國養虎為患的對華政策；在對內政策上，尼克森並未積極推動保守主義的社會政策。保守派並不將其視為其精神領袖和政治代言人。水門事件發生時，保守派不願支持尼克森，這是其黯然辭職的重要原因。尼克森垮台後，保守派開始聚集在雷根周圍，使之以絕對優勢擊敗卡特。

對於保守派、共和黨和保守主義來說，雷根的執政有多重含義：首先，它意味著共和黨的脫胎換骨，原本四分五裂的保守派在新共和黨的平台上實現組織上的大聯合，共和黨從過去由東部自由派權貴長期把持領導權的政黨演變成以南方、中部、鄉村為鞏固基地的強人的保守黨。

其次，美國保守主義從此告別了曇花一現的塔夫脫和戈德華特時代，有理論亦有實踐，在經濟政策、社會政策、外交政策和道德倫理規範等所有方面都有確定性答案，在觀念秩序上不再模糊，清晰而堅定，保守主義發展成為美國占主導地位的、與自由主義分庭抗禮的兩大思潮之一。

第三，在雷根執政期間，保守派經過八年的執政實踐，不僅積累了豐富的執政經驗，而且培養了一大批執政人才，在黨內形成新的保守主義人才庫。在此後布希父子尤其是小布希（George W. Bush）執政期間，這群人才以「新保守主義」的面貌活躍於政壇。甚至到了三十年之後的川普時代，川普啟用的若干重臣仍

是雷根時代嶄露頭角的英才。[41]

◎以經濟復興、軍事復興和道德復興「重新塑造美國」

「我將工作，我將挽救，我將奉獻，我將忍耐，我將快樂地戰鬥，鞠躬盡瘁，竭盡所能」，雷根在就職典禮上的演講，斷然否定了伊斯蘭教、共產主義和精神不安，再一次鄭重宣布美國將再次強大起來，其聲音之洪亮差一點震裂全國每一台電視機的顯像管。

雷根的勝選是一個奇蹟，是美國當代歷史的一個轉折點。雷根修復了美國因越戰和「垮掉的一代」運動而丟失的民族自豪感，克服了盛行的失敗主義和悲觀主義，以減稅、減少國家債務、平衡公共開支、激活自由市場經濟等奧地利經濟學派的經濟政策，帶來美國經濟的繁榮。

雷根是堅定的自由市場經濟論者。在獨立日發表的一篇講話中，他全面地闡述了其政策及背後的價值基礎：「我們的選擇難道不是不進則退的選擇嗎？退則退回到中央集權，福利國家，政府越來越多的慷慨解囊，伴隨著更多的管理許可權，更少的個人獨立自主，並最終走向極權主義。另一選擇便是我們的建國先輩們構劃的夢想：在維護社會秩序的前提下，賦予個人最大限度的自由。七月四日，我們不慶祝依賴日，我們慶祝獨立日。」

雷根在第二任期就職演說中指出：「我們新的開端僅僅是開

---

41 比如，被川普任命為美國貿易代表的萊特海澤（Robert Lighthizer），是雷根時代負責對日和對歐洲談判的副貿易代表，如今在美中貿易戰中展現了豐富的經驗和強硬的魄力。

創於兩個世紀前的那一開端的延續，在那個時候，人民有史以來第一次說，政府不是我們的主人，而是我們的公僕，是我們人民賦予了它權力。……我的意圖是限制聯邦政府機構的規模和影響，我們大家都需要認識到，聯邦政府沒有締造各邦，是各邦締造了聯邦政府。」他表示，他的政府將加強諸如「信仰、家庭、工作及睦鄰關係」這些美國傳統的價值觀，增強國防力量，重新引導歷史「擺脫黑暗的極權統治」。

雷根需要清理羅斯福新政留下的計畫經濟和政府管制的負面遺產。一九八一年上台伊始，雷根即提出「經濟復興計畫」，包括四條施政綱領：減稅，削減預算支出，撤銷或放寬政府管理企業的有關法令規章，控制貨幣供應量。這其中蘊涵的基本經濟哲學是減少政府對於經濟的控制和干預。「雷根經濟學」從根本上重組了美國的經濟結構。雷根所開創的經濟政策新理念及新的政策框架，帶來經濟復興，更為經濟增長、甚至為電腦、網路和生物技術等新技術革命創造了良好環境，美國企業的競爭力迅速提升。

雷根不僅讓美國人過上好日子，也讓美國回歸建國之初的倫理與道德。雷根的社會政策堅守基督教道德倫理原則：上帝書寫聖經，聖經容忍極刑（死刑）；「雞姦」是罪過，同性戀婚姻不能被允許，但同性戀者具有憲法賦予的基本人權；財產神聖不可侵犯，隱私也一樣；藝術應矢志維護道德觀念；施捨先及親人；共產主義是邪惡的，因為它削弱個人意志。雷根在任期內一直反對墮胎合法化：「我們的憲法保證『生命、自由和幸福』，但墮胎就是殺死生命。」他對愛滋病的看法，也帶有鮮明的聖經色彩：「那種可怕的疾病，才能使我們重新審視屬於我們這代人的那些極其重要的價值觀。」

一九八二年，雷根向國會提交憲法修正案，要求允許學生自發在學校禱告。他在附設的諮文中說：「通過禱告來公開表白我們對上帝的信仰，這是我們美國人的基本遺產，也是我們的特權，所以法律應該規定，美國任何學校——公立或私立——都不應該排斥這種做法。」這一努力未能成功。

　　一九八一年三月十九日，雷根發布宣言，將這一天設立為全國禱告日：「在過去的歷史中，禱告一直是我們國家一股強大的力量，今天仍然如此。我們作為一個國家，絕不應該忘記這個力量的源泉。我們知道選擇上帝之道路的自由是自由的本質所在，同時作為一個國家，我們不得不盼望更多公民通過禱告與他們的創造者建立更加親密的關係。」他宣布一九八三年為「聖經年」，鼓勵所有美國人都「考查和重新發現聖經中所蘊藏的無價的、萬古長新的信息」。

　　雷根倡導「明智的愛國主義」，其基礎是「更多地關注美國歷史，更著重地強調公民責任感」、「在我的整個政治生活中，我一直在談論那座『閃光的城市』」。他的願景是，未來的美國將是一個小政府、低稅收、減稅賦、享有軍事優勢的國家，美國人可以大步流星地走在世界上任何一處窮鄉僻壤的犄角旮旯而沒有安全之虞，而且「在沒有自由的世界人民心中，我們將再次成為自由的典範和希望的燈塔」。他曾引用教宗若望‧保祿二世的話鼓勵美國民眾：「美國人民擁有一種傑出和無私行為的天賦。因此上帝將拯救受難人類的使命交給美國人。」他進而補充說：「我們確實是，而且我們現今是，世界上人類最後的美好希望。」

　　任滿兩屆任期之後，雷根留下的美國擺脫了停滯不前、灰心喪氣，已經信心十足、昂首闊步。雷根在告別演講中，重申他堅

信美國將成為造在山巔上的一座榮耀之城：

> 在我的思想中，這座山巔之城高大、富麗堂皇，建造在磐石之上；既擋風，又蒙受上帝的祝福；……不管暴風雨怎樣吹打，它的光輝都毫不失色。對於所有必得自由的人，它仍然是一座燈塔；對於來自各個淪喪之地、摸黑回家的所有朝聖者，它仍然是一塊磁鐵。

◎「因為我們站在上帝一邊，所以我們會贏」

在雷根當選總統之前，有人問他怎麼看待共產主義和蘇聯，他回答說：「我們會贏。他們會輸。」為什麼呢？因為「我們跟上帝站在同一邊」。

雷根在好萊塢演藝生涯中，已徹底了解「自由主義（左翼）的陰暗面」，並加入反共陣營。他爽快地答應幫助聯邦調查局調查危險分子和叛變活動，因而遭到匿名電話威脅——向他臉上潑硫酸。他隨身攜帶一把史密斯威森牌手槍。這件事永久改變了他的政治觀點。「從這次近距離的交戰中，我明白美國面臨的最狡猾、最陰險的威脅莫過於共產主義的威脅。」

篤信「我們跟上帝站在一邊」的，不僅僅是雷根。一六五六年九月十七日，克倫威爾在英國國會致辭，提出其外交政策。他以最根本的政治問題開始演說：誰是我們的敵人，為什麼他們憎恨我們？克倫威爾斷言，世界其他地方存在邪惡軸心，他們憎恨英國，他們憎恨上帝和世界上美好的一切，「充滿敵意，反對服事上帝的榮耀和祂子民的利益」。克倫威爾嚴詞譴責西班牙的暴政：「我們所要求的一切，是自由，僅僅如此。……我們渴望

這樣的自由，造訪西班牙疆域的英國人可以將英文聖經放在口袋裡，實踐宗教信仰自由而不受到限制。」他呼籲，所有德國、丹麥、瑞士新教徒的利益，跟英國基督徒的利益是一致的，英國應當持續行動，為上帝的子民而行動。

克倫威爾的觀念在三百多年後、三千英里外產生了共鳴——一九八三年三月八日，雷根在佛羅里達奧蘭多的美國福音派聯盟年會上演講，首次提出「邪惡帝國」的概念。被蘇聯政府放逐的作家索忍尼辛（Aleksandr Solzhenitsyn）曾形容蘇聯是全世界「邪惡的淵藪」。雷根指出，「現代世界的邪惡軸心」是成為今天的前共產黨員錢伯斯（Whittaker Chambers）宣稱的作為「第二古老的宗教信仰」的馬列主義。他告訴牧師們：

我一直堅持，正在持續的爭奪世界的戰鬥不會由炸彈或火箭、軍隊或軍事力量決定勝負。決定勝負的是與上帝所立之聖約。

和建國先輩一樣，雷根堅信，美國人不可剝奪的權利和自由不是偶然所得，而是上帝所賜：「我在這裡無需告訴大家，這一信念與許多人所持的流行觀點——世俗主義——相對立，至少可以說與之不協調。」他誓言，美國必須挺身與「邪惡帝國」鬥爭：「美國讓自由的火炬一直燃亮，但不僅僅是為自己，更是為了世界上其他地方的億萬人。」

雷根與鐵幕後的哈維爾、瓦文薩、薩哈羅夫等人一樣，相信可以用語言的力量、思想的潛在影響力和戲劇性的事件中打破固有觀念的束縛。冷戰本身已成為一種習慣：太多地方有太多的人屈從於相信它將永遠持續下去。雷根試圖利用蘇聯的弱點、展現西方的實力，以打破這種「心理上的僵局」。雷根偏愛的武器，

除了「星球大戰」計畫之外，就是公開演說。

　　一九八二年的六月八日，雷根在訪問英國時，成為首位在英國議會兩院聯席會議發表講話的美國總統，此次演講被稱為「威斯敏斯特演說」。這場演講受到很多英國議員的抵制——對於西方左派來說，好戰的雷根比蘇聯更危險。這場被抵制的演講成為雷根主義的先聲。雷根堅信，共產主義和資本主義之間的鬥爭將由市場，而非軍事力量，決出勝負：「今天，我們正目睹著一場重大的革命性危機，在這場危機中，經濟秩序的需求和政治秩序的需求迎面相撞，但危機不是發生在自由的非馬克思主義的地方，而是發生在馬克思列寧主義的堡壘——蘇聯。」他從在英國已被很多人放棄的聖經觀念出發——世上存在著邪惡，必須傾盡全力反對邪惡，談到當下的冷戰，他給憂心忡忡的西方人鼓氣說：「我要描述一個長遠計畫，一個遠大希望——邁向自由和民主，把馬列主義掃入歷史的廢墟，就像歷史曾經掩埋了壓制自由、遏制人民自我表現的暴政一樣。」

　　當四歐各國畏懼蘇聯及東歐集團，採取「東方政策」時（如同戰前對納粹的綏靖主義），唯有雷根與柴契爾夫人堅定不移地宣布：不能與邪惡共存，必須用一切手段終結蘇俄暴政。

　　一九八七年六月十二日，雷根在柏林牆前發表演講。他的演講宛如吶喊，他的聲音帶有真正的憤怒，這種情況十分罕見。左翼的《紐約時報》只在第三版發表幾行文字報導，以羞辱雷根——殊不知，這是自打耳光。雷根演講的時刻永遠保留下來，在世界各地的電視裡反覆播出。「戈巴契夫先生，推倒這堵牆吧！」這句話宛如先知約書亞在耶利哥城牆外的呼喊——若不是出於對上帝的信心，誰能相信吹角和呼喊就能讓堅固的城牆倒塌呢？

一九八九年，被東德共產黨黨魁昂納克形容為「屹立百年，固若金湯」的柏林牆轟然倒下。隨即，蘇聯東歐共產集團土崩瓦解，速度之快，超過任何一位蘇聯問題專家的預測。雷根不是蘇聯問題專家，但他擁有從上帝而來的直覺，這種直覺讓他對世界大勢作出精確判斷。與以蘇聯為首的「邪惡帝國」的生死搏鬥，是雷根和柴契爾夫人攜手打贏的，是「盎格魯文化圈」聯手打贏的，是基督的信徒並肩打贏的。[42]

第六節　美國秩序的存亡絕續

雷根卸任之後不到十年，其偉大遺產已被雨打風吹去。喬治・凱南晚年對美國社會的兩種現象深感擔憂，這兩種現象緊密相連，折射出當代絕大多數人的精神和情感狀態。

首先，凱南指出：放縱和墮落已經占據了當代美國人絕大部分社會和文化生活：大部分新聞、電子通信和文化的輸出都掌控在娛樂業手中，娛樂業再以近乎壟斷的方式將它們用於可怕的用途，製造知識水平低下的節目，還創造出傷風敗俗的色情產業，讓人們病態地沉溺於性和暴力，甚至要求賦予同性戀榮耀，政府採取了放任自流的態度，缺少道德上的引領。

---

42 雷根退休後，多次民調顯示，他被民眾選為美國歷史上超過華盛頓和林肯的最偉大總統。二〇〇四年，雷根去世後，美國政府為其舉辦盛大國葬。一九九七年，保守主義者格羅弗・諾奎斯特創立「雷根遺產計畫」，致力於在美國各地建立紀念雷根的建築物。首都華盛頓先後命名了「雷根大樓」、「雷根機場」和「雷根車站」等標誌性建築，軍方命名了一艘「雷根號」航空母艦和一架「雷根精神號」運輸機。

另一種讓凱南更加惶恐不已的現象是：

「政治正確」這種帶有傳染性的歇斯底里簡直令人匪夷所
思，這種歇斯底里成了某種現象的必然要素，那就是幽默感的整
體喪失。我一直將有能力欣賞和享受諷刺與荒誕視為精神和心理
健康的基本要素，對我們這些傳承美國本土文化的人來說尤其如
此。因此，我只能將它的普遍喪失視作這樣一種信號，即人們在
精神和智識生活上出現了令人不安的重大問題。

　　一般而言，癡迷於「政治正確」的都是學院中的教師和學
生，凱南認為，這印證了絕大多數人，尤其是大學裡的年輕教師
和部分學生的真實情緒何其脆弱。[43]
　　大學如此，主流媒體、好萊塢、矽谷高科技巨頭、華爾街等
亦如此，這些菁英階層控制乃至同化了民主黨和共和黨建制派，
形成一個「深層政府」，即川普譴責的「華盛頓的沼澤」。在雷
根之後的三十年裡，他們是中國化的全球化的受益者，只要他們
自己能發大財，而不惜讓美國衰微。

---

43 美國學者強納森・海德特（Jonathan Haidt）、葛瑞格・路加諾夫（Greg
　 Lukianoff）指出，每一位學者都有「確認偏誤」問題，亦即傾向積極尋找能確認
　 自身既定主張的證據。大學最美好的特質是：雖然教授們常常無法看出自身論證
　 的缺陷，但其他教授和學生可以協助找出弱點，這個過程稱為「制度性消除確
　 認」。兩位學者發現，一九九○年代中期後。左派學者的比例迅速攀升，在人文
　 及社會科學核心領域，左右派人數比幾乎超過十比一。這種失衡情況在新英格蘭
　 名門大學更嚴重。一旦教授之間失去政治多元性，學術研究的品質和嚴謹會跟著
　 打折，「制度性消除確認」無以為繼。大學致力於培養敵視美國基督教傳統的年
　 輕一代，哈佛大學歷史教授赫哥特不無感歎地說：「真難以置信，現在哈佛的學
　 生對清教的了解如此之少。」

與此同時，教會的影響力不斷下降，教會自身的觀念秩序及精神、心靈秩序之根基搖搖欲墜——在反智的靈恩派和功利主義的成功神學的夾擊下，清教徒傳統命若游絲。教會和基督徒自動退出教育、傳媒、文藝等重要領域，弱化成自我封閉的、自說自話的邊緣社團。教會無力在公共場域發出自己的聲音，甚至無力捍衛自己的信念。教會領袖甚至勸說會友不要投票——因為候選人都不符合聖經的標準。

　　二〇二〇年的美國，跟一九八八年雷根歷任時的美國相比，已然面目全非。二〇二〇年的選舉爭議與憲政危機，乃是冰凍三尺非一日之寒，顯示了柯克所說的「美國秩序」、杭亭頓所說的「美國信念」，正處於存亡絕續的時刻。

◎從約翰・杜威到約翰・羅爾斯：
　謬誤的思想家比謬誤的總統更危險

　　二十世紀以來，主導美國社會、政治、經濟和文化走向的，表面上看是那些在台面上施政的、呼風喚雨的總統：第一次世界大戰期間的戰時總統、世界主義的倡導者威爾遜，第二次世界大戰期間的戰時總統、以「羅斯福新政」將美國帶往社會主義方向的小羅斯福，標榜「偉大社會」、讓現代左翼自由主義發展到頂峰的詹森，接納中國加入世貿組織、使美國遭受「紅色供應鏈」蠶食的柯林頓，以及在國內激化左右對立而且讓美國在國際上成為「道歉國家」的歐巴馬……破壞美國清教徒傳統和保守主義觀念秩序的，似乎大都是民主黨總統。

　　其實，總統是靠不住的，而且並沒有那麼重要。影響美國民情秩序的，不是總統，而是總統依託的思想及思想家。只是批評

總統的政策，而忽略其背後的觀念秩序，是本末倒置。謬誤的思想家比謬誤的總統更危險，在荷槍實彈的戰場背後，是筆與紙的戰鬥，是觀念和信仰的戰鬥。二十世紀嚴重危害美國民情秩序的思想家，是約翰·杜威（John Dewey）和約翰·羅爾斯（John Rawls）。這兩個約翰所造成的危害，比國共內戰期間美國國務院系統的三個約翰所造成的危害更大。[44]後者讓美國傷筋動骨，前者者則讓美國毒入肺腑。

杜威出生於佛蒙特州一個嚴寒的小鎮，小鎮居民信奉清教倫理和喀爾文神學。信仰虔誠的母親嚴厲監督孩子們的宗教生活和日常生活，結果適得其反，杜威後來回憶說：「宗教情感在被監督，在為了看它是否存在、是否正確、是否增加而被剖析時，肯定是不健康的。正如把種子從地裡摳出來看它是否生長一樣，一再地觀察我們自己的宗教情緒和經驗，是致命的。」十六歲時，上大學二年級的杜威在教會接受堅信禮，此時的他「帶有虔誠的宗教情感，卻沒有體驗到深刻的皈依感」，成年後他發起了對清教主義和喀爾文神學的反戈一擊。

---

44 所謂「三個約翰」，即戴維斯（John Paton Davies Jr.）、謝偉思（John Stewart Service）、范宣德（John Carter Vincent），三人姓名皆有約翰（John）。尤其戴謝二人，均出生在中國宣教的美國傳教士之家（戴一九〇八年出生於四川成都，謝一九〇九年出生於四川成都，兩人均於一九九九年以高齡去世），能講一口地道漢語。然後回美國修讀大學，進入國務院成為外交官，派駐中國。他們年輕敏感，思想左傾激進，接觸國共高層和社會人士，以西方學識、浪漫主義對比共問題，以大量報告預言中國內戰共產黨必勝，對國務院「助共棄蔣」的對華政策產生有力影響。他們回國後都因「失去中國」之議題受到國安忠誠委員會審查。麥卡錫—胡佛指國務院有「八十個共產黨間諜」，三約翰是禍首。三人被趕出國務院。文革後期，謝偉思四次重返中國，獲得周恩來親自接見，後為中共外交多所辯護。（引自金鍾：《美國對華綏靖主義史話》）

早在一八九二年，杜威即宣布：「下一個宗教預言家，若想對人類生活擁有持久的、實在的影響，必須能夠向世人闡明民主的宗教意義，即川流不息的生活本身的終極宗教價值。而這可以與基督為他的時代所作出的貢獻相提並論。」他汲取從德國傳來的新黑格爾主義，打造出一套將理想與現實統一起來、實現理想、創造世界的實用主義哲學體系，這套理念成為二十世紀美國進步主義的基礎，他本人也成為美國改革時代的哲學代言人。

　　杜威以民主和平等為信仰，在他看來，「民主的生活自身就是神聖性的」。他在參與聯署的《人本主義宣言》中，肯定了進化論自然主義的世界觀，認為人類是在「對美好生活的追尋」之中找到了宗教產生的源泉。他承認「我們的民主傳統是一種恩典的禮物」，但他對上帝的認識與清教主義背道而馳，因而「恩典」亦無從談起——他拒絕正統基督教的原罪說和上帝的絕對超越說，把基督教看做是一種肯定世界的倫理神祕主義。他認為人可以通過自身的努力以及民主的實踐而達到至善的境界，人並非上帝所創造，反之，上帝的觀念只是人的美好理想的投射。他在其講稿《共同的信仰》中指出，「上帝——如果人們願意使用這種傳統的象徵性語言——就是真正社群的心靈、內心和軀體，其在當代世界中的最高表現就是創造性的民主」，「我會使用上帝這個詞來指稱那些在特定的時間和地點下引導著事物向好的方向發展的力量。上帝代表的是一種理想價值的統一，這種統一從其根本上說是充滿想像的」。由此，上帝和耶穌不再是造物主，而只是托爾斯泰和甘地所推崇的道德倫理教師。

　　曾經擔任芝加哥大學校長的保守主義教育哲學家赫欽斯（Robert Maynard Hutchins）認為，杜威對美國高等教育陷入混亂狀況負有重大責任。杜威的實用主義教育哲學，僅著眼於現實

生活經驗卻忽視人類文化遺產的價值，重視激發學生的學習興趣、建立和諧的師生關係、營造賞心悅目的校園環境卻忽視教育內容本身的邏輯性、系統性和經典型，因而具有導致文明社會趨於削弱乃至崩潰的危險。赫欽斯說：「杜威先生的立場，在本質上，就是只有科學才是知識，其他任何事物，都是迷信；只有科學才是現代的，其他的都過時了。歷史、哲學、神學、宗教、藝術及文學──總之，其他任何使生活有價值者──都是不相干的，而且，在現代教育中，是沒有地位的。」另一位思想家、芝加哥大學法律哲學教授莫提默·阿德勒（Mortimer J. Adler）更嚴厲地指出，杜威所主張的民主主義實質是是一種披著民主外衣的極權主義，它破壞了美國的共和傳統，其危害性甚至超過納粹：「對於民主的最嚴重的威脅是這些教授們的實證主義，它支配著現代教育的每一個方面，而且是現代文化的最主要腐敗。民主主義害怕獨立的思想更甚於害怕希特勒的恐怖手段。兩者是相同的恐怖，但希特勒的恐怖手段史誠實、更始終如一……因而危險性也小一些。」

　　杜威直至以九十三歲高齡去世都沒有公開表示放棄基督教信仰，但他對基督教信仰的左翼自由主義的闡釋，卻宛如從內部攻破清教傳統的堡壘，因此其造成的危害比異教世界的思想家更大。他聲稱：「我們應當把宗教性的信仰描述為通過忠於包容性的理想的目的而實現的自我統一。」他從未對神學有興趣，認為教會的作用就是「將自身普適化，從而退出存在的舞台」。杜威更樂於在其他宗教傳統中尋找醫治美國病症的解藥：在五四運動前後，他訪問中國，在各大學發表巡迴演講，傳播民主和科學思想，是馬列主義傳入中國之前對中國知識界影響最大的西方思想家。但同時，他也從中國思想中汲取靈感，哲學家懷德海說：

「要想了解孔子，去讀杜威；要想了解杜威，去讀孔子。」其實，比起儒家來，杜威更欣賞道家的神祕主義，他在中國文化中發現了一種「對於自然、文學和藝術之美平靜而從容的欣賞」和「一種平和的在冥想和沉思中對於心靈的涵養」，而這「恰好是抗衡西方急躁的行動主義所需要的」——這種認識基本上停留在林語堂《吾國吾民》的水準上，也啟發了二十世紀下半葉的西方左派菁英對日本佛教、禪宗和藏傳佛教的迷戀。

與所有聲稱追求平等和公正的西方左翼知識分子一樣，杜威一度對新發於硎的蘇聯充滿美好想像。一九二八年，在蘇聯之行後，他帶著「某種嫉妒」指出，在俄羅斯，產生了一種具有「憧憬與奉獻精神」的統一的社會信仰，以及「一場有機的生生不息的運動」。他更聲稱，在俄國第一次親眼目睹了一個廣泛普及的、蓬勃發展的「宗教現實」。然而，蘇聯不是他們心目中的烏托邦，而是面目猙獰的古拉格。一九三六年至一九三七年，蘇聯當局展開了震驚世界的莫斯科審判，杜威再度赴蘇聯，擔任由國際人士和民間人士組成的調查委員會的主席，調查蘇聯當局對托洛茨基的審判，在一千多頁的調查報告中確定托洛茨基無罪。像很多曾經對蘇聯的共產主義試驗抱有很大希望的美國激進人士一樣，在莫斯科審判中史達林政府的腐敗行為和野蠻戰略，使得杜威的幻想徹底破滅。杜威的「蘇聯想像」的崩塌表明，那些表面上睿智的知識菁英，若失去對人性中「幽暗意識」的警惕和對超驗的善惡標準的確信，必然走向進步主義、實用主義與極權主義合流。

杜威在二十世紀下半葉的接班人是羅爾斯，正如評論人蘇小和所論：羅爾斯的《正義論》是現代左傾自由主義的宗師，現在全球範圍之內幾乎所有的知識人都是羅爾斯的門徒。羅爾斯才是

歐美社會「政治正確」的磐石式大思想家。目前的局面，幾乎所有的左傾自由主義都是拿著羅爾斯的思想體系在和以基督信仰為根基的保守主義作戰。

　　羅爾斯先後任教於多所新英格蘭常春藤名校，其《正義論》一書，前後三易其稿，終成二十世紀下半葉倫理學、政治哲學領域最重要的理論著作，一九七一年出版發行後，旋即在學術界產生巨大反響，由於第一版的封面為綠色，當時哈佛學子以「綠魔」來形容該書之影響力。此後半個世紀，全球共有約五千餘部論著專門對其研究討論。

　　羅爾斯的正義學說，是以洛克、盧梭和康德的社會契約論為基礎，論證西方民主社會的道德價值，認為正義是社會制度的主要美德，正義之所以為正義，一言以蔽之：「人的權利高於終極的善。」他認為，定義善必須維持「道德中立性」。換言之，他擱置或否定人類社會存在「終極的善」，標榜中立和客觀立場，「對評價事物的善惡觀點來說，沒有什麼事物是必然正當或在道德上正確的」。既然懸置何謂善，也就無法理解何為惡。既然上帝被排斥在人類生活之外，人的原罪就成了人的自由的一部分。於是，潘多拉的盒子被打開，二十世紀下半葉所有極左派議題──墮胎、同性戀、變性、毒品合法化、高福利制度以及逆向種族歧視等，都在羅爾斯的正義論中找到合理性解釋。

　　羅爾斯的正義論，是一種隱蔽的馬克思主義，或者說是一種經過西歐和北歐式改良的「社會民主主義」。他所謂的正義，歸根結底就是平等，而實現和維持平等，則有賴於一個龐大而高效的國家機器。一旦這個國家機器成形，它本身必然是一種集權和壓迫的力量，這就回到了歐威爾式的命題──以平等為名的社會試驗，必定以暴政作為終結，也就是「所有動物生來平等，但有

些動物比其他動物更平等」，現實生活中正在上演的就是「黑命貴」運動，該運動的發起人承認他們是馬克思主義者。

挑戰羅爾斯有兩名重量級人物，一位是自由至上主義者諾齊克（Robert Nozick）。諾齊克是羅爾斯在哈佛大學的同事，在讀了羅爾斯的《正義論》手稿後，僅僅用一年時間就寫出與之針鋒相對的《無政府國家與烏托邦》一書。諾齊克認為，唯一正當的政府是最小政府，僅限於維持契約的執行、保衛公民安全，以及保護財產。其自由至上主義取決於三個主張：首先，行動與結社自由的個人權力，具備嚴格道德優先權，不應受到任何他者或團體干涉；其次，集體或政治機構所援引的獨立道德原則，必須是源於個體成員的自然權利；第三，否定任何減輕社會與經濟不平等的道德理由。

諾齊克指出，基於智識上的誠實，他必須說出這些不受歡迎的真理：國家不應致力於分配正義，任何超出古典自由主義「守夜人」角色的國家，都是不正義的；私有產權應得到絕對保障，因為它構成了人身權不可分的一部分；資本主義值得擁護，不是因為其有效率，不是因為兩害相權取其輕，更不是因為它只是一小撮富人或統治階級的意識形態，而是因為它最能保障每個人的基本權利，是人類所能渴求的最好的烏托邦。諾齊克為當代捍衛以私有制為基礎的市場經濟運動，提供了一個嚴格的哲學理論體系。

另一位批判者是社群主義者桑德爾（Michael Sandel）。桑德爾在《自由主義和正義的限制》一書中指出，羅爾斯希望其正義原則「能夠獲得各種合理的宗教學說、哲學學說和道德學說的重疊共識的支持」是不可能的。因為，羅爾斯「為了政治的目標而把一些整全的道德和宗教教義的主張放在括弧內或棄置一旁，

並非永遠都是合理的」。桑德爾認為：「當我們關注的是一些嚴重的道德問題時，為了達成政治協議而把道德和宗教爭議括弧起來，這樣作是否合理有部分是視乎，在互相競爭的眾多道德和宗教教義中，哪一個是真的。」但羅爾斯避開了關於善與真的價值判斷。

針對羅爾斯的左翼自由主義，桑德爾提出，在美國政治中，公民共和主義是一個更為悠久的傳統，它對自由的理解是：「自由就是有分於自我管治……這意味著與其他公民一起思量何為共同的善，並協助去塑造政治社群的命運。但能良好地思量何為共同的善，不單需要能選擇自己目的的能力和對別人的選擇權的尊重，也需要對公共事務的知識，以及歸屬感、對整體的關懷和與命運悠關的社群的道德紐帶。」也就是說，若要去實現自由，公民需具備基本的公民德性。政治不能對市民的價值觀保持中立。桑德爾批評說：「無拘無束的自我的形象，只是在近年才影響我們的憲法實踐。……它並不是整體而言的美國政治傳統的基礎，更談不上是『民主社會的公共文化』本身。」

◎美國最大的危機乃是清教徒觀念秩序和公民美德的弱化

當下美國面臨的最大危機，並非中共及伊斯蘭原教旨主義從外部發起的挑戰，而是內在的清教徒觀念秩序和公民美德的弱化乃至崩塌。以下三個方面環環相扣，牽一髮而動全身：首先，在人口結構層面，非基督教文化和傳統中的移民及非法移民大量湧入（這是二十世紀以來的移民潮跟此前的移民潮的根本性差異），他們大大稀釋乃至改變了美國以盎格魯一撒克遜及歐洲移民為主體的人口構成。

其次，在信仰和價值認同層面，基督新教這個理所當然、心照不宣的「前提」被拋棄，「絕對的多元主義」取代了一元（清教主義）之下的多元，世界主義和普世主義大行其道，於是就連「美國認同」也出現了巨大的混亂。

再次，「美國認同」一旦動搖，美國憲法就不再穩如磐石。左派站在抽象的「至高正義」的立場上，肆意破壞美國憲法和美國憲政，從在校園裡改寫美國歷史到走上街頭打砸搶，在此過程中，公民美德被棄之如敝屣。

中國學者高全喜如此談及其訪美期間的感受：「我接觸過或聽人談論過中國去美國的移民以及其他國家的移民，有個印象是，這些人中不少人在原來的國家或者涉及犯罪，或者涉及腐敗，或者個人品行較差，或者宗教觀念極端，他們更多的是在消費美國文化，而不是學習和認同美國文化。」他進而指出，不管這些人持有的是綠卡，還是公民資格，他們仍然是美國文化與共和國的「他者」，是道德意義上的「外邦人」，甚至是潛在的「敵人」。美國的自由民主與福利安排或許可以包容他們，這是美國文化與價值觀決定的。但是，美國雖大，其資源空間也是有限的，而其政治與道德實際上也不可能是無邊界的。美國不是平等多元主義的大「熔爐」（美國至多是「拼盤」），事實上許多異教移民根本不可能在「熔爐」中熔化，反而成為社會福利的擠占者、社會秩序的破壞者以及文化政治秩序的敵人。所以，高全喜肯定川普政府的移民禁令，將其視為歸化法「重新憲法化」的保守憲制取向。「這種自我保護的政治意識，或許與普世人權及多元主義價值有衝突，但肯定符合民主政治的一般邏輯以及保守主義的基本原理。」

美國清教徒觀念秩序和公民美德弱化乃至崩塌的惡果，在二

〇二〇年美國總統大選因民主黨及共和黨建制派大規模作弊而引發的自建國以來最嚴重的憲政危機中暴露無遺。

　　一六三〇年，在阿貝拉號橫渡大西洋的途中，清教徒領袖約翰‧溫斯羅普在一次名為《基督徒慈善的典範》的布道中說：「我們將如山巔之城，為萬眾瞻仰。因此，我們如果在已經著手的事業中欺蒙我主，使主收回目前賜予我們的庇佑，我們將成為笑柄，天下醜聞。」溫斯羅普不曾料到，三百九十年之後的這場美國總統大選，果然因「欺蒙我主」而成為「天下醜聞」。

　　美國作為民主世界的燈塔，何以淪為「全球笑柄」？因為人心中已經沒有了對上帝的敬畏。

　　不敬畏上帝，必不尊重憲法；憲法還在，但尊重憲法的公民在哪裡呢？不敬畏上帝，必不熱愛國家；星條旗還在飄揚，但願意為它流血犧牲的愛國者在哪裡呢？不敬畏上帝，必不遵守上帝的道和上帝的話；教堂的建築優美而宏偉，但謹守上帝誡命的清教徒在哪裡呢？

　　沒有任何外在的敵人能夠給美國人頭上戴上枷鎖，除非美國人自願為奴。沒有任何外在的敵人能夠摧毀美國憲法和獨立宣言，除非美國人自己將聖經從立國根基中抽掉。國父約翰‧亞當斯早就說過：「我們的憲法只是給有道德、有宗教信仰的人制定的。它完全不適合治理其他類型的人。」國父華盛頓在其告別演說中也說過：「在導致政治昌盛的各種意向和習慣中，宗教和道德是必不可少的支柱。那種想竭力破壞人類幸福的偉大支柱——人類與公民職責的最堅強支柱——的人，卻妄想別人贊他愛國，必然是枉費心機。純粹的政治家應當同虔誠的人一樣，尊重並珍惜宗教和道德。……我們只須簡單地問一句，如果在法院藉以調查事件的誓言中，宗教責任感不再存在，那麼哪裡談得上財產、

名譽和生命的安全呢？我們還應當告誡自己，不要耽於幻想，認為道德可以不靠宗教維持。儘管高尚的教育對於特殊結構的心靈可能有所影響，但根據理智和經驗，不容許我們期望在排除宗教原則的情況下，國民道德仍能普遍存在。」美國歷史學家戈登・伍德（Gordon S. Wood）在《美利堅合眾國的締造》一書中也強調說：「如果人民本身已經腐敗並墮入罪惡，要將憲法還原到它初始的原則——『恢復其原始的完美』——是不可能的。除非社會自身受到腐蝕，除非出現了『普遍的道德缺失以及對美德的全面背離』，否則，一個民族不可能完全被奴役。」

二○二○年十一月十四日，美國最高法院大法官薩謬爾・阿利托（Samuel Alito）在「聯邦黨人協會」年度大會上發表致辭，呼籲美國人挺身而出捍衛宗教信仰自由、言論自由及美國憲法保障的持槍權——因為那些邪惡的力量正在無所不用其極地試圖剝奪這些自由和權利。

阿利托說，左派期望用對待一九四五年二戰結束以後的日本和德國的那種「強硬路線」來解決異議者，「在我們的國家是不是將採用同樣的強硬路線呢？引用一句諾貝爾獲獎者的話，現在還沒天黑，但是已經快了」。這位最高法院大法官的話絕非杞人憂天，他語重心長地告誡說：

司法機構能夠做出的捍衛憲法、保障公民的各種自由的行動相當有限。有句話說，自由活在每一個人的心中，如果在人心中的自由已經死去，那麼任何憲法，法律，法庭都無法使之復活。對所有美國人來說，站起來捍衛憲法和自己的自由是你們未來的艱巨任務。

美國必須打贏這場有史以來最艱巨的戰爭（比一戰、二戰、冷戰、反恐戰爭以及南北戰爭更艱巨），這是一場遍及內部與外部的爭戰，是觀念秩序的對決，是精神和信仰的對壘。若剛強壯膽，進一步，就是上帝應許的迦南地；若丟盔卸甲，退一步，就是萬丈深淵的地獄。而美國的成敗，決定著世界的未來是光明或黑暗。

◎你如何認識歷史，決定了你如何定義自己

清教秩序五百年的故事，到此暫告一個段落。

以下的歷史，我將與讀者朋友們共同經歷和參與，我們的餘生將看到更加波瀾壯闊、激動人心的劇幕上演。

你如何認識歷史，決定了你如何定義自己。我是基督徒，是清教徒的屬靈後裔，是保守主義者，是美國公民。我認識和書寫的歷史，是由清教徒的觀念秩序及精神、心靈秩序主導的歷史，是由宗教改革形塑的近代化和現代化，是建立在新教信仰、喀爾文神學、保守主義、公民美德、城邦正義、地方自治、共和政治和市場經濟等核心價值之上的「現代世界之誕生」。

當代西方世界的學術、傳媒和教育系統，成為進步主義、世俗主義、人本主義及左翼自由派的奴僕，早已背叛了真實的歷史脈絡——他們拒絕承認形而上的真理和基於聖經的世界觀，歷史就成了「任人打扮的小姑娘」，他們企圖以以子虛烏有的「一六一九」取代蕩氣迴腸的「一七七六」。

在左翼知識人看來，既然歷史並非由上帝掌控，歷史的動力就是地理、環境決定論或偶然論。關於近代化為何出現在西方而非東方，當代名聲顯赫的歷史學家們的答案大都不出以上這

兩方面。

　　生物和地理學家賈德‧戴蒙（Jared Diamond）在其經典之作《槍炮、病菌與鋼鐵》中認為，歐洲而不是中國主宰當今世界的原因是，歐洲的半島地形使得小王國有能力抵禦潛在的征服者，因此偏好分散的政治權力，而中國更為渾圓的海岸線使得中央集權而不是諸侯割據成為偏好（關於中國中央集權的原因，還有魏特夫的治水理論）。戴蒙指出的政治制度上的分權和大一統跟近代化的正向或負向關係，大致是正確的；但是，地理原因只是「西風壓倒東風」的多種原因中的一個，且並非決定性的那一個。就淡化和忽視基督教文明而論，這種被視為「長期注定」理論的地理決定論，顯然是左派的唯物主義理論，但它後來被更左的左翼批評為西方的辯護士，甚至是種族主義，戴蒙大概只能哭笑不得。

　　在「長期注定」理論的對立面，是近年來更流行的「短期偶然」理論。「加州學派」開創者傑克‧戈德斯通認為，直到一六〇〇年以前，東西方的優勢大致相當。十八世紀，經過瘟疫和戰亂之後，大多數帝國恢復了元氣，鞏固了正統思想的統治，唯有西北歐的新教徒摒棄天主教傳統，這種反抗行為推動西方走向工業革命之路。但他並不認同馬克斯‧韋伯的「新教倫理」導致「資本主義精神」的理論，他只是認為宗教改革造成的分裂成為新思想迸發的溫床，但新教未必比天主教更有利於資本主義和科學的發展。他還認為，一些偶然事件有可能改變歷史進程。例如，一六九〇年的博因河戰役中，信奉天主教的詹姆斯二世軍隊射來的滑膛槍子彈撕破了奧蘭治親王威廉的肩膀——如果那發子彈再低幾英吋，威廉戰死，天主教就可能統治英國，法國就可能主宰歐洲，工業革命就可能就不會發生。然而，他忽視了比威

廉這位來自尼德蘭的新教君主更至關重要的是英國的傳統和民情——即便威廉死在戰場，已占人口多數的英國新教徒不會容忍詹姆斯二世將英國拉回天主教世界；即便沒有威廉，英國人仍將捍衛其信仰和政治制度。

美國歷史學者彭慕蘭（Kenneth Pomeranz）也是「短期偶然」理論的支持者，他在《大分流》一書中指出，在一八○○之前，英國或歐洲並未領先於中國、日本和印度，中國江南的市場經濟形態，甚至比歐洲更接近亞當‧史密斯的古典經濟學理想。他不讚同「英國奇蹟」的說法，也反對歐洲中心主義。他解釋說，西方的成功是靠兩次運氣——一次是偶然發現美洲，從而產生了一個能為工業生產提供動力的貿易夥伴。第二次是英國擁有世界上獨一無二的便於開採的煤礦設備，以及快速實現機械化的工業。然而，西方發現並殖民美洲絕非偶然，海外冒險和遠航的驅動力是西方特有的貿易和傳教的激情——否則無法解釋為何西方在航海技術和船隊規模遠不如鄭和船隊的情形下，卻能創造如此輝煌的事業，而鄭和下西洋只是彗星閃過天幕。另外，彭慕蘭更不能解釋的是，英國為何能擁有採礦設備及機械化工業？工業化離不開知識爆炸、對自然的研究及資本主義生產方式的成熟，這一切背後有賴於整體性的觀念秩序和政治經濟制度。在二十世紀亞太地區經濟崛起之前，在基督教文明之外的其他文明中找不到這樣的觀念制度和政治經濟制度。

美國學者弗蘭克（Andre Gunder Frank）標新立異地將「政治正確」推展到極致，為了破除所謂「西方中心主義」，他提出「東方中心主義」——歐洲僅僅是「以中國為中心的世界秩序中」的「一個遙遠的邊緣半島」；西方並未崛起，只是「東方的衰落」襯托了西方的崛起；「東方的衰落」源於白銀危機，這場

危機使中國錯失工業革命的契機。這種極端化的「政治正確」的歷史敘事，既無事實支撐，也不合基本邏輯，倒是與中國當代民族主義者的「貨幣戰爭」之說不謀而合，清晰地顯示出「政治掛帥」的西方學界的「自我憎恨」症候。

而在「長期注定」和「短期偶然」兩種理論之間採取中庸立場的是史坦福大學歷史學教授伊恩·莫里斯（Ian Morris）在《西方將主宰多久》一書中提出的「生物學法則」、「社會學法則」和「地理學法則」，這些法則之間不斷的相互作用使得西方取得主宰世界的地位，而「地理學法則」──從歐洲航行到美洲比從亞洲航行到美洲更近、更容易（橫渡大西洋比橫渡太平洋更容易）是決定東西方近代發展差異的關鍵原因。莫里斯否定了文化、宗教信仰、價值觀、社會制度或盲目的隨機事件的解釋，而以「確鑿的物質現實世界」為焦點，這顯然是唯物主義的態度。然而，絕對的地理決定論無法自圓其說──鄭和的船隊不是抵達了非洲嗎？對鄭和而言，橫渡太平洋在技術上並非難事。顯然，在地理和技術之外，還有更重要的原因。

另外還有一種近年來興起的「全球史」或「新世界史」的敘述，其代表人物為美國歷史學家湯瑪斯·本德爾（Thomas Bender）。他在《萬國一邦：美國在世界歷史上的地位》一書中宣告，「美國史壽終正寢」，因為舊美國史強化了「地方主義的眼光」，他要從全球史的角度寫新美國史。既然「民族國家史是更大範圍的普遍史的一部分」，所以他要「把合眾國視為集體構成人類整體之諸多行政區劃中的一部分來進行檢視」。在他的全球史的美國史中，幾乎看不到清教徒的腳蹤，他否定清教徒布道中對建立「上帝之城」的信念，否定雷根用以反對共產主義的基於聖經的價值觀，批判並企圖顛覆「美國例外論」──「美國例

外論的概念把美國割裂、隔絕於在更大範圍內做出的自我理解以及在世界中的自我定位，美國本身是諸國中的一國，諸民族中的一員。例外論造就了一種地方主義和傲慢自大的古怪結合。」他雖然享受著美國秩序所帶來的自由與富足，卻又認為：「美國的民族建構計畫已經取得了異乎尋常的成功。但是這種成功的歷史並不能也不應該被拿來宣稱並維持一種歷史上的獨特性或範疇上的差異性」、「美國人只是諸多民族中的一種，而非什麼特立獨行的例外，跟所有民族一樣，我們最終都要對人類整體擔負責任。」

然而，在這些自詡為世界主義和世界公民的美好憧憬和豪言壯語背後，是左翼知識人對美國秩序和美國傳統的敵意和排斥。他們號稱多元主義，卻絕對不包容清教秩序這一元。在結論部分，湯瑪斯·本德爾理直氣壯地展示了試圖翻轉美國憲法的野心：在論及美國最高法院判決的一件案例時，保守派大法官斯卡利亞（Antonin Scalia）抱怨說：「外國佬不應在解釋美國憲法中占據一席之地。」斯卡利亞是原憲法主義者，是美國憲法忠誠的守護者，他的名言是「法律治國，而非立法者治國」；川普總統任命的艾米·巴雷特（Amy Vivian Coney Barrett）大法官曾經當過斯卡利亞的助理，因而也是其精神的追隨者，她堅信：「法官必須遵循憲法典章的原初公共意涵。」湯瑪斯·本德爾不認同斯卡利亞大法官的抱怨以及抱怨背後對美國憲法的忠誠，反之，他高度讚同極左派大法官金斯伯格（Ruth Bader Ginsburg）的立場──「學習外國資源可能會傳達出來的良善美意」。具有諷刺意味的是，左派聲稱熱愛所有的價值，偏偏仇恨美國賴以立國的價值──如果以聯合國《人權宣言》、歐洲憲章等文件來取代美國憲法，美國還會存在嗎？

◎英美的啟示：有良俗（信仰、風俗、民情）才有良制（政治和經濟制度）

西方文明跟非西方文明，在價值上不是等量齊觀的；在西方文明內部，英美路徑與其他路徑也有天壤之別。

法國學者菲利普·尼摩（Philippe Nemo）雖然是英語世界之外的學者，卻在《什麼是西方？》一書中對「西方文明」給出了比那些放棄美國秩序的美國學者更具「文明論」高度的闡釋，他堪稱雷蒙·阿隆之後最具保守主義思想的學者。尼摩認為，希臘城邦的「法治自由」、古羅馬的私法和人文主義、聖經的倫理學和末世論、十一至十三世紀的「教宗革命」以及此後的宗教改革、近代的幾次重大民主革命，奠定了當代西方「法治社會和市場的普遍價值」。

尼摩毫不畏懼地為「西方中心主義」辯護——「所有這一切都是只在西方而非別處發生，抑或如近來那樣都是只在西方而非別處的影響之下發生」、「除了西方沒有任何文明把精神多元化轉化為一種積極的價值，也沒有建立起特殊的制度來保護和實施這種多元制」、「民主誕生於一片確信人類有犯錯誤的可能、有渴望更好未來以及獨自承擔這一未來的權利和構成人類生活最後遠景的政治權力不具合法性等學說的文化土壤之上。我們確實懷疑民主是否能扎根於那些沒有這種精神和道德沃土之處，亦即大部分非西方文明國家」、「我們完全有理由相信沒有任何人類社會最終能夠逃避法治社會和市場這兩個西方發明的事件，除非這個社會願意接受與那些採納了西方法律和市場的社會相比永遠低人一等的結構性狀況」、「西方曾經是殖民者，因為它在技藝和經濟方面高於其他地方……把不管是什麼罪過都歸於殖民者這個

不具名的集體是毫無意義的。在殖民化裡沒有任何惡意」。這些為西方所作的擲地有聲的辯護，會讓那些「新馬克思主義」、「後殖民主義」、「東方主義」等左派意識形態把玩者們的玻璃心碎落一地。

不過，雖然尼摩在書中承認「民主毫無疑問地尤其是從喀爾文的教義中汲取養分」，但他作為法國人，仍然未能對法國及歐陸模式之差異做出更深刻反思，未能將英美模式與歐陸模式（即宗教改革與啟蒙運動）做出更為細緻的區分，他使用的仍是籠而統之的「西方」這個概念。

「英國（以及此後的美國）奇蹟」確實存在，你可以假裝不承認它，但它就是存在。認識到現代世界的誕生之地是英國、而非整個西方的，是英國歷史學家艾倫‧麥克法蘭。他比其他學者更接近真相和真理。但他並不認為十六世紀是「現代社會」的分水嶺，而認為英格蘭的現代性是一道橫亙一千年的「長長的拱弧」。

在將英格蘭與中國相比時，麥克法蘭指出，英格蘭很早就是一個充分發展的現代社會。英格蘭文明立足之本是個人，僅憑個人串聯著互相分立的經濟領域、社會領域、宗教領域。每個個體都是社會的完整縮影，都有其天然的權利和責任。中國卻不同，中國自古以來是一個立足於集體的文明，中國至今尚未實現經濟、社會、政治、意識形態（宗教）的徹底分立。麥克法蘭固然看到了英國的個人主義與中國的集體主義之間的巨大不同，但他在強調英國的「分立」時又矯枉過正了——在每一個「分立」的社會領域之上，必然存在著一個整全的觀念秩序及精神、心靈秩序，如光一樣照亮每一件事物並將事物之間聯繫起來。但麥克法蘭無意探討這些「神祕」領域。他用七巧板或拼圖的比喻來形容

現代轉型的諸多因素「一個也不能少」，但他忘記了最後一步的追問：七巧板或拼圖不是自然界自然而然地生成的，也不是人自己發明的，人只是遊戲者與使用者——顯而易見，有一種高於人的力量將它放在人的面前。

耐人尋味的是，當代傑出的華裔歷史學家余英時，對中國儒家傳統懷有相當的「同情的理解」或「理解的同情」，甚至為修正馬克斯·韋伯的理論，深入發掘似乎可以跟新教倫理相媲美的「儒家倫理與資本主義精神」，但他反倒比大多數左翼西方學者更肯定基督教傳統對現代化的貢獻。他認為，西方的基督教傳統與現代化並不衝突。西方價值之源的超越世界，由於希臘理性與希伯來信仰的合流，在中世紀曾獲得統一。人格化的上帝是萬有的創造者，也是所有價值的源頭。「西方人一方面用這個超越世界來反照人間世界的種種缺陷與罪惡，另一方面又用它來鞭策人向上努力。而西方近代的世俗化，是理性與信仰再度衝突的結果。這種衝突並未使得基督教的觀念秩序解體，也沒有使得宗教與科學成為勢不兩立的敵人。相反，基督教經過宗教改革的轉化之後成為西方現代化的重要精神動力之一。」

余英時進而分析說，於科學而言，牛頓堅信宇宙確是上帝智慧的傑作，對上帝的深信不疑正是激勵他探求宇宙秩序的力量。十六世紀英國醫學的發展也得力於上帝的觀念，治病救人是響應上帝的召喚，發現人體機能的奧祕和藥物的本性也是執行上帝的使命。醫德和醫學研究的熱誠都源於對上帝的信仰。在社會政治方面，「天賦人權」觀念具有基督教背景。據白特菲（Herbert Butterfield）的觀察，西方近代的個人主義和近代基督教的發展有密切關聯。宗教改革以來，各種教派興起，彼此相持不下，於是才出現「良心的自由」的觀念。這是個人主義的一個重要構成

部分。「容忍」這一重要觀念也是在這一宗教背景之下產生的。英國學者陶奈（R. H. Tawney）在重新探討韋伯的新教倫理議題之後，再度肯定清教徒的倫理觀對英國勞動和企業精神的興起產生了決定的刺激作用。不但如此，英國清教徒不肯向國教屈服的精神對英國民主的發展貢獻尤為重大。余英時如此總結說：

　　西方自宗教革命與科學革命以來，「上帝」和「理性」這兩個最高的價值觀念都通過新的理解而發展出行的發現，開闢出新的天地。把人世的勤奮理解為上帝的召喚，有助於資本主義的興起；把學術工作理解為基督教的天職促進了西方近代人文教育與人文學術的發展。「上帝」創造的宇宙是有法則、有秩序的，而人的職責是運用「理性」去發現宇宙的秩序和法則。這是近代許多大科學家所接受的一條基本信念，從牛頓到愛因斯坦都是如此。在政治、社會領域，自由、人權、容忍、公平等價值也不能脫離「上帝」與「理性」的觀念而具有真實的意義。西方外在超越的價值系統不僅沒有因為「現代化」而崩潰，而且「現代化」的一個極重要的精神泉源。

　　余英時指出，就整體性的西方與中國對照而論，非基督教傳統的中國文化的「現代轉化」相當艱困。中國文化只對價值的超越源頭作一般性肯定，而不特別努力去建構一個完善的形而上的世界以安頓價值，然後再用這個世界來反照和推動實際的人間世界。這種價值系統必然影響到中國的政治文明。由於近百年知識界在思想上的分歧和混亂，中國文化的基本價值一直沒有機會獲得有系統、有意識的現代清理。中國持續兩百年的近代化，至今始終未能建立一套形而上的價值系統和形而下的自由、民主和法

治的社會規則。

但余英時最終仍未更細緻地區分英美與歐陸兩大西方傳統的差異，他的焦點在於比較中國與西方之差異。

在余英時等先賢止步的地方，我努力向前邁出一小步。

本書是華文世界第一本系統梳理清教徒觀念秩序五百年脈絡的著述。清教徒觀念秩序及精神、心靈秩序，從小小的日內瓦到更大一些的尼德蘭，再到更大的英倫三島及大英帝國，最後到人類有史以來最強大、最自由的美國及若干英語國家，一路走來，由小到大，從弱變強，幾多山重水複，終於柳暗花明。我相信，未來一百年，只要持守清教徒觀念秩序，美國還將獨領風騷，維持其全球唯一的超級大國的地位。

這一聖經中心主義、基督新教（清教）中心主義、英語國家（美國為主體）中心主義之脈絡，卑之無甚高論，只是「有良俗（風俗、民情）才有良制（制度）」的常識而已。然而，若非上帝的光照和啟示，以人之有限性和人之傲慢自戀，人不願承認和接受此一真理和真相。左派的東方主義、多元主義、相對主義、國際主義、進步主義等對人似乎更有吸引力。智性的敗壞跟道德的敗壞往往是同步的。

人若能認識真理和真相，人就能正確定義自己——尤其是人在上帝永恆救贖計畫中的位置。歷史不單單是好聽的故事，歷史關乎我們是誰，關乎我們的過去、現在和未來，關乎我們的價值、信念和夢想。

參考書目

【第一章】

甘雅各（James Kennedy）、傑利紐康（Jerry Newcombe）：《如果沒有耶穌》，
　　（台北）橄欖出版，2000年版

邁克爾・基恩（Michael Keene）：《耶穌》，（北京）北京大學出版社，2005年
　　版

馬可・伯格（Marcus J. Borg）、約翰・克羅森（John Dominic Crossan）：《基督
　　的最後七天》，（台北）橡實文化，2006年版

艾米爾・路德維希（Emil Ludwig）：《人之子：耶穌》，（桂林）廣西師範大學
　　出版社，2000年版

嘉斯拉夫・帕利坎（Jaroslav Pelikan）：《基督簡史》，（西安）陝西師範大學出
　　版社，2006年版

斯蒂芬・米勒（Stephen M. Miller）、羅伯特・休伯（Robert V. Huber）：《聖經
　　的歷史》，（北京）中央編譯出版社，2008年版

西奧多・加斯特（Theodore H. Gaster）：《死海古卷》，（北京）商務印書館，
　　1995年版

肯・康諾利（W. Kenneth Connolly）：《聖經是怎樣寫成的》，（北京）世界知
　　識出版社，2004年版

布魯斯・雪萊（Bruce Shelley）：《基督教會史》，（北京）北京大學出版社，
　　2004年版

優西比烏（Eusebius）：《教會史》，（北京）三聯書店，2009年版

喬治・穆爾（George F. Moore）：《基督教簡史》，（北京）商務印書館，2000年
　　版

約翰・福克斯（John Foxe）：《殉道史》，（北京）三聯書店，2011年版

岡察雷斯（Justo L. Gonzalez）：《基督教思想史》，（南京）譯林出版社，2008年版

奧爾森（Roger E. Olson）：《基督教神學思想史》，（北京）北京大學出版社，2003年版

菲利普・內莫（Philippe Nemo）：《教會法與神聖羅馬帝國的興衰》，（上海）華東師範大學出版社，2011年版

G・R・埃文斯（G.R.Evans）：《中世紀的基督教》，（北京）北京大學出版社，2005年版

馬克・格林格拉斯（Mark Greengrass）：《基督教歐洲的巨變：1517-1648》，（北京）中信出版集團，2018年版

約翰・朱利斯・諾里奇（John Julius Norwich）：《教宗史》，（台北）廣場出版，2019年版

馬丁・路德（Martin Luther）：《路德文集》，（上海）上海三聯書店

羅伯特・高德福瑞（W. Robert Godfrey）：《宗教改革掠影》，（北京）群言出版社，2014年版詹姆斯・基特爾森（James Kittleson）：《改教家路德》，（北京）中國社會科學出版社，2009年版

湯瑪斯・馬丁・林賽（Thomas Martin Lindsay）：《宗教改革史》，（北京）商務印書館，2017年版

芭芭拉・塔克曼（Barbara W. Tuchman）：《愚政進行曲》，（台北）廣場出版，2018年版

艾米爾・路德維希（Emil Ludwig）：《德國人：一個民族的雙重歷史》，（北京）東方出版社，2006年版

W・安德魯・霍菲克（W. Andrew Hoffecker）：《世界觀的革命》，（北京）中國社會科學出版社，2010年版

阿利斯特・麥格拉思（Alister McGrath）：《宗教改革運動思潮》，（北京）中國社會科學出版社，2009年版

傑克・戈德斯通（J. A. Goldstone）：《為什麼是歐洲？——世界史視角下的西方崛起（1500-1850）》，（杭州）浙江大學出版社，2010年版

奧利維・克里斯汀（Olivier Christin）：《宗教改革：路德、喀爾文和新教徒》，（北京）漢語大辭典出版社，2003年版

陳思賢：《西洋政治思想史・中世紀篇》，（長春）吉林出版集團，2008年

雅克・巴爾贊（Jacques Barzun）：《從黎明到衰落：西方文化生活五百年》，

、 （北京）世界知識出版社，2002年版

蒂莫西‧喬治（Timothy George）：《改教家的神學思想》，（北京）中國社會科
學出版社，2009年版

茜亞‧凡赫爾斯瑪（Thea B.van Halsema）：《喀爾文傳》，（北京）華夏出版
社，2006年版

阿利斯特‧麥格拉思（Alister McGrath）：《喀爾文傳：現代西方文化的塑造
者》，（北京）中國社會科學出版社，2009年版

約翰‧喀爾文（John Calvin）：《基督教要義》，（北京）三聯書店，2010年版

戴維‧伍頓（David Wootton）主編：《共和主義、自由與商業社會》，（北京）
人民出版社，2014年版

R‧G‧哈切森：《白宮中的上帝》，（北京）中國社會科學出版社，1992年版

約翰‧艾茲摩爾（John Eidsmoe）：《美國憲法的基督教背景：開國先父的信仰和
選擇》，（北京）中央編譯出版社，2011年版

阿瑟‧赫爾曼（Arthur Herman）：《蘇格蘭：現代世界文明的起點》，（上海）
上海社會科學院出版社，2016年版

道格拉斯‧F‧凱利（Douglas F. Kelly）：《自由的崛起：十六至十八世紀，喀爾
文主義和五個政府的形成》，（南昌）江西人民出版社，2008年版

鍾馬田（David Martyn Lloyd-Jones）：《清教徒的腳蹤》，（香港）恩光出版社，
2001年版

湯瑪斯‧麥克里（Thomas M'Crie）：《諾克斯傳》，（北京）華夏出版社，2008
年版

邁克爾‧沃爾澤（Michael Walzer）：《清教徒的革命：關於激進政治起源的一項
研究》，（北京）商務印書館，2016年版

張四德：《何處是桃源：美國的清教主義及其史學流變》，（台北）台大出版中
心，2017年版

保羅‧約翰遜（Paul Johnson）：《美國人的歷史》，（北京）中央編譯出版社，
2010年版

海倫‧K‧霍西爾（Helen K. Hosier）：《愛德華茲傳》，（北京）華夏出版社，
2006年版

理查‧霍夫士達特（Richard Hofstadter）：《美國的反智傳統》，（台北）八旗
文化，2018年版

伊恩‧默里（Iain H. Murray）：《真正的復興》，（北京）團結出版社，2012年
版

拉塞爾・柯克（Russell Kirk）：《美國秩序的根基》，（南京）江蘇鳳凰文藝出版社，2018年版

沃濃・路易・帕靈頓（Vernon Louis Parrington）：《美國思想史》，（長春）吉林人民出版社，2002年版

科林・布朗（Colin Brown）：《基督教與西方思想》，（北京）北京大學出版社，2007年版

米歇爾・艾倫・吉萊斯皮（Michael Mien Gillespie）：《現代性的神學起源》，（長沙）湖南科學技術出版社，2012年版

【第二章】

朱迪斯・本內特（J. M. Bennett）、C・沃倫・霍利斯特（C. W. Hollister）：《歐洲中世紀史》，（上海）上海社會科學院出版社，2007年版

阿克頓（Acton）：《近代史講稿》，（上海）上海人民出版社，2007年版

約翰・阿伯特（John S. C. Abbott）：《基督教歷史上的重大事件》，（台北）錫安堂出版社，1999年版

威廉・麥克尼爾（William Hardy McNeill）：《西方的興起：人類共同體史》，（北京）中信出版社，2015年版

伯爾曼（Harold J. Berman）：《法律與革命：西方法律傳統的形成》，（北京）中央編譯出版社，2011年版

托尼（R. H. Tawney）：《宗教與資本主義的興起》，（上海）上海譯文出版社，2006年版

大衛・W・霍爾（David W. Hall）、馬修・D・伯頓（Matthew D. Burton）：《喀爾文與商業》，（成都）四川人民出版社，2015年版

喬恩・巴爾塞克（Jon Balserak）：《正讀喀爾文主義》，（香港）德慧文化，2018年版

菲利普・佩迪特（Philip Noel Pettit）：《共和主義：一種關於自由與政府的理論》，（南京）江蘇人民出版社，2006年版

拉爾夫・漢考克（Ralph C.Hancock）：《喀爾文與現代政治的基礎》，（北京）華夏出版社，2017年版

弗朗索瓦・基佐（Francois F Guizot）：《歐洲代議制政府的起源》，（上海）復旦大學出版社，2008年版

瑪戈・托德（Margot Todd）：《基督教人文主義與清教徒社會秩序》，（北京）

中國社會科學出版社，2011年版

小約翰‧維特（John Witte Jr.）：《權利的變革：早期喀爾文教中的法律、宗教和人權》，（北京）中國法制出版社，2011年版

亨利‧德‧呂巴克（Henri de Lubac）：《無神論的人本主義的悲劇》，（台北）唐山出版社，2003年版

改革宗編輯部編訂：《改教家喀爾文》，（台北）改革宗出版社，2008年版

R‧H‧托尼（R. H. Tawney）：《宗教與資本主義的興起》，（上海）上海譯文出版社，2006年版

湯瑪斯‧弗萊納（Thomas Fleiner）：《人權是什麼》，（北京）中國社會科學出版社，2000年版

艾倫‧德肖維茨（Alan M. Dershowitz）：《你的權利從哪裡來？》，（北京）北京大學出版社，2014年版

阿梅思伯里（Richard Amesbury）、紐蘭茲（George M. Newlands）：《信仰與人權：基督教與人類尊嚴的全球奮鬥》，（香港）基督教文藝出版社，2013年版

蒂莫西‧斯奈德（Timothy Snyder）：《民族的重建：波蘭、烏克蘭、立陶宛、白俄羅斯，1569-1999》，（南京）南京大學出版社，2020年版

【第三章】

費爾南‧布勞岱爾（Fernand Braudel）：《十五至十八世紀的物質文明、經濟和資本主義》，（北京）三聯書店，2002年版

約翰‧赫伊津哈（Johan Huizinga）：《十七世紀的荷蘭文明》，（廣州）花城出版社，2017年版

卜正民（Timothy Brook）：《維梅爾的帽子：從一幅畫看全球化貿易的興起》，（上海）文匯出版社，2010年版

上田信：《海與帝國：明清時代》，（台北）台灣商務印書館，2017年版

村上衛：《海洋史上的近代中國》，（北京）社會科學文獻出版社，2016年版

張傑：《蘭船東去：胡椒、渡渡鳥與紅髮人的航海之旅》，（台北）前衛出版社，2019年版

菲利普‧T‧霍夫曼（Philip T. Hoffman）、凱瑟琳‧諾伯格（Norberg,K.）編：《財政危機、自由和代議制政府》，（上海）格致出版社，2008年版

房龍（Hendrik Willem Van Loon）：《與世界偉人談心》，（台北）知書房出版集

團，1999年版

房龍：《荷蘭共和國興衰史》，（石家莊）河北教育出版社，2002年版

約翰・史蒂文森（J. Stevenson）：《彩色歐洲史》（三冊），（北京）中國友誼
　　出版公司，2007年版

弗里德里希・席勒（Friedrich Schiller）：《三十年戰爭史》，（北京）商務印書
　　館，2009年版

約翰・基根（John Keegan）：《戰爭史》，（台北）廣場出版，2017年版

杜威・佛克馬（Douwe Fokkema）、弗郎斯・格里曾豪特（Frans Grijzenhout）
　　著：《歐洲視野中的荷蘭文化，1650－2000年闡釋歷史》，（桂林）廣西師
　　範大學出版社，2007年版

沃爾特・拉塞爾・米德（Walter Russell Mead）：《上帝與黃金：英國、美國與現
　　代世界的形成》，（北京）社會科學文獻出版社，2014年版

郭書瑄等：《新荷蘭學》，（台北）前衛出版社，2011年版

斯塔夫里阿諾斯（Leften Stavros Stavrianos）：《全球通史：1500年以後的世
　　界》，（上海）上海社會科學院出版社，1999年版

蔡東杰：《遠西掠影：十六世紀以來的歐洲與世界》，（台北）暖暖書屋，2017
　　年版

康培德：《殖民想像與地方流變：荷蘭東印度公司與台灣原住民》，（台北）聯
　　經出版，2016年版

甘為霖、翁佳音：《荷蘭時代的福爾摩沙》，（台北）前衛出版社，2017年版

馬克斯・韋伯（Max Weber）：《新教倫理與資本主義精神》，（台北）左岸文
　　化，2008年版

薩謬爾・E・芬納（Samuel E・Finer）：《統治史》，（上海）華東師範大學出版
　　社，2014年版

雅克・巴爾特（Jacques Barzun）：《從黎明到衰落》，（北京）世界知識出版
　　社，2002年版

湯瑪斯・埃特曼（Thomas. Ertman）：《利維坦的誕生：中世紀及現代早期歐洲的
　　國家與政權建設》，（上海）上海人民出版社，2010年版

【第四章】

溫斯頓・邱吉爾（Winston Churchill）：《英語民族史》，（廣州）南方出版社，
　　2004年版

馬丁・吉爾伯特（Martin Gilbert）：《邱吉爾傳》，（武漢）長江文藝出版社，2016年版

比德（Bede Venerabilis）：《英吉利教會史》，（北京）商務印書館，1997年版

邁克爾・Ｖ・Ｃ・亞歷山大（Michael V. C. Alexander）：《英國早期歷史中的三次危機：諾曼征服、約翰治下及玫瑰戰爭時期的人物與政治》，（北京）北京大學出版社，2008年版

格特魯德・希梅爾法布（Gertrude Himmelfarb）：《現代性之路：英法美啟蒙運動之比較》，（上海）復旦大學出版社，2011年版

約翰・福蒂斯丘（John Fortescue）：《論英格蘭的法律與政制》，（北京）北京大學出版社，2008年版

詹姆斯・Ｃ・霍爾特（James Clarke Holt）：《大憲章》，（北京）北京大學出版社，2010年版

傑里・馬勒（Jerry Muller）：《保守主義：從休謨到當前到社會政治思想文集》，（南京）譯林出版社，2010年版

比幾斯渴脫：《英國國會史》，（北京）中國政法大學出版社，2003年版

法蘭索瓦・皮耶・紀堯姆・基佐（Francois Pierre Guillaume Guizot）：《1640年英國革命史》，（上海）上海三聯書店，2011年版

黃金鴻：《英國人權60案》，（北京）中國政法大學出版社，2010年版

丹尼爾・漢南（Daniel Hannan）：《自由的基因：我們現代世界的由來》，（桂林）廣西師範大學出版社，2015年版

Ｒ・Ｃ・范・卡內岡（R. C. Van Caenegem）：《英國普通法的誕生》，（北京）商務印書館，2017年版

小詹姆斯・Ｗ・斯托納（James Breathitt, Stoner Jr.）：《普通法與自由主義理論》，（北京）北京大學出版社，2005年版

比爾・麥克瑟（Bill Coxall）、林頓・羅賓斯（Lynton Robins）、羅伯特・里奇（Robert Leach）：《當代英國政治》，（北京）北京大學出版社，2009年版

艾倫・麥克法蘭（Alan Macfarlane）：《現代世界的誕生》，（上海）人民出版社，2013年版

查爾斯・弗思（C. H. Firth）：《克倫威爾傳》，（北京）商務印書館，2002年版

威爾・杜蘭（Will Durant）、艾麗兒・杜蘭（Ariel Durant）：《世界文明史：英倫歐陸的變革》，（台北）幼獅文化，1977年版

屈勒味林（G. M. Trevelyan）：《英國史》，（北京）中國社會科學出版社，2008年版

史派克（W. A. Speck）：《抗拒民主的國家：大不列顛的遲疑與抉擇（1707-1975）》，（台北）左岸文化，2002年版

陳思賢：《西洋政治思想史・現代英國》，（長春）吉林出版集團，2008年版

馬克・帕蒂森（Mark Pattison）：《彌爾頓傳略》，（北京）三聯書店，2001年版

斯圖亞特・布朗（Stuart Brown）主編：《勞特利奇哲學史：第五卷，英國哲學和啟蒙時代》，（北京）中國人民大學出版社，2009年版

埃德蒙・伯克（Edmund Burke）：《美洲三書》，（北京）商務印書館，2012年版

拉塞爾・柯克（Russell Kirk）：《保守主義思想：從伯克到艾略特》，（南京）江蘇鳳凰文藝出版社，2019年版

尤瓦爾・萊文（Yuval Levin）：《大爭論：左派和右派的起源》，（北京）中信出版社，2014年版

彼得・詹姆斯・馬歇爾（P. J. Marshall）主編：《劍橋插圖大英帝國史》，（北京）世界知識出版社，2004年版

斯特雷奇（Lytton Strachey）：《維多利亞女王傳》，（北京）團結出版社，2006年版

約翰・達爾文（John Darwin）：《未竟的帝國：英國的全球擴張》，（台北）麥田出版，2015年版

尼爾・弗格森（Niall Ferguson）：《帝國：大英世界秩序興衰以及給世界強權的啟示》，（台北）廣場出版，2012年版

大衛・克里斯托（David Crystal）：《英語帝國》，（台北）貓頭鷹出版，2000年版

V・S・奈波爾（V. S. Naipaul）：《我們的普世文明》，（海口）南海出版公司，2014年版

李德哈特（B. H. Liddell Hart）：《戰敗者的觀點：德軍將領談希特勒與二戰時德國的興衰》，（台北）八旗文化，2016年版

瑪格麗特・柴契爾（Margaret Thatcher）：《柴契爾夫人回憶錄：唐寧街歲月》，（台北）新自然主義，1994年版

約翰・坎貝爾（John Campbell）：《鐵娘子：柴契爾夫人傳》，（武漢）長江文藝出版社，2016年版

查爾斯・莫爾（Charles Moore）：《撒契爾夫人傳：從絕境到巔峰》，（北京）世界知識出版社，2018年版

尼古拉斯・韋普肖特（Nicholas Wapshott）：《雷根與柴契爾夫人：政治姻緣》，

（上海）上海社會科學院出版社，2015年版

托尼・朱特（Tony Judt）：《戰後歐洲史》，（北京）中信出版社，2014年版

勞倫斯・詹姆斯（Lawrence James）：《大英帝國的崛起與衰落》，（北京）中國
友誼出版公司，2018年版

【第五章】

大衛・哈克特・費舍爾（David Hackett Fischer）：《阿爾比昂的種子：美國文化
的源與流》，（桂林）廣西師範大學出版社，2018年版

海因里希・奧古斯特・溫克勒（Heinrich August Winkler）：《永遠活在希特勒的
陰影之下嗎？》，（北京）三聯書店，2011年版

托克維爾（Alexis de Tocqueville）：《民主在美國》，（台北）左岸文化，2005年
版

納撒尼爾・菲爾布里克（Nathaniel Philbrick）：《五月花號：關於勇氣、社群和
戰爭的故事》，（北京）新星出版社，2006年版

戴維・D・霍爾（David D. Hall）：《改革中的人民：清教與新英格蘭公共生活的
轉型》，（南京）譯林出版社，2016年版

威廉・布拉福德（William Bradford）：《普利茅斯開拓史》，（南昌）江西人民
出版社，2010年版

埃里克・方納（Eric Foner）：《美國自由的故事》，（北京）商務印書館，2002
年版

查爾斯・卡爾頓・科芬（Charles Carleton Coffin）：《自由樂土》，（北京）當代
中國出版社，2014年版

艾倫・韋恩斯坦（Allen Weinstein）、大衛・盧布斯（David Rubel）：《彩色美國
史》，（北京）中國友誼出版公司，2008年版

約翰・戴莫斯（John Demos）：《小小共和國：普利茅斯殖民地的家庭生活》，
（台北）麥田出版，2005年版

約瑟夫・埃利斯（Joseph J. Ellis）：《美國創世紀：建國歷程的勝利與悲劇，
1775-1803》，（北京）中信出版集團，2018年版

約瑟夫・埃利斯：《華盛頓傳》，（北京）中信出版社集團，2017年版

約瑟夫・埃利斯（Joseph. J. Eliis）：《締造共和：美利堅合眾國的誕生，1783-
1789》，（北京）中信出版社集團，2018年版

約瑟夫・埃利斯：《美國創世紀：建國歷程的勝利與悲劇，1775-1803》，（北

京）中信出版社集團，2018年版

約瑟夫·埃利斯：《傑斐遜傳：美國的斯芬克斯》，（北京）中信出版社，2018
年版

威廉·本內特（William J. Bennett）：《美國通史》，（南昌）江西人民出版社，
2009年版

保羅·約翰遜（Paul Johnson）：《其實我沒有砍倒櫻桃樹：華盛頓傳》，（台
北）左岸文化，2007年版

瑪麗·莫斯特（Mary Mostert）：《美國憲法：實現良治的基礎》，（北京）中共
黨史出版社，2006年版

戴維·麥卡洛（David McCullough）：《約翰·亞當斯：美國第二任總統》，（北
京）中國社會出版社

卡爾·貝克爾（Carl Becker）：《論獨立宣言：政治思想史研究》，（南京）江蘇
教育出版社，2005年版

喬伊絲·亞普雷拜：《美國民主的先驅：湯瑪斯·傑斐遜傳》，（合肥）安徽教
育出版社，2005年版

約翰·菲爾林（John Ferling）：《美利堅是怎樣煉成的：傑斐遜與漢密爾頓》，
（北京）商務印書館，2015年版

紀念美國憲法頒布200週年委員會編：《美國公民與憲法》，（北京）清華大學出
版社，2006年版

加利·威爾士（John Ferling）：《美國憲法之父：麥迪遜傳》，（合肥）安徽教
育出版社，2006年版

邁克爾·舒德森（Michael Schudson）：《好公民：美國公共生活史》，（北京）
北京大學出版社，2014年版

伯納德·貝林（Bernard Bailyn）：《美國革命的思想意識淵源》，（北京）中國
政法大學出版社，2007年版

戈登·S·伍德（Gordon S. Wood）：《美利堅共和國的締造：1776-1787》，（南
京）譯林出版社，2016年版

萬紹紅：《美國憲法中的共和主義》，（北京）人民出版社，2009年版

羅恩·徹諾（Ron Chernow）：《漢密爾頓傳：美國兩百年國運的真正締造者》，
（杭州）浙江大學出版社，2018年版

約翰·派翠克·迪金斯：《被遺忘的總統：約翰·亞當斯傳》，（合肥）安徽教
育出版社，2006年版

漢密爾頓（Alexander Hamilton）等：《聯邦論：美國憲法述評》，（南京）譯林

出版社，2010年版

丹尼爾・蒙特（Daniel Mount）：《美國總統的信仰：從華盛頓到小布希》，（南昌）江西人民出版社，2009年版

華特・艾薩克森（Walter Isaacson）、艾文・湯瑪斯（Evan Thomas）：《美國世紀的締造者：六位朋友與他們建構的世界秩序》，（台北）廣場出版社，2015年版

喬治・肯楠（George F. Kennan）：《肯楠日記》，（北京）中信出版社，2016年版

薩謬爾・杭亭頓（Samuel P. Huntington）：《誰是美國人：族群融合的問題與國家認同的危機》，（台北）左岸文化，2008年版

薩謬爾・杭亭頓：《文明的衝突與世界秩序的重建》，（北京）新華出版社，2002年版

薩謬爾・杭亭頓：《變動社會中的政治秩序》，（北京）三聯書店，1989年版

艾德蒙・莫里斯（Edmund Morris）：《「荷蘭人」：里根傳》，北京：當代世界出版社，2002年版

姜琳：《美國保守主義及其全球戰略》，（北京）社會科學文獻出版社，2008年版

理查德・里斯夫（Richard Reeves）：《里根：想像的勝利》，（北京）商務印書館，2014年版

埋查德・霍夫施塔特（Richard Hofstadter）：《美國政治傳統及其締造者》，（北京）商務印書館，2010年版

湯瑪斯・伍茲（Thomas E. Woods）：《另類美國史：對美國歷史的政治不正確導讀》，（北京）金城出版社，2008年版

小傑克・馬特洛克（Jack F. Matlock, Jr.）：《蘇聯解體親歷記》，（北京）世界知識出版社，1996年版

斯蒂文・洛克菲勒（Steven C. Rockefeller）：《杜威：宗教信仰與民主人本主義》，（北京）北京大學出版社，2010年版

約翰・羅爾斯（John Rawls）：《正義論》，（北京）中國社會科學出版社，1988年版

邁可・桑德爾（Michael J. Sandel）：《正義：一場思辨之旅》，（台北）先覺出版，2018年版

諾齊克（Robert Nozick）：《無政府國家與烏托邦》，（台北）時報文化，2019年版

賈德‧戴蒙（Jared Diamond）：《槍炮、病菌與鋼鐵：人類社會的命運》，（台北）時報文化，2019年版

彭慕蘭（Kenneth Pomeranz）：《大分流：現代世界經濟的形成，中國與歐洲為何走上不同道路？》，（台北）衛城出版，2019年版

伊恩‧莫里斯（Ian Morris）：《西方將主宰多久：從歷史的發展模式看世界的未來》，（北京）中信出版社，2011年版

湯瑪斯‧本德爾（Thomas Bender）：《萬國一邦》，（北京）中信出版社，2019年版

菲利普‧尼摩（Philippe Nemo）：《什麼是西方？——西方文明的六大來源》，（桂林）廣西師範大學出版社，2009年版

余英時：《儒家倫理與商人精神》，（桂林）廣西師範大學出版社，2004年版

約翰‧高樂（John Goren）：《國家的品格：看懂美國的第一本書》，（北京）民主與建設出版社，2016年版

大光：宗教改革、觀念對決與國族興衰

第一卷
清教秩序五百年

作　　者	余杰

主　　編	洪源鴻
責任編輯	穆通安、涂育誠
行銷企劃	蔡慧華
封面設計	蔡佳豪
內頁排版	宸遠彩藝
校對協力	張時雅
彩頁圖源	Wikimedia Commons

社　　長	郭重興
發行人暨出版總監	曾大福
出　　版	八旗文化／遠足文化事業股份有限公司
發　　行	遠足文化事業股份有限公司
	231 新北市新店區民權路 108 之 2 號 9 樓
電　　話	02-22181417
傳　　真	02-86671065
客服專線	0800-221029
E-mail	gusa0601@gmail.com
Facebook	facebook.com/gusapublishing
Blog	gusapublishing.blogspot.com
法律顧問	華洋法律事務所　蘇文生律師
印　　刷	通南彩色印刷有限公司

出　　版	2021 年 4 月（初版一刷）
	2022 年 1 月（初版二刷）
定　　價	560 元

ISBN	9789865524647（平裝）
	9789865524685（EPUB）
	9789865524715（PDF）

國家圖書館出版品預行編目 (CIP) 資料

大光（第一卷）：清教秩序五百年
余杰著／初版／新北市／八旗文化出版／
遠足文化事業股份有限公司發行／ 2021.04

ISBN　　978-986-5524-64-7(平裝)

1. 宗教改革　　　2. 西洋史

740.243　　　　　　　　　110004646